KB230826

리조트의 생산과 소비

리조트의 생산과 소비

유광민 지음

RESORT

서 문

　우리는 관광지를 '쾌락을 목적으로 소비되는 대상'으로만 바라보고, 이를 당연하게 받아들이는 경향이 있다. 이러한 경향으로 인해 관광공간이 어떻게 생산되고 있는지에 대하여 관심을 기울이지 않게 된다. 이 책의 기본적인 연구문제는 쾌락의 소비공간인 관광공간이 어떻게 생산되는가에 있다. 이 문제에 접근하기 위하여 리조트라는 관광공간을 연구대상으로 선택하였다. 리조트는 현대사회의 소비문화와 자본의 논리가 반영되고 구성되어 생산되는 전형적인 관광공간이기 때문이다. 그러나 리조트를 포함한 관광공간이 어떠한 사회적 논리, 혹은 메커니즘이 작동하여 생산되고 있는지에 대한 이해도 부족하고 이러한 이해를 시도해 본 경험도 부족하다.

　그동안 관광학에서의 연구는 대부분 상품의 소비와 관련된 내용을 중심으로 마케팅에 직접적으로 도움이 되는 분야를 중심으로 이루어져 왔다. 이러한 연구들은 주로 경험주의에 기반을 둔 실증주의적 연구방법에 의존하여 왔다. 그리고 이에 대하여 관광학 외부뿐만 아니라 내부에서도 문제를 제기하고 있는 것이 사실이다. 이러한 문제제기는 관광현상에 대한 접근방식의 협소함은 물론 관광연구의 대상이 매우 제한되어 있었다는 점에 기인한다. 특히 관광소비가 이루어지는 관광공간에 대한 연구나 관심은 매우 제한되어 있다.

그러므로 관광지가 어떻게 생산되고 있는가에 대한 이해는 기존의 관광연구의 편향을 극복하는 데 기여할 수 있다. 상품이 소비되기 위해서는 먼저 생산이 이루어져야 한다. 관광지 또한 하나의 상품으로서 생산되고 소비된다. 그러므로 관광 연구 또한 소비에 대한 연구뿐만 아니라 생산에 대한 연구가 필요하다. 소비되기 위해 생산되는 생산물은 그 속에 소비욕구와 생산전략을 담아낸다. 관광에서 소비욕구는 사회적 관계를 담아내고, 소비욕구를 담아내기 위한 생산전략은 대부분 공간을 통해 재현된다. 따라서 관광공간의 생산에 대한 이해는 사회현상으로서의 관광을 이해하기 위한 매우 중요한 과제이다. 그럼에도 불구하고 우리는 관광공간에 대한 이해로부터 멀리 떨어져 있었다.

저자가 리조트를 중심으로 관광공간의 생산과 소비에 대하여 관심을 가지게 된 것은 2000년대 이후, 리조트 입지가 수도권 중심에서 전국적으로 확산되는 현상에 대하여 관심을 가지게 되면서부터이다. 이때 나에게 던져진 가장 기본적인 질문은 다음의 두 가지였다. 왜 리조트 입지가 확산될까? 그리고 이러한 현상을 어떻게 설명할 수 있을까? 앞의 질문은 현대사회에서 리조트라는 공간의 생산이 어떻게 이루어지는가와 관련되어 있으며 뒤의 질문은 이러한 공간연구에 적합한 연구방법은 무엇인가와 관련되어 있다. 그러나 기존의 연구들은 이러한 나의 질문에 대하여 충분한 답을 제공해 주지 못하고 있었다. 왜냐하면 국내 리조트 입지에 대한 연구들은 국내 리조트 입지가 확산되고 다양한 형태의 리조트가 입지하고 있는 현상에 대한 기술들에 집중하고 있기 때문이다.

리조트 입지 확산 현상에 대한 기술은 리조트 입지가 어떻게 확산되어 있는지에 대한 정보는 제공해 주지만 어떻게 확산되는지에 대한 정보나 이해를 제공해주지 않는다. 국내 리조트 개발은 중소자본에 의한 개발에서 대기업 중심의 개발로 변화되었다. 그리고 스키리조트 중심에서 골프리조트나 해양리조트와 같이 리조트 형태도 다양화되고 있다. 이러한 리조트 개발과 입지는 시대변화에 따라 자본의 변화, 리조트 소비유형의 변화, 소비문화의 변화 등과 함께 바뀌며, 이러한 공간의 생산에는 사회의 다양한 여러 메커니즘이 작동한다(Sayer, 1992). 따라서 우리에게 던져진 과제는 리조트 유형의 변화나 입지한 지역의 분포 등에 대한 서술이나 리조트 입지와 몇 가지 변수와의 상관관계에 기초한 법칙을 찾는 것이 아니라 리조트 개발과 입지를 변화시키고 그것들에 영향을 끼치는 것이 어떤 사회적 배경, 혹은 사회적 힘인가에 대한 이해이다.

기존의 논의들에 따르면, 관광지 입지는 자연자원의 매력물에 영향을 받는다. 우리는 먼저 그러한지를 실제로 확인하고 어떠한 힘에 의하여 어떻게 인과관계가 성립되는지를 설명할 수 있어야 한다. 그리고 전통적인 입지이론들은 시장과의 거리가 입지를 결정짓게 하는 요인으로 이해한다. 또한 중력모델과 같은 자연법칙이 관광지 입지 결정에도 적용될 수 있을 것으로 기대한다. 과연 그러할까? 이에 대하여 연구자는 매우 회의적이다. 한편 이러한 논의들은, 그 논의의 타당성을 떠나서 더 중요한 문제점을 가지고 있다. 이러한 입지연구들은 입지에 영향을 미치는 요인들의 자동적인 결합에 의해 입지가 결정되는 것으로 이해하는 서술적 연구에 그치고 있어서 입지결정이 사회적으로 어떻게 이루어지는지에 대한 이해와 설명을 결여하고 있다는 점이다. 이러한 문제점들은 상당부분 경험주의적 전통과 과도한 자연주의적 전통을 잇고 있는 실증주의적 접근으로부터 기인한다. 이러한 실증주의적 접근과 이론들은 경험에 의해 관찰되지 않는 사회적 메커니즘에 대하여 관심을 기울이지 않기 때문에 리조트와 같은 관광공간의 개발이 어떠한 사회적 배경 혹은 사회적 힘에 의해 영향받아 이루어지고 있는지에 대한 과학적 이해에 한계를 지닐 수밖에 없다.

그리고 관광산업은 공간의 물리적 자원과 사회·문화적 자원에 의존하며 타 산업에 비해 독특한 공간적 여건을 요구하기 때문에 기존의 입지론을 관광산업에 적용하기에는 많은 한계가 있다. 이러한 한계를 극복하고 관광산업의 특성을 반영하기 위해 제안된 드페르(P. Defert, 1960)의 관광입지론 또한 자본의 논리가 관철된 공간생산의 논리를 고려하지 않고 있다. 입지론에서 어떤 요인들이 관광시설 입지에 영향을 미치는지를 알고자 하는 행태이론적 전통은 관광입지 연구에서도 발견된다. 이러한 연구들은 입지결정자들에게 어떤 요인에 의해 입지가 결정되고 있는지에 대한 전문가들의 의견을 통해 입지결정 연구를 수행하고 있거나(이장춘, 1977; 우찬복·문경일, 1999; Urtrasun and Gutiérrez, 2006) 관광지 입지 지역의 물리적 특성과 입지결정과의 관계에 대하여 관심을 기울인다. 그리고 기존 입지이론들은 관광공간의 생산과 소비가 사회 구조 속에서 주체와의 상호작용 속에서 이루어지고 있다는 점에 관심을 두지 않는다. 이와 같이, 기존 입지론의 단순적용은 위와 같은 관광의 특성과 현대사회의 특성을 고려하지 않아 실질적인 관광산업의 입지결정구조에 대한 이해를 어렵게 한다. 그러므로 우리는 이러한 한계를 극복하기 위해 실증주의적 전통에 입각하고 있는 입지이론들이나 행태이론적 전통에 의한 연구의 한계를 극복하기 위한 연구전략을 수립해야 한다.

공간은 단지 물리적 실체가 아니라 사회적 과정의 산물이다(Soja, 1980; 1989; 김왕배, 2000b: 60 재인용). 마찬가지로 관광공간도 사회 속에서 형성되고 소비되는 사회적 산물이다. 리조트와 같은 소비공간은 우리의 감각적 경험에만 의존하여 파악될 수 없는 사회적 관계들을 함축하고 있다(Lefebvre, 2011; Soja, 1993). 관광은 물리적·문화적·사회적·정치경제적 환경 속에서 관광주체와 관광대상, 매체가 상호작용하는 체계(Leiper, 1979)이며 관광공간은 이러한 관계들을 함축하고 있다. 그리고 리조트와 같은 공간은 소비공간인 동시에 공간 개발을 통한 자본축적 기회의 공간이다. 자본은 자본축적을 위한 전략을 요구한다. 한편 사회의 생산양식 변화는 자본의 재입지 전략과 공간적 변화에 영향을 미치며, 이러한 자본의 관광지 입지 대응전략과 공간적 변화는 역사적, 경로 의존적인 과정이므로 사회에 따라 다양한 입지패턴을 발생시킨다(Papatheodorou, 2004). 즉, 관광지는 사회·문화적 관계, 자본주의 생산양식 변화, 행위주체의 능동적 행위 요인과 같은 다양한 요인들의 상호작용을 통해 변화된다(Shaw and Williams, 2004).

관광공간은 이동의 공간(Sheller, 2004), 욕망 달성의 공간이다. 리조트도 이동의 공간이며, 욕망 달성의 공간인 동시에 이러한 욕망을 달성하기 위한 소비자를 놓고 이윤을 창출하기 위한 기회의 공간이기도 하다. 관광객이 풍경이나 공간을 보는 방식에는 욕망이 들어 있으며, 이러한 보는 방식은 소비계층의 상이한 배경, 아비투스(Habitus), 문화적 전통 등에 따라 다르다(닝왕, 2000). 개별화와 강한 휘발성을 특징으로 하는 현대 소비문화는 다양한 공간의 관광지화를 촉진한다.

또한 현대사회의 이동성 강화는 자본, 사람, 이미지와 같은 다양한 차원의 이동이 촉진됨을 의미하며, 동시에 풍경을 변화시킴은 물론 공간에 대한 인식과 공간 소비에 대한 욕망을 강화시킨다(Urry, 2000). 이러한 이동성 강화는 리조트와 같은 소비공간의 확산을 가능하게 하며 소비욕구를 강화시킨다. 그리고 자본은 이러한 소비욕구를 강화시키고 소비를 촉진하기 위해 리조트의 매력성을 높일 수 있는 전략을 강구하게 된다.

따라서 자본축적 기회의 공간이자 소비의 공간인 리조트 개발과 입지결정은 거리, 수송비나 자연자원과 같은 요인들에 의해 자동적으로 결정되는 것이 아니다. 그것은 자본축적의 전략과 사회소비문화를 배경으로 주체의 욕망을 자극하고 소비를 촉진시키기 위한 자본의 전략과 관련지어 이해될 필요가 있다. 그럼에도 불구하고 기존의 입지론이나 관광입지 연구들은 공간을 물리적 대상으로 이해하거나 입지결정이 자동적으로 결정되는 것으로 이해하고 있다. 이러한 한계를 극복하기 위해서는 리조트 입지결정이 자동적으로 결정되는 행위가 아니라 공간이 사회적으로 생산되는 실체라는 관점에서의 새로운 접근과 연구방법의 적용이 요구된다. 실증주의적 전통에 입각한 연구들은 사회 없는 사회를 연구한다는 비판을 받아왔으며, 기존의 구조주의는 공간의 구체성과 상황성 그리고 주체성을 소홀히 다루어왔다는 비판을 받아왔다. 비판적 실재론은 사회적 행위에 대한 구조적 규정력과 더불어 공간의 구체성·상황성·주체성을 다루는 역량을 가진 것으로 평가되고 있다(조명래, 2000a). 따라서 본 연구에서는 비판적 실재론의 과학철학과 연구방법론을 새로운 연구전략의 근거로 삼고자 한다.

이 책은 필자가 제출했던 박사학위 논문을 근간으로 하여 수정, 보완되었고 동시에 새로운 글들이 첨가되어 만들어졌다. 관광학 분야에서 거의 다루어오지 않았던 관광공간을 주제로 한 연구라는 생소함과 짧은 연구기간과 역량 부족으로 인하여 많은 것이 부족한 논문이 되었다. 학위 논문 제출 후, 다시 검토하는 과정에서 충분히 익히지 못한 이론과 서술들이 여러 곳에서 발견되었다. 많은 것을 수정하고 보완하였음에도 불구하고 아직 많은 것이 부족한 상태라는 점을 누구보다 필자는 잘 알고 있다. 그럼에도 이제 책으로 내려는 이유는 소비자 중심의 관광 연구와 이해에서 벗어나 사회학문으로서 보다 폭넓고 심층적인 관광연구가 진행되는 데 조금이나마 기여할 수 있지 않을까 하는 작은 기대가 있기 때문이다. 그리고 몇몇 동료들이 이러한 용기를 내도록 도와주었다. 그리하여 부끄러움을 무릅쓰고 용기를 내어 책을 내보기로 하였다. 이 책의 부족한 부분에 대한 연구자들의 지적은 보다 더 나은 연구를 위한 밑거름이 될 것이다. 그리고 이를 통해 더 나은 연구로 나아가는 데 많은 연구자들과 함께할 수 있다면 이는 나에게 큰 영광이 될 것이다. 또한 관광학에서 관광공간에 대한 연구와 관심을 확대하는 데 조금이나마 도움이 될 수 있지 않을까 하는 기대를 가져본다.

학위 논문을 책으로 내기에는 많은 부분에서 부족하고 또한 서술이 거칠어서 이론적으로 부족한 부분을 보완하고 좀 더 쉬운 글로 수정하는 작업을 수행하였다. 이 작업을 수행하면서 관광학에 입문하고 있는 대학원생들과 관광현상에 관심을 기울이고자 하는 사람들이 보다 쉽게 읽을 수 있는 책이 되도록 학위논문 서술방식의 서술체계를 일반 저술물의 형태로 변경하였다. 이 작업을 위해 1년 반이라는 시간이 지나갔다. 이러한 작업을 통해 학위 논문에는 없었던 글들이 추가로 작성되었고, 이를 수록하였다. 그리하여 내용과 구조가 많이 변화되어 많은 부분에서 학위 논문과 매우 다른 글이 되었다. 이러한 변화가 전체적인 논의와 이해를 이끌어가는 데 있어서 오히려 도움이 될 것으로 기대한다. 특히 추가된 글 중의 하나인 관광공간에 대한 공간구문론을 사용한 계량적 분석방법에 의한 연구가 실증주의적인 연구가 아닌 다른 방식으로 관광공간 분석에 이용될 수 있는지에 대한 예를 제시한다는 측면에서도 그 의미가 있을 것이다.

이 책은 3부로 구성되어 있다. 1부는 주로 관광공간을 어떻게 이해해야 하는 대상인가를 중심으로 논의가 구성되어 있다. 1장에서는 공간이 단지 물리적 대상이 아니라 사회적 구성물인 동시에 사회적 실체로서의 공간임을 논의하고 있다. 2장에서는 이러한 공간을 어떻게 바라보고 이해할 수 있는지에 대한 과학철학이자 연구방법론인 비판적 실재론을 소개하고 본 연구에 어떻게 적용할 수 있는지에 대한 논의를 시도하고 있다. 3장은 기존의 일반입지이론과 관광입지이론에 대한 분석을 통해 관광공간의 입지이론의 적용가능성을 타진한다. 4장은 현대사회의 관광공간의 생산과 소비가 어떠한 사회적 배경 속에서 이루어지는지에 대해 논의한다.

2부와 3부는 리조트 개발에서 나타나고 있는 현상들을 통해 리조트 개발이 어떠한 형태로 이루어지고 있으며, 이러한 리조트 개발이 가능하게 되는 사회적 배경에 대한 분석과 논의로 이루어져 있다. 2부는 주로 리조트 개발 특성에 나타나고 있는 개발전략과 자본축적 전략을 분석한다. 5장은 리조트개발에 있어서 자본과 사회변화와 입지의 공간적 변화가 어떠한 관계가 있는지에 대한 논의와 분석을 시도하고 있다. 6장에서는 리조트 개발을 통한 자본축적의 방식이 위계화된 여가공간의 생산과 관련되어 있음을 분석하고 있다. 그리고 7장은 이미지에 의존하는 소비공간에 대한 소비욕구가 리조트 입지확산에 영향을 미치고 있음을 보여주고 있다.

3부에서는 리조트 시설과 공간구성은 소비촉진을 위한 논리를 가지고 있으며, 이러한 공간구성의 논리는 소비계층에 따라 차별적으로 이루어지고 있다는 점을 분석하고 있다. 8장은 리조트 각 시설이 가지는 사회계층적 성격과 이러한 성격을 드러내는 공간구성 방식에 대한 분석을 시도하고 있다. 그리고 9장은 리조트의 소비시설을 중심으로 소비를 촉진하는 리조트의 공간배치 전략에 대하여 분석한다. 10장은 공간구문론의 분석방법을 활용하여 주제공원의 공간이 어떻게 소비를 촉진하도록 구성되고 있는지를 분석한다. 그리고 마지막 제11장은 이론적 논의결과와 분석결과를 중심으로 리조트라는 관광 소비공간의 생산에 작용하는 메커니즘이나 사회적 배경에 대한 논의를 시도하였다.

이 책은 나의 스승이신 한양대학교 김남조 교수님의 지도와 지원이 없었다면 이 세상에 나오지 못하였을 것이다. 그 은혜는 평생 갚을 수 있는 것이 아님을 잘 알고 있음에도 불구하고, 다시 한 번 이 지면을 빌려 김남조 교수님께 감사의 마음을 전하고자 한다. 또한 학위논문 과정 중에 세심한 부분까지 지도해 주신 한양대의 이연택 교수님과 최승담 교수님 그리고 연구의 구조는 물론 문장 하나까지 지도해 주시고 격려해 주신 경기대의 고동완 교수님과 세종 사이버대학의 이일열 교수님께도 감사의 말을 올리고자 한다. 그리고 지난 1년간 추가연구를 수행할 수 있는 여건을 마련해 주시고 격려해 주신 호원대학교의 장병권 교수님과, 항상 나에게 용기를 주고 있는 민웅기 박사에게도 감사의 마음을 전하고자 한다. 항상 학자의 길을 가는 데 많은 격려를 보내 주고 계신 이훈 교수님께도 감사의 말을 올리고자 한다. 또한 기꺼이 10장의 연구 성과를 이 책에 실을 수 있도록 해주었으며 연구에 많은 도움을 주고 있는 최영석 박사에게도 고마운 마음을 전하고자 한다. 마지막으로 잘못된 문장을 수정하는 작업을 도와준 아들 성두와 영원한 후원자인 나의 아내에게도 고마운 마음을 전해야 할 것 같다.

2012년 11월
유광민

목차

서문 · 5

제1부

관광공간의
생산을 바라보기

제1장 공간을 바라보기

1. 망각된 시간과 공간

　관광학은 경제학·심리학·사회학 등 다양한 학문을 수용하는 방식으로 발전해 왔다. 그러나 현재 우리의 관광연구는 마케팅과 관련된 연구에 집중된 경향이 있다. 구체적으로 말하면 상품에 대한 만족도나 소비자의 행동, 태도 등과 관련한 연구들이 대부분을 차지하고 있으며, 관광의 소비대상이며 소비가 이루어지는 기반인 관광공간에 대한 연구는 찾아보기 힘들다. 관광에서 소비자와 생산자의 관계는 공간을 바탕으로 성립됨에도 불구하고 관광공간에 대한 연구가 거의 이루어지지 않고 있다는 사실은 나로 하여금 관광공간에 대한 연구 동기를 부여하였다. 이러한 나의 관심은 학위 논문의 연구로 이어졌다.

　박사학위 논문을 구상하는 단계에서 관광공간을 핵심주제로 한다고 했을 때, 주변으로부터 다양한 반응을 경험한 바 있다. 가장 일반적인 반응은 좋은 주제라고 하는 것이었고 그다음의 반응 중 하나는 그런데 '무엇을 연구하는 거야'라는 것이었다. 좋은 주제라는 것은 무엇을 의미할까? 참 듣기 즐거운 이야기이기도 하면서 허무한 이야기이기도 하다. 왜냐하면 관광공간에 대한 연구를 진행함에 있어서 나에게 아무런 도움이 되지 않는 말이었기 때문이다. 이러한 반응은 다음의 두 가지로 인해 발생한다고 볼 수 있다. 첫째는 그동안 연구주제로 생각해 보지 못한 개념이라는 것 때문이다. 지금까지 우리는 관광과 관련된 많은 문헌들 중에서 공간을 핵심주제로 다루고 있는 문헌을 찾아보기 어려웠을 뿐만 아니라 관광공간을 논의해 본 경험이 별로 없었다. 따라서 관광공간을 연구대상으로 한다는 것은 매우 신선한 일인 것이다. 이러한 관점에서 관광공간에 대한 연구는 좋은 주제일 것이다. 두 번째는 관광공간이 사회적으로 생산된다는 사실을 망각하고 있기 때문이다. 즉, 관광공간을 논의할 때, 관광시설이 들어가는 물리적 대상, 자연과 같이 소비해야 할 대상물로서 균질한 물리적 대상이거나 이미 존재하는 것으로 간주하여 왔기 때문에 관광공간을 연구대상으로 한다는 것이 무엇을 의미하는지에 대한 개념이 거의 없었던 것 같다. 즉, 그저 균질한 물리적 대상이고 아무것도 없는 것이 공간인데 무엇을 연구한다는 말인가? 하는 것이다. 이러한 반응은 모두 우리가 시간-공간이 사회체계를 본질적으로 구성하는 요소들임에도 불구하고 공간을 단지 행위의 물리적 환경으로 이해하거나 시간을 단지 시계의 시간으로 받아들임으로써 사회체계가 시간과 공간 속에서 형성된다는 사실을 망각하고 있기 때문에 발생하는 것이다(Giddens, 1985; Massey 1992; 김왕배, 2000b: 59 재인용). 이러한 망각은 관광공간에 대한 과학적 접근을 방해한다. 공간에 대한 망각이 어떻게 가능한지에 대한 이해는 공간에 대한 망각으로부터 벗어날 수 있는 기회를 제공하기 때문에 관광공간에 어떻게 접근해야 할지에 대한 이해를 가능하게 한다는 점에서 그 중요성이 있다.

조금만 생각해 보면, 상품의 생산과 소비, 선호는 사회변화에 따라 변화되어 왔음을 우리는 쉽게 이해할 수 있다. 70년대 초반까지만 해도 대부분의 지역에서는 동일한 색상과 디자인을 한 흰 고무신과 검정 고무신을 신고 다녔으며 이러한 신발을 신는 것은 너무나 당연한 것이었다. 그러나 지금은 색상과 디자인이 동일한 신발을 모든 시민이 신는다는 것은 상상할 수 없는 일이다. 심지어 나와 똑같은 옷을 입고 있는 사람을 간혹 만나면 만나서는 아니 될 대상을 만난 것처럼 그냥 기분이 나쁘다. 그러나 우리는 왜 기분이 나쁜지 그 이유를 모르고 그냥 기분이 나쁠 뿐이다. 기분이 나쁜 이유는 모르지만, 기분이 나쁘다는 감정을 우리가 느낄 수 있다는 것은 소비에 대한 선호가 이성적 인식의 틀에 있는 것이 아니라 무의식의 세계 속에 자리 잡고 있다는 것을 잘 보여준다. 그리고 동시에 이러한 예는 직관적으로 소비에 대한 선호 혹은 느낌이 시대변화에 따라 변화되어 왔다는 점을 보여주고 있다.

상품에 대한 선호가 시대변화에 따라 변화되어 왔듯이 관광지에 대한 선호 또한 시대변화에 따라 변화되어 왔다. 예를 들면, 70년대에 주요 관광지가 유원지였다면, 지금은 리조트가 유원지를 대신하고 있다. 현대사회에서 유원지는 낙후된 관광지라는 이미지를 가지고 있다. 그리고 남이섬이 보여주듯이 유원지 중 일부는 유원지라는 이름을 벗어버리고 새로운 소비공간으로 재탄생하고 있다. 중요한 관광지였고 신혼여행지였던 온천지대는 과거의 향수를 지닌 몇몇의 사람만이 가지고 있는 기억 속에 있으며, 워터파크라는 실내 물놀이 형태로 소비 장소와 소비문화가 변화되었다. 60~70년대에 신혼여행지였던 온양온천은 그 추억만을 가지고 있다. 그리고 80년대에 신혼여행지였던 제주도는 신혼여행지로 선호되지 않고 일상적인 관광공간으로 변화되고 있다. 이와 같이 약간의 관심을 기울인다면, 소비가 이루어져 왔던 공간 또한 선호가 변화되어 왔으며, 새롭게 생산되고 없어지고 재구성되어 왔다는 점을 유추하는 데 큰 어려움이 없을 것 같다. 그럼에도 불구하고 관광공간에 대한 개념이나 연구가 발전하지 못한 것은 공간이 사회 변화 속에서 형성되어 왔다는 사실을 망각하고 살아오고 있는 현실을 반영하고 있는 것은 아닐까 생각할 수 있다.

따라서 관광공간에 대한 논의를 하기 전에 우리는 이러한 망각을 벗어나기 위한 기초적인 작업을 할 필요가 있다. 사회과학에서도 오랜 기간 공간이 주변적인 것으로 머물러 왔듯이, 관광연구에서 공간에 대한 연구 또한 그동안 중요한 관심의 대상이 아니었다. 관광연구는 주로 상품판매와 관련된 소비자 연구에 관심을 기울여 왔으며, 실증주의적 연구방법에 주로 의존하여 왔다. 관광연구에서 공간에 대한 연구는 주로 개발의 물리적 대상으로서, 관광개발을 통해 이용되는 대상이거나 시설들이 입지하는 물리적 대상으로서 부지 정도의 대상으로서 다루고 있는 연구들이나 인식이 대부분을 차지하고 있다. 그러므로 관광공간을 대상이 아닌 그 자체를 핵심적인 주제로 다루고 있는 문헌을 찾아보기 힘든 것은 어찌 보면 당연한 결과이다. 아니 관광공간 그 자체를 다룬다는 말이 언뜻 이해되지 않는 독자들도 상당수 있을 것이다. 왜냐하면 일반적으로 공간은 죽은 것 또는 어떤 것을 담는 그릇, 즉 용기 정도로 이해되어 왔기 때문이다. 일반적으로 자연 또는 환경을 담고 있는 그릇을 땅이라고 보고 이 땅은 보다 추상적 개념인 공산이란 말로 대체되어 왔다(김형국, 1997). 그러나 공간에 대한 변증법적 이해를 주장했던 소자(Soja)는 다음과 같이 말한다.

"이러한 공간을 바라보는 일반적인 관점은 공간을 행위의 물리적 대상으로 이해한다. 공간은 죽은 것, 고정된 것, 정지된 것, 비변증법적인 것으로 간주되었다. (중략) 이러한 의식은 사회생활의 공간성에 대한 비판적 감수성을 방해하고 존재의 생활세계가 역사 발전과정뿐만 아니라 인문지리의 형성과 공간의 사회적 생산, 지리경관의 끊임없는 구성 및 재구성 속에 독창적으로 위치한다고 생각하는 실용적인 이론 의식을 방해하는 경향을 보여 왔다(소자(Soja), 1993: 21/22)."

소자의 말을 빌리자면, 우리의 생활과 역사발전은 공간 속에서 이루어져 왔으며 공간은 이러한 과정 속에서 독창적으로 위치한다. 이러한 관점은 우리가 공간을 단지 대상이 아니라 그 자체에 대하여 관심을 기울일 필요성을 제기한다. 그러나 일반적인 관점에서 공간에 대한 이해는 이와는 거리가 먼, 거리의 문제이거나 공간의 물리적 특성의 구분이나 분류 등에 제한될 것이다. 학교교과과정의 지리 시간에 공간의 문제를 지역 간 거리의 문제, 지형의 특성(산악지역, 평야지역 등)의 구분과 분류에 대한 학습을 중심으로 다룸으로써 우리는 공간을 주어진 것으로 보고, 특성의 구분과 분류를 중심으로 공간을 이해하도록 학습되어 왔다. 관광연구에서도 공간은 이동거리의 문제로 수요예측의 고려 변수가 되거나 자연자원, 문화자원, 산악자원 등과 같이 공간이 담고 있는 특성에 따라 구분되고 이용되는 대상으로 이해되어 왔다. 그리하여 많은 관광지리 교재들이 어디에 어떠한 자원이나 교통시설 등이 존재하는지 등의 분류와 기술로 채워져 있는 것이다. 이러한 현상은 비단 국내뿐만의 현상은 아니다. 이와 같은 인식과 연구로는 관광공간에 대한 이론적 축적물을 새롭게 구성해나가기 어려울 것이다. 물론 우리가 흔히 말하는 공간은 물리적 대상으로의 성격을 가지고 있다. 그러나 공간을 물리적 대상으로만 이해하는 것은 공간의 본질에 가까이 접근하지 못하게 한다. 공간은 물리적 공간만이 있는 것이 아니다. 심지어 가상의 사이버 공간까지도 존재하는 세상에 공간이라는 단어를 단지 물리적 공간만으로 제약할 필요도 없을뿐더러 물리적 공간만으로의 이해는 공간에 대한 인식을 제약한다.

여기서 공간을 단지 물리적 대상으로 또는 용기로 이해하는 관점은 공간이 하나의 사회적 실체라는 사실을 인식하지 못하게 하고 있다는 점을 분명하게 할 필요가 있다. 아니 공간이 어떻게 하나의 사회적 실체가 될 수 있다는 말인가? 이 글을 읽고 있는 독자들 중에는 공간이 하나의 실체라는 사실을 인정하기 힘든 경우도 있을 것이다. 따라서 우리는 공간이 하나의 실체이며, 사회적 구성물이라는 것을 간단하게 살펴볼 필요가 있다. 우선 공간에 대한 망각은 어떠한 배경속에서 이루어지고 있으며, 정말로 공간은 독창적인 사회적 구성물인 사회적 실체인지에 대하여 간단하게 살펴보자. 이러한 작업들은 공간에 대한 가장 기본적인 인식을 변화시키는 작업이며, 이를 통해 관광공간에 대한 실체를 접근하는 길로 안내해 주는 가장 기초적인 작업이 될 것이다.

2. 실체로서의 공간

서양 고대 우주관은 모든 사물에서 적절한 자리가 이미 주어져 있으며, 사물이 우주 안의 적절한 자리에 놓이는 것이 질서라는 '코스모스(Cosmos)'의 공간관념으로 이해될 수 있다(이진경, 2007: 91).[1] 이러한 공간개념이 해체되기 시작한 것은 근대의 발전과 밀접하게 관련되어 있다. 이러한 공간관념을 근본적으로 해체한 것은 데카르트의 업적이다. 데카르트는 만물의 물질적인 속성을 연장(extension)으로 정의하고 그 연장을 공간상의 위치로 환원함으로써, 공간을 수학적인 좌표로 정의하고 대수적인 수의 조합으로 환원되는 동질적인 것으로 만듦으로써, 공간상의 위치가 갖는 모든 특성과 특권은 사라져버렸다 (이진경, 2007: 92). 이러한 공간의 동질화와 수학적 좌표로 정의함으로써 이루어지는 수량화는 우리가 학교에서 배우고 있는 유클리드 기하학에 의해 강화되었다.[2] 이러한 공간에 대한 기하학 중심의 교육은 우리로 하여금 더욱 공간을 물리적 대상으로 인식하게 하고 공간을 동질적인 것으로, 수량화의 대상으로 인식하게 한다. 그리고 이와 같은 기하학에 의한 공간의 동질화와 수량화는 서로 다양한 모든 현상을 공간적 관점 아래 동질화시키고 공간유형들의 기하학적 속성을 근본적인 것으로 취급하도록 하게 한다(Harvey, 1982: 493). 따라서 공간이 가지고 있는 사회적 관계나 의미, 역사 등은 우리의 인식으로부터 멀어지게 된다.

시간 또한 근대사회에 들어와 공간과 마찬가지로 동질화와 수량화의 대상이 되었다. 이를 촉진하는 장치가 바로 우리가 흔히 사용하고 있는 시계이다. 그리고 우리의 생활은 시계를 통해 모든 생활이 구조화되고 동질화되고 있다. 고대에 시간은 천체의 순환적 운동에서 발

---

1) 이와 같은 공간개념은 우주는 본질적이고 고착되고 안정된 것이라는 고대철학과 관련되어 있다.

2) 그러나 유클리드적 공간개념은 로바체프스키-보요이와 리만의 새로운 기하학으로 인해 그 유일성을 상실했고, 절대공간 개념의 물리학적 잔상이었던 에테르의 존재가 그것을 확증하려는 마이켈슨-몰리 실험으로 인해 역설적으로 부정되었으며, 절대시간 개념 또한 아인슈타인의 특수상대성이론으로 인해 무너졌다. 이러한 일들은 모두 19세기 말부터 20세기 초에 벌어진 일들이다(이진경, 2010: 169~171).

견되는 리듬이었고, 순환적이고 반복적인 시간개념을 가지고 있었다. 그러나 기계 시계는 이러한 시간개념을 바꾸어놓았다. 시계는 시간을 직선상에서 무한히 등분될 수 있는 것으로 만들었고, 그 결과 각각의 등분된 시간은 원판 사이의 숫자 간 거리로 표시되는 동질적인 것이 되었다(리조트 모리스, 1990: 16-41; 이진경, 2010: 176 재인용).

이러한 시간과 공간의 동질화·수량화는 유럽에서 시작된 근대성의 발전과 밀접하게 관련되어 있다. 대략 17세기경부터 유럽에서 시작된 근대성은 경제·정치적 합리성의 제도화 과정 또는 계몽주의의 전파를 통한 새로운 사회·문화적 생활양식을 추구하고 인간사회의 시공간적 존재양식을 바꾸어놓았다(최병두, 2002). 시간은 반복적이고 순환적인 것이 아니라 화살과 같이 방향성을 가지게 되었으며, 인간은 이러한 시간에 적응되었다(Tuan, 1977: 200). 그러므로 시간과 공간의 체험은 반복적이고 순환적인 성격이 아니라 하나의 방향을 가지는 경험으로 변화되었다. 이러한 방향성은 시간과 공간을 무한적으로 확대시킬 수 있다. 이제 우리는 시간과 공간을 앞으로뿐만 아니라 뒤로도 무한적으로 확대시키면서 체험할 수 있게 된다. 이러한 시공간에 대한 개념은 현재의 시공간을 넘어 미래로 또는 과거로의 확대를 가능하게 하는 상상을 가능하게 한다. Tuan(1977)은 우리의 마음은 자유롭게 배회할 수 있는데, 관광 안내책자의 많은 문구들이 과거나 미래 혹은 환상의 세계로 '들어오라'고 말할 때(역사적인 장소나 환상의 이미지를 가지는 공간의 방문을 의미하는), 공간적 이동은 시간적 이동의 환상을 줄 수 있다고 밀한다.[3] 따라서 이동을 통해 과거나

---

[3] Campbell(1987)의 '자기 환상적 쾌락주의'는 주체의 이미지에 근거한 시공간의 경험을 정당화하고 강화시킨다. 이에 대한 논의는 1장의 3절 참조 바람.

환상의 공간에 대한 경험을 가능하게 하는 관광은 근대의 시공간의 탄생에 의해 가능해진 것이다.

이러한 시계와 같은 기계시간의 전 세계적 도입은 유럽에서 자본주의 발전에 따른 기차발전과 밀접하게 관련되어 있다. 19세기 중엽까지만 해도 지방마다 해에 맞추어 시간을 정했기 때문에, 시계를 사용하는 경우에도 지방마다 시간이 상이했다. 이러한 시간의 상이성은 철도수송을 조직하는 데 장애가 되었다. 철도가 본격적으로 시작되면서 시간을 통일해야 할 필요성이 제기되었고, 표준시간의 조정을 위한 기준시간이 마련될 필요가 있었다. 1875년에 영국의 철도회사 요청으로 국제지리학회가 열렸으며, 여기에서 전 세계의 시간을 통일하자는 제안이 있었고, 1991년에 프랑스가 '국제시간국'을 파리에 두는 조건으로 영국의 그리니치 자오선을 받아들임으로써 모든 세계의 시간이 표준화되는 합의에 이르게 되었다(이진경, 2010: 55-57). 이것이 우리가 현재 사용하고 있는 시간의 표준화 역사이다. 여기에서 이에 대한 자세한 내용을 모두 소개할 필요는 없을 것으로 보인다. 다만 우리는 여기에서 시간과 공간에 대한 지배적인 개념은 사회적으로 구성되고 변화되는 것이며, 관광과 같은 시간과 공간에 대한 체험방식의 변화를 가져왔다는 점만을 간략하게 확인하고자 한다.[4) 동시에 시간과 공간이 단지 물리적 대상으로 인식하게 하고 사회적으로 만들어진 사회적 대상물이며 사회적 실체라는 사실을 망각하게 된 것 또한 사회적인 결과물이라는 사실을 확인할 필요가 있다. 따라서 이러한 망각으로부터 벗어날 때, 우리는 공간의 실체에 다가갈 수 있을 것이다.

---

4) 보다 자세한 내용을 확인하고자 하는 분들은 이진경(2010)의 『근대적 시공간의 탄생』을 읽어보기를 권한다.

공간의 실체에 더 가까이 다가서기 위해서는 절대적인 것뿐만 아니라 관계적인 공간에 대하여서도 관심을 기울일 필요가 있다. 하비(Harvey, 2005)는 공간을 뉴턴과 같은 절대적인 공간, 아인슈타인과 같은 혹은 누구의 관점에서 상대화되고 있는지에 따라 공간적 틀이 달라지는 상대적인 공간 그리고 관계적인 공간으로 구분하고 공간은 세 가지 모두의 것이라고 생각한다. 그러나 공간의 절대적 개념은 재산권과 경계의 결정과 같은 쟁점들을 위해서는 충분할지 모르지만, 천안문광장이나 그라운드 제로(Ground Zero) 또는 성당이 무엇인가라는 질문에는 전혀 도움이 되지 못한다고 지적한다. 공간의 관계적인 사항들을 고려해서 사고할 때에만 이에 대하여 답할 수 있다. 하비(2005)는 공간은 세 가지 개념을 모두 가지고 있는 것으로 생각한다.

그러나 아직 공간이 사회적 실체인지에 대하여는 말하지 않았다. 이에 대하여는 푸코의 논의를 빌려 간단하게 살펴보고자 한다. 푸코는 근대공간이 근대성을 수립하고 행위주체가 이를 수용하도록 만드는 실체로 이해한다. 즉, 공간은 사회적 생산물인 동시에 일정한 사회적 효과를 발생시키는 실체인 것이다. 이러한 점은 푸코의 유명한 『감시와 처벌-감옥의 역사』를 통해 확인할 수 있다.

원형감옥을 제안한 제러미 벤담(Jeremy Bentham)은 공간이 근대적 주체를 만드는 데 중요한 역할을 수행한다는 점을 잘 알고 있었고 건축에 대한 그의 믿음은 절대적이었다. 제러미 벤담은 건축을 통해 '노력심이 개선되고, 선상이 유지되며, 근년성이 고쳐되고, 시시사항이 잘 전달되며, 공공부담이 경감되고, 경제는 반석 위에 있듯이 견고해지면, 고르디우스의 매듭(복잡하게 얽힌 문제를 의미)과 같은 구빈

법은 잘리지 않고 풀린다. 이 모든 것은 건축적 아이디어 하나로 해결된다'고 믿었다(Marcus, 2006: 163).

우리가 잘 알고 있는 파놉티콘(Panopticon)[5], 즉 원형감옥은 원통형 건물의 중심에 탑이 자리하고 있으며, 수감자들의 감방은 원형 외부에 배치되어 있다(<그림 1-1> 참조). 따라서 후면으로부터 빛을 받고 있는 수감자들은 지속적으로 중앙으로부터 잘 보이도록 되어 있는 반면에 수감자들과 중간영역인 환상형 통로를 순찰하는 간수들은 중심에 위치한 교도소장 구역을 볼 수 없다. 이러한 감시체계는 간수 또는 교도소장이 존재하지 않아도 수감자들을 일정한 규율 속에 스스로 수감자로서의 주체를 형성하게 한다. 즉, 중앙감시는 간수나 교도소장의 존재 여부와 관계없이, 스스로 지속적인 통제를 만들어내고, 효율적으로 감시를 수행함으로써 생산성 있는 노동이익을 발생시키며, 이러한 노동이익은 간수에게로 돌아간다. 이러한 원형감옥 파

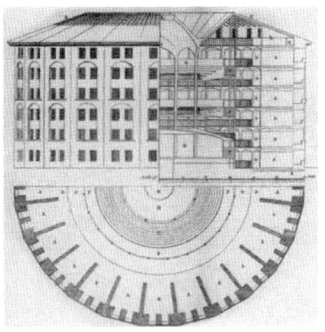

〈그림 1-1〉 사무실의 자리 배치 구조와 원형감옥의 구조

---

5) 파놉티콘의 어원은 그리스어로 '모두'를 뜻하는 'pan'과 '본다'를 뜻하는 'opticon'을 합성한 것으로 벤담이 소수의 감시자가 모든 수용자를 자신을 드러내지 않고 감시할 수 있는 형태의 감옥을 제안하면서 이 말을 창안했다(http://ko.wikipedia.org).

놉티콘은 제러미 벤담의 공리주의[6] 철학을 구현하는 장소였다. 이러한 원형감옥에 대한 개념은 비단 감옥에 제한되지 않고 원형건물 형태의 공장, 글래스고의 광인수용소, 강제 노역소는 물론 도서관, 극장, 학교의 강의 극장 등의 다양한 형태로 발전되었다(Marcus, 2006).

근대에서 공간은 권력의 작동방식을 결정하는 중요한 요소였으며, 시선은 효과적인 권력 행사를 위해 동원되었다(Gordon, 1980).[7] 원형감옥 파놉티콘에서와 같이 감시자는 보이지 않고 감시받는 자가 보여야 하는 시선의 비대칭성은 근대 권력관계를 보여준다(박정자, 2008). 그리고 푸코(Foucault, 1994)에 따르면, 근대권력에서 바라봄을 허용하는 기술은 권력의 효과를 이끌어내는 장치이다. 공간은 보여주거나 보여주지 않음으로써 권력관계를 드러낼 수 있는데(최윤경, 2003) 공간구성이나 배치 또한 이러한 시선의 권력 효과를 발생시킨다(Foucault, 1994). 뿐만 아니라 이러한 공간구성이나 배치를 통해 육체를 훈육하고 규율함으로써 근대사회의 주체를 생산해내는 것이다. 이러한 규율은 몸의 활동에 대한 면밀한 통제를 가능하게 하고, 체력의 지속적인 복종을 확보하며, 체력에 순종-효용 관계를 강제하는 방법이다(강미라, 2011). 푸코는 『감시와 처벌-감옥의 역사』를 통해, 18세기에 새로이 창출된 근대 공간이 몸의 새로운 조직화를 어떻게 진행시키는지를 보여주고 있다. 푸코는 '감시와 처벌'을 통해 구빈원, 공장, 학교, 병영, 병원이 감옥과 닮았음을 폭로함으로써, 근대 공간이

---

6) 공리주의는 중세사회의 주된 가치체계인 전통주의, 세습주의, 귀속주의에서 탈피하여 근대 자본주의사회의 주된 가치체계인 개인주의, 업적주의, 성취주의, 경쟁주의로 변화하는 것으로 일상생활에서는 실용적이고, 합리적인 세속적 가치가 중요해지게 된다[김문경(1993), 『여가의 사회학-한국의 레저문화』, 한울아카데미].

7) 시각과 현대성에 관한 깊이 있는 논의는 주은우(2008), 『시각과 현대성』(한나래 출판사)와 이진경(2010), 『근대적 시공간의 탄생』(그린비 출판사)에서 다루어지고 있다.

자연과 문화적 공간이라기보다는 정치경제적 공간임을 밝히고 있다(장세룡, 2009: 302).

우리의 삶을 지배하는 핵심적인 가치는 근(현)대성(modernity)이다. 근대적 가치는 근대적 삶이 이루어지는 시공간의 배치와 그것에 대한 우리의 인식론적 관점을 바꾸어놓을 뿐만 아니라 그것을 통해서 자신의 가치를 시공간 속에 실현하고 있다. 이렇게 만들어진 한 시대를 규정하는 특정한 인식론적 관점과 가치들이 시공간 속에 물리적으로 체현되고 나면 우리는 그것을 자명한 것 또는 선험적으로 주어진 것으로 받아들이며 그 속에서 우리의 삶을 만들어간다(박영균, 2008: 303). 따라서 원형감옥과 같은 시선의 불균형을 통한 권력의 작동과 주체의 규율은 비단 18세기 감옥에서만이 아니라 현대사회의 일상적인 노동 장소인 사무실에서도 이루어지고 있으며, 우리로 하여금 이러한 인식과 가치들을 너무나 당연하게 여기도록 만들며, 스스로 규율하는 주체가 되게 한다. <그림 1-1>의 사무실 사진은 뒷면의 상급자가 전면에 하급자를 배치하고 상급자가 하급자의 뒤를 볼 수 있도록 하는 배치를 보여주고 있다. 이는 원형감옥이 가지는 공간을 통한 시선권력의 구조가 그대로 현대사회에서도 실현되고 있으며, 이를 통해 우리의 몸이 근대적 주체로서, 노동자로서 스스로 규율되고 주체가 되고 있음을 보여준다. 즉, 공간이 근대적 주체를 만들어낸다는 제러미 벤담의 믿음은 실제로 공간을 통해 현대사회에서도 여전히 이루어지고 있으며, 작동하고 있는 것이다.

푸코의 시선은 단지 바라보기만을 의미하는 것이 아니다. 시선(혹은 응시)은 무의식적으로 무언가를 욕망하게 한다(이진경, 2010: 82). 라캉(Lacan)에 따르면, 주체는 바라보기만 하는 내가 아니라 보임을 당하는 나로 이루어져 있으며, 거울단계의 예를 들어 타자와 자신을 동일시하며 자신의 욕망을 타자의 욕망에 종속시킨다(라캉, 2011). 즉, 주체는 무의식적으로 타자의 응시를 욕망하면서 타자의 질서 속에서 사고한다. 그러므로 시선은 무의식적으로 무언가를 욕망하게 하는 동시에 스스로 행동하게 하는 시선을 작동시키게 되고 이를 일상화시킴으로써 특권적 위치에 스스로 가게 하는 '주체화하는 체제'이다(이진경, 2010: 110).

라캉에 따르면, 인간은 타자에 의해 '바라보여지는' 주체로서 자신을 의식한다(김현진, 2006: 370). 인간은 스스로를 바라볼 수 없다. 생후 6개월에서 18개월 사이에 거울을 바라보는 아이는 거울에 비친 자신의 육체를 자신과 동일시한다. 즉, 인간의 주체는 거울 속의 이미지를 통해서 만들어진다. 라캉은 이 단계를 상상계라고 한다. 그리고 상상계를 지나 아이가 타자의 시선을 인식하는 상징계에 들어서면 더욱더 인간의 주체는 세계의 질서 속에서 형성된다(Lacan, 2011). 즉, 라캉에 의하면 인간 주체의 외부 대상에 대한 이미지는 인간의 주체를 형성한다는 것을 의미하는 것이고, 인간의 주체는 사회적으로 사회질서 속에서 만들어지는 것을 의미하는 것이다. 그리고 라캉에 의하면 시선은 내가 대상을 바라보듯이 대상 또한 나를 바라보고 있음을 아는 것을 의미하며, 주체는 시선을 통해 주체가 보이는 그 너머에 있는 보이지 않는 무엇인가를 보는 것을 의미한다(김현진, 2006: 371). 예를 들면, 예수의 초상화를 보는 나는 예수의 얼굴을 통해 그 너머에 있는 어떠한 셋(절대적 권력 혹은 이상향의 세계)을 본다. 따라서 본다는 것은 보이는 것만을 보는 것이 아니라 보이지 않는 상상하는 것을 보는 것이다.

그러므로 우리는 대상을 그대로 보는 것이 아니라 이미지를 통해 본다. 이미지는 주체의 응시와 대상의 주체에 대한 응시가 만나는 지점에서 만들어진다. 그러므로 주체는 이미지를 통해서 대상을 바라보며, 이미지(혹은 스크린) 너머에 있는 대상에 완벽하게 접근하지 못한다. 따라서 시선 너머에 존재하는 대상과 이미지 사이에는 영원히 좁힐 수 없는 결핍이 있게 마련이며, 인간의 욕망은 이 결핍으로 인하여 발생한다. 인간의 욕망은 이미지 너머에 있는 대상과의 결핍을 해결하기 위한 것이다. 그러므로 이미지는 이미지 너머로 존재하는 대상에 대한 욕망을 자극한다. 그러나 이 결핍은 영원히 채워지지 않는다. 따라서 욕망은 생물학적 욕구와 달리 영원히 채워지지 않는다. 에너지원으로서의 음식에 대한 욕구는 충분한 에너지를 섭취하면 채워지지만, 기호로서의 음식에 대한 욕망은 채워지지 않는다. 따라서 욕망은 채워지지 않는 소비를 자극하는 중요한 기제이다. 이러한 시선의 욕망의 메커니즘을 잘 보여주는 대표적인 사례로는 스트립쇼가 있다 (김현진, 2006: 379). 스트립쇼는 드러냄과 감추기를 통해 욕망을 자극하는 이미지를 보여주는 상징적 극이다. 관객의 욕망이 최고조에 달하는 지점은 바로 스트립쇼걸의 육체를 드러냄과 감추기가 교차되는 순간이다. 관객은 결코 도달할 수 없는 환상에 사로잡히며 이 순간이 최고의 쾌락을 가져다준다. 이와 같이 드러내기와 감추기는 욕망을 자극하고 쾌락을 가져다주는 전략으로 사용될 수 있다. 이러한 드러내기와 감추기는 공간화를 통해서도 이루어질 수 있다. 따라서 공간화를 통해 시선은 이미지를 통해 주체의 욕망을 자극하는 도구로 사용될 수 있다. 관광공간에서도 관광공간화를 통한 시선은 소비주체의 소비욕망을 자극하는 중요한 도구이다.

이와 같이 공간은 텅 빈 허공이나 기하학적 좌표계로 존재하는 등 질화된 대상이 아니라 사람들의 사고와 행동의 수단이며, 그런 만큼 그것을 지배하고 통제하는 수단으로서, 사회적으로 생산되는 것이다 (Lefebvre, 1991: 154; 이진경, 2007: 108 재인용). 따라서 공간은 주어진 대상이 아닌, 단순히 물리적 실체가 아닌 사회적 과정의 산물이며 동시에 사회적 과정들을 구조화시키는, 즉 사회적 과정에 능동적으로 영향을 미치고 있는 실체이다(김왕배, 2000b). 그리고 공간은 권력관계를 드러내는 수단에 그치는 것이 아니라 욕망을 자극하고 타자의 질서 속에서 사고하도록 만드는 실체로 이해될 수 있다. 이는 관광공간에서도 여전히 동일하게 작동한다. 그러므로 관광공간을 이해하기 위해서는 공간이 단지 대상이 아니며, 용기에 지나지 않다는 인식으로부터 벗어나기 위한 일종의 전환을 해야만 한다. 이러한 공간에 대한 인식의 전환이 이루어질 때, 관광공간에 대한 보다 더 깊은 의미와 구조를 이해할 수 있다.

3. 사회·문화적으로 규정되는 공간

관광은 기본적으로 쾌락을 추구하기 위하여 풍경을 중심으로 이루어지는 경향을 가지고 있다. 근대사회의 발전 초기에 관광은 주로 자연풍경을 중심으로 철도와 같은 교통발전과 함께 이루어졌다. 이러한 일반적인 이해에서 생략되어 온 논의 중의 하나가 자연풍경이 어떻게 소비의 대상이 되었는지에 대한 이해이다. 우리는 아름답고 깨끗한 자연 속에 들어가 즐거운 시간을 보내고, 힘든 도시에서의 영혼을 치유하고 새로운 활력을 얻기 위해 시간과 돈을 소비한다. 현대사회에서 이와 같은 아름다운 자연풍경이 소비의 대상이 되고 이색적이고 이국적인 풍경을 중심으로 관광경로가 이루어져 왔다는 사실은 너무나 자명한 것으로 여겨진다. 이러한 자명하게 보이는 인식을 그대로 수용하는 것은 근대 소비의 특징 중의 하나인 자연에 대한 쾌락적 소비가 원래부터 존재해온 것처럼 인식하게 만든다. 그러나 서구 문화에서 풍경 개념의 도입은 18세기 후반에 시작된 낭만주의 운동과 낭만주의 취향의 도입과 연관되어 있다(닝왕, 2000: 135 재인용). 다음의 글은 닝왕(2000)의 글 중의 일부이다.

> "낭만주의 출현은 바로 근대성의 산물이면서 근대적 주체 형성의 문화적 도구였다. 오늘날 자연은 인간 사회의 낙원이고, 즐거운 곳이며 행복한 곳으로 여겨진다. 그러나 이러한 인식이 처음부터 존재하였던 것은 아니다. 지금 시대와 가까운 18세기까지만 해도, 자연은 매우 부정적인 것이었으며, 바다 또한 고전주의 시대에는 창세기에 묘사된 대홍수의 이미지와 관련된 공포의 장소이었다. 이러한 자연에 대한 인식이 변화된 것은 낭만주의 출현과 관련되어 있다. 낭만주의는 자연을 칭송하고 아름다운 곳으로 묘사한다(닝왕, 2000: 134-135)."

즉, 근대사회의 출현 이전에 서구 사회에서 자연은 창세기에 묘사된 공포의 장소이었다. 따라서 이러한 인식 속에서 자연을 낙원으로 여기고 행복한 곳으로 여기며, 쾌락적 소비의 공간으로 여길 수는 없었을 것이다. 문화는 모든 현상을 보는 렌즈이며, 사회적 행위와 활동의 좌표축을 결정하기 때문에, 문화는 세계를 어떻게 보는가, 그리고 인간의 노력에 의해서 세계가 어떻게 형성되는가를 결정한다(매크래켄, 1988: 164-165). 따라서 자연공간에 대한 인식과 소비공간으로서의 자연에 대한 인간의 행위는 자연공간에 대한 문화의 변화 속에서 이해되어야 한다.

캠벨(Campbell, 1987)은 자연공간에 대한 인식의 변화를 가져온 낭만주의가 어떻게 쾌락적 소비주의와 연관되어 자연을 쾌락적인 소비공간으로 변화시키게 되었는지를 그의 저서 『The Romantic Ethic and the Spirit of Modern Consumerism』에서 분석한다.

캠벨(1987)은 낭만적 신념과 열망과 태도가 '소비사회'를 위해 작동하게 만들어지고 있는 관계로 파악한다. 일반적으로 소비나 선호는 문화적으로 규정되는데, 그 이유는 관광과 같은 소비는 경제적·기술적 발전과 더불어 문화적 변동의 산물이기 때문이다(닝왕, 2000). 새로운 소비나 선호는 소비주체의 소비에 대한 가치 및 태도 변화를 수반하는 것이며, 이러한 변화에 가장 큰 영향을 미치는 것이 문화이다. 따라서 근대관광의 출현은 새로운 문화적 주체의 출현에 대한 이해를 요구한다. 이러한 이해 요구는 자연관광에 대한 선호 또는 동기가 원래 인간의 유전자 또는 사회에 내재되어 있는 것이기 때문에 근대관광에서 자연관광의 출현이 너무나 당연한 것으로의 이해를 거부하는 것을 의미한다. 캠벨(1987)은 더 나아가 소비의 사회적 성격을 부각시킨 베블런(Veblen)의 유한계급론에서 다루어졌고, 대중적으로 받아들여지고 있는 사회적 경쟁에 의한 소비 추동을 인정하면서도, 베블런의 분석은 근대사회의 소비주의 출현의 특성을 설명하지 못함을 비판한다. 왜냐하면 사회적 경쟁에 의한 모방적 소비는 인류사회의 보편적 현상이기 때문이다. 이러한 캠벨(1987)의 논의는 관광과 같은 소비에 내한 동기를 사회적이면서 동시에 역사적으로 위치 지어서 이해되어야 함을 강조하고 있다.

캠벨(1987)의 논의를 따라[이하의 페이지는 모두 캠벨(1987)의 저서를 의미한다], 자연이라는 공간이 근대사회에서 문화적으로 어떻게 선호의 대상이 되었는지를 간단하게 소개해 본다. 그는 근대적 쾌락주의 이전의 전통적 쾌락주의는 과거의 경험을 통해 알려져 있는 감각적 경험에 몰두하는 경향이 있으며, 새로운 대상이나 활동은 아직 알려지지 않았기 때문에 쾌락의 대상으로 의심받았다고 주장한다. 반면에 근대적 쾌락주의는 예견되는 쾌락에 몰두하는 특징을 가지고 있다. 왜냐하면 근대에서 인간주체는 즐거움에 대한 상상을 통해, 자신이 호감을 가지고 있는 몽상을 욕망의 실제 대상에 부착시키고 이러한 방식을 통해 알려져 있는 것보다 알려지지 않은 것에 대해서 더 큰 욕망을 경험하게 되는 주체이기 때문이다(이를 두고 캠벨은 '자기 환상적 쾌락주의'라고 한다). 예를 들면, 낭만주의 예술가로 널리 알려져 있는 워즈워스의 시는 그가 언급한 각각의 장소를 순례지로 만들었고, 워즈워스가 자신의 시에서 창출한 장소들의 이미지는 환경적인 실재를 초월한 이미지를 제공하는데(Squire 1988: 243; 닝왕, 2000: 141 재인용) 이러한 이미지를 통한 쾌락은 실제의 경험보다 보다 더 큰 환상적 쾌락을 가져다준다. 이제 우리는 환상이나 몽상이 쾌락과 관련되며 구체적으로 자연이 환상적 쾌락의 대상으로 변화되었는지에 대한 이해를 요구한다.

낭만주의자들은 초기 근대사회의 상인 및 사업가계급의 속물주의가 세상과 인간을 병들게 하는 것으로 파악한다. 낭만주의자들은 구 귀족계급이 쇠락하고 상인 및 사업가계급이 부상하자, 이들의 무정한 공리주의적 속물주의를 비판한다. 따라서 낭만주의는 초기 근대사회의 부정적 측면에 대한 도덕적·정신적·문화적 대안으로 이해될 수 있다. 낭만주의는 합리주의의 문화와 그것이 창출한 경험주의적 및 물질주의적 사고방식에 대항하는 것이며, 감성과 상상력이 이성을 지배하는 하나의 감정 상태이며, 이러한 감정 상태는 새로운 것을 지향하고 현대 세계에 대한 불만과 걱정, 이상한 것이나 진기한 것에 대한 호감, 공상과 몽상하기의 즐김, 비합리적인 것의 찬양을 특징으로 한다. 낭만주의자들은 자연적인 것과 선한 것을 등치시키는 라이프니츠의 신정론적 경향을 물려받았다. 요컨대 자연적인 것은 선한 것이며, 자연은 속물적 물질주의가 지배하는 세상을 벗어날 수 있는 낙원인 것이다. 그리하여 낭만주의자들은 인간이 자연 밖에서 자연을 직접 관찰하거나 자연 내부에서 자연을 성찰적으로 여행함으로써 신성을 발견할 수 있다고 가정하는 경향이 있었다(349). 낭만주의자들은 그들 스스로가 인공적이고 물질주의적이며 공리주의적인 사회로부터 소외되어 있다고 생각했고, 뿐만 아니라 일상적인 생활방식에서도 불만을 느꼈다. 자연은 여기에 위안처가 '되었으며' 그들은 자연 속에서 진정한 자아를 찾으려고 했다(360). 즉, 낭만주의자들은 사회로부터 물리적으로 벗어나, 외딴 곳의 자연풍광 속에서 안락과 위안을 찾게 된다(362). 그리고 이러한 낭만주의에서 쾌락은 단지 소비나 가치 차원의 문제가 아니라 개인에게 최적의 능력을 회복시켜 주는 선(善) 자체로 정당화된다. 동시에 낭만주의는 근대적 유행패턴이 작동하는 데 필요한 '독창적' 창작품을 공급해줌과 동시에 새로움에 대한 기본적 취향을 널리 확산시킴으로써 근대인의 독특한 특징인 지속적이고 끝없는 소비패턴을 윤리적으로 뒷받침하는 데 기여해 왔다(376). 즉, 새로움에 대한 자기 환상적 쾌락에 대한 윤리적 정당화는 오늘날에도 과거의 소비경험을 통한 쾌락은 쉽게 지나가고 새로운 환상적 이미지에 의한 경험을 추구하는 지속적인 새로운 물품과 공간에 대한 소비욕망을 강화시키고 이러한 소비욕망을 정당화시키고 있다.

이와 같은 즐거움에 대한 상상을 통해 쾌락을 추구하는 자기 환상적 쾌락주의는 자신이 호감을 가지고 있는 몽상을 욕망의 실제 대상에 부착하는 방식을 통해 알려진 것보다 알려지지 않은 것에서 더 큰 욕망을 경험하게 한다. 이러한 욕망의 실제 대상에 대한 부착은 알려지지 않은 장소나 경험을 추구하며, 이러한 추구는 공간의 상품화를 더 다양하고 더 이국적이며 알려지지 않은 차별적인 장소로 관광객의 이동을 촉진한다. 이와 같은 낭만주의에 기초한 쾌락주의는 소설이나 철도에 의한 관광 등을 통해 중산층에 널리 퍼졌으며, 오늘날에도 초기 낭만주의자들이 표현했던 풍경에 대한 기호는 살아 있고 계속해서 새로워지며, 근대사회에서 핵심적인 문화적 가치의 하나로서 계층을 초월해서 이른바 모든 사람에게 공통적인 기호가 되었다(닝왕, 2000). 이와 같이 서구 사회에서 자연에 대한 선호와 자연관광의 대중화는 자연에 대한 선호를 윤리적으로 정당화시켜 온 낭만주의에 의해 가능해진 것이다.

균질화되고 양화되었으며 동시에 방향성을 지닌 근대사회의 시간개념은 이러한 낭만주의라는 문화를 배경으로 하고 있는 상상적 쾌락주의가 시공간에 대한 상상적 쾌락을 가능하게 하는 토대를 제공한다. 순환적 시간개념이 지배하던 전통사회에서는 전통적으로 내려왔거나 알려져 있는 감각적 쾌락에만 몰두할 수 있었다. 그러나 하나의 방향을 가진 시간과 공간개념의 사회에서는 화살표 방향으로 진행될 경험하지 않은 시간과 공간에 대한 상상이 가능하게 된다. 즉, 시간이 방향을 지님으로써 현재의 시공간을 넘어선 여행이 가능하게 된다. 이러한 시공간에 대한 개념의 변화는, 전통적으로 알려져 있는 감각적 쾌락에만 의존하지 않고, 상상적 세계에 대한 상상적 쾌락의 추구를 가능하게 한다. 그리고 이러한 시간 개념은 미래로의 시간과 더불어 과거로의 상상적 시간여행을 가능하게 한다. 이를 통해 다양한 형태의 상상적 시공간여행이 가능하게 된다. 역사 유적관광은 과거로의 상상의 시공간적 여행을 보여주는 대표적인 여행 형태 중의 하나이다. 그러므로 근대사회에서 여행은 우리로 하여금 일상생활을 벗어나 상상의 쾌락을 추구하는 세계로의 시간적 이동을 의미한다. 그리고 관광은 시공간적 이동을 통한 상상적 쾌락을 결합시킴으로써 소비자로 하여금 기꺼이 시간과 돈을 사용하게 한다. 과학기술의 발전은 이러한 쾌락추구의 여행을 더욱 빠른 속도로 확산시키고 다양한 이미지와 결합된 상품화된 공간을 더욱 빠른 속도로 생산하고 소비하게 한다. 이와 같은 캠벨의 관점에서 보면, 특히 완벽한 또는 이상화된 이미지는 가장 큰 쾌락을 가져다준다. 자연은 세속적인 인간을 치유하는 이상적인 공간으로 이상화된 이미지를 가져다주기 때문에, 자연은 물질주의에 찌들어 살고 있는 인간의 삶을 치유할 수 있는 이상적인 공간으로서의 쾌락을 가져다준다. 이러한 쾌락의 소비공간이 된 자연 또한 하나의 소비 대상이 된다. 따라서 자연관광 또는 역사 유적관광을 포함한 관광은 기술적 경제발전의 산물만이 아니라 사회·문화적 변동의 산물로서 이해되어야 한다.

우리 사회의 경우는, 다양한 방식의 경치가 좋은 곳을 찾아 즐겼던 삼국시대의 기록을 통해서 볼 때, 서양의 근대성이 사회의 지배적인 이념으로 자리 잡기 이전부터 자연을 소비하는 문화가 형성되어 있었다. 인태정(2007)은 이에 대하여 "화합과 통일을 강조하는 불교관은 인간과 자연의 합일을 추구하기 위해 산수를 찾아다니는 관광행위를 낳았고 세속적인 현실보다 피안의 세계에 의미를 두는 불교신앙에 기초해 천지를 유람하면서 구도하려는 관광행위로 이어졌음을 추론해볼 수 있다(79-80)"고 주장한다. 이와 같은 기록은 우리 사회에서도 이미 자연에 대한 선호가 윤리적으로 정당화되고 있었음을 보여주고 있음과 자연에 대한 소비가 매우 문화적인 산물이면서, 각 사회에 따라 그리고 사회 발전과정에 따라 다양성과 차이가 존재할 수 있음을 보여준다.

4. 생산양식 변화와 공간 변화

우리는 이와 같이 근대사회의 사회·문화적인 관점에서 공간에 대한 일반적이고 보편적인 특성을 간략하게 살펴봄으로써, 관광공간에 대한 이해와 연구를 수행하기 위해서는 공간이 단지 물리적 대상이 아니라 사회적 구성물이라는 인식의 전환이 요구됨을 주장할 수 있다. 이제 경제적 관점에서의 공간을 인식할 수 있는 단서를 마련할 필요가 있다. 왜냐하면, 자본의 국제화, 자본의 재구조화, 사회적 관계들의 변화와 통신, 교통 및 마이크로 전자 기술 발달에 따라 공간구조는 늘 상대적으로 재편되고 있듯이(김왕배, 2000b: 60) 공간은 경제적 관계와 독립된 물리적 실체로서가 아니라 사회경제 현상들의 관계에서 이해되어야 할 측면들이 존재하기 때문이다.

앞에서 살펴본 바와 같이, 근대사회의 기계적인 공간의 양화는 공간이 가지고 있는 다양한 가치와 질들을 무시하고 이를 등질화시키고, 균질화시킨다(박영균, 2008). 상품화는 모든 대상을 단일한 기준(즉, 화폐)으로 측정가능하고 동일한 것으로 다룬다. 이는 공간에도 마찬가지로 작동한다. 그러므로 공간에 대한 수량화와 균질화는 공간을 상품의 체계로 흡수한다.

자본은 가치를 결정하는 화폐의 지배를 통해, 가치를 최대한 효율적으로 축적시킬 수 있는 공간을 상품화시킨다. 이와 같이 공간은 사용가치와 더불어 교환가치를 위해 생산되고 소비된다. Harvey(2005)는 마르크스의 자본론에서 논하고 있는 사용가치, 교환가치, 가치의 개념과 절대공간, 상대적 공간, 관계적 공간과의 관계를 설명한다. 사용가치는 절대적인 공간 위에 위치하지만, 교환가치는 상품, 화폐, 자본, 노동력의 시간과 공간의 이동이라는 상대적 공간 위에서 이루어진다. 따라서 자본의 순환과 축적은 상대적인 시공간 위에서 벌어진다. 시장은 상대적인 시공간에서 교환관계를 형성하고 있다. 상품의 가치는 시장의 교환관계를 통해 상품에 가격을 매기는 방식으로 드러난다. 이와 같이 가치는 사람들 사이의 물질적 관계와 사회적 관계가 형성되는 세계를 통해서만 이해될 수 있다. 그러므로 공간에 대한 이해는 절대적인 공간과 상대적인 공간에 대한 이해만으로는 충분하지 않으며, 관계적인 공간에 대한 이해와 만나야 한다. 그러므로 Harvey(2005)는 마르크스의 정치경제학을 이해하기 위해서는 공간의 관계적 시각과 만나야 한다고 주장한다.

현대적 공간의 생산은 자본과 임노동이라는 생산관계와 자본의 가치증식이라는 정치경제학적 배경을 통해서 이루어지므로 공간은 상품화 또는 자본축적과 밀접하게 관련되게 된다(박영균, 2008: 305). 자본은 이윤 추구를 위해 시간과 공간 그 자체를 새로운 생산수단으로 이용하거나 상품화하려는 노력을 끊임없이 신행해오고 있다(김왕배, 2000b). 이 과정 중에서 자본주의는 자신의 공간을 생산하고 확장하기도 하지만 폐쇄시키기도 하는 이중적 운동 속에서 사회를 지배한다(노대명, 1997: 1). 그러므로 자본주의사회에서 공간구조는 기본적으로 자본 축적과정에 의해 발생하며, 동시에 공간은 자본주의 생산양식을 구성하는 구성적 요소로서 자본 축적에 의미 있는 역할을 담당한다(김왕배, 2000b: 60).

우리가 현재 살고 있는 환경을 일반적으로 포스트모더니즘 사회라고 부른다. 여기서 포스트모더니즘에 대한 다양한 논쟁을 이끌어가고자 하는 것은 아니다. 다만 1970년대를 전후로 하여, 세계 자본주의 생산양식의 변화가 이루어져 왔다는 사실에는 대부분 동의한다는 점에서, 이러한 생산양식의 변화와 공간에 대한 관계를 간략하게 살펴보고자 한다. 소자(Soja, 1995)는 LA의 사례 연구를 통해, 도시의 경제로부터 정치, 문화 영역에 포스트모더니티가 확산됨에 따라 모던 도시구조가 포스트모던 도시로 재편되었음을 분석하였다(조명래, 2002). 이를 간략하게 정리해보면 다음 <표 1-1>과 같다(조명래, 2002: 178-183, 저자 재구성). 이에 대하여 모든 것을 논의하기보다는, 뒤에서 이루어질 논의와 중복되므로, 현대 공간의 소비와 관련지어 중요한 내용만을 간략하게 논의하고자 한다.

<표 1-1> 포스트모더니즘 도시의 특성

차원	주요내용
유연적 산업화와 성찰적 축적	포디즘과 달리 포스트포디즘의 축적체제는 유연성을 특징으로 하며, '성찰적' 요소가 강화된다. 이러한 성찰적 축적의 가장 주요한 특징은 생산과정에서 생산주체의 '담화'적 요소(예를 들면, 분임토론)가 강조될 뿐만 아니라 상품의 생산과정이자 생산된 상품의 구성에 디자인, 정보, 상징과 같은 기호적 요소의 투입이 두드러진다는 점이다.
지구화-지방화의 동시화	정보흐름, 상품의 생산분업과 시장거래, 금융거래, 문화활동, 정치적 협상 등이 도시를 매개로 지구화되고 있는 것은 바로 포스트모던 도시의 새로운 기능, 이 같은 지구화과정은 도시 내에 이를 담당할 수 있는 적정한 인력, 조직, 기구, 정책, 공간 구조들이 구체적으로 갖추어지고 기능함으로써 가능. 따라서 지구화는 도시를 중심으로 하는 지방의 일상적 삶의 재편(즉, 지방화)을 통해 구체적으로 실현, 지구화와 지방화는 도시를 매개로 동시화된다는 것을 의미한다.
성찰적 축적에 따른 기호, 담론, 주체성의 확산, 지구화	지구화-지방화의 동시화에 따른 다문화주의의 확산은 모던 도시 형태를 심대하게 변화시키고 있다.
사회계층적 분단화	포스트모던 도시 재구조화의 결과로 나타나는 대도시 계층구성은 현상적으로 파편화되고 다양화되면서 동시에 유동적인 양상을 보여주고 있다.
사회통제	미시적으로 볼 때 포스트모던 도시생활은 그 전체가 새로운 권력관계로 재편되면서 보다 철저한 감시와 처벌 기제에 노출, 모던 도시에서는 권력관계 통제가 공식적인 제도경로를 통해 작동했으나 포스트모던 도시에서는 이 같은 기제가 약화된 반면에 일상 전반에 외양적인 개방과 자유가 허용되면서도 뒤에서는 보다 철저한 미시적 감시와 통제가 행해지고 있다.
도시 이미지	포스트모던 도시화의 보다 중요한 결과는 행태적·문화적·이데올로기적 재구조화와 관련된 것. 이 중에서 특히 도시에 관한 이미지의 변화가 급격하다. 포스트모던 도시에서 일상인들의 도시에 대한 인식은 경험적인 현실에 근거하기보다 상징, 허상, 이미지를 중요한 준거로 한다. 다시 말해 도시현실을 바라보고, 도시적 삶의 양식을 선택하며, 집단적 실천을 추구함에 있어 포스트모던 도시주체들은 모던 도시인들과는 달리 이미지 상징, 담론, 허상의 영향을 크게 받는다.

출처: 조명래, 2002: 178-183, 연구자 재정리

　　자본축적과 공간 관계에서 고려할 수 있는 첫 번째 요인은 상품의 순환과 유통에 관련된 것이다. 즉, 상품의 구매와 판매가 공간적으로 분리되어 있는 경우, 공간은 상품순화에 장애 요소가 된다(Harvey,

1982). 따라서 자본은 공간적 장애를 극복하려는 노력을 하게 되는데, 이러한 노력이 바로 Harvey가 개념화한 '시간에 의한 공간의 소멸(the annihilation of space by time)'로 나타난다(김왕배, 2000b: 63). 이러한 시공간의 소멸은 매우 빠른 속도의 자본과 이미지 등의 이동을 실현시킨다. 포스트모던 도시는 초현실적인 이미지와 담론들로 가득 차 있으며, 심지어 가상현실과 경험현실의 구분이 모호해지는, 진짜와 가짜의 경계가 불투명해지는 공간이다. 포스트모던 사회의 구성요소(즉, 주체, 미학, 소비, 담론, 기호 등)는 모두 공간을 통해서 구성되고 작동한다(조명래, 202: 169). 공간의 미학화, 즉 심미성이 강화된 건조환경은 각종 기호들로 구성되어 있으며 낭만주의가 가지고 있는 자기 환상적 쾌락을 자극하고 만족시키는 소비공간으로서 구성되고 생산되는 것이다. 이러한 미학화와 상품화를 통해 도시소비주체는 소비하도록 자극받고 통제받는다(조명래, 2002: 182). 그러므로 건조환경은 물리적 경관에 체현된 사용가치를 이루면서, 광범위하고 인공적으로 창출된 자원체계로서 기능하고, 생산·교환·소비를 위해 유용하게 이용될 수 있다(Harvey, 1982: 315).

이와 같이 도시의 건조환경은 사용가치 이외에도 교환가치를 위해 생산된다. 그리고 소비공간의 생산과 소비는 사용가치와 교환가치뿐만 아니라 기호가치를 통해 이루어진다. 기호가치를 통해 상품은 위신을 부여받고, 사회적 지위와 권력을 나타내주는 방식에 의해서 가치를 결정받게 된다(조광익, 1998: 331). 소비가 사물의 사용가치가 아닌 사물의 기호가치와 관련될 때 문제가 되는 것은 기호의 의미이다. 소비는 사회 내의 차이를 두드러지게 하고 이러한 차이로 인해 기호로서의 의미를 갖게 되기 때문에 기호적 질서는 그 자체로 차별화의 질서이다(조광익, 1998: 333).

　Soja(1993)의 LA 분석은 모더니즘 문화에서 포스트모더니즘 문화의
출현은 근대성의 경험적 의미를 새롭게 규정하고 이를 공간과 시간
에서 재현시키고 있음을 보여준다. 따라서 Soja(1993: 105)는 사회관계
와 공간관계는 생산양식이라는 동일한 기원에서 비롯된다는 점에서
상동관계에 있을 뿐만 아니라 변증법적으로 분리될 수 없다고 주장
한다. 이러한 포스트모더니즘 문화로의 변화는 도시공간의 변화만으
로 그치는 것이 아니라, 새로운 관광소비와 관광공간의 생산으로 나타
난다. 1980년대 이후 다양한 형태의 대안적 관광이 출현하였는데, 새로
운 시장에 대응하여 관광 상품의 생산자 및 공급자들은 점차 포스트포
디즘적 방식으로 관광 상품을 제공하였다(닝왕, 2000: 151). 그러므로 오
늘날 사회적 실천들이 일정하게 반영된 공간으로서의 개별적인 지역은
개별적인 지역 그 자체로서가 아니라 총체적인 자본주의 생산양식의
전개 과정에서 이해되어야 한다(Sayer, 1984; 김왕배, 2000b: 61 재인용).

제2장 비판적 실재론과 공간연구

　지금까지의 논의는 리조트를 포함한 관광공간은 사회적으로 생산되고 소비되는 실체일 수 있음을 의미한다. 따라서 리조트 입지결정을 포함한 리조트의 생산은 일정한 사회적 논리와 메커니즘이 작동하여 이루어지는 것으로 이해될 수 있다. 그러나 이러한 사회적 논리와 메커니즘은 일반적으로 인간의 감각적 경험에 의해 관찰되거나 이해될 수 없다. 리조트 공간에 대하여 감각경험으로 관찰할 수 있는 것은 리조트 공간의 물리적 특성의 경향과 변화 정도에 제한된다. 예를 들면, 리조트가 입지하고 있는 공간의 물리적 특성은 무엇인지, 혹은 어떠한 리조트가 어떠한 물리적 환경을 가진 공간에 얼마나 분포하고 있는지, 대도심으로부터의 거리는 얼마인지, 그리고 이러한 패턴에는 일정한 규칙이 존재하는지, 혹은 어떠한 변화가 있는지 등에 제한될 것이다.

　물리적 특성과 같이 경험에 의해 관찰될 수 있는 현상을 중심으로 한 규칙 발견은 공간의 생산에 작용하는 사회적 논리나 메커니즘을 발견하고 설명해줄 수 있을 것인가? 이에 대한 대답은 매우 회의적이다. 지금까지 공간의 물리적 특성과 분류, 규칙성을 담고 있는 지리학 교재나 관광 지리와 관련된 많은 교재에서 이러한 규칙이나 패턴이

공간의 생산에 작용하는 사회적 논리나 메커니즘에 대한 논의를 제
공하거나 시도하고 있는 것을 본 경험이 거의 없기 때문이기도 하지
만, 보다 근본적인 이유는 이러한 접근이 공간의 생산에 작용하는 사
회적 논리나 메커니즘에 대한 논의를 추구하는 데 근본적인 한계를
가지고 있기 때문이다. 경험에 의존하는 일정한 규칙에 대한 연구는
무엇 때문에 이러한 한계들을 가지게 되며, 이를 극복하기 위한 대안
은 또한 무엇인지에 대한 고민을 요구한다. 현대과학의 연구방법을
지배하고 있는 경험주의를 기반으로 하고 있는 실증주의는 이러한
사회적 구조나 메커니즘에 대한 접근을 어렵게 한다. 따라서 어떠한
연구방법이나 과학철학이 리조트 생산과 같은 공간의 생산에 대한
연구 수행을 가능하게 하는지에 대한 논의와 대안 마련이 요구된다.
결론부터 말하면, 우리는 비판적 실재론의 과학철학과 연구방법론을
그 대안으로 채택하고자 한다.

비판적 실재론을 본 연구에 사용하고자 하는 가장 중요한 이유는
실재론이 '구조주의적 현상'과 '탈구조주의적 현상'을 통일해 보는
인식론적 전망을 가지고 있어서(조명래, 2000a: 113) 공간을 설명하는
방법론으로서의 역량을 가지고 있기 때문이다. 사회적 행위는 자연과
학의 대상과 달리 발생원인과 결과가 항상 동일하게 나타나지 않는
다. 사회는 자연과 달리 다양한 힘이 다양한 방식으로 작용하고 있으
며, 시간과 공간에 따라 그 작용방식이 제약된다(채오병, 2007). 그러
므로 공간연구는 구조주의적 현상과 비구조적 현상을 통합하여 분석
할 수 있는 과학철학과 방법론을 요구한다. 그러나 구조주의적 공간
이론들(예: 카스텔의 도시이론)이 구조적 규정력에 대응하는 공간의
구체성·상황성·주체성을 제대로 다루지 못하고 있다는 지적을 받

아왔으며, 공간연구에 실재론의 적용은 이러한 반성에서 비롯되었다 (조명래, 2000a: 123).

1. 자연과학에 대한 이해

현대 과학에서는 경험주의와 반경험주의 또는 자연주의와 반자연주의와 같은 이분법적 논의의 전통이 강력하게 자리를 차지하고 있다. 이러한 논의 중 경험주의와 반경험주의는 과학의 대상을 어떻게 인식할 수 있는지에 대한 인식론과 관련되어 있다. 그리고 자연주의와 반자연주의는 과학의 대상에 대한 이해의 방법론과 관련되어 있다. 또한 이러한 인식론 그리고 방법론과 밀접하게 연관되어 있는 논의 중의 하나가 실재론과 반실재론으로 구분될 수 있는 과학의 연구 대상의 존재에 대한 존재론이다. 사회적 구성물로서의 공간을 이해하기에 적합한 인식론과 존재론 그리고 방법론을 모색하기 위하여 기존의 논의에 대한 검토를 간략하게 시도해 보고자 한다. 여기서 간략한 검토라고 말한 의미는 본 연구가 이러한 과학철학의 제반 문제를 깊이 있게 다루고자 하는 것이 아니기 때문에 본 연구를 과학적으로 다루기 위해서 필요로 하는 최소한의 수준에서 논의되고 검토함을 목표로 한다는 것을 의미한다.

20세기의 대부분을 지배하였던 과학은 경험주의와 자연주의를 기반으로 하고 있는 (이론적) 실증주의이다. 16, 17세기의 과학혁명은 그동안 존재하는 것으로 인정받아 왔던 대상들이 경험적으로 존재하지 않음을 증명하게 되었다(박영태, 2011). 콩트는 인간의 지식이 발전하면서 사변적 철학과 형이상학의 단계를 거쳐 실증과학적 단계에 이르렀다고 주장하였는데, 이러한 실증주의적 과학은 철저히 관찰 가능한 물리적 대상에 관한 것으로, 근대 자연과학의 방법이나 성과를 토대로 성립되었다(박은영, 2011: 67). 실증주의가 기반하고 있는 경험주의적 전통에서는 과학적 탐구를 자연에 대한 관찰과 실험으로부터 시작하여 자료를 수집하는 데서 법칙과 이론을 이끌어내는 과정으로 간주한다(이영의, 2011). 이러한 실증주의는 ① 경험적 불변의 원리(법칙은 경험적 규칙성이거나 경험적 규칙성에 의존한다)와 ② 실례－확증(반증)의 원리[법칙은 법칙의 실례에 의해 확증(혹은 반증)된다]에 의존하고 있는데 이는 모두 경험주의적 원리를 토대로 하고 있다(고창택, 1995: 447). 경험주의적 실증주의에 의하면, 우리는 감각－자료(sense-data)만 있으면 자연의 필연성을 설명할 수 있다(이영철, 2006: 79). 그리고 자연에 대한 필연성의 설명은 자연에 대한 예측을 가능하게 하며, 좋은 설명은 높은 예측을 의미한다.

경험주의 존재론은 관찰 가능한 혹은 경험 가능한 외관의 수준과 다른 차원의 관찰 불가능한 깊은 구조 혹은 기제가 존재함을 부정한다. 경험주의 존재론과 밀접히 연관되어 있는 실증주의적 인식론은 과학적 인식이 사건들 혹은 변수들 간의 '항상적 결합(constant conjunction)'에 대한 입증 혹은 반증 가능한 진술에 제한되어야 하며, 사회현상에 대한 연구도 자연현상과 마찬가지로 동일한 방식으로 연구될 수 있다고 이해한다(채오병, 2007: 251). 따라서 실증주의는 감각 경험에 의해 우리에게 드러난 현상들의 배후에 또는 너머에 이르는 것, 즉 '현상들을 필연적이게 하는 관찰 불가능한 성질이나 본질, 또는 기제(mechanism)에 대한 지식을 우리에게 제공하는 것은 과학의 목표가 아니다'라고 본다(Keat & Urry, 1993; 이영철, 2006: 75 재인용). 실증주의는 자연과 사회를 관찰 가능한 현상만으로 이루어진 평평한(flat) 세계로 전제(서로 다른 층을 가진 구조가 없는)하거나 인식의 영역은 확실성을 보장해 주는 관찰 가능한 현상(경험 가능한 영역만으로 과학의 대상이 한정)에 국한되어야 한다고 주장한다. 따라서 실증주의는 사회현상의 상관성이나 규칙성 등에 관심을 주로 기울이지만, 그 현상의 원인이나 메커니즘에 대해서는 관심을 소홀히 하게 된다.

이러한 실증주의에 대하여 다음과 같은 몇 가지 문제를 제기할 수 있다. ① 감각적으로 직접 확인 가능한 것 이외의 모든 것이 형이상학적인 허구적 존재인가? 이러한 문제제기는 실재론 논쟁과 관련되어 있다. ② 정말 감각-자료만 있으면 자연의 필연성을 설명할 수 있을까? ③ 자연에 대한 예측과 달리 사회의 필연성에 대한 설명이 자연과 같이 예측이 가능한 것인가? ④ 자연과 사회는 관찰 가능한 현상만으로 이루어져 있는가? 이러한 문제제기에 대한 답은 존재론은 물론 인식론과 자연과 사회에 대한 차이를 반영한 연구방법론에 대한 이해 속에서 찾을 수 있다. 이러한 문제에 대한 우리의 답은 비판적 실재론의 과학관으로 보다 더 쉽게 접근하도록 할 것이다.

현대사회에 살고 있는 대부분의 사람들은 중력의 존재를 알고 있다. 이러한 중력의 존재를 우리는 어떻게 알고 있는가를 생각해보자. 감각적 경험을 통해 중력의 존재를 알고 있는 것일까? 아니면 뉴턴의 중력법칙에 대한 과학적 지식을 통해 중력이 존재함을 이론적으로 증명하였다고 믿고 인식하기 때문에 중력의 존재를 알고 인식하고 있는 것일까? 인류 역사상으로 보면 중력의 존재가 알려진 것은 매우 최근의 일이다. 뉴턴의 만유인력법칙이 발견되고 이를 학습하기 이전에는 중력이 존재한다는 사실은 물론 이를 감각적으로 인식하지 못하고 살았을 것이다. 그러나 중력을 인식하지는 못하였다 하더라도 무겁다와 가볍다와 같은 중력에 의한 현상에 대하여서는 경험하였을 것이다. 그리고 무겁다는 경험이 바로 중력의 결과라는 것을 인식하지 못하였던 시대가 있었다. 그러므로 경험과 인식은 동일시할 수 있는 관계가 아니다. 물론 경험이 올바른 인식을 보장해주지도 않는다. 또한 중력의 존재에 대한 인식이나 지각이 없던 시기에도 중력은 실제로 존재하고 있었다. 중력은 우리의 감각 혹은 인식과 무관하게 실제로 존재한다. 따라서 우리는 일정한 실재의 존재와 이에 대한 감각 혹은 인식의 문제는 다른 차원의 문제라는 사실을 알 수 있다. 즉, 중력에 대한 인식이 존재하지 않아도 중력은 실재한다. 따라서 경험과 인식을 일치시킬 수도 없으며, 인식과 존재를 일치시킬 수도 없다. 그러므로 감각에 의존한 관찰 가능한 것만을 실제로 존재하는 것으로 한정하고, 과학의 대상을 관찰 가능한 실제로만 제한할 필요는 없다. 아니 제한해서는 안 된다. 콩트가 과학 발전에 따라 과거의 형이상학적인 관념에 의존하여 존재한 것으로 인정되어 왔던 대상이 부정됨을 근거로 관찰 가능한 물리적 대상만을 과학의 대상으로 삼고 인식을 존재와 일치시킴으로써 과학의 대상과 범위를 관찰 가능한 것의 범위로 제한시키는 결과를 가져왔다. 그러나 과학의 연구대상은 관찰 가능한 것만의 세계가 아니라 이보다 더 큰 세계이다.

일상생활에서 중력을 느끼는 경우는 무거운 물건을 올리거나 산을 올라갈 때 등일 것이다. 그러나 편안하게 누워 있을 때, 중력을 느끼지 않는다. 그리고 중력이 모든 시간과 장소에서 작용한다는 지식을 가지고 있는 경우에만 의식적으로 중력을 인지할 수 있다. 평지에 편안하게 누워 있는 경우에 '나'라는 주체의 의지적 힘과 관계없이, 외부적 힘에 의해서 중력에 의한 지면을 누르는 힘과 지면이 그 힘을 연직방향으로 밀어 올리는 힘에 의해 힘의 평형상태가 된다. 이러한 힘의 평형상태에서는 중력을 포함한 힘의 작용을 감각적으로 느끼지 못한다. 많은 힘이 실제로 작용하고 있음에도 불구하고 이와 같은 힘의 평형 상태에서는 우리의 과학적 지식만이 중력의 존재를 알 수 있게 한다. 이와 같은 예는 관찰 혹은 경험만으로는 중력 혹은 힘의 존재와 작용을 느끼거나 인식하는 데 충분하지 못함을 보여준다. 물론 관찰과 같은 경험은 중력과 같은 실재의 존재를 확인하고 인식할 수 있는 가능성으로 나아가는 매우 중요한 재료가 된다. 관찰과 같은 경험이 과학 활동에서 매우 중요한 것이라는 점을 인정함에도 불구하고 과학의 대상은 관찰에만 의존하거나 관찰 가능한 범위로만 제한되지 않는다는 점은 분명하다. 이와 같은 중력에 대한 간단한 논의는 감각 혹은 경험에 의해 과학 대상의 실재를 알아내는 것 또한 매우 제한적이라는 사실을 알려준다.

자연현상에서 발견되는 규칙성은 그 자체로 법칙이 되지 않는다. 우리는 물체가 움직일 때, 그냥 물체가 움직인다고 인식한다. 사과가 아래로 떨어지는 현상을 관찰할 때, 우리는 이를 사과가 떨어진다고 인식한다. 이 사과도 떨어지고, 저 사과도 떨어지고, 올해도 떨어지고, 작년에도 떨어지고 하는 경험을 하게 된다. 이러한 경험을 통해 우리는 사과가 나무에 매달렸다가 언젠가는 떨어진다는 규칙성을 발견하고 이를 일반화시킬 수 있다. 그리고 이러한 일반화는 확대될 수도 있다. 배도 떨어지고, 복숭아도 떨어지고, 선반 위에 올려놓은 공도 떨어진다. 이러한 방식의 경험과 이를 통한 일반화(즉, 귀납적 방식의 일반화)는 바닥에 있지 않은 물체는 바닥으로 떨어진다는 결론을 유도하게 된다. 그러나 이러한 일반화가 중력법칙은 아니다. 뉴턴이 이러한 귀납적 방식의 일반화를 시도하였다면, 뉴턴은 중력법칙을 발견할 수 있었을까? 이러한 귀납적 방식의 일반화는 물체가 떨어진다는 규칙성만을 말할 뿐 왜 떨어지고 그 떨어지게 하는 실체는 어떠한 성향과 힘을 가지고 있는지를 설명하지 못한다. 뉴턴은 경험의 결과, 즉 사과가 떨어진 사건에 의한 규칙적 일반화에 의존하여 사과의 낙하를 설명하지 않는다. 바닥에 있지 않은 물체는 떨어진다는 결론은 그 자체만을 설명할 뿐이지 왜 떨어지는지를 설명해주지는 않기 때문이다.

실제로 자연과학은 이와 같이 경험에 의존하는 귀납적 방식의 일반화에 의존하지 않고 있다. 힘에 대한 법칙 발견과 설명 또한 마찬가지이다. 마찰이 거의 없는 수평면에서는 한 번 움직인 물체는 외부에서 힘을 주지 않아도 상당히 긴 시간 동안 속도를 유지한다. 하나는 힘을 주었는데 운동이 없고, 하나는 힘을 주지 않았는데도 운동한다. 따라서 물체의 운동에 대한 경험만으로는 힘의 작용과 법칙을 설명하기 어려워진다. 또한 관찰 가능한 운동의 규칙성과 힘의 작용과의 관계가 분명하게 드러나지 않는 경우가 많기 때문에 물체의 운동에 대한 경험만으로는 힘의 작용과 법칙을 발견하거나 설명하기가 더욱더 어려워진다. 그렇다면 어떠한 방식으로 뉴턴은 만유인력의 법칙을 어떻게 발견하였을까?

16세기에 살았던 갈릴레이 갈릴레오(1564~1642)는 무게가 다른 물체가 같은 속도로 떨어진다는 자유낙하법칙을 논리적으로 설명하고 실험으로 증명하였다. 비록 그가 일반적으로 알려진 피사의 사탑에서 자유낙하실험을 하지는 않았지만, 유사한 실험을 수행하었다. 갈릴레이 갈릴레오 이전의 시대에도 자유낙하하는 물체에는 동일한 가속도가 작용하였다. 그러나 실제 많은 물체는 밀도나 면적이 동일하지 않기 때문에 물체가 무거운 경우가 더 빨리 떨어질 확률이 높다. 예를 들면, 가볍다고 인식하는 종이와 무겁다고 인식하는 돌을 자유낙하시키면 돌이 빨리 떨어진다(물론, 공기저항이 없는 곳에서 자유낙하할 경우, 모든 물체는 같은 속도로 떨어진다). 여기서 우리는 감각에 의존하는 경험에 의한 일반화는 오류가능성이 매우 클 뿐만 아니라 물체의 운동 법칙을 설명하지 못한다는 점을 주장할 수 있다.

갈릴레오는 무게가 무거운 물체가 빨리 떨어진다는 과거의 인식이 잘못되었음을 힘에 대한 정의와 이를 토대로 한 이론과 실험을 통해 증명하려고 하였다. 자유낙하 실험은 물체의 무게와 관계없이 같은 속도로 떨어진다는 점을 증명해 보였다. 물체가 무겁다는 것은 물체에 작용하는 힘이 크다는 것인데, 떨어지는 낙하속도는 왜 같을까? 무엇이 낙하속도를 같게 할까? 그러므로 갈릴레오는 자신의 주장이 옳음을 증명하기 위해서는 자유낙하하는 물체의 속력이 같게 하기 위한 조건이 무엇인가에 대한 이론적 설명을 해야 한다. 이론적 설명을 위해 필요한 것이 개념적 도구이다.

중력법칙의 기본적인 개념적 도구는 가속도이다. 가속도는 속도의 변화량을 시간의 변화량으로 나눈 개념이다. 가속도는 그 변화의 크기만을 가진 개념이 아니라 방향의 변화를 동시에 포함하는 개념이다. 자연과학에서는 크기와 방향을 가진 물리량을 벡터로, 단지 크기만을 가진 물리량을 스칼라라고 구분한다. 자연과학에서 속력은 단지 빠르기의 크기만을 의미하는 개념인 스칼라이지만, 속도는 빠르기와 동시에 그 운동의 방향을 포함하는 개념인 벡터로 그 의미와 성격을 구분한다. 그러나 일상생활에서 이러한 개념을 구분하는 경우는 매우 드물다. 힘 또한 크기와 방향을 가지고 있는 벡터에 해당하는 물리량이다. 물체가 움직일 때, 같은 힘을 받았다 하더라도 힘이 작용하는 방향이 다르면 물체의 운동에도 차이가 발생한다. 그러므로 물체의 움직임을 설명하기 위해서는 단지 크기만을 나타낼 수 있는 스칼라 이외에도 방향을 포함하는 벡터라는 물리량에 대한 개념을 요구한다. 만약에 이러한 물리량에 대한 개념이 존재하지 않는다면, 비록 운동의 규칙성이 발견된다 하더라도 우리는 물체의 운동에 작용하는 힘의 법칙을 발견하거나 설명할 수 없다. 즉, 운동 변화의 크기와 방향 변화를 동시에 고려하는 개념이 만들어져야 물체의 운동을 설명할 수 있다.

자유낙하하는 물체의 속도변화량, 즉 가속도가 모두 동일하다면 같은 높이에서 떨어지는 모든 자유낙하하는 물체는 동일한 속력으로 떨어질 수 있으며 동시에 바닥에 닿을 수 있다. 즉, 자유낙하 물체에는 동일한 가속도를 발생시키는 힘이 작용한다고 가정하면, 자유낙하 물체가 동일한 속도로 떨어지는 현상을 설명할 수 있다. 이러한 설명은 물체의 무게, 즉 물체를 떨어뜨리는 힘의 크기가 다름을 설명할 수 있어야 한다. 이때 무게와 다른 질량의 개념이 사용된다. 가속도는 동일하지만, 질량이 클 경우 무게는 크게 된다. 즉, 질량과 물체를 낙하시키는 힘(무게)은 비례한다. 이를 식으로 나타내면 다음과 같다.

F(힘) = k(상수) × m(질량) ----------- (식1)

(식1)에서 상수(k)는 가속도를 포함한 함수식의 상숫값이다.

그리고 (식1)은 큰 힘을 주었을 때, 물체의 운동 변화가 크게 나타남을 설명할 수 있어야 한다. 질량이 일정한 물체에 큰 힘이 작용한다는 것은 운동 변화가 크게 나타난다는 것을 의미한다. 이 운동 변화는 움직임의 빠르기와 방향을 포함하는 속도의 변화량인 가속도라는 개념으로 설명될 수 있다. 가속도는 개념적으로 가속도(a)=속도의 변화량(v)/시간의 변화량(t)으로 정리될 수 있다. 그러므로 힘(F)과 가속도(a)는 비례한다. 이를 식으로 나타내면 다음과 같다.

F(힘) $\propto$ a(가속도) ----------- (식2)

(식1)과 (식2)를 힘(F)에 관하여 정리하면 다음과 같다.

F(힘) $\propto$ m(질량) × a(가속도) ----------- (식3)

따라서 (식3)과 (식1)은 같은 식이 된다. 과학자들은 (식3)의 상수를 1로 정의하였다. 따라서 F(힘) = m(질량) × a(가속도)라는 식이 성립한다. 이제 물체에 작용하는 힘은 질량과 가속도의 관계로 분해되어 설명될 수 있다. (식3)을 통해 자유낙하 물체의 운동은 물론 힘이 작용하는 다른 물체 심지어 정지하고 있는 물체의 운동도 설명할 수 있다. 실제로 물체에 힘을 주면 물체는 운동에 변화가 생긴다. 그러나 물체가 움직일 때, 속력과 운동방향이 변화되지 않는 경우(가속도(a)=0)에는 물체가 움직임에도 불구하고 그 물체에 작용하는 힘은 0이 된다. 힘을 주어서 수레를 밀 때, 수레의 속력과 운동 방향이 일정한 경우(속도의 변화량이 0이어서 가속도가 0인 경우)가 있다. 이 경우

우리는 분명 힘을 주었지만, 뉴턴의 운동법칙에 의하면 작용하는 힘이 0인 경우에 해당한다. 작용한 힘과 지면에 의한 마찰력이 서로 상쇄작용을 하여 힘의 효과가 0으로 나타나는 힘의 평형상태이기 때문이다. 힘은 크기와 방향을 가진 벡터라는 물리량이라는 성질을 이용할 때만 힘의 합이 0, 즉 힘의 평형상태도 설명할 수 있다.

뉴턴(1642~1727)은 갈릴레이의 자유낙하의 결과를 기반으로 만유인력의 법칙을 설명한다. 1684년에 뉴턴이 제안한 운동법칙은 갈릴레이의 자유낙하법칙을 토대로 제안된 것이었다. 뉴턴의 운동법칙은 ① 힘이 작용하지 않는 경우, 물체는 현 상태를 유지하며(관성의 법칙), ② 운동량의 변화는 힘에 비례하며(가속도의 법칙), ③ 모든 힘의 작용에는 크기가 같고 방향이 반대인 반작용(작용, 반작용의 법칙)이 있다는 것이다. 관성의 법칙과 가속도의 법칙은 앞에서 논의한 법칙으로부터 쉽게 도출될 수 있다. 뉴턴은 갈릴레이의 자유낙하법칙의 개념을 기반으로 태양 주위를 도는 행성과 행성 주위를 도는 위성과 같은 천체의 원 운동을 설명하기 위해 필요한 힘을 중력이라고 제안한 것이고 이를 토대로 많은 현상(물체의 낙하는 물론, 조석 현상 그리고 앞에서 말한 힘의 평형상태 등)을 설명할 수 있었다. 뉴턴에게 주어진 과제는 서로 간에 일정한 거리를 둔 두 천체가 운동을 일정하게 유지하기 위한 조건은 무엇인가를 논리적으로 설명하는 것이었다. 천체의 원 운동이 유지되기 위해서는 두 천체에 마치 보이지 않는 끈에 의해 연결되어 공을 돌리는 것과 같은 힘, 즉 공을 잡아당기는 힘(작용)과 공이 밖으로 나가려는 힘(반작용)이 서로 반대방향으로 두 힘이 같은 크기로 작용하고 있어야 한다. 이때, 작용과 반작용에 의해 힘의 평형상태가 유지됨으로써 두 천체는 멀어지지도 않으며, 힘의 방향과 운동방향이 수직방향을 유지함으로써 일정한 속도를 유지하게 된다. 이러한 보이지 않는 두 천체 간에 작용하는 힘을 중력이라 하며, 이러한 중력이 존재한다는 점을 태양과 행성, 행성과 위성의 운동에 적용하여 설명하고, 조석현상 등에 대한 적용을 통해 모든 물체 간에는 중력이 존재한다는 만유인력의 법칙이 유도되고 증명될 수 있었던 것이다. 이와 같이 뉴턴의 만유인력의 법칙과 같은 상당수의 자연과학 법칙들은 경험주의가 주장하는 귀납적 방식이나 감각적 경험의 일반화를 추구하는 방식으로 발견되거나 증명된 것이 아니다.

결론적으로 뉴턴의 만유인력법칙 발견은 경험주의적인 과학관에 의존하지 않고 있다. 경험에 의한 일반화가 아니라 경험(혹은 관찰)에서 나타는 일반화가 어떠한 원리나 힘 또는 성향에 의해서 작동하는지를 추상적인 이론적 개념을 근거로 설명하고, 이를 다시 적용하는 과정의 과학을 수행함으로써 추상적인 이론적 개념인 힘, 중력이 실재하며, 물체의 운동은 힘이 가지는 성향에 의한 작용의 결과임을 증명하고 있는 것이다. 따라서 자연과학이 무조건 경험의 일반화를 추구하는 귀납주의에 의존하여 발전하여 온 것이 아니라, 이론적인 개념을 통해 경험의 결과를 분해하고 이론적 개념이 가지는 잠정적인 실재가 가지는 성향이나 힘 등에 의존하여 잠정적인 실재가 현실에서 실제로 존재함을 증명하고 설명하는 과정을 통해 발전되어 왔다. 만약에 이론이나 과학적 개념에 의존하지 않고, 경험의 일반화를 추구할 경우, 우리는 경험의 일반화가 잘못된 일반화로 연결될 수 있다는 점 또한 분명히 할 필요가 있다. 그리고 현대과학에서 관찰이 이론중립적인 것이 아니라 이론부과적인 것이며, 이론은 단지 '사실들을 질서 짓는' 것이 아니라 그 대상의 성질에 관한 주장을 하는 것이라는 점은 이제 널리 인식되고 있다.

만유인력법칙을 발견해나가는 자연과학은 과학철학의 논의 중에서 과학적 실재가 단지 추상적으로 논의되는 형이상학적 존재에 불과한 것이 아니라, 과학의 대상이 실제로 존재한다는 것을 가정하고 있는 실재론에 보다 가깝다고 할 수 있다. 물론 이것이 뉴턴의 모든 과학 활동에 해당하는 이야기는 아니다. 뉴턴은 현대사회에서 형이상학적 과학으로 취급되는 연금술에 심취하기도 하였다. 그러나 뉴턴의 만유인력법칙에 대한 논의결과는 감각적으로 확인 가능한 것 이외의 모든 것이 형이상학적인 허구적 존재도 아니며, 실제로 존재하는 실재일 수도 있음을 증명해주고 있다. 또한 감각자료가 자연의 필연성을 설명해주기 위한 길로 나아가는 데 있어서 중요한 것임에도 불구하고, 감각자료에 의존하는 자연의 필연성 설명은 자연의 필연성을 발생시키는 힘이나 그 힘의 성향 등을 설명해주지 못함으로써 그 자연의 필연성을 발생시키는 실제의 존재에 대한 지식을 제공해주지 못한다.

이제 뉴턴과 같은 방식의 자연과학의 방법은 사회과학에서도 적용될 수 있을까에 대한 논의를 시작할 필요가 있다. 이에 대한 논의를 시작하기 위해서는 자연과학의 방법이 사회과학에도 적용될 수 있다는 자연주의(naturalism)와 그렇지 않다고 주장하는 반자연주의에 대한 논의와 그 논의의 근거들을 살펴봄으로써 앞의 질문에 대한 답을 찾을 수 있을 것이다.

자연주의는 사회이론도 자연과학적 방식으로 과학일 수 있다고 주장한다. 그러나 반자연주의는 사회이론은 자연과학적 방식과 같은 방식의 과학일 수 없다고 주장한다. 자연주의는 과학을 외부세계에 대한 설명적이고 예측적인 지식을 획득하려는 시도로 보기 때문에 자연주의의 입장에서의 과학이론은 세계에 존재하는 규칙적 관계를 표현하는 진술들로 구성된다(고창택, 1995). 자연주의는 자연과학과 사회과학이 인과법칙에 기반하고 있으며, 이 원리에 따라 방법론적으로 통일이 가능하다고 보고, 이 전통은 실증주의로 대변된다. 그리고 이러한 인식은 자연과 사회가 '항상적 결합(constant conjunction)'이 일어나는 '닫힌 체계(closed system)'라는 것을 기본전제로 하고 있다. 자연에서도 항상적 결합이 일어나는 경우는 실험적인 상황과 같은 일정한 상황에서 가능하다. 경험주의적 전통을 이어받은 실증주의는 과학의 대상을 닫힌 세계로 보고, 세계는 주어져 있는 것이며 원자적인 사실들에 의해 구성된다는 전제를 가지고 있다(고창택, 1995: 446). 실증주의의 과학은 원자론적 사건들의 일정한 결합이 자연적 필연성을 설명해주는 것이기 때문이며, 과학지식의 궁극적 대상은 원자론 사건들이 된다(Bhaska, 1997). 그러므로 경험주의 전통을 이어받고 있는 자연주의를 기반으로 하는 실증주의는 기본적으로 사회적 맥락이나 구조 또는 역사적 상황 등에 대하여 관심을 기울이지 않고, 사회와 분리된 원자론적 사건이나 개인들에만 관심을 가지게 되며, 사회를 개인의 행위에 의해서만 설명하게 된다. 따라서 실증주의는 사회 없는 사회연구를 수행한다고 비판받게 된다.

사회는 이러한 항상적 결합이 일어나는 닫힌 체계가 아니라 열린 개방적 체계이다. 그리고 사회는 실험적 상황을 만들기 어렵고 많은 경우 불가능하다. 사회에 대한 자연과학적 방식의 검증은 불가능하다. 그러므로 이러한 항상적 결합이 일어나는 닫힌 체계, 즉 폐쇄적 세계를 가정할 때에는 자연주의의 주장과 같은 방식으로의 자연과학을 사회로 적용할 수 없다는 주장이 설득력을 얻게 된다.

반자연주의 전통은 관념론, 해석학, 신칸트주의, 인간주의 등으로 대표되는데, 사회과학의 전제조건으로 사회적 실재의 인식에서 앞선 이해구조의 발견을 제시한다(고창택, 1995). 반자연주의 전통 중의 하나인 해석학은 사회행위가 일정한 이유 때문에 발생하는 것으로 본다. 즉, 사회과학에서 주제 대상은 기본적으로 의미적 대상(meaningful object)으로 구성되며 사회과학의 목적은 이러한 대상의 의미에 대한 설명이다(Bhaska, 1979). 그러므로 사회과학은 자연과학과 다른 과학이며, 자연과학의 방식으로 사회를 연구할 수 없게 된다. 그리고 해석학의 반자연주의 전통에서 사회의 인과관계에 대한 지식은 과학의 대상이 아니게 된다.

우리는 자연주의 전통과 반자연주의 전통에 대한 논의에서 자연은 단지 원자론적 세계인지에 대한 질문과 사회에는 일정한 인과관계를 발생시키는 실재가 존재하지 않는 것인가에 대한 질문을 하게 된다. 결론부터 말하자면, 자연도 사회도 원자론적 세계가 아니며, 사회에도 자연과 마찬가지로 일정한 인과관계가 존재한다. 심지어 사회와 마찬가지로 자연도 층화된 구조를 가진 세계이다.

먼저, 자연에 대한 간단한 논의를 시작해보자. 우리는 물질의 기본 단위를 분자로 알고 있다. 예를 들면, 물의 분자식은 H_2O이다. 그리고 물이 만들어지기 위해서는 수소이온(H^+)과 산소이온(O^{2-})이 결합되어야 한다. 그리고 수소원자(H)는 음의 전기적 성질을 가지는 전자 1개와 양의 전기적 성질을 가지는 양성자 1개로 구성되어 있으며, 수소이온(H^+)은 양성자의 수에 비해 전자 1개가 부족한 상태를 의미한다. 산소원자(O)는 전자 8개와 중성자 8개, 양성자 8개로 구성되어 있으며, 산소이온(O^{2-})은 산소원자보다 음의 전기적 성질을 지닌 2개가 더 많이 있는 상태를 의미한다.

수소이온 여러 개를 모으면 산소이온이 될 수 있을까? 자연과학에 대한 초보적인 지식을 가진 사람이라면, 수소이온의 집합은 수소이온의 집합이지 산소이온이 아니라는 것에 동의할 것이다. 이는 자연이 전자, 중성자, 양성자 등의 입자로 구성되어 있지만, 전자나 중성자 등의 집합의 차이로 자연을 설명할 수 없음을 의미한다. 예를 다시 들어보자. 물은 수소이온과 산소이온의 결합을 통해 만들어진다. 그러면 수소이온과 산소이온을 일정한 비율로 혼합하여 두면 물과 같아지는가? 결론은 아니다. 수소이온과 산소이온의 혼합은 단지 두 이온이 각각 존재함을 의미하는 것이지 물을 의미하는 것은 아니다. 물론 이 중에서 일부는 특정한 조건하에서 화학반응을 일으켜 물이 된다. 그러나 각 이온의 혼합 상태와 두 이온이 일정한 비율로 결합된 화합물인 물의 상태는 전혀 다른 성질을 띠는 상태이다. 이온과 분자는 전혀 다른 차원의 상태의 물질이다. 이는 물을 단지 수소이온과 산소이온의 합으로 설명할 수 없음을 의미한다. 따라서 자연은 원자 (혹은 이온)의 합으로 설명될 수 있는 세계가 아니라 원자의 합(혹은 이온의 합)과 다른 구조를 가진 세계가 동시에 존재하는 세계로 설명되어야 한다. 자연은 원자의 세계, 이온의 세계, 이온들이 결합한 분자들의 세계가 서로 다른 층화된 세계이다. 그러므로 자연은 각 개별적인 사건 혹은 구성단위로 환원되어 설명되는 것으로는 충분하지 않은 세계이다. 이러한 자연의 세계에는 현상을 일으키는 일정한 힘 혹은 인과관계가 존재한다. 그러므로 자연과학은 단지 현상의 일반적인 규칙에만 의존하는 것이 아니라 이러한 현상을 일으키는 일정한 힘 혹은 인과관계를 설명하는 지식을 연구대상으로 하게 된다.

이러한 관점에서 보면, 자연과학과 사회과학은 서로 유사한 측면을 가지고 있다. 왜냐하면, 사회도 마찬가지로 개인의 집합만으로 이해될 수 없으며, 개인과 사회는 서로 다른 대상이며, 사회 또한 층화된 구조를 가지고 있기 때문이다. 개개인의 사람을 모아놓은 것을 사회라고 할 수 있는가? 물론 사회는 사람들이 모여 만들어진다. 그러나 사회와 사람들의 집합을 동일시할 수는 없다. 교실에 사람이 50명이 있다고 하자. 50명이 학생들로만 채워질 수도 있다. 학생들로만 채워지면 그 공간은 사회적 의미의 교실이 아니다. 그 순간에는 사람들 혹은 어린 아이들이 모여 있는 놀이 공간일 수도 있으며, 학생이라는 사회적 관계는 존재하지 않는다. 학생이라는 것은 교사와 학교라는 사회적 조직과 관계가 존재하고 있음을 의미하며, 학생은 이러한 관계 속에서만 학생으로서의 의미를 가지고 이러한 관계 속에서만 교실 또한 교실로서 존재할 수 있다. 따라서 사회는 사람 개인의 집합으로만 이해될 수도 없고 단순 집합과 다른 차원의 것이 존재하는 세상이다.

이와 같이 자연과 사회는 층화된 구조를 가진 세계이기 때문에, 이러한 층화된 세계가 존재하는 대상을 과학 지식의 대상으로 할 경우에 자연과학은 사회과학에서도 적용될 수 있다. 그러나 자연과 사회는 분명히 서로 다른 세계이다. 자연과 달리 인간사회는 인간에 의해 사회가 구성된다는 점에서 행위주체가 사회구조에 변화를 발생시킨다. 사회에 존재하는 인과적 힘은 인간의 행동을 통해서만 그 실체가 발현된다. 인간의 행동은 개념과 무관하지 않다. 그러한 의미에서 해석학과 같은 반자연주의의 전통에서 이해의 구조에 대한 이해는 타당하다. 그러나 인간의 행동에 대한 의미의 구조관계로만 사회를 이해하는 것은 충분하지 않다. 왜냐하면 인간의 행동 혹은 의미와 관계없이 사회적 행위에 대한 인과적 관계를 발현시키는 사회적 힘 혹은 사회구조는 존재하는 것이기 때문이다.

해석학과 같은 반자연주의 또한 인간의 행위에 대한 경험을 통하여 의미구조를 과학의 대상으로 하고 있다는 점에서 경험주의적 과학관을 가지고 있다. 이러한 이해는 인식이나 경험과 무관하게 존재하는 일정한 사회적 실재의 존재를 인정하기보다는 경험에 의존하는 사회적 실재만으로 과학의 대상을 한정하게 되며, 이러한 사회적 실재의 구조와 구조를 발현시키는 힘이나 메커니즘에 대하여 관심을 가지지 않기 때문에 사회적 실재의 구조나 구조에 작동하는 메커니즘은 지식의 대상이 되지 않게 된다. 따라서 경험주의를 기반하고 있는 자연주의나 반자연주의 모두 과학의 대상이라는 실재의 존재에 대한 이해를 추구하는 데 한계를 가질 수밖에 없다.

과학의 대상은 이론적이며 개념적으로 연구되는데, 이러한 대상이 허구적인 것이 아니라 실제로 존재하는 사회적 실재라는 사실을 인정함을 토대로 할 때, 자연과학학은 사회과학에도 적용될 수 있다. 다만 자연과 달리 사회는 매우 개방적 세계임을 인정할 필요가 있다. 본 연구와 같이 리조트와 같은 관광 소비공간의 생산에 작용하는 사회적 구조 혹은 메커니즘을 알기 위해서는 이러한 구조와 메커니즘이 실제로 존재한다는 존재론과 이러한 실재를 추론하고 확인할 수 있는 연구방법을 요구한다. 이러한 요구는 사회과학도 자연과학과 같은 방식으로 연구될 수 있으며, 사회적 구조나 메커니즘이 실제로 존재 가능하다는 존재론에 입각하고 있는 비판적 실재론에 의지하여 해결될 수 있을 것으로 기대된다.

2. 비판적 실재론의 과학관

비판적 실재론(critical realism)이란 바스카(Bhaskar)가『실재론적 과학이론(A Realist Theory of Science, 1975)』에서 전개한 초월적 실재론(transcendental realism)과『자연주의의 가능성(The Possibility of Naturalism, 1979)』에서 사용한 비판적 자연주의(critical naturalism)를 결합하여 만들어낸 용어이다. 비판적 실재론이라는 용어는 바스카가 처음으로 사용한 것은 아니며, 두 권의 저서의 출간 이후, Andrew Sayer, Andrew Colier, Margaret Archer 등에 의해 발전되면서 다른 학자들에 의하여 제안되었다(김선희, 2009).

따라서 비판적 실재론은 바스카의 저작과 가장 밀접하게 결합되어 있으며, 바스카의『A realist theory of Science(1975)』가 출판된 후, 사반세기 만에 지적 무대를 크게 변화시켰다고 할 수 있다(Archer, 2005). 실재론자인 하레(Harré)의 지도를 받은 바스카는 과학철학의 논쟁이 인식론에 머물고 있으며, 우리가 어떻게 사물을 알 수 있는가라는 인식론적 질문을 던지기에 앞서, 구체적인 사물의 본성이 무엇인가라는 존재론적 질문을 던져야 한다고 주장하였다. 즉, 바스카는 과학은 무엇인가 혹은 과학이론은 어떻게 변화되는가라는 기존 논의에서 과학연구대상은 무엇인가라는 질문이 빠져 있다는 문제를 제기한 것이다. 그리고 바스카는 사물의 복합성을 인정하고 사물의 복합적인 구조를 인과적 메커니즘으로 파악하려고 한 점에서 마르크스적인 실재론자이다(이영철, 2010: 170-171).

바스가의 비판적 실새론은 실새론과 비판적이라는 두 속성이 결합된 용어이다. 실재론은 앞에서 논의한 바와 같이 연구대상은 우리의 의식과 상관없이 독립적으로 존재하는 실재(the real)라는 점을 의미하며, '비판적(critical)'이란 우리와 별도로 존재하는 연구대상인 실재가 있다는 것을 형이상학적으로 전제하되, 우리의 지식과 관계없이 존재하는 대상이 무엇인지를 우리는 직접적으로 알 수 없고, 이성적인 판단을 활용하는 비판적 작업을 통해서만 알 수 있다는 것을 의미한다(이영철, 2010: 173). 이러한 비판적 실재론은 20세기를 지배해온 실증주의적 과학관을 겨냥한 비판활동의 맥락 속에서 존재한다.

바스카는 과학관을 지배하여 왔던 이분법을 해소하려고 노력하였다. 바스카의 『자연주의의 가능성(The Possibility of Naturalism, 1979)』은 ① 과잉 자연주의적 실증주의와 반자연주의적 해석학 사이의 이분법, ② 개인주의와 집합주의 사이의 이분법, ③ 구조와 행위주체에 관한 논쟁을 포함한 베버적 전통과 결합된 자원론과 뒤르켐적 전통과 관련된 물상화 사이의 이분법, ④ 사실과 가치의 이분법, ⑤ 이유와 원인의 이분법, ⑥ 정신과 육체 사이의 이분법을 극복하고자 하는 바스카의 노력의 결과물이다.

바스카에 따르면, 실증주의자들과 해석학자들도 모두 잘못을 저지르고 있다. 사건들의 규칙적 결합은 자연세계에서도 아주 드물다. 그런데 실증주의자들은 사회과학이 인간세계에서 사건들의 규칙적 결합을 발견해낼 것을 기대하는 점에서 잘못을 저지르고 있다. 그리고 동시에 해석학자들은 인간세계에서는 그러한 결합이 없다는 것으로부터 인간과학들이 자연과학들과 근본적으로 다르다는 결론을 이끌어낸다는 점에서 잘못이며, 사회가 폐쇄체계를 인위적으로 만들어낼 수 없기 때문에 인식론적으로 의미 있는 일정한 유형이나 결과들을 판별해냄으로써 경험적 통제와 대비를 실행할 수 없다는 이야기는 잘못이라고 주장한다(Archer, 2005).

초월적 실재론에 따르면, 자연은 과학이 없어도 존재한다. 앞에서 이루어진 중력에 대한 논의에서 과학적 지식의 존재와 관계없이 중력이 존재하였듯이 말이다. 이는 더 나아가 자연에서 발견되는 구조들과 인과법칙들이 사유에 의해 존재하는 허구적인 것이 아니라 선험적으로 실재하는 것을 의미한다. 그러나 과학이라는 사회적 활동이 없다면 인과법칙이나 구조에 대한 지식은 있을 수 없다. 그럼에도 과학에 의한 지식이 존재하기 때문에 인간이 알 수 있는 세계의 구조와 그 실재가 존재하는 것은 아니다. 따라서 바스카(1997)는 과학이 세계에 대한 특정의 유형이나 질서를 부과하는 것이 아니라 세계의 질서가 특정의 조건 아래에서 이루어지는 것이기 때문에, 우리는 과학이라고 부르는 활동을 통해 이를 판별할 수 있을 뿐이라고 주장한다. 그러므로 초월적 실재론의 관점에서 보면, 사회현상을 발생시키는 구조들과 메커니즘이 과학지식의 대상이 되며, 자연과 달리 특정의 조건 아래에서만 이러한 구조나 메커니즘이 발현된다. 그리고 자연과 달리 인위적으로 폐쇄적 체계를 만들어낼 수 없기 때문에 사회의 구조들과 메커니즘에 대한 판별이 불가능하다는 반자연주의도 비판함으로써, 그는 나름의 독특한 비판적 자연주의를 모색한다(Archer, 2005).

3. 비판적 실재론의 관점에서의 사회와 추상화

비판적 실재론에서 연구 핵심은 연구대상인 현상이 어떻게 발생하게 되었는가를 밝히는 것이다(이영철, 2006: 78). 이러한 관점에서 보면 연구대상인 현상이 발생하는 사회는 어떠한 존재이며, 현상은 어떻게 발생하는가에 대한 질문이 이어지게 된다.

비판적 실재론에 따르면 사회현상의 세계뿐만 아니라 자연현상의 세계도 결코 현상 간의 필연적 규칙성 혹은 결정론적 법칙이 지배하는 공간이 아니며, 현상, 경험 공간은 항상적 규칙성이 결코 달성될 수 없는 개방체계(open system)를 형성한다(채오병, 2007: 271). 비판적 실재론은 자연과 사회현상에 공통되는 개방체계의 관념을 도입한다. 그러나 자연계에서의 인과기제는 그 작동여하에 상관없이 (반)영구적으로 존재한다면, 사회현상에서의 인과기제는 지속성에 있어서 시간적·공간적으로 제약된다(채오병, 2007: 275). 이를 좀 더 구체적으로 말하자면, 한국사회에 존재하는 리조트 개발과 입지결정에는 한국사회 속에서 다양한 구조나 기제들이 작동하고 발현되는 것을 의미하는 것이며, 이러한 기제의 작동은 한국사회의 역사적 흐름과 공간 속에서 주체의 행위에 의해 이루어짐을 의미한다. 따라서 리조트 입지결정 등의 리조트 소비공간의 생산에 대한 이해는 한국사회의 특성에 대한 이해 속에서 리조트개발에 어떠한 구조나 메커니즘이 작동하고 있는지에 대한 연구가 이루어져야 한다.

우리는 앞에서 자연과 사회는 단층적인 구조를 지닌 세계가 아니라 층화된 구조를 지닌 세계임을 논의한 바 있다. 비판적 실재론에서 사회는 자연과 마찬가지로 평평한 세계가 아닌 서로 다른 층으로 이루어진 중층화된 세계이다. 실재론적 과학관은 경험과 이론이 모두 인간의 생산물이며, 이것과 구별되며 독립되어 있는 객관적 실재 자체가 세계에 존재하고 있다는 '상식적 견해'에 기초한다(Harré & Secord, 1973: 68-9; 이기홍, 1998: 183 재인용). 즉, 과학적 탐구의 대상들은 인간의 탐구와 무관하게 존재한다(이기홍, 1998: 183). 자연의 인과구조들과 발생기제들은 인간의 접근가능과 관계없이 존재하며 작동하고 있듯이 사건들의 발생과 무관하게 사건을 발생시키는 구조나 발생기제는 인간의 사건에 대한 경험과 무관하게 존재한다. 따라서 이러한 구조나 기제들과 같은 실재적 영역과 실재의 발현에 의해 일어나는 사건들로 이루어지는 현실(actual) 영역과 그러한 사건들에 대한 인간의 경험으로 이루어지는 경험적(empirical) 영역은 구분될 수 있다(이기홍, 2003). 그리고 실재적 영역⊒현실적 영역⊒경험적 영역의 관계가 성립된다(Bhaska, 2008, <표 2-1> 참조).

〈표 2-1〉 실재의 세 영역

구분	실재적 영역	현실적 영역	경험적 영역
발생기제	√		
사건	√	√	
경험들	√	√	√

출처: Bhaska, 1975(2008): 13

우리가 일상생활에서 보는 것은 경험적 영역의 현상들이며, 과학의 궁극적 목적은 이러한 현상들이 아니라 현상을 발생시키는 실재 영역에 존재하는 발생 메커니즘이 무엇인지를 탐구하는 것이 된다(이영철, 2010: 174). 그러나 경험주의는 경험이라는 범주에 근거한 존재론을 구성함으로써 중층화된 세 영역을 실재적 영역=현실적 영역=경험적 영역으로 개념화한다(Bhaska, 1979). 비판적 실재론의 관점에서 보면, 과학의 대상은 현상이 아니고, 현상을 만들어내는 메커니즘, 즉 기제이다. 그리고 사회와 같은 열린 체계에서는 근본적으로 성격이 다른 발생기제가 둘 혹은 그 이상 작용하기 때문에, 우리는 사건이 발생하기 전에 어떤 기제가 작동할지 알 수 없고, 따라서 사건은 연역적으로 예측될 수 없다(이영철, 2006: 83). 그리고 설명이 연역적－법칙적으로 될 수 없다는 것은 예측도 불가능하다는 것을 의미한다(이영철, 2010).

비판적 실재론에서 특정 현상 발생의 원인이나 현상 간 연합의 인과적 설명을 위해서는 그 발생과 연합을 불러일으키는 실체(entity)의 존재 혹은 기제(mechanism)의 작용을 전제한다(채오병, 2007: 261). 따라서 실재론에서 이론은 실체, 기제(들), 발생구조(generating structure)에 관한 진술이다(채오병, 2007: 265). 비판적 실재론의 관점에서는 세계는 필연성이 존재하며, 필연적으로 인과적 힘이나 또는 운동방식과 독특한 감응성을 가지고 있으며(Sayer, 1992) 특정 행위는 일련의 사회적 조건들 속에서 그 행위 주체를 매듭으로 하는 여러 구조의 중첩적인 작용으로 결과된 것으로 파악된다(이기홍, 1994: 185). 행위, 즉 '행위 주체들의 실천은 일련의 구조적 그리고 관계적으로 규정된 위치 안에서 일어난다(Bhaska, 1979: 51).' 이때 사회세계에는 단 하나의 구조만이 존재하는 것이 아니다. 그 크기와 지속성에서 다양한 여러 구조가 함께 존재하면서 서로 작용하고 간섭하며, 영향을 미치고 변화되어 가는, 즉 사회세계에서 구조들은 다른 구조들과 공존 결합하여 복합적인 관계 속에 존재한다(이기홍, 1994: 184). 이러한 관계를 그림으로 표현하면 다음 <그림 2-1>과 같이 나타낼 수 있다.

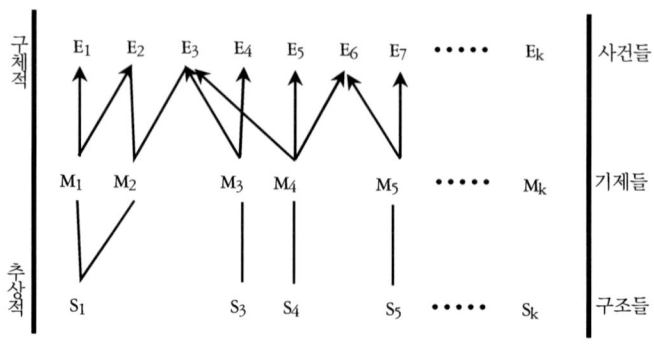

출처: Sayer, 1992: 117; Danermark et al., 1997: 105 재인용

〈그림 2-1〉 구조들, 기제들, 사건들

비판적 실재론에서 구체적 대상이라는 개념은 '무엇이거나 존재하는 것'과 관련될 뿐만 아니라, 대상이 보통 다양한 요소들이나 힘의 결합으로 구성됨을 의미한다(Sayer, 1992: 134). 세이어(Sayer, 1992)에 따르면, 기제들이 활동한 결과(즉, 사건)는 상이한 여러 기제로부터 나오는 영향들의 복합적인 혼합적 결과이며, 여기서 일부의 기제들은 서로를 강화하거나 저지한다. 실재의 상황은 우연적 상황의 수많은 조합이 존재하며 이것이 특정한 인과적 힘이 실현되는지 여부에 영향을 미친다(Danermark et al., 1997: 102). 그리고 <그림 2-1>에서 나타나듯이, 다른 기제들과의 결합에 따라서 상이한 행위가 나타날 수도 있으며, 상이한 원인으로부터 동일한 사건이 발생할 수도 있다. 쉽게 말하자면, 하나의 사건이 존재한다고 했을 때, 하나의 사건이 하나의 메커니즘에 의하여 발생할 수도 있고, 여러 가지 메커니즘이 복합적으로 작용하여 하나의 사건이 발생할 수도 있다는 것을 말한다. 이것이 사건들에 대한 경험만으로 혹은 연역에 의한 추론에 의해 기제

나 구조에 대한 판별이 어려운 이유이기도 하다.

지금까지 논의되어 왔던, 비판적 실재론의 과학 활동의 철학적 가정을 정리하여 보면 다음과 같다(이기홍, 2003: 84). ① 실재하는 객체(있는 그대로의 세계)와 사유 속의 객체(지각된 세계)는 구별된다. ② 객체들은 그 자체의 고유한 성질과 인과적 힘과 발생기제 및 구조들을 가지고 있다. ③ 세계에 대해 존재하는 것 자체의 실재적(real) 영역과 그 존재하는 것들의 운동의 결과로 일어난 사건들로 이루어지는 현실(actual) 영역, 그리고 그런 사건들에 대한 인간의 경험으로 이루어지는 경험적(empirical) 영역을 구별할 수 있다(실재적⊒현실적⊒경험적). ④ 세계는 층위들로 구별되며 각 층위 간에는 고유한 발현적 힘을 갖는 실체들이 존재한다.

그러므로 과학 활동은 '① 경험적 현상의 유형들에 대한 판별/서술 → ② 존재한다면 문제의 현상을 발생시켰을 가설적 실체들에 대한 추론 → ③ 상정된 실체들의 실재성과 운동에 대한 확인의 3국면으로 이루어진다(Bhaska, 1975: 145-147; 이기홍, 2006: 13 재인용). 이를 위해 과학자들은 아직 관찰되지 않은 실체들과 구조들과 기제들에 관한 존재적 가설을 제시하는 이론을 제안하게 되며, 그다음 과학자들은 적절한 이론과 절차의 안내를 받아 이론 속의 잠정적인 실체와 기제들의 준거가 실제로 존재하는가 여부를 결정하기 위한 탐구에 착수한다(Lewis, 1996: 489; 이기홍, 1998: 191 재인용).' 실재론자에게 과학적 이론은 관찰 가능한 현상들을 인과적으로 발생시키는 구조들과 기제들에 대한 서술, 즉 그것을 설명할 수 있게 해주는 서술이다(Keat and Urry, 1978: 5; Danermark et al., 1997: 200 재인용). 왜냐하면 비판적 실재론의 기본적인 생각은 인과성이 속성들, 구조들, 기제들 등과 관련되며, 이것들은 추상적 개념들과 이론들에 의해서 판별될 수 있기 때문이다(Danermark et al., 1997: 200). 실증주의적 연구의 전통에서 이론은 사건을 질서 짓고 설명하고 예측하는 것인 반면에, 비판적 실재론에서 이론은 질서 짓는 틀이 아니라 개념화로 파악한다(Sayer, 1992: 50).

그러면 구체적 대상을 발현시키는 데 작용한 힘이나 기제는 어떻게 판별할 수 있을까라는 문제가 발생한다. 사회과학의 연구대상은 개방체계이기 때문에 자연과학과 달리 실험의 통제를 통한 탐구방법을 사용할 수 없다. 그러므로 사회세계 속의 발생적 힘과 기제들에 관한 지식을 얻고자 할 때 사용할 수 있는 가장 뛰어난 도구 중의 하나는 사건을 조작하여 특정한 측면을 분리해내는 것이 아니라 사유 속에서 그것을 분리해내는 것이다(Danermark et al., 2002: 81). 이 방법은 흔히 '추상'이라고 불린다. 그리고 추상화(abstraction)는 구별되지 않는 경험의 실재를 주관적으로 분류하는 것을 의미하는 것이 아니라 인간 역사의 구체적인 현상들을 해명해주는 발생기제들과 인과구조들을 포착해내려는 시도를 의미한다(Archer, 2005). 추상화는 인식 대상인 객체의 특정 측면에 초점을 맞추면서 다른 측면들을(일시적으로) 사상(捨象)하여 전유하는 사유 운동이다(이기홍, 2003: 76). 그러므로 추상화는 중요한 영향을 미치는 조건들에 초점을 맞추어야 하며 이를 위해서는 그렇지 아니한 조건들을 배제한다(Sayer, 1992: 132). 그리고 추상된 각 측면을 검토하고 나면, 추상들을 결합시켜 그 대상의 구체성을 파악하는 개념을 형성하는 것이 가능하다(Sayer, 1992: 134).

추상화는 과학적 개념이나 이론의 도움을 받아 이루어진다. 개념들은 객체 특정의 속성들이나 요인들을 가리키는 추상적 언어를 제공한다. 그러므로 객체에 대한 인식에서 특정 요소나 측면을 뽑아내는 추상화는 현상이나 객체를 구성하는 구별되는 요소들과 측면들을 개념적으로 구분한다는 것을 의미한다. 따라서 추상화는 객체의 요소들을 개념으로 번역하는 개념화와 함께 진행되는 과정이며, '개념적 추상화 (conceptual abstraction)'로 부르는 것이 더 정확하다(이기홍, 2003: 81).

4. 비판적 실재론의 연구방법론

이제부터 비판적 실재론에서 구체적 대상에 작용하는 기제나 구조에 대한 추상화, 즉 추론을 어떻게 수행하는가에 대한 논의를 하고자 한다. 과학에서의 추론은 주로 귀납과 연역의 방식에 의존하여 이루어지는 경향이 있다. 앞에서 살펴본 바와 같이 귀납은 관찰 불가능한 사회구조나 기제를 추론하기 어렵다. 귀납추론은 단지 결론의 우연성만을 보증할 뿐이며, 가설이나 이론은 관찰된 자료로부터 귀납되는 것 또한 아니다(이영의, 2011). 연역적 추론은 주어진 법칙들과 이전의 조건에 대한 적절한 진술들로부터 추론을 수행함으로써 전제들 속에 이미 있는 것 이외에는 아무런 새로운 것도 이야기하지 못한다. 비판적 실재론은 이러한 귀납과 연역은 물론 가추와 역행추론이라는 사유의 방식을 적극적으로 활용함으로써, 추상화의 사유를 수행한다.

가추는 어떤 이론(일관된 관념들이나 개념들의 체계)을 출발점으로 삼아 사건들을 재서술하고 그것들에 의미를 부여하는 사유작용이다(Danermark et al., 1997: 199). 가추에 관한 쉬운 예를 들어보자. 의사는 환자의 징후를 납득 가능하다고 깨닫는 규칙-유형과 연결 지음으로써 징후를 초래한 원인을 조리 있게 분석할 수 있다(Danermark et al., 1997: 154). 어떤 환자를 두고, 의사는 지속적으로 증상에 대하여 질문을 한다. 이때 의사는 머릿 속에 감기라는 질병의 증상과 환자의 증상을 계속 연결한다. 만약에 환자의 증상 중에 감기가 아닌 증상이 있다면 독감이라는 증상과 연결하는 방식의 작업을 지속함으로써 종합적으로 환자의 질병이 무엇인지를 분석하게 되고, 이를 토대로 처방을 하게 된다. 즉, 가추는 현상에 관한 원래의 생각을 새로운 일련의 생각들의 틀 속에 위치 짓고 해석함으로써 어떤 것에 대한 관념으로부터 그것에 대한 다른 관념, 즉 더 발전되거나 더 심층적인 관념으로 옮겨가는 것이다. 이와 같이 가추는 재서술이나 재맥락화를 중심으로 하는 추론이며, 가추에 의해 어떤 것을 다른 어떤 것으로 재맥락화하고 재해석하면 현상이나 사건을 완전히 상이한 맥락의 틀 속에서 이해할 수 있다.

역행추론은 개별행위들과 사건들을 해석하고 재맥락화할 때 가추에서 출발점이 되는 일반적 구조들의 기본 특징은 무엇인지를 알아내고자 하면서 사용하는 추론 양식이다(Danermark et al., 1997). 바스카는 역행추론을, '그것이 존재하고 있으며 상정된 방식으로 작동한다면, 문제의 현상을 설명해줄 수 있는 가설적 실체들을 상정하는 사유운동'으로 정의한다(Bhaska, 1979: 15). 세이어는 역행추론(retroduction)을 '사건들을 만들어낼 수 있는 능력을 가진 기제들을 상정하는 (그리고 판별해내는) 것에 의해 그 사건들을 설명하는 추론양식'이라고 한다(Sayer, 1992: 162). 이와 같이 역행추론은 사회에서 발생하는 사건들에 대한 경험들로부터 이러한 경험들이 존재할 수 있게 하는(비록 경험에 의해 관찰되지는 않지만), 실재하는 사건들을 발생시키는 조건이나 기제에 대한 개념화에 도달하는 사유작용이다. 그러므로 역행추론은 관찰 가능한 현상으로부터, 즉 관찰 불가능한 현상의 원인을 추론하는 사유방법이다. 관찰 가능한 자유낙하 운동에서 관찰 불가능한 중력의 존재를 추론하는 사유방법이다. 따라서 역행추론은 관찰 가능한 현상을 통하여 관찰 불가능한, 구체적으로 존재하는 실체 혹은 기제를 발견하려 한다는 점에서, 구체에서 추상으로 이동하는 귀납논리와 추상에서 구체로 이동하는 연역논리와 구별된다(채오병, 2007: 272).

이러한 역행추론에 대한 이해를 돕기 위해 사회현상에 대한 역행추론의 사례를 들어보자. 이 사례는 Danermark et al.(1997: 167)에 소개된 내용을 간략하게 정리한 것이다. 바우만(Zygmunt Bauman)은 『근대성과 유대인 대학살(Modernity and the Holocaust, 1989)』에서 유대인 학살이라는 사회적 사건이 가능한 사회적인 기초적 조건이 무엇인지를 분석한다. 그는 유대인 대학살이 독일의 경제 혹은 정치적 문제이거나 유대인적인 문제(반유대주의 증가)에 의한 것이라는 설명을 폐기하고 합리적 근대사회의 구조에 주목한다. 그는 근대사회는 특정한 원칙을 근거로 이 원칙에 적합하지 않은 것을 제거해서 완벽한 질서를 통제하고 창출하는 전략을 특색으로 하는 문화를 가지고 있는 것으로 본다. 그는 이를 '정원 가꾸기 문화(gardening culture)'라고 하였다. 반유대주의와 같은 인종주의 또한 이러한 '정원 가꾸기 문화'의 표출이다. 행위를 전체적으로 수행하지 않는 분업과 분업에 의해 역할이 고정된 관료적 위계사회는 근대사회의 특징이며, 이러한 근대사회의 특징은 자신의 역할 수행에 대하여 개인의 책임을 축소시킨다. 이러한 개인의 책임을 축소시키는 관료제적 권위체계와 정원 가꾸기 문화를 기반으로 하는 사회통제가 바로 유대인 대학살을 만든 구조라고 설명한다. 즉, 바우만은 탐구되고 있는 관찰된 현상을 발생가능하게 하는 기초적인 조건을 사회구조들(관찰되지 않는)과의 관계를 통해 들여다보면서 찾고 있다.

이러한 네 가지 추론 양식에 대한 간단한 비교는 <표 2-2>와 같다. 비판적 실재론의 관점에서 가장 중요한 것은 개별현상이 어떻게 구조들과 내적 관계들로 이루어져 있는지를 설명하는 것이다. 따라서 비판적 실재론의 관점에서 역행추론은 가장 중요한 추론양식이다. 그러나 구체적인 연구에서 가추와 역행추론은 때때로 구별하기 어려울 수 있지만, 이 둘은 상이한 추론 양식이다(Danermark et al., 1997).

그동안 과학에서는 양적 자료에 의존하는 양적 연구와 양적 이외의 질적 자료에 의존하는 질적 연구로 연구방법을 구분하는 이분법적 이해가 지배하여 왔다. 양적 연구와 질적 연구는 연구에 사용하는 자료의 성질에 의미를 두는 구분이다. 그러나 비판적 실재론은 질적 연구와 양적 연구의 이분법을 넘어서 내포적 설계와 외연적 설계라는 연구방법론의 개념을 사용한다. 왜냐하면 비판적 실재론의 관점에서 보면, 과학적 연구는 구체적 대상에서 나타나는 특성 혹은 규칙성에 대한 분석과 이러한 특성이나 규칙성을 발현시키는 기제나 구조가 무엇인지를 판별하는 것이기 때문이다. 오히려 비판적 실재론의 관점에서 보면, 양적 자료와 질적 자료는 이러한 연구에 요구되는 자료일 뿐이다. 특히 사회현상의 유사성에 관심을 가지는 외연적 연구에서는 질적 자료뿐만 아니라 양적 자료도 사용된다.

외연적 연구는 사회현상이라는 사건들의 유사성이나 일정한 패턴들에 관심을 기울인다. 만약에 이러한 사회현상을 발현시키는 일정한 힘이 있다면 일정한 패턴의 사회현상을 외부로 드러낼 수 있을 것이다. 그러나 이러한 사회현상의 일정한 패턴 발견이 바로 현상을 발현시키는 힘을 설명하거나 할 수 있는 것은 아니다. 현상의 사건들을 단순히 배열하면서 일정한 패턴을 밝히는 '일반화(generalization)'(혹은 외연적 연구방법)는 유형의 양적 측정만을 고려하기 때문에, 역사성, 구조와의 관련성 등의 결여를 특징으로 하며, 항상 오류의 가능성을 가지고 있을 수 있다. 그러므로 외연적 연구에서 발견된 사건의 발현에 작동하는 힘을 설명하는 연구로 이어져야 한다.

<표 2-2> 네 가지 추론 양식 비교

	연역	귀납	가추	역행추론
기본구조/ 사유작용	-주어진 전제들로부터 논리적으로 타당한 결론을 이끌어냄 -보편적 법칙으로부터 개별현상들에 대한 지식을 이끌어냄	-다수의 관찰들로부터 전체 모집단에 관한 보편적으로 타당한 결론을 끌어냄 -다수의 관찰들에서 유사성을 보고 또한 이 유사성을 연구되지 않는 사례에 적용함 -관찰된 공변으로부터 법칙적 관계에 관한 결론을 끌어냄	-맥락적 틀이나 일련의 관념들 속의 개별 현상들을 해석하고 재맥락화함 -어떤 것을 새로운 개념적 틀 속에서 관찰하고 해석함으로써 그것을 새로운 방식으로 이해할 수 있음	-구체적인 현상들에 대한 서술과 분석으로부터 이러한 현상들을 바로 그것이게 하는 기초적 조건들을 재구성함 -사유작용과 반대 사실적 사유에 의해 초사실적 조건을 향해 논증해 나감
중심쟁점	전제들의 논리적 결론은 무엇인가?	다수의 관찰된 실체들에 대해 공통적인 요소는 무엇이며, 그것은 더 큰 모집단에 대해서도 참인가?	특정한 개념적 틀 안에서 해석된 어떤 것에 무슨 의미가 부여되는가?	어떤 것이 가능하려면 무슨 성질이 존재해야 하는가?
강점	모든 논증에서 논리적 도출을 위한 규칙과 길잡이, 그리고 논리적 타당성에 대한 탐구를 제공	경험적 일반화, 그리고 부분적으로 그러한 일반화의 정확성을 계산할 수 있는 가능성과의 연관 속에서 길잡이를 제공	사건들에 대해 더 큰 맥락과의 관련 속에서 의미를 귀속시키는 해석과 과정을 위한 길잡이 제공	경험의 영역에서 직접 관찰될 수 없는 초사실적 조건들, 구조들, 기제들에 대한 지식 제공
한계	실제에 관해 전제들 속에 이미 있는 것을 넘어서는 새로운 아무것도 이야기하지 않는다.	분석적으로나 경험적으로 결코 확실할 수 없다(귀납의 내적 한계). 경험적 수준에서의 결론에 한정된다(귀납의 외적 한계).	결론의 타당성을 명확한 방식으로 평가할 수 있는 고정된 기준이 없다.	결론의 타당성을 명확한 방식으로 평가할 수 있는 고정된 기준이 없다.
사례	A이면 B이다. A이다. 그러므로 B이다.	스웨덴인의 대표적 표본에 보이는 태도에 대한 탐구로부터 스웨덴인의 30%는 EU에 우호적이라는 결론을 끌어낸다.	마르크스는 인류의 역사를 역사유물론의 관점에서 재해석-재서술하였다.	어떤 의례가 바로 의례가 되려면, 정서적으로 부과된 상징과 침범 불가능한 신성한 가치가 존재해야 한다.

출처: Danermark et al., 1997: 138-139, 연구자 재정리

이러한 패턴의 발현에 작용하는 사회메커니즘은 관찰 가능한 것이
아니라 인간의 인식을 통해 추론되어야 한다. 비판적 실재론의 과학
에서 사회연구의 과제는 '구조적 조건들과 결과들에 입각하여 현상
적으로 경험되는 세계의 윤곽을 밝히는 것'이다(이기홍, 1994: 188).
이러한 사회구조의 존재는 추상적인 인과력이 발현되는 경로와 결과
등을 한꺼번에 보아야 그 실체를 전체로 파악할 수 있다. 그러므로
추상력을 통해 확인된 구조적 필연성이 여러 상황적 조건에 매개되
어 현상을 발현시키는 원인 구조, 발생경로, 결과를 한꺼번에 파악하
는 분석, 즉 '구체적 분석(concrete research)'(혹은 내포적 연구방법)이
요구된다(조명래, 2000a: 121). 이와 같이 내포적 연구는 외연적 연구
에서 발견된 사건들에서 나타난 패턴을 이론적으로 설명함으로써 사
회현상에 작동하는 사회구조와 메커니즘을 설명하는 것이다. 이러한
설명력의 타당성을 확인하기 위해서는 설명된 이론을 통해 이러한
구조와 메커니즘과 사건들을 설명하는 종합화를 통해 대안이론의 설
명력을 확인해야 한다.

<표 2-3>은 이러한 두 가지 연구 절차의 특징을 설명하고 있다.
그리고 이러한 내포적 연구와 외연적 연구와의 관계를 그림으로 표
시하면 <그림 2-2>와 같다. 비판적 실재론의 연구방법론의 관점에서
보면 크게 외연적 연구와 내포적 연구 두 가지의 하위의 연구방법이
존재하며 최종적으로 이를 통합하는 종합화가 이루어져야 한다.

<표 2-3> 내포적인 경험적 절차와 외연적인 경험적 절차

과제	발생기제를 판별해내고 실제의 사건과 과정에서 그것이 어떻게 드러나는지를 서술함	
경험적 절차들		
구분	내포적	외연적
연구 문제	특정한 사례나 소수의 사례에서 과정이 어떻게 작동하는가. 특정한 변동을 무엇이 만들어내는가. 행위주체가 실제로 무엇을 하는가.	모집단의 규칙성, 공통의 유형, 구별되는 특징은 무엇인가. 특정한 특징이나 과정이 얼마나 광범하게 분포되어 있는가 또는 나타나는가.
관계	연관이라는 실질적 관계	유사성이라는 형식적 관계
연구되는 집단의 유형	인과적 집단	분류적 집단
전형적인 방법들	개별 행위주체에 대한 인과적 맥락 속에서의 연구, 상호작용적 면접, 민족지, 질적 분석	모집단이나 대표적 표본에 대한 대규모 조사, 형식적 질문지, 표준화된 면접, 통계적 분석
한계	실제의 구체적 유형과 우연적 관계는 '대표적', '평균적'이거나 또는 일반화할 수 있는 것이 아닐 수 있다. 발견된 필연적 관계는 그것의 관계항이 나타나는 곳에서는 어디서나 존재할 것이다. 예컨대, 객체의 인과적 힘은 그것이 그 객체의 필연적 특징이기 때문에 다른 맥락에 대해서도 일반화할 수 있다.	전체 모집단의 대표이지만 그것은 상이한 시간과 장소에서 다른 모집단에 일반화할 수는 없을 것이다. 개인에 관한 추론을 하는 데에서의 생태학적 오류문제, 제한된 설명력
생산되는 해명의 유형	반드시 대표적인 것은 아니지만 특정한 객체나 사건의 생산에 대한 인과적 설명	설명적 통찰이 결여된 서술적 '대표적' 일반화

출처: Sayer, 1992: 243의 〈표 1. 1〉을 Danermark et al.(1997)을 수정한 것(Danermark et al., 1997: 272).

리조트와 같은 관광공간의 생산에 작용하는 사회 구조 혹은 메커니즘에 대한 이해를 위해서는 먼저 각 현상이나 사건의 일정한 패턴을 밝히는 일반화, 즉 외연적 연구가 이루어져야 한다. 이를 위해서는 연구대상의 리조트에 대한 다양한 사건이나 현상들을 수집해야 한다. 그러나 모든 사건이나 현상을 수집하는 것은 불가능할 뿐만 아니라 무의미할 수도 있다. 따라서 본 연구의 목적에 적합한 잠정적 이론을 통하여 필수적으로 필요한 사건이나 현상을 중심으로 자료를 수집해야 한다. 그러므로 연구의 목적에 적합한 잠정적인 대안이론을 만드는 작업이 우선시된다. 이러한 작업을 토대로 사건이나 현상의 일정한 패턴을 밝혀야 한다. 이 패턴을 밝히는 작업은 질적인 자료뿐만 아니라 양적인 자료까지도 사용될 수 있다. 이러한 자료를 수집하기 위해서는 광범위한 2차 자료가 수집되어야 하며 동시에 연구대상의 리조트의 현지답사와 관계자와의 심층인터뷰, 설문조사를 통한 1차 자료의 수집이 동시에 요구된다. 1차 자료 수집은 사회적 현상과 관련된 자료뿐만 아니라 관광지의 물리적 특성과 사회문화 역사자원 등에 대한 자료도 수집되어야 한다. 따라서 본 연구에서 자료 수집은 심층인터뷰, 현지답사, 관찰, 2차 자료 수집 등과 같이 다양한 방식의 자료 수입이 이루어진다.

외연적 연구를 수행한 후, 유형화된 사건이나 현상들이 발생하기 위해 반드시 존재하는 작동방식이나 구조 혹은 메커니즘에 대하여 분석해야 한다. 이러한 사회적 행위들에 대한 분석은 사회구조들과 구조의 성향과 힘과 행위자들의 상호작용 속에서 고려해야 하기 때문에 이론을 통해 추론하거나 분석해야 한다. 이러한 분석들을 통해 잠정적으로 만들어진 대안이론이 확정되거나 수정될 수 있다. 이때 사용되는 추론 방식은 주로 역행추론과 가추를 중심으로 이루어진다.

마지막으로 두 가지의 연구방법을 통해 도출된 결론을 통합하는 종합화를 통해 사건이나 현상과 이를 가능하게 하는 메커니즘이나 구조들을 통합하여 설명하는 작업이 이루어짐으로써 수정된 대안이론의 설명력을 확인해야 한다. 특히 관광학 분야와 같이 응용과학의 성격이 깅한 학문분야에서는 이 단계가 내우 중요하다(Danermark et al., 1997).

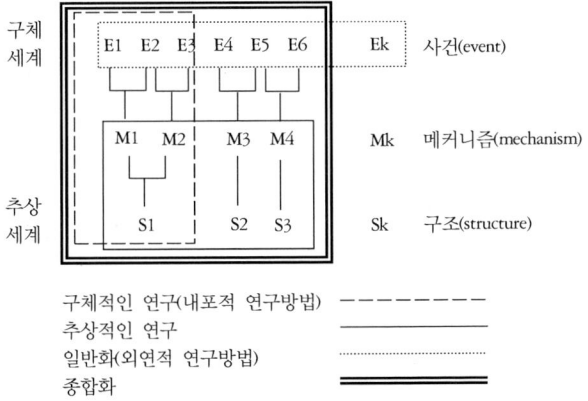

구체
세계

추상
세계

E1 E2 E3	E4 E5 E6	Ek	사건(event)
M1 M2	M3 M4	Mk	메커니즘(mechanism)
S1	S2 S3	Sk	구조(structure)

구체적인 연구(내포적 연구방법)   – – – – – – – –
추상적인 연구   ——————
일반화(외연적 연구방법)   ·····················
종합화   ════════

출처: Sayer, 1984a: 215; 이상일, 1991: 12 재인용

〈그림 2-2〉 탐구방식

제3장 관광과 관광지 입지

　지금부터는 입지론을 검토하고, 이를 통하여 입지론의 현대사회 관광산업과 관광지와의 관계에 대한 설명 가능성을 타진해보고자 한다. 산업 활동과 공간과의 관계를 설명하려는 시도 중의 하나가 바로 입지이론들이다. 초기의 입지론은 대체로 경제활동들이 공간을 소비하는 거리에 의해 분리된다는 사실을 고려하고 있는 공간경제이론을 토대로 하고 있다(Norman, 1993: 38; 이호병, 2005: 28 재인용). 이 중에서 가장 중요한 변수로 취급되는 입지요인은 거리 또는 수송비와 같은 요인들이며 이론의 명료화를 위하여 기본적인 가정들을 전제로 하고 있다. 그러나 관광의 경우는 상품이 이동하는 것이 아니라 소비자가 관광공간으로 이동함으로써 장소를 소비하는 특성을 지니고 있으며, 교통발전과 더불어 사회·문화적 요인에 의하여 영향받는 소비이다. 그러므로 관광공간에 자본의 입지는 교통비용뿐만 아니라 이동시간 및 심리적 요인들과 사회·문화적 요인들로부터 영향받을 수 있다. 그리고 관광은 생산공간과 소비공간이 함께 위치하고 있다는 특성을 지니고 있다. 그러므로 관광개발은 입지하는 공간 자체를 소비한나는 특성에 의해 제약받는다. 관광행위가 이루어지는 무대가 되는 관광공간은 사회적으로 그 의미가 변해온 대상이다. 기존의 입지론은 관광공간이 사회적으로 그 의미가 변화되어 왔으며 다양한 사회적 요인들이 결합되어 생산된다는 관점을 결여하고 있어서 공간과 사회와의 상호작용을 이해하는 데 한계가 있다. 따라서 기존의 입지론을 관광분야에 적용하기 위해서는 관광의 특성을 반영하면서, 관광공간이 사회적으로 구성된다는 관점에서 고전적 입지론에 대한 비판적 이해가 요구된다.

1. 입지

국립국어원 표준국어대사전에 따르면, 입지는 "인간이 경제활동을 하기 위하여 선택하는 장소"라고 정의되고 있다. 그러므로 입지는 경제활동과 밀접한 연관성을 가진 요소들과의 공간의 상대적 위치와 부지 자체의 독특한 물리적 특성을 토대로 결정(이호병, 2005: 18)되는 것으로 이해되기 쉽다. 이와 같은 입지에 대한 대부분의 상식적인 견해는 경제행위를 하는 장소로서의 입지에 관심을 기울이고 있다. 경제행위로써의 장소, 즉 지점에만 관심을 기울이게 되면, 입지에 대한 이해를 장소와 물리적 공간의 특성과 경제활동과의 관계, 장소와 연관성을 지닌 요소들(시장까지의 거리, 시장의 크기, 노동력 등)과의 규칙성에만 관심을 기울이게 될 가능성이 높아진다.

그러나 이러한 이해는 관광산업이라는 경제 행위를 발생시키는 힘에 대하여 관심을 기울이지 않게 만듦으로써 입지와 경제행위와의 관계에 대한 지식으로 나아가는 데 어려움을 가지게 한다. 왜냐하면 규칙성에 중심을 둔 이해는 경제활동이 왜 입지를 결정하고 생산 활동이 어떻게 이루어지는지 혹은 어떠한 메커니즘에 의하여 이러한 입지가 결정되고 생산 활동이 이루어지는지에 대한 관찰 불가능한 지식에 대하여 정보를 제공하는 데 한계를 가지고 있기 때문이다. 동시에 자본의 입지활동과 소비활동은 역사적으로 변화되어 오는 것이라는 사실을 고려하기 어렵게 한다.

경제활동이 일어나는 입지와 경제활동과 연관성을 지닌 요소들이 결합하는 구체적인 모습은 생산양식의 변화나 자본의 입지전략 등에 의해 다르게 나타난다. 자본주의사회에서 자본은 산업 활동의 근간이다. 자본의 입지와 재입지는 산업의 입지와 재입지를 의미하는 것이며 이는 산업 활동의 공간적 분포를 낳는다(김형국, 1997: 130). 자본주의에서 생산의 입지는 자본구성과 충분한 유효수요를 가진 시장까지의 교통비용, 자본비용, 폭넓은 보조적 서비스들의 비용과 가용성, 토지가격, 자연의 혜택(이른바 자연자원의 부존), 노동력과 관련된 여건들, 중간투입물의 비용들, 유효수요의 수준 등 다양한 결정요인들에 의해 지배되는 매우 복잡한 사안이다(Harvey, 1982). 이러한 요인들은 생산양식의 변화에 따라 그 구체적인 결합과 생산방식은 변화된다. 생산양식은 생산양식에 적합한 공간을 요구하기 때문에 생산양식의 변화는 공간상의 재구성이나 자본의 재입지를 가져올 수 있다. 또한 각 산업의 생산 활동을 위해서는 각각의 산업에 적합한 공간적 여건이 마련되어야 한다(김형국, 1997: 130).

특히 공간의 물리적 자원과 사회문화자원에 의존하는 관광산업은 타 산업에 비해 독특한 공간적 여건을 요구한다. 관광산업은 생산공간과 소비공간이 분리된 공업이나 상업과는 다른 생산구조와 공간의 존 구조를 가지고 있다. 따라서 입지 결정과 같은 사회석 행위에 대한 이해는 경제행위의 장소뿐만 아니라 자본의 활동논리 속에 특정

산업 특성과의 관계에 대한 이해를 요구한다. 즉, 입지를 경제행위가 이루어지는 장소로서 이해해야 함과 동시에 자본이 어떻게 공간을 생산하고 있는지에 대한 이해가 요구되는 것이다. 관광 소비는 기호에 대한 소비가 중요한 산업이며, 소비계층에 따라 각각의 소비가 차별적으로 이루어지는 특성을 가지고 있다(인태정, 2007). 관광산업은 타 산업과 달리 인간이 이동하는 소비이다. 그리고 관광 소비는 행위주체의 사회·문화적 요인에 의해 영향받아 이루어진다는 점에 주목할 필요가 있다. 따라서 관광지 입지는 자본의 관광공간 생산전략과 관광공간 소비와의 관계에서 이해되어야 한다.

2. 입지론의 관광 적용 가능성

입지론의 출발점이 되고 있는 튀넨(von Thünen)의 농업입지론과 이를 바탕으로 발전시킨 베버(A. Weber)의 공업입지론, 크리스톨러(Christaller)의 중심지이론 등은 다양한 입지론 발전에 큰 영향을 미치고 있다. 튀넨의 고립국 이론인 농업입지론에서는 농산물의 수송비가 입지를 결정하는 핵심 요인이다. 시장에서 먼 거리에 있는 생산물보다는 근거리에 있는 생산물이 수송비가 적게 들므로 이러한 절약분이 지대가 된다. 베버의 공업입지론은 바로 튀넨의 고립국 이론을 발전시켜 고전적 입지론을 완성시킨 것으로 알려져 있다(최낙필, 1983). 베버에게 입지 인자란 '일정장소에서 경제활동이 영위될 때 발생하는 비용의 절약'이며, 비용 절약이 큰 항목일수록 중요한 인자가 된다(형기주, 1997: 89). 그리고 공장이 일정장소에 집적되면 원료 구입이나 창고 이용, 시장개척 등의 생산업자의 노력 없이도 해결할 수 있고, 각종 인프라를 공동으로 해결할 수 있어서 비용이 절약된다(형기주, 1997: 92). 베버는 일정지점에서 공장이 많이 집중한다면 그것은 장소의 이점보다는 '공장 상호 간의 접촉'을 통해서 발생하는 이익 때문이며 이를 국지적 인자와 구분하여 집적 인자라고 정의했다(형기주, 1997). 이와 같은 튀넨과 베버의 입지론은 비용의 최소화를 추구하는 비용지향이론이라 할 수 있다. 비용의 최소화를 추구하는 입지론에서 입지인자는 일정한 장소에서 경제활동이 수행됨에 따라 발생하는 이익으로 비용절약을 통한 경제행위의 공준(公準)을 말한다(최낙필, 1983: 115).

이를 관광분야로 재해석하면 관광입지가 가능한 공간 중에서 소비자 비용이 최소화되는 지역으로 관광지가 입지하며, 다양한 관광시설의 입지가 군집함으로써 인프라의 공동이용을 통한 이익을 발생시키게 될 수 있음을 의미한다. 그러나 거리비용 문제와 군집 문제가 관광입지에 어떠한 영향을 미치는지를 이해하기 위해서는 이러한 문제가 관광과는 어떠한 관련성이 존재하는지에 대한 심도 있는 이해가 요구된다. 특히, 관광에서 거리 비용은 일반 상품과 달리 심리적이고 사회적이며 문화적인 요인이 작용하기 때문이다.

튀넨과 베버의 입지론의 공통점은 소비자에게 상품을 전달하기 위해 생산에 투입되는 비용이 최소화되어야 한다는 것이다. 두 이론은 농업과 공업의 산업에서 이러한 최소비용의 원리가 공간에서 어떻게 반영되는지를 보여주고 있다. 두 이론에서 비용은 생산자의 비용이다. 그러니 일반 공산품 생산과 달리 관광에서의 거리는 소비자의 비용이며 소비자의 성체성을 드러내기 위한 수단으로 이용될 수도 있다. 유럽의 그랜드 투어(Grand Tour) 시대에 유럽의 전 지역을 돌아다니는 먼 거리의 여행은 귀족을 중심으로 한 엘리트들이 문화자본의 축적과 소비를 위해 기꺼이 소비하는 자원으로서의 역할을 수행하였다. 그러나 장시간의 노동과 저임금의 상황에 처해 있던 노동자들은 도시근처의 공간에서 여가시간을 보내었다. 이와 같이 전통적으로 관광에서 거리는 여가공간의 계층적 분리의 도구로 이용되어 왔다. 현대사회에서도 관광소비는 계층에 따라 차별적으로 이루어지고 있다. 그러므로 관광공간 또한 소비계층에 따라 차별적으로 생산될 가능성이 높으며, 이는 리조트와 같은 관광지 입지의 차이로 발현될 수 있다. 따라서 관광에서의 거리를 단지 비용의 문제를 이해하는 것은 모든 소비자를 동일한 상태로 간주함으로써 사회 구조와 공간과의 관계에 대하여 무관심하게 될 가능성을 높인다.

교통 발전은 이러한 사회적인 관광공간의 입지와 시장과의 거리의 관계를 지속적으로 변화시켜 왔다. 영국의 런던에서 남쪽으로 약 82㎞ 떨어져 있는 Brighton은 국왕 조지 5세의 이궁 Royal Crescent가 있었으며, 1827년까지 왕실의 후원하에 귀족들의 휴양지로서의 명성을 얻었다. 그러나 1841년 철도개통은 이 지역을 일반 관광객들의 휴양지로 변화시켰다. 철도와 같은 교통 발전은 부유 계층의 해변리조트를 대중휴양 중심의 해변리조트로 변화시키는 데 많은 영향을 미쳤으며, 부유 계층은 자신들을 위한 새로운 관광공간으로 이동하였다(Shaw and Williams, 2004). 따라서 관광에서의 거리에 따른 관광공간의 입지는 역사적 상황 속에서 소비주체와의 상호작용 속에서 이해되어야 한다. 또한 거리에 따른 비용이 반드시 관광소비 축소를 나타내는 것은 아니다. 먼 거리의 이국적인 풍경은 관광객의 호기심을 일으켜 수요를 창출하며 이러한 수요는 소득수준이나 문화자본 등에 의하여도 변화될 수 있다(Shaw and Williams, 2004). 그리고 관광의 경우 거리비용이 관광객에게 전달되는 방식은 개별여행인 경우와 대중관광인 경우에 따라 다양할 수 있다. 이러한 방식을 선택하는 것은 관광객의 동기나 선호 등과 밀접한 관련이 있다. 그리고 관광객 동기나 선호는 과학기술 발전이나 문화 변화에 따라 변화된다.

그러나 튀넨과 베버의 입지론은 사회・문화적 요인과 관광공간의 소비 관계에 대하여는 아무런 설명을 하고 있지 못하는 문제점을 가지고 있다. 그러므로 거리와 공간에 대한 관광수요의 관계는 거리에 따른 수송비용과의 단순한 수요 곡선에 의해서 설명되기보다는 경제적인 요인, 사회・문화적인 요인과 같은 복합적인 요인들과 공간의 사회적 속성과의 관계에서 이해되어야 한다.

베버의 집적에 관한 논의가 관광에 어떻게 적용될 수 있을까에 대한 논의를 시작해보자. 관광에서도 집적은 규모의 경제와 범위의 경제의 관점에서 논의될 수 있을 것이다. 규모의 경제는 내부적인 규모를 대규모화함으로써 대규모화에 따른 비용부담과 이로 인한, 즉 규모의 경제로 인한 편익의 발생이 같아지는 지점까지 경영규모를 확대하여 집적이 이루어지는 것을 의미한다. 그리고 범위의 경제는 다른 관광기업과의 네트워크를 통한 협력에 의한 상호 편익을 발생시킬 수 있도록 공간적으로 근접하여 입지하는 것을 의미한다.

Gordon과 Goodall의 말을 빌리자면, 집중/전문화에는 일반적으로 세 가지 원인이 존재한다(2000: 296). ① 물려받은 지역적/접근가능한 자원으로부터 발생하는 상대적인 이점, ② 사회기반시설 중 주요시설의 공급과 이용(교통수송 연계 혹은 터미널 등뿐만 아니라 중요 매력물들)에 있어서의 규모의 경제, ③ 관광객 서비스 운영에서의 규모와 범위의 경제-그리고 적절히 훈련된 노동력 이동과 같은 핵심적 지원과 장소 마케팅. 이것은 거대한 독점적 기업에서의 내부적으로 혹은 관련된 사업의 군집을 통해 외부적으로 달성될 수 있다. 그러나 개별적 관광을 가능하게 하는 자동차가 대중적으로 보급되고 고속도로와 같은 사회기반시설이 거미줄처럼 전국적으로 공급되어 있는 상황에서 교통 수송 연계 시설의 규모의 경제는 큰 이점을 제공하지 못할 수도 있다.

관광에서 해변과 같은 위치 혹은 풍경은 상대적인 이점을 제공하며, 관광투자의 군집(cluster)을 끌어들인다(Shaw and Williams, 2004). 아름다운 풍경이나 역사 유적물 등과 같은 자원은 관광객에게 매력물로 작용한다. 또한 관광활동의 다양화를 가능하게 하며, 관광자본에 자유롭게 이용할 수 있는 자원으로서의 이점을 제공해준다. 이러한 이점은 관광자본의 입지를 촉진한다. 관광에서의 지리적 군집현상은 일반산업의 군집과 다르게 관광의 사회적 구성과 관광매력물의 특성과 관련되어 있다(Shaw and Williams, 2004). 관광개발의 공간적 분포는 관광산업이 이용하고자 하는 관광자원의 특성에 따라 영향받는다. 관광이 기반하고 있는 자원과 매력물이 단일하거나 특정장소에만 있는 매력물이면 관광개발 입지는 그 주변에 집중되는 경향이 있으며, 매력물이 보편적이거나 공간적으로 확장된 자원인 경우에는 확산되는 특성을 지니고 있다(Williams, 1998: 106).

튀넨과 베버의 입지론은 주로 1, 2차 산업을 다루고 있다. 관광산업과 유사한 성격인 3차 산업의 공간적 특성을 처음 밝힌 이론은 크리스톨러(Christaller)의 '중심지이론(central place theory)'이다. 크리스톨러(1933)의 중심지이론은 각종 활동공간이 어떤 핵을 중심으로 배열되어 있다는 인식에서 비롯되었다(이호병, 2005: 60). 중심지이론은 소비자는 균일하며, 수송은 도처에서 가능하고 시장은 표적시장에 충분한 상품과 서비스를 제공할 수 있다고 가정한다(Daniels, 2007).

중심지이론에서의 도달거리나 최소범위의 반경은 도보교통을 전제로 하였으나, 교통수단의 발전으로 말미암아 고전적 중심지 체계는 무너지기 시작했다(김형국, 1997: 158). 그리고 중심지이론은 소비자가 균일하게 존재한다는 가정하에서 이루어지고 있다. 소비자가 균일하게 존재한다고 가정하고 입지를 이해할 수 있는 경우는 상대적으로 인구의 밀집도가 높은 대도시 내에서의 여가공간이나 공공서비스 기관의 설치 정도에 제한될 것이다. 그리고 도시에서의 중심성은 경제활동의 중요성과 지역에서 발견되는 관련 기반시설과 관련되어 있다(Malizia and Feser, 1999: 253). 따라서 다른 규모의 도시들에서 공간이나 기능이 왜 다른지를 설명할 수 있다(Daniels, 2007: 335). 그러나 대도시로부터 자연관광지까지의 거리에 있어서 소비자가 균일하게 존재하는 경우는 대도시로의 집중현상이 심화되어 있는 현대사회에서 거의 존재하지 않는다. 그리고 중심성은 상품이나 서비스의 독특성과 매력성 그리고 규모의 비경제[8])에 의해서도 영향을 받는다(Perudder and Witlox 2004; Wang 1999; Daniels, 2007 재인용).

중심지이론은 도시와 소비자의 분포나 공간구조가 다른 관광공간에 기계적으로 적용하기 어렵다. 중심지이론에서 중심성의 차이는 소비공간의 차이를 설명할 수 있는 가능성을 가지고 있다. 왜냐하면 중심지이론은 소비공간으로서의 관광공간의 사회계층에 따른 차이를 부분적으로 설명해줄 가능성을 가지고 있기 때문이다. 중심성은 상품

---

8) 규모의 비경제의 경우는 대규모 생산이 소규모 생산에 비해 생산단가가 높아지는 경우를 말한다. 특히 다품종 소량생산시스템에서와 같이 다양한 소비가 이루어지는 경우는 규모의 경제에 의존하는 생산은 오히려 생산단가를 높일 수도 있다.

의 도달거리와 최소범위가 맞아떨어진 상태에서 형성되는데, 중심성이 낮다는 것은 최소범위와 도달거리가 균형을 이룬 거리가 짧은 것을 의미하며 중심성이 높은 것은 그 반대가 되므로, 중심성이 높은 재화는 아주 간헐적으로 소비되는 고가의 것이 되기 쉽다(김형국, 1997). 이러한 중심지이론의 중심성 개념을 관광에 적용하여 보면, 중심성이 높은 곳은 간헐적으로 소비하는 고비용의 여가공간이나 관광지가 될 것이고, 중심성이 낮은 관광지는 일상적 여가활동이 이루어지는 주거지 인근의 근린공원이나 저비용의 소규모 관광지가 될 것이다. 이는 도심과 관광지의 거리에 따라 관광공간의 소비 계층의 성격에 차이가 있을 수 있음을 의미하는 것이다.

중심지이론에 따르면 중심지는 배후지의 크기, 소득수준, 구매력 같은 (경제적) 세력에 따라 달라지는데, 배후지가 넓고 거기에 사람들의 구매력이 높으면 높은 계층의 중심지가 형성된다(김형국, 1997). 이러한 중심지이론에서의 중심지를 관광지로, 그리고 소비자가 거주하고 있는 도시들(즉, 시장)을 배후지로 전환하여 생각해보면 중심지이론에서 분석하고 있는 구조적 관계가 유사하다고 가정해볼 수 있다. 만약에 이러한 가정을 기계적으로 적용하여 보면, 관광지는 중심성의 크기에 따른 계층적 구조를 가질 수 있으며, 관광지의 중심성 크기는 배후지의 크기, 소비자의 소득수준, 구매력의 크기 등에 따라 달라진다고 할 수 있다. 그러나 이와 같은 적용은 관광지 자체의 매력성이 관광지의 시장 유인력에 크게 영향을 미친다는 일반적인 관점을 설명할 수 없게 된다. 그러므로 관광지 중심성의 크기에 영향을 미치는 요인으로 매력성이라는 요인의 결합이 요구된다. 결론적으로 매력성이 일정하다면 배후지의 영향력이 큰 서울과 같은 대도시를 겨냥한 리조트 지역의 중심성이 크고 리조트가 군집될 가능성이 존재함을 의미하는 것이다. 이는 현재 서울의 대도시를 겨냥한 리조트들이 서울과 가까운 강원도를 중심으로 몰려 있는 현상을 잘 설명해 줄 수 있을 것으로 판단된다. 그리고 대도시의 인구증대와 소득증대, 구매력의 크기 증가 등과 같은 유출요인의 증대는 도달거리를 증대시킴으로써 관광지 입지의 확산을 부분적으로 설명할 수 있다. 그러나 유출요인의 증대가 도달거리의 증대라는 관점으로 중심성을 설명하게 되면 소득계층 간 차이를 반영한 중심성을 설명하지 못하는 한계를 가지게 된다. 따라서 이러한 설명만으로는 관광지 입지확산을 설명하는 데 충분하지 않다. 그리고 관광공간은 소비자인 관광객의 욕망을 추구하기 위한 공간이다. 그러므로 관광지 입지확산이 관광객의 욕망추구와 어떠한 관계가 있는지를 설명할 필요가 있다.

중심지이론이 가지는 결함 중의 하나는 소비자의 행동을 단일행동으로 가정함으로써 다목적 행동을 설명하지 못하고 있다는 점이다(성준용, 2004: 277). 만약에 소비자가 다목적 행동을 추구하는 경우 다목적 행동 전체의 교통비를 최소화하는 방향으로 소비자가 행동할 것이다. 따라서 다소 교통비가 더 소요되더라도 다목적 행동을 한꺼번에 할 수 있는 중심지를 선택하는 것이 합리적 행위일 수 있다. 특히 장거리 이동에 따른 비용을 보상받기 위해서는 다양한 행동을 추구하는 것이 좀 더 합리적인 행위일 수 있다. 이러한 다양한 행동 추구는 관광지 입지의 물려받은 자원의 매력물을 활용하는 방식과 관광지 내의 매력물과 서비스의 다양화를 추구하는 방식을 통해 이루어질 수 있다. 그러므로 관광지의 중심지 강화는 자원의 매력물과 소비자의 행동추구와의 상호작용의 과정에서 이해될 수 있다. 단일행동

추구의 관광지보다는 다양한 행동추구가 가능한 관광지의 중심성, 즉 흡인력이 더욱 크다는 것은 중심지이론의 중심성과 맥락을 같이한다.

따라서 리조트와 같은 관광공간의 중심성 강화전략은 리조트가 입지하고 활용하는 매력물에 따라 다양하게 나타날 수 있다. 예를 들면, 리조트 외부의 자원 매력물을 활용하는 전략보다는 리조트 내부의 중심성을 강화하는 전략이 더 중요한 중심성 강화전략이 작용하는 경우가 있을 수 있다. 반대로 리조트 입지 외부의 자원 매력물 활용이 중요한 경우에는 리조트 내부의 중심성 강화전략보다는 외부와의 연계를 통한 중심성 강화전략을 추구할 수 있다. 이러한 경우는 리조트 입지의 외부 지역에 존재하는 자원의 매력도나 선호가 높은 지역에서 나타날 수 있으며, 다양한 관광공간의 지리적 군집화가 나타날 수 있다.

그러나 모든 관광 소비자가 다양한 행동을 추구하지는 않는다. 특정 지역 내에서 단일한 행동만을 추구할 수도 있기 때문이다. 조용한 자연의 공간에서 휴식만을 목적으로 하는 리조트의 경우에는 이러한 소비를 추구하는 소비자에게는 매력적인 공간이지만, 시설이 군집되어 입지할 필요는 없다. 이와 같은 소비행동의 차이는 소비자의 소비욕구 차이를 반영하는데, 소비욕구는 사회계층에 따라 다르게 나타난다. 이는 소비공간에 대한 욕구가 사회계층에 따라 다르기 때문이다. 관광공간 또한 사회계층에 따라 각각 다른 소비욕구를 반영하는 사회적 공간인 것이다. 그러므로 리조트라는 소비공간의 매력성 또한 사회계층에 따른 소비욕구와 소비행동과의 관계에서 이해될 수 있다.

전통적인 입지이론(location theory)에서, 수송비용은 경제적 이익에서 중요하게 취급되었고 그 결과 거리는 활동을 개발하고자 하는 장소를 선택함에 있어 중요한 요소이었다(Claval, 1995: 249). 1930년대까지의 주요 입지이론들은 장소에 따른 판매 잠재력의 차이가 사실상 무시된 채, 대체로 공간비용의 차이에 따른 산물로 입지가 다루어졌다(이호병, 2005). 수요에 따라 입지가 달라진다는 입장에서 입지론으로는 페터(F. Fetter)와 뢰쉬(A. Lösch) 등이 제시한 최대수요이론이 있다. 뢰쉬의 이론은 원료가 균일하게 분포되어 있고, 수송비가 공간적으로 동질적이며, 생산자는 충분히 많아서 추가적으로 새로운 기업을 끌어들일 수 있음을 가정하고 있다(이호병, 2005). 수요가 공간상에 균일하게 분포되어 있다면 수요를 극대화하기 위해서 시장권역을 최대한 확대해야 한다(홍기용, 1997: 66). 결론적으로 뢰쉬의 이론에 따르면 거리가 멀어짐에 따라 수요자의 지불가격이 증가하므로 수요량이 줄어들고 구매량이 0이 되는 지점까지가 상권경계가 되는데, 위치가 다른 두 업체 사이에 소비자의 지불가격이 동일한 지점에서 두 업체 간의 시장권 분할이 이루어진다(이호병, 2005; 홍기용, 1999). 수요에 관련된 요인은 상품의 가격은 물론이고 수요자의 소득, 기호, 소비성향, 시장까지의 거리 등의 함수이다(홍기용, 1999: 64). 따라서 뢰쉬의 이론에서는 상품 가격이 상승하면 상권의 규모는 작아지게 된다. 뢰쉬의 최대수요이론과 유사한 이익극대화이론으로는 스미스(D. Smith)의 이윤극대화이론이 있다. 스미스의 입지론에서의 공장의 입지는 총비용과 총수입의 차, 즉 이윤이 최대가 되는 지점이 된다(이호병, 2005).

뢰쉬의 최대수요이론을 관광입지로 적용해본다면, 관광 상품 가격이 관광지 개발의 상권범위를 결정한다는 잠정적 결론을 내릴 수 있다. 그러나 관광의 경우 상품 가격만으로 관광지의 상권을 규정하기에는 실명력이 매우 낮을 것으로 예상된다. 관광객은 농일가격에 의해서도 좀 더 먼 거리에 위치하는 관광지를 찾아갈 수 있다. 심지어

비싸기 때문에 찾아갈 수도 있다. 전통적으로 상류계층은 자신의 사회적 지위를 드러내기 위한 과시적 소비를 하는 것으로 알려져 있다. 이러한 계층에 고가의 상품과 서비스는 대중의 진입을 막고 그들만의 소비공간을 보증해주는 수단이 될 수도 있다. 그리고 관광은 소비상품과 마찬가지로 이동거리는 물론이고 소비자의 소득, 기호, 성향, 동기 등의 다양한 요인에 의하여 이루어진다. 또한 수요 창출을 위하여 개발자는 관광지를 변형하거나 새롭게 형성하는 주체적인 노력을 하며, 표적시장을 어떤 시장으로 하여 관광지를 개발하느냐에 따라서 가격이 상승하여도 상권의 규모는 작아지지 않을 수 있다.

이와 같이 수익극대화이론 혹은 비용최소화이론은 이성적·합리적 관점에서 보면 타당할 수 있지만 개인능력이나 관광에서 중요한 심리적 요인, 수요자의 취향(아비투스(habitus)로서의), 만족감 등과 같은 요인을 고려하지 않고 있다(홍기용, 1999). 따라서 현대사회의 특성과 소비 특성에 대한 이론적 검토가 요구되며, 이러한 검토 사항을 입지론과 유기적으로 결합시킬 필요가 있다. 그리고 뢰쉬의 이론의 관광입지에 대한 적용에서 또 다른 문제점은 관광자원인 관광매력물이 균일하게 분포되어 있는 경우가 현실 세계에서는 거의 존재하지 않을뿐더러, 소비자 또한 도시화의 집중화로 인하여 더욱더 균일하지 않게 분포되어 있거나 특정 지점에 집중되어 있는 경향이 존재한다는 점이다.

비용극소화 혹은 이윤극대화를 추구하고 있는 입지론은 입지결정자를 비용극소화를 추구하는 합리주의자로 규정하고 있으며, 입지요인과 입지결정과의 규칙성 발견에 중심을 두고 연구되어 왔다. 1950년대 입지론을 미시경제로 통합시키려는 움직임이 있었으며, 1960년대는 계량경제, 통계, 게임이론, 체제이론으로부터의 방법과 개념을 전통경제이론에 통합시키는 시도들이 있었다(Krumme, 1970). 이러한 통합화의 기운은 곧 입지행태(locational behavior)이론으로 발전되었으며, 최근에 입지결정의 문제와 관련하여 계량화의 길을 걷고 있다(허인호, 1995). 선형계획모형(linear programming)이나 비선형계획법(non-linear programming) 등과 같이 정량적 자료를 바탕으로 한 입지요인 결정모델 연구들도 이러한 계량화의 연구들이다(최도석·이상화, 2005). 그리고 또 다른 연구방향은 입지결정자의 행태에 근거한 입지를 설명하고자 하는 것이다. 현실적으로 입지결정자는 주어진 여건을 참작하여 적정한 수준에서 결정된다. 따라서 규범적 입지론의 한계를 극복하자는 '행태이론(behavioral theory)'이 주목을 끄는 것은 자연스럽다(Pred, 1966b; 김형국, 1997: 131 재인용). 그러나 이러한 행태이론은 공간적 결정의 이유를 설문조사를 통하여 경험적으로 살펴보고자 함으로써 기술적인 설명에 그치는 한계를 지니고 있다(김형국, 1997). 이러한 행태이론에 입각한 입지론들은 입지결정자의 행태와 입지결정과정을 중요시하는 것으로 특정입지에 대한 설명이 부족하며, 개인을 둘러싼 환경적 요소를 고려하지 못하고 있다고 비판받고 있다(나항용, 2005). 반면 정치적·사회적 환경인 거시적 차원을 강조한 구조주의적 입지이론은 전체적 분석에 초점을 두어 특정 지역의 경제활동에 대한 설명력이 부족하고, 기업의 제한된 환경에서 똑같이 움직이지 않고 다양한 결정을 내릴 수 있다는 것을 간과하고 있다는 비판이 제기되고 있다(나항용, 2005: 76). 그보다 더 중요한 문제는 공간생산과 소비가 사회저으로 어떻게 이루어지고 있는지에 대한 설명적 연구가 아니라 기술적 연구에 미물러 있다는 짐이다.

3. 관광입지 연구 분석

관광분야에서 이루어지고 있는 관광지 입지에 대한 연구는 매우 소수에 그치고 있다. 이는 관광공간에 대한 이해와 연구가 매우 주변적인 영역에 머물러 왔던 관광 연구의 역사를 보여주는 것이다. 관광지 입지에 대한 이해는 60년대부터 시작되었으며, 주로 관광지 변화의 관점에서의 입지이해와 기존 입지이론과 관광지 입지의 차별성에 중심을 두고 관광지 입지이론의 구성을 시도하는 연구가 있어 왔다. 그러나 관광지 입지 연구는 다양하게 이루어지지 못하였으며, 주로 관광지의 변화를 라이프사이클의 관점에서 다루고 있는 버틀러의 모델이 현재까지도 많은 영향을 미치고 있다.

관광지 변화를 라이프사이클 관점에서 설명하려는 시도는 60년대 초부터 있어 왔다. 이 중 많은 주목을 받은 한 가지는 월터 크리스톨러(Walter Christaller, 1963)에 의해 제안된 것이었다(Tooman, 1997). 예술가들이 먼저 영감을 얻거나 작품의 재료를 얻기에 적합한 보기 드문 조용한 장소를 찾게 되면 시인이나 영화 관련자, 식도락가 등과 같은 사람들을 끌어들이게 된다. 이를 통해 이 지역은 유명한 장소가 되고 많은 사람들이 모이게 되면, 원래의 주민들은 떠나고 광고나 여행대리인들은 관광지로서 선전하게 된다. 그리고 원래의 대중적 인기의 배경인 자연과 문화적 매력성은 점점 자리를 빼앗기고 타락하게 된다. 다른 관점의 라이프사이클 관점은 관광객의 심리학에 기반을 두고 있는 플로그(Plog, 1973)의 관광지 변화이다. 내향성(alloccentrics) 관광객이 먼저 발견하고 찾게 되는 지역이 명성을 가지게 되면, 관광시설이 입지하게 되어 양향성(midcentric) 관광객이 찾을 수 있게 된다.

이러한 관광객 유입은 명성, 접근성이나 편리성 등의 향상을 가져와 외향성(psychocentric) 관광객이 찾게 되는 관광지가 된다.

이러한 이론들은 모두 관광지 변화를 소비자를 중심으로 한 행위자와 관광공간과의 상호작용으로 설명하고 있다. 그리고 자본이나 국가 등의 역할이나 사회변화에 의한 영향은 포함하지 않고, 관광지 변화가 일정한 힘에 의해 한 방향으로 진행되는 것으로 파악하고 있다. 그러나 실제 관광지 변화는 사회경제나 문화의 변화는 물론 지역이나 국가의 개입에 의하여 다양한 형태의 관광지 변화가 나타나는 매우 복합적인 현상이다(Shaw and Williams, 2004).

행위자 중심의 관광지 변화를 이해하는 기존 이론보다 관광지 변화에 영향을 미치는 보다 많은 요인들을 포함하고 가장 많은 관심을 받은 모델은 바로 Butler(1980)에 의해 제안된 6단계 모델이다. 그러나 Butler의 모델 또한 관광공간의 변화에 대한 예측과 이를 통한 대응 마련을 목적으로 하고 있다는 점에서 관광공간의 생산과 소비에 대한 이론적 이해 추구와 일정한 거리가 존재한다.

관광지 입지에 대한 체계적인 이론화를 시도한 것으로는 드페르(P. Defert)의 관광입지론이 있다. 드페르는 프랑스 각지의 자료에 바탕을 두고 농업입지론이나 공업입지론의 관광입지론으로 단순한 적용은 아무런 의미가 없다고 지적하면서 관광입지론(La Localisation Touristique, 1960)을 발표하였다(김태영, 1991: 71). 그는 ① 관광입지는 자연결정론에 따라야 하며, ② 거리에 대한 관광객의 심리적 감가를 고려해야 하며, 수송비 이외의 다른 요소(텔렉스, 전화료)가 중요하며, ③ 공업과 달리 관광은 상품이 이동하는 것이 아니라 사람이 이동한다는 점, 그리고 ④ 관광은 완전경쟁이 아니라 독점경쟁에 가까운 시장상황이라는 점 등을 들어 관광입지론을 독자적인 입장에서 전개하고 있다(김태영, 1991: 71-72).

그러나 드페르의 관광입지론은 현대사회에서의 관광입지를 이해하기에는 일정한 한계를 지니고 있다. 관광입지는 관광자원과 관광매력물, 하부구조뿐만 아니라 투자와 노동, 판촉과 같은 여러 가지 주요요소의 결합을 필요로 한다(Williams, 1998)는 점을 드페르의 관광입지론은 반영하지 못하고 있다. 그리고 현대사회에서는 관광지 개발이 자연결정론에만 의존하고 있다고 할 수 없으며 수송비 이외의 다른요소들(예: 전화료)은 입지결정에 별 의미가 없는 요소가 될 정도로 사회 환경이 변화되었다. 그러므로 드페르의 관광입지론이 고전적 입지론의 관광입지로의 적용에 대한 한계를 지적하고 나름대로의 대안을 제시하고 있다는 긍정적 측면이 존재함에도 불구하고 새로운 시각에서 재창조될 필요가 있다. 그러나 보다 더 중요한 것은 드페르의 관광입지론은 산업 활동으로서의 자본 논리가 관철된 공간생산과 소비 논리를 파악하고 있지 못하며 행위주체에 대한 고려를 단지 심리적 거리에 제한하여 고려하고 있다는 점이다.

기존의 입지연구들은 상대적으로 공업입지나 상업입지 등에 집중되어 왔고 관심 대상이 주로 도시에 집중되어 있었다. 따라서 관광입지를 핵심주제로 다루고 있는 연구들은 찾아보기가 어렵다. 그리고 관광입지를 다루고 있는 연구들의 상당수는 이론적인 근거를 토대로 수행되기보다는 전문가의 주관적인 평가에 의존하여 이루어지는 입지결정요인에 대한 연구와 입지요인이 서비스품질이나 만족 등과 같은 요인에 미치는 영향관계 연구들이 주로 이루어져 왔다.

Urtasun 그리고 Gutiérrez(2006)는 신규 호텔 입지 전략에서 가격, 규모, 서비스와 지역적 위치가 어떠한 관계가 있는지에 관한 조사에서,

호텔의 공간적 분포는 역사적 상황에서 작동하고 있는 계획요인과 사회적 요인들에 의하여 결정된다고 결론지었다. Arbel 그리고 Pizam (1977)은 이스라엘에서 호텔 위치와 도심에서의 관광객 여행시간과의 관계에 대하여 조사하였다. 최병삼(2005)은 외식산업의 입지요인이 서비스품질과 고객만족에 미치는 영향관계 연구에서 접근편리성과 같은 입지요인이 서비스품질과 고객 만족에 유의미한 영향을 미치고 있음을 보고하고 있다. 최도석·이상화(2005)는 계층퍼지분석법을 활용하여 크루즈 터미널 입지선정에 관한 연구를 수행하였다. 최도석 외(2005)의 연구는 미시경제의 도움을 받아 입지결정 모델에 의해 입지가 결정됨을 보여주는 연구이다. 그리고 김용문(2001)도 이인배 (1999)의 연구를 토대로 관광지 개발 적지평가 모형설정 연구를 수행한 바 있다. 김용문(2001)은 AHP법을 이용하여 가중치 분석을 하였고, 이를 이용하여 입지결정 요인을 연구한 바 있다. 이장춘(1977)과 우찬복·문경일(1999)의 관광입지에 대한 연구는 전문가들의 주관적 평가에 의존하여 입지요인의 중요도를 다루고 있다. 반면에 김재관 (1991)의 호텔입지에 대한 연구는 시대별로 지역별로 국내 호텔 입지요인들의 중요성이 어떻게 변화되어 왔는지, 중요 요인들이 무엇인지에 대한 실증 조사를 실시한 바 있다. 이들 연구들은 이론에 근거하기보다는 현실적인 요구에 적응하기 위한 실질적 목적에 기여함을 목적으로 하고 있는 것으로 판단된다. 그리고 이러한 연구들은 GIS기법과 연결되어 적정 관광지 입지선정 연구로 확산되고 있다. 이인배(1999)는 입지인자를 자연인자, 인문인자, 법적 인자로 구분하고 15개의 하위 소분류된 요인에 대하여 각게 설문조사를 통해 가중지를 부여하는 방식을 통해 적정 관광지 입지선정을 위한 GIS기법 연구를 수행한 바 있다.

이와 같이 관광학 분야에서의 관광입지 연구들은 입지요인들에 대한 중요도 혹은 상관관계에 의존하는 규칙성을 파악하기 위한 것으로 설명적 이론에 근거하고 있지 못하며 행태주의이론의 전통을 잇고 있다. 그리고 이러한 연구들은 이론적 근거를 가지고 수행되기보다는 전문가의 의견을 토대로 입지결정의 가중치를 활용한 연구들로서 이론적이거나 설명적인 연구이기보다는 실무적 편의를 위한 연구들로 이해된다. 이와 같이 관광지 입지연구들의 대부분은 일반적 규칙성을 추구하는 실증주의적 전통에 입각하고 있거나 행태이론적 전통에 기반하고 있다. 그러므로 입지결정이 몇 개의 요인들의 결합에 의해 자동적으로 결정된다는 가정을 하고 있는 것들로서 실재 리조트와 같은 관광공간의 개발과 입지결정 과정에 대한 이론적 이해를 추구하지 않는다.

관광학 분야에서 입지이론을 활용한 연구로는 다니엘스(Daniels, 2007)의 연구가 있다. 다니엘스(2007)는 중심지이론을 근거로 하여 스포츠이벤트가 규모가 다른 두 도시 간에 미치는 영향 차이를 연구하였다. 그는 도시규모가 전문화된 서비스를 제공함으로써 흡입력이 커져 스포츠이벤트에 의한 실질적인 파급효과는 대도시가 큼을 밝혔다. 그러나 이 연구는 도시규모에 따른 스포츠이벤트의 파급효과 차이에 관한 연구로서 관광개발입지에 관한 연구라 할 수 없다. 그럼에도 불구하고 이 연구는 관광현상에서도 기존의 고전적 입지이론 적용이 가능함을 시사하고 있다. 따라서 이러한 가능성(특히 중심지이론을 중심으로 한)은 관광개발 입지에서 고전적 입지이론의 적용가능성에 대한 비판적 검토가 요구됨을 의미한다. 그리고 이에 대하여는 앞의 절에서 간략하게 검토한 바 있다.

국내에서 이루어진 연구 중 행태주의적 전통과는 달리 리조트 공간의 성격을 통해 리조트 입지의 특성을 부분적으로 이해할 수 있는 가능성을 제공해주고 있는 흥미로운 연구들로는 임은미·유형숙(2007), 이종호·은희관(2005), 이종호(2006) 등이 있다. 임은미 외(2007)의 연구에 따르면, 리조트 방문지역까지의 거리는 소비자 시장의 성격과 행동유형과 관련성이 있다. 예를 들면 먼 거리에 있는 리조트는 더 신기한 것으로 느껴지며 다른 유형의 리조트를 방문하는 경향이 있고, 근거리에 존재하는 리조트에는 반복하여 방문하는 특성을 보인다. 스키장의 경우, 10대와 20대의 젊은 층은 스키장 자체, 즉 슬로프와 같은 주시설이 중요한 반면에 30~40대와 장기체류자에게는 숙박시설, 휴식시설, 주변 환경과 같은 부대시설이 중요하다(이종호·은희관, 2005).

전북 무주에 위치하고 있는 무주리조트와 강원도에 위치하고 있는 보광 그리고 경기도에 위치하고 있는 양지 스키리조트를 대상으로 스키리조트의 선택속성에 관한 이종호(2006)의 연구 결과는 매우 흥미로운 시사점을 제공해주고 있다. 세 개의 스키리조트는 모두 주요 시장이 서울이라고 판단할 수 있다. 양지 <보광 <무주의 순으로 서울로부터 멀리 위치하고 있다. 소비자의 주시설의 중요성은 보광> 무주> 양지 순이었으며, 부대시설의 중요성은 보광, 무주>양지 순으로 나타났다. 반면에 접근용이성은 양지> 보광, 무주 순으로 나타났다. 반면 비용의 중요성은 양지> 보광> 무주 순으로 나타났다. 이러한 연구결과는 주력 시장으로부터 장거리에 위치하는 리조트는 비용부담을 해서라노 가야 할 필요성이나 매력성이 존재할 때 먼 리조트에 관광객을 유인할 수 있음을 의미한다. 그러나 주 시설에 대한 소비자

선택속성의 중요성이 보광이 무주보다 더 중요한 것으로 나타나는 점은 비용의 중요성과 관련지어 논의될 수 있을 것으로 추론된다. 스키 마니아들에게 보광은 스키를 즐기는 공간이라면 상대적으로 무주는 스키뿐만 아니라 다른 소비까지 가능한 공간이며, 이것이 가능한 소비자들이 이용하는 공간일 수 있다. 따라서 보광과 무주의 소비공간은 다른 방식으로 구성되어 있을 가능성이 존재한다. 예를 들면 무주는 국립공원에 위치하고 있어서 인근 지역으로의 관광행위가 가능할 뿐만 아니라 리조트 내에 도심의 쇼핑센터와 비슷한 쇼핑거리와 오락거리가 대규모로 위치하고 있다. 반면에 보광의 경우는 별도의 쇼핑거리보다는 집약시설로서의 쇼핑건물이 존재한다. 무주는 음식점뿐만 아니라 다양한 쇼핑이나 여가를 제공하는 쇼핑거리가 구성되어 있는 반면 보광에서는 음식점 중심의 건물이 입지하고 있다. 즉, 이들 연구들은 리조트의 공간적 구성 특성과 소비자와의 관련성에 대한 시사점을 제공해주고 있다(동시에 중심지이론에서 검토된 내용과 맥락을 같이하고 있다). 그러나 이러한 이론들은 관광지입지에 대한 이론적이고 체계적인 연구들은 아니며 여전히 실증주의적 관점과 연구방법에 머물고 있다.

이러한 한계에서 벗어나 있는, 사회적 소비공간의 입지에 대한 연구로는 발레리 줄레조 등(Valérie Gelézeau et al., 2007)이 수행한 호텔입지 연구가 있다. 발레리 줄레조 등(Valérie Gelézeau et al., 2007)의 프랑스 학자들이 수행한 한국을 비롯한 중국과 일본 지역의 호텔의 입지와 발전에 대한 연구에 의하면, 호텔이 들어서기 시작한 개화기 시절의 고급호텔은 권력의 장소로서 지위를 가지는 장소에 입지하고 있었으며 중요한 권력의 장소로서 기능하였다. 동양의 많은 나라에서 고급호텔은 권력 장소로서 기능하였고, 고급호텔의 입지는 권력관계의 표현이었다. 이러한 역사적 배경은 한국의 고급호텔이 상류계층의 여가와 사교 공간으로서의 기능을 유지하고 있는 이유를 설명할 수 있다. 이와 같은 연구 사례들은 관광시설의 입지와 기능은 역사적·사회적 관계 속에서 이해될 필요가 있음을 보여주고 있다. 한국의 호텔 입지에 대한 설명적 연구가 국내 학자들에 의해서 먼저 이루어지지 않고 외국 학자들에 의해 이루어졌다는 점은 우리로 하여금 많은 것을 반성하게 한다.

관광지 입지 연구에서 많은 영향을 미치고 있으며, 사용되고 있는 이론은 중력모델과 관련된 논의들이다. 자연과학의 영향을 받은 중력모델은 시장과의 거리와 관광지의 유인력의 함수에 의해 관광지 입지가 결정되는 것으로 이해한다. 관광행위 주체로서 관광객이 어떠한 관광지를 찾아가는지, 왜 찾아가는지에 대한 이론적 설명은 추진과 유인(push and pull)요인과 관련되어 이해되어 왔다. 이 중에서 추진요인은 왜 사람들이 휴가를 가기로 결정하는지를 결정한다(Dann, 1977; Shaw and Williams, 2004 재인용). 반면에 유인요인은 관광지의 특성을 설명한다.

유인요인의 관점에서 보면, 관광지의 매력물 특성은 관광객의 유인에 영향을 미친다. 이러한 관계를 파악하기 위해서는 관광지역의 관광매력물의 특성을 파악할 필요가 있다. 이를 위해서는 우선적으로 지역에 대한 특성을 검사할 필요가 있는데, Gunn(1979)은 그의 Texas와 Canada에 대한 연구에서 지도적 접근을 제안하였다(Ryan, 1991: 56 재인용). 이 제안에서는 수자원, 식생분포, 기후, 지형, 역사, 심미성(aesthetics), 방문객 매력물, 서비스 중심지(service centre)와 노선 네트워크(route network)와 같은 9가지 변수가 제안되었다. 이러한 9가지 변수를 지도에 표시하고 상대적 중요성을 평가한다. 이 과정은 지도에 투명지 지도를 만들어서 간단히 완성될 수 있으며, 이렇게 작성된 지도는 관광에 대하여 가장 높은 중요성을 나타내고 있는 점수를 가진 특징 혹은 지역을 강조할 수 있다. 중요도평가에는 소비자에 의한 인지도 그리기(perceptual mapping)가 사용될 수 있다. 이 방법은 관광객에게 관광 매력물을 지도에 표시하거나 이러한 시설들 간에 공간적 관계를 그려달라고 부탁하는 것이다. 그리고 관광매력물의 매력성을 측정하는 간단한 방식으로는 매력물의 수를 중심으로 측정하는 방식이 존재할 수 있다. 이러한 관점에서 보면 매력물의 독특성은 다음과 같이 정의될 수 있다(Ryan, 1991: 56). 이러한 목록에 올라 있는 볼거리로는 역사적 발상지, 교회 등도 포함될 수 있다.

$$U = \frac{1}{\text{명부에 올라 있는 목록의 수}}, \; U = \text{독특성의 수치},$$

$$U = \frac{1}{F_1} + \frac{1}{F_2} + \cdots + \frac{1}{Fn}, \; F_1, \cdots F_n \text{은 볼거리의 수}$$

관광객의 유인에 대한 설명에 다른 접근 방식으로는 중력모델과 사티(Saaty, 1980)에 의해 설명되는 계층적 기술(hierarchical techniaues) 방법이 이용될 수 있다. 입지 지역 간 여행을 설명하는 도구 중의 하나로 사용되는 공간적 모델링 중 하나로는 중력모델이 있다. 중력모델은 뉴턴의 중력법칙의 개념(중력은 두 물질 간의 거리의 제곱에 반비례하고, 질량의 곱에 비례한다)을 기본모델로 하고 있다. 즉, a도시와 b도시의 중간 어떤 지점에 유인되는 관광객의 비율은 인구의 규모에 비례하고 거리의 제곱에 반비례한다는 것이다. 이를 식으로 표현하면 다음과 같다.

$$\frac{T_a}{T_b} = \frac{P_a}{P_b}\left(\frac{db}{da}\right)^2$$

Ta = 중간지점으로부터 a지점에 유인되는 거래 비율

Tb = 중간지점으로부터 b지점에 유인되는 거래 비율

Pa, Pb = 지점 a, b의 인구

da, db = 지점 a, b에서부터 중간지점까지의 거리

이러한 개념을 토대로 관광지의 매력성의 개념을 도입하여 보면, 관광지의 매력성은 거리가 멀어질수록 기하급수적으로 감소한다는 것이다. 이러한 관계를 식으로 표현하면 다음과 같다(Ryan, 1991: 57).

$$T_{ij} = \frac{A_j^a/d_{ij}^b}{\sum_{n=1}^{i} A_j^a/d_{ij}^b},$$

Tij = 출발지 i로부터 목적지 j로 여행비율, Aj=목적지 j의 매력성

dij = 출발지 i와 목적지 j 간의 거리, 그리고 a와 b는 경험적

    (empirical)으로 결정되는 모수(parameter)

이러한 중력모델에서 구체적인 파라미터를 결정하는 것이 기술적으로 가능할지라도, 개념적으로 물리적 법칙이 인간의 행동 혹은 동기의 기준이 될 수 없다는, 즉 관광과 같은 대상에 적용될 수 있는가 하는 문

제점이 제기될 수 있다(Ryan, 1991: 58). 메이요와 자비스(Mayo and Jarvis, 1986)는 중력모델과 관련하여 공간의 공간적·심리적 영역에 관한 유용한 코멘트를 한 바 있다. 즉, 거리는 여행에서 억제변수이지만 반드시 뚜렷한 것은 아니라고 주장하면서, 관광지 내에서 그리고 관광지 간 여행에 영향을 미치는 변수로 다음과 같은 여섯 가지 요인을 열거하였다(Ryan, 1991: 58-59).

① 인력(gravity): 여행을 촉진하는 힘, 즉 관광지에 사람을 잡아당기는 힘
② 거리의 마찰력: 여행을 방해하는 힘
③ 시작하는 관성(start-up inertia): 어떤 길이의 여행(짧고 문제가 아닌)을 지연시키는 것에 작용하는 힘
④ 운동의 관성: 거리의 효과를 감소시키는 데 기여하는 힘[예: 타성(momentum)]
⑤ 주관적 거리: 어떤 지점까지 여행을 촉진하는 힘(실제 거리보다 인지되는 거리가 짧은 경우)
⑥ 먼 거리 매력물의 매력성: 몇몇의 관광지 여행은 단지 그것이 멀리 있기 때문에 가게 됨

인력(gravity)은 관광개발 특성에 따라 시대 변화에 따라 변화될 수 있다. 거리 마찰력도 운송수단의 변화에 의하여 감소될 수 있다. 여행 경험 축적은 여행을 시작하고자 하는 관성을 무디게 할 수 있으며, 이러한 경험 축적과 관광지의 정보나 도로 상황 등에 익숙함의 정도가 늘어나는 것은 거리효과를 감소시킬 수 있다. 이러한 점들은 주관적 거리를 짧게 느끼게 하는 효과를 지니고 있고 때문이다. 이는 처음 가본 거리보다는 자주 가본 거리가 더 짧게 느껴지는 경험을 흔히 경험하고 있는 바에서 추측할 수 있다. 그리고 먼 거리의 매력물은

신기성의 대상으로서 동경의 대상이지만 관광지가 되기 위해서는 접근가능성이 실현가능성으로 발전되어야 한다.

사회적으로 먼 거리 여행에 부정적 영향을 미치는 요인들의 감소를 가능하게 하는 사회적 변화는 장거리 여행을 촉진하는 것으로 이해될 수 있다. 도로의 연장 및 개선(폭, 포장도로 및 정보제공) 등은 바로 이러한 부정적 영향 요인을 감소시키게 된다. 그러므로 과학기술의 발전 및 여행경험의 대중화와 같은 현대사회 발전은 바로 먼 거리 여행에 대한 부정적 요인들을 감소시키는 방향으로 발전해오고 있다는 점에서 볼 때, 관광지 입지는 상대적으로 먼 거리까지 확산될 가능성이 존재한다고 이해될 수 있다.

현대사회는 사람의 이동, 물자의 이동, 정보와 이미지 흐름을 전 세계적 차원으로 확대시키는 이동성을 특징으로 하고 있다. 이러한 이동성 발달은 단지 물질의 이동만을 촉진하는 것이 아니라 이미지 확산과 더불어 이국적인 공간소비에 대한 욕망을 강화시키고 이러한 욕망의 실현가능성을 현실로 변화시킨다. 그리고 캠벨(1987)이 말한 바와 같이 자연에 대한 상상과 몽상을 통해 위안과 안식 그리고 쾌락을 추구하는 낭만주의의 '환상적 쾌락주의'는 이동성 강화를 욕망의 강화로 연결가능하게 하는 문화적 배경이 된다. 이러한 이해는 단지 국제관광의 차원에서만 이해될 수 있는 현상이 아니다. 강원도의 영동고속도로 주변에 존재하던 리조트들이 더 넓은 지역으로, 특히 해변으로 확산되고 있는 현상 또한 현대사회의 특성 중의 하나인 이동성(mobility)의 강화라는 맥락 속에서 이해될 수 있음을 의미한다.

메이요와 자비스의 여섯 가지 요인은 정적인 요인이 아니라 사회가 변화함에 따라 변화되는 동적인 요인이라는 특징을 지니고 있다.

그러나 거리가 관광에 미치는 영향은 이중적인 성격을 지니고 있다는 점을 메이요와 자비스(1986)는 고려하지 못하고 있다. 이러한 이중성은 거리가 멀기 때문에 관광행위에 부정적인 영향을 미치기도 하지만 멀기 때문에 관광행위를 유발하는 성격을 의미한다. 이러한 거리의 이중성은 단순히 물리적 거리가 가지는 관광행위에 대한 영향력을 단지 물리적인 관점에서 비례하는 것으로 이해할 수 없다는 점을 의미하는 것이다.

이러한 점들을 종합해볼 때 메이요와 자비스(1986)의 여섯 가지 요인에 의한 관광지 입지 결정 요인들은 사회의 변화에 함께 관광공간에 대한 소비주체의 욕망(혹은 욕구)과 함께 이해되어야 하는 동적인 요인으로 이해되어야 한다. 따라서 우리의 관심은 매력성 측정과 방문과의 규칙성뿐만 아니라 관광공간의 매력이 어떠한 메커니즘에 의하여 만들어지며 관광공간은 사회적으로 만들어진 매력을 어떠한 방식으로 공간화시켜 소비자의 욕망을 자극하고 있는지에 둘 필요가 있다. 이러한 이해는 관광소비자가 어떻게 공간의 매력성을 소비하며, 관광공간의 구성이 어떠한 메커니즘에 의해 생산되는지에 대한 지식을 가능하게 하기 때문이다.

제4장 공간과 관광공간의 생산

　자본 축적논리와 공간과의 관계에 대한 연구들은 대부분 도시연구에 집중되어 있다. 도시는 소비와 생산을 둘러싼 자본축적의 동인들과 공간구조의 재생산과정과 같은 다양한 현상들이 나타나고 있는 대표적이고 집합적인 장소이기 때문이다. 그러나 자본은 도시뿐만 아니라 자연 공간의 상품화와 여가공간화를 통해 자본축적의 영역을 확장시키고 있다. 공간의 관광공간화는 공간을 상품화하고자 하는 자본 활동의 결과이다. 이러한 관광공간은 생산의 공간인 동시에 소비공간이며 그 자체가 새로운 소비수단이기 때문에 관광공간의 생산과 소비는 사회의 생산양식과 문화를 반영한다.

1. 공간의 생산 – 르페브르를 중심으로

　공간의 생산은 진공상태에서 이루어지는 것이 아니다. 사회적 생산 관계는 스스로를 공간에 투영하고 공간에 각인하면서 공간을 생산한다(Soja, 1993). 공간은 비록 상대적 자율성을 가지고 있고 사회적 행위를 위한 조건이기도 하지만 사회적 행위, 권력, 사회적 과정의 원인이라기보다는 결과이다(Werlen, 1993; 닝왕, 2000: 191 재인용). 사회적으로 생산된 공간은 다른 사회적 구성물들과 비교될 수 있는 창조된 구조로서(Soja, 1993) 사회적 과정의 산물인 동시에 사회적 과정에 능동적으로 영향을 미치는 실체이다(Soja, 1980; 1989; 김왕배, 2000b: 59 재인용). 이와 같은 사회과정의 산물이며 실체로서의 공간에 대한 기본 개념에 대해서는 1장에서 이미 소개된 바 있으므로 여기에서 자세한 논의는 생략한다.

자본주의사회에서 자본의 축적은 공간의 생산과 상품으로서의 공간 생산의 영역을 확장시키는 중요한 동인 중의 하나이다. 자본은 이윤추구를 위해 시간과 공간 그 자체를 새로운 생산수단으로 이용하거나 상품화하려는 노력을 끊임없이 진행해 오고 있다(김왕배, 2000b: 62). 자본은 산업 활동의 근간이며 자본이동은 자본의 입지와 재입지를 뜻한다(김형국, 1997). 생산양식의 변화는 생산양식에 적합하도록 산업구조는 물론 공간구조를 재구성한다. 모더니즘 생산양식에서 포스트모더니즘으로의 생산양식 변화는 새로운 생산양식과 생산관계를 조직할 수 있도록 기존공간을 재구성하게 되며, 도시는 물론 관광지를 포함한 공간의 쇠퇴와 새로운 생산양식에 적합하도록 공간을 재구성하는 전략에 변화를 가져왔다. 이와 같이 생산양식 변화는 자본의 입지와 공간의 재구성전략에 영향을 미친다(Soja, 1989). 그러므로 공간으로서의 개별적인 지역은 개별적인 지역 그 자체로서가 아니라 총체적인 자본주의 생산양식의 전개과정에서 이해되어야 한다(Sayer, 1984; 김왕배, 2000b: 61 재인용).

공간이 사회적 관계 속에서 생산된다는 관점을 체계적으로 제시한 학자로는 르페브르(Lefebvre)가 있다. 르페브르는 자본주의사회에서 공간이 어떻게 생산되고 그 생산과정에 어떠한 모순이 게재되어 있는지를 밝히는 것에 대하여 관심을 기울였다(Lefebvre, 1976: 18; 조명래, 2002 재인용). 르페브르는 공간을 등질적이고, 가치중립적이며 객관적인 대상이 아니라 사회적 산물로 인식하며 상품과 마찬가지로 정치적이고 이데올로기적인 것으로 인식하였다(Lefebvre, 1970: 234; 김용창, 2000: 50 재인용). 물론 공간을 가치중립적인 물리적 대상이 아니라 정치적이고 이데올로기적인 것으로 보는 이해는 르페브르만의 이해는 아니다. 푸코 또한 '감시와 처벌'에서 분석한 원형감옥과 같은 공간은 바로 근대성을 주체화시키는 규율권력의 도구이며 근대사회의 지배이데올로기를 유지시키는 실체임을 말하고 있다. 그리고 국내 연구 중에는 시간과 공간이 사회적 생산물임을 추적하고 있는 이진경(2001)의 연구와 주거공간의 변화를 통해 공간이 사회적 관계를 반영하는 실체임을 분석하고 있는 이진경(2007)의 연구 등이 주목할 만하다. 푸코가 정치적이고 이데올로기적인 관점에 중심을 두고 공간을 분석하였다면 르페브르는 보다 폭넓게 공간을 분석한다. 왜냐하면 르페브르에게 있어서 공간은 생산물이자 생산자이며 경제적 관계, 사회적 관계의 토대이기 때문이다(Lefebvre, 2011). 르페브르의 공간생산이론을 요약하면 다음과 같다.

르페브르는 '공간의 생산(La production de l'espace, 2011)'[9)]에서 다음과 같이 말한다. 각 사회와 생산양식은 자신의 공간을 생산한다. 각각의 사회는 사회마다의 공간을 생산해왔다. 고대사회는 고대사회의 생산관계나 사회적 관계를 조직하고 통제할 수 있는 공간을 생산한다. 이와 마찬가지로 현대자본주의사회도 자본주의사회의 생산양식과

---

9) 최초의 불어판은 1974년에 발간되었으며 영어번역판은 1991년에 발간되었다. 국내에서는 2000년도 불어판을 토대로 번역되어 2011년에 발간되었다.

생산관계를 조직하고 통제할 수 있는 공간을 생산한다. 이러한 공간은 지배관계의 재생산에 이용된다. 이는 푸코의 원형감옥이 잘 보여준다. 이럴 때, 해당 사회의 생산양식이 완성된다. 따라서 자본주의 생산양식은 자본주의 생산양식의 공간 생산을 통해 완성되고 사회주의 생산양식은 사회주의 양식의 공간 생산을 통해 완성된다. 그리고 공간적으로 현실이 되지 못한 사회적 실제는 역사적으로 영속할 수 없다(Werlen, 2000: 66). 르페브르는 70년대에 구 소비에트 제국의 몰락을 예견하였다. 그 이유는 당시에 존재하였던 사회주의는 사회주의 의 생산양식의 공간 생산에 성공하지 못하였기 때문이다.

르페브르의 3분법

르페브르(1974)는 공간은 사회적 생산물이라는 유명한 명제를 제안하면서, 사회적으로 생산되는 실재로서의 공간을 설명하고 분석하기 위하여 공간의 생산은 공간적 실천, 공간 재현, 재현 공간 간의 변증법적 상호작용을 통해 이루어진다고 주장한다(<그림 4-1> 참조).

출처: Gatrell and Collins-Kreiner(2006: 767)

〈그림 4-1〉 르페브르의 3분법

사회적 공간과 사회구성원들은 공간을 지배(또는 전유)하면서 공간을 생산하는데, 이러한 과정을 통해 자신의 공간을 생산한다(공간적 실천). 그리고 공간은 학자나 도시계획가들과 같은 전문가들이 부여하는 해당 사회의 생산양식의 질서와 연결되어 있는 지식과 기호, 코드, 지식 등을 가지고 있으며(공간 재현), 공간이 가지고 있는 이미지와 상징을 통해 체험하게 되며 이를 통해 해당 사회의 질서와 관계 속으로 주체를 길들인다(재현 공간). 이러한 사회적 생산물인 공간은 경제적·기술적인 것 이상의 것들을 망라하는 활동에 의해서 만들어진 생산물이며, 생산양식과 사회적 관계의 도구인 동시에 통제(혹은 지배와 권력)의 수단이 된다(Lefebvre, 2011: 71). 그러므로 공간은 주어진 수동적 대상이 아니라 지식과 행위로서 작용하는 능동적인 측면을 지닌다(Lefebvre, 2011: 51). 또한 재현의 공간들은 잠재적으로 공간의 재현에 영향을 미칠 수 있을 뿐만 아니라 공간적 실천들과 관련하여 물적 생산력으로 작용할 수도 있다(Harvey, 1989: 260). 그리고 르페브르는 행위자들의 공간적 실천은 일상생활의 물질성(materiality)과 상징성(symbolism) (예: 재현적 공간)을 생산한다고 주장한다(Gatrell and Collins-Kreiner, 2006). 이와 같이 르페브르는 공간적 실천, 공간재현, 재현공간의 세 차원을 경험되는 것, 지각되는 것, 그리고 상상되는 것으로 나누고, 이들 사이의 변증법적 관계들을 통해 공간적 실천의 역사를 읽을 수 있다고 본다(Harvey, 1989). 따라서 르페브르의 사회적 공간은 추상적 대상이거나 물리적 대상이 아니라 관계의 묶음을 통해서 '실재적으로' 존재하는 대상이다(Lefebvre, 2011: 153). 르페브르는 공간은 사회와 상호작용하며 상호의존적이고 사회적 생산관계가 공간을 형성하고 공간의 영향을 받는다고 주장한다(Soja, 1993: 108). 그러므로 르페브르의 공간이론은 공간의 생산과정, 생산주체, 생산물을 변증법적으로 통합하고자 하는 것으로 사회적으로 생산되는 공간은 경제적 생산만의 것이 아니라 사회, 지식 및 제도의 생산을 포함하는 생산양식과 심리적·문화적 구성물로 생산되는 것을 의미한다(노대명, 1997; 장세룡, 2006).

공간은 사회활동을 반영하며 사회활동을 구축한다(Pain et al., 2001). 그러므로 공간은 사회적 관계들에 의해 형성되고 변동된다(김용창, 2000). 르페브르에게 있어서 사회적 공간은 단일하거나 단편적 관계들로만 이루어진 것이 아니라 다양하며, 무수히 다양한 관계로 이루어져 있으며 상호침투 할 수 있는 중층적 관계이다. 그리고 사회적 공간은 사회적 관계를 내포하고 있지만, 이러한 사회적 관계를 드러내기보다는 감춘다(Lefebvre, 2011: 148). 공간은 사회적 관계를 매개하기도 하며 억압하기도 한다(장세룡, 2006). 현대사회의 공간은 주거용 공간, 상업용 공간, 여가용 공간 등과 같이 파편화되고 이러한 공간에는 위계화를 동반하는 특성을 가지고 있다(Lefebvre, 2011: 31). 그리고 특정 조건하에서 이러한 사회적 공간은 물신화되고 상품과 돈의 특성을 지니게 된다(Lefebvre, 2011: 174). 하나의 대상이 상품화가 되면 물질의 생산관계는 숨긴 채 하나의 독립적인 존재로 다가온다. 그러므로 공간의 상품화를 통한 물신화는 공간의 생산 관계를 드러내기보다는 감춘다.

르페브르의 공간생산이론의 기본적 개념은 사회적 생산과 공간화이다. 공간화는 사물의 물리적 배치만이 아니라 인간의 사회적 행동과 일상적·공간적 배치 형태를 의미한다. 공간의 체계는 모든 차원에서 작동하는데 인간은 공간화의 조건에서 사고하고 자아를 정신적·물리적 공간으로 확장한다(장세룡, 2006). 튜안(Tuan, 1977)에 따르면 비록 근대적 건축물이 과거보다 덜 노골적이고 덜 경직되어 있지만 건조환경은 역사적으로 지금까지 사회적 관계와 질서를 표현하며, 가르친다. 건조환경의 교육기능은 건조환경이 가지고 있는 기호 등을 통해 정보를 제공하고 감각과 정서에 직접적인 영향을 미치는 방식을 통해 이루어진다. 푸코의 원형감옥과 같이 공간은 주체로 하여금 공간에 반응하게 하고 스스로를 규율하게 한다. 공간적 배열은 단지 배열의 문제로 그치지 않는다. 공간적 배열은 반복되는 실천을 만들어내고, 반복되는 실천은 반복적인 행동 습속을 만들어내고 이를 통해 개개인을 특정한 형태의 실천을 반복하는 주체로 형성한다(이진경, 2007). 즉, 공간적 배열은 일상적 실천을 통해 새로운 주체를 만들어낼 수 있다. 따라서 공간은 사회적 관계를 재생산하고 주체를 형성한다. Tuan (1977: 189)도 주체의 몸은 공간의 숨김과 드러냄, 수직과 수평, 부피, 무게, 내부의 광대함, 빛과 같은 공간의 속성에 따라 반응한다고 주장한다. 이러한 시간을 포함한 공간에 대한 경험은 잠재의식적으로 이루어진다(Tuan, 1977: 193). 그러므로 관광공간의 건조환경 또한 사회적 관계와 질서를 표현하며 가르친다. 관광공간에서의 공간과 체험의 시간의 경험은 잠재의식적으로 이루어지게 되며 이를 통해 사회적 관계와 질서를 수용하는 주체를 형성한다. 따라서 관광공간화는 지리적·물리적 배치만을 의미하는 것이 아니다. 또한 사회적 관계와 질서가 표현된 관광공간의 공간화, 즉 건조공간의 배치 등을 통해서 관광객은 매력성을 느끼고 공간을 소비할 뿐만 아니라 현대사회 소비자로서의 주체를 형성하는 것이다. 이러한 공간화는 문화와 이데올로기의 재편성과 관련되며, 현대사회에서의 공간화는 근대성의 경험적 의미를 새롭게 규정하는 새로운 포스트모던 문화의 출현과 관련된다(Soja, 1993: 82).

이러한 르페브르의 공간이론은 마르크스의 이론에 기반하고 있는

Soja나 Harvey와 같은 학자들에게 많은 영향을 미쳤다. 하비는 르페브르를 칭찬했지만 현대자본주의사회에서 공간의 구조적 힘이 '결정적이고 두드러진' 역할을 한다는 그의 주장에 대해서는 동의하지 않았다(Soja, 1993: 103). Urry(1995: 65)는 '공간적 특징을 단지 사회적 활동이 일어나는 환경을 제공하는 것만으로 이해하는 것은 잘못이지만, 공간구조가 사회적 조직유형을 결정하는 것으로 보는 시각 또한 잘못이다'라고 주장한다. 이러한 차이점들에도 불구하고 관광공간과 같은 공간은 사회(구조와 주체)와의 상호작용에 의하여 구성되며, '공간과 사회가 이분화되어 단순히 상호작용하는 것이 아니라 자본축적의 논리 속에서 공간과 사회가 변증법적으로 통합된다는 것에는 동의할 수 있다(김왕배, 2000b: 60). 그러므로 개별지역이나 개별산업에서의 공간 생산은 개별단위로서가 아니라 총체적인 자본주의 생산양식의 전개 과정 속에서 이해되어야 한다. 따라서 관광공간의 생산과 구성에 대한 이해는 기본적으로 자본주의 체제의 특징에 대하여 관심을 기울임과 동시에 지역사회의 구조와 상황 및 행위 주체자들의 행위에 대하여 관심을 기울일 것을 요구한다.

이와 같은 르페브르의 공간이론은 경험론에 의존하는 공간이론이 가지고 있는 한계인 공간을 이미 생산된 대상으로 전제하고 경험가능한 수준의 것으로 바라보는 것을 넘어서 현상 그 배후에 자리하고 있는 것을 바라보게 하고자 하는 전망을 추구하고 있다. 그러나 전통적으로 지리학자들은 실증주의적인 패러다임을 따랐으며, 여가활동의 공간적 표현 혹은 결과에 지나지 않은 여가 행동의 공간적 패턴에 관심을 보여 왔다(Pain et al., 2001). 르페브르의 공간이론의 관점에서 보면, 관광공간에 대한 이해는 관광활동의 결과로서만 이해될 수 있는 것이 아니라 관광활동의 결과를 만들어내는 사회적 과정으로서 이해되어야 한다. 르페브르의 공간이론을 중심으로 살펴본 공간은 물리적 대상으로만 이해되거나 경제적인 대상으로만 이해되는 것으로는 충분하지 않다. 마찬가지로 관광공간도 단지 동질적인 물리적인 대상이며, 경제적인 대상만을 의미하는 것이 아니다. 특히 관광공간은 생산 공간인 동시에 소비공간이라는 이중적 성격을 지니고 있으며 이동을 전제로 소비되고 생산되는 공간이다. 그리고 관광공간과 같은 사회적 공간은 다양한 요인들이 복합적으로 구성된 구체적 객체로 이해되어야 하며, 자본의 입지를 의미하는 관광입지 혹은 관광지 개발에 대한 이해는 물리적 관점에 제한되거나 또는 자본의 논리가 일방적으로 관철되는 공간으로의 단선적 이해보다는 사회구조와 행위주체, 공간과의 상호작용적 관점에서 이해되어야 한다. 그러므로 르페브르에게 있어서 공간에 대한 분석에서 중요한 것은 '누가? 누구를 위해서? 누구에 의해서? 왜? 어떻게?라는 질문과 더불어 수요자-주문자를 구분하는 관계'이다(Lefebvre, 2011: 193-4). 르페브르에게 있어서 공간에 대한 분석은 공간에 내포된 사회적 관계를 드러내는 방식이어야 하기 때문이다(Lefebvre, 1991: 157).

2. 쾌락공간으로서의 관광공간의 생산

관광은 쾌락을 추구하는 행위이다. 그러므로 관광공간은 쾌락적 소비의 공간이다. 너무나 당연할 것 같은 이 주장에 다음과 같은 질문을 던져보자. 물리적 공간이 어떻게 쾌락의 공간이 되었고 될 수 있었을까? 그리고 확산되고 있는가? 이에 대한 이해는 르페브르의 공간생산이론에서 말하고 있는 사회적 생산물로서의 공간에 대한 이해와 더불어 쾌락적 소비공간으로서의 관광공간에 대한 이해를 풍부하게 해줄 수 있을 것이다.

시대가 변함에 따라 소비공간은 소비행위를 새롭게 조직하며 특정한 형태로 변형된 소비공간은 소비행동양식(소비문화)에 영향을 미친다(전해은·이기춘, 2002: 99). 이러한 소비공간은 소비를 매개로 소비가 지니는 여러 가지 상징적인 현상이 나타나는 장으로서 '상품의 소비'가 이루어지는 공간일 뿐만 아니라 공간에 대한 의미부여와 해석이 발생하는 공간이다. 따라서 소비공간은 경제적인 의미에서 개인의 소비활동 장소임과 동시에 사회학적인 의미에서 공간에 대한 의미부여와 해석이 발생하는 '사회·문화적인 복합 공간'의 성격을 띠고 있다(전해은 외, 2002: 100). 이러한 관점에서 보면, 의미의 대상에 대한 이해를 추구하는 해석학적 전통은 유효한 전략이다. 그러나 관광공간을 의미에 대한 해독의 대상으로만 이해하거나 분석하는 것에서 그친다면 우리는 관광공간의 생산에 작용하는 사회적 힘이나 구조에 대한 지식을 획득할 수 없다.

관광은 단지 기술적 진보와 경제발전의 산물만은 아니다(Urry, 1995: 142). 관광지의 장소감(sense of places)은 문화적으로 구성된다(Urry, 1995: 2). 관광지는 관광활동이 이루어지는 장 또는 활동이 이루어지는 물리적 배경(자연적·문화적 매력물과 같은)과 이러한 활동에 부여된 상징적 의미뿐만 아니라 관광자의 다양한 사회적·심리적 특성으로 이루어진 환경이 결합하여 구성된다(김남조, 2005; 이정훈, 2004). 특히 관광과 여가는 문화적 호기심과 밀접하게 관련되어 있는데, 문화적 호기심의 충족을 위해서는 문화와 자연과 같은 사물을 사회적으로 조직해야 한다(닝왕, 200: 204).

관광은 비일상적 장소인 관광지의 장소이미지를 소비한다. 자본주의하에서, 이미지 포장하기는 관광생산에서도 필연적인 것이며, 이러한 이미지 창조는 보다 폭넓은 사회·문화적 과정, 보는 방식, 해당 사회의 지배적 가치와 배경과 관련되어 있다. 따라서 관광지 이미지 만들기는 그 사회의 사회·문화적 과정에 대한 이해를 요구한다(닝왕, 2000: 263). 이러한 이해는 현대사회의 소비문화와 생산양식과 소비문화의 주체가 누구이며, 이러한 소비공간은 누구의 아비투스를 반영하고 어떻게 욕망을 반영하고 있는가에 대한 관심을 기울이게 한다. 그리고 장소는 소비를 위해 개발되며 이는 자본의 공간 생산 전략과 매우 밀접하게 관련되어 있다.

관광은 자연 풍경에 대한 선호를 전제로 하고 있다. 이와 같이 자연이 풍경으로 변화되었다는 사실은 자연에 대하여 낭만적이거나 미학적인 관점에서 자연을 대하는 태도가 형성되었음을 의미한다. 서구 사회에서 이러한 태도 형성은 낭만주의와 관련하여 이해될 수 있다(닝왕, 2000). 오늘날에도 초기 낭만주의자들이 표현했던 풍경에 대한 기호는 살아 있고 계속해서 새로워지고 있으며, 근대사회에서 핵심적인 문화적 가치의 하나가 되었고 모든 사람에게 공통적인 기호가 되었다(닝왕, 2000: 139). 환경에 대한 의식이 높아지면서 자연에 대한 새로운 의미와 감성이 부여되었다(Urry, 1992: 닝왕, 2000: 139 재인용). 관광이 이루어지기 위해서는 '차이가 있는 장소는 있으나 위협적이지 않아야 하며 이들에게 집에서의 안락함을 빼앗은 불편함을 느끼게 하지 않아야 한다(Bonifac and Fowler, 1993: /; 닝왕, 2000: 206 재인용).

이와 같이 자연에 대한 풍경으로서의 관광자원의 매력성은 자연을 통제하고 지배할 수 있는 기술 발전과 동시에 자연과 풍경에 대한 문화적 취향과 선호의 형성을 기반으로 하고 있다. 즉, 관광의 선호는 문화적 기반 없이 이해될 수 없다. 그리고 이러한 문화적 선호는 상상적 쾌락 추구와 결합되어 있다. 이에 대하여는 1장에서 논의한 바 있으므로 이곳에서는 생략하기로 한다. 다만 이러한 낭만주의에 기초하고 있는 현대 문화의 상상적 쾌락추구는 다양한 매체에 의한 정보와 이미지의 이동성에 의해 강화되며, 현대과학기술의 발전은 현대인들의 욕구를 자극하고 현대인들을 상상적 쾌락 추구자로 공간을 소비하게 한다. 하비(Harvey, 1989)가 말하고 있는 근대성의 특징인 시간-공간의 응축은 바로 현대사회의 전 세계적 차원으로 쾌락적 소비공간인 관광지의 확산을 가능하게 해주는 사회적 기반을 제공해 주고 있다.

관광공간은 욕망의 달성과 쾌락, 기호소비의 공간이며 소비자를 두고 보다 유리한 자본이윤을 창출하기 위한 공간이다. 기호는 어떻게 소비를 촉진하는가? 기호들로 형성되는 꿈은 욕망을 표현하고 욕망을 자극한다. 따라서 관광공간의 기호는 소비를 촉진하는 힘을 가지게 된다. 현대사회에서 기호 소비가 강화된다는 것은 기본적으로 이미지에 의한 소비가 강화된다는 것을 의미한다.

이미지는 소비자의 순수한 주체의 이미지가 아니라 바라보는 대상과의 상호작용을 통해 만들어진다. 그러므로 이미지는 그 대상에 사회적으로 만들어지는 상상에 대한 욕망을 자극하게 된다. 이러한 측면에서 관광공간의 생산은 이미지와 인간의 욕망과 밀접한 연관성을 지니게 된다. 관광객의 욕망은 보는 방식을 통해서도 달성될 수 있으며 보는 방식에는 관광객의 욕망이 들어 있다. 예술을 보는 방식과 마찬가지로 관광객의 보는 방식은 훈련의 결과이다. 관광객은 문화적으로 특히 대중매체에 의해서 훈련받는다. 관광객의 보는 방식은 비실리적·낭만적·평가적이고 신식민주의적이기조차 하며 욕망이 들어 있다. 즉, 관광객의 보는 방식에는 색다르고 비범한 그래서 다른 것에 대한 또는 어떤 곳으로 일시적으로 짧은 시간 동안 집중적인 즐거움을 만끽하고 싶은(Cohen & Taylor, 1992; Rojeck, 1993; Shields, 1991; 닝왕, 2000: 249 재인용) 욕망 또는 열망이 자리 잡고 있다. 관광객의 관심은 자신의 여행기간 동안에 얼마나 행복하고 즐거우며 대접을 잘 받고 행복한 시간을 보낼 것인가에 있다. 그러므로 사람들은 시각적·물리적 소비를 하기 위해서 주어진 목적지에 특정한 장면이나 주제가 등장하기를 원한다(닝왕, 2000: 249). 그러나 이러한 관광객의 보기는 상이한 배경, 취향(아비투스), 그리고 문화적 전통의 차이에 의해서 변화된다(닝왕, 2000). 따라서 리조트와 공간은 관광객의 차이에 따라 보는 방식에 차이를 가져올 수 있으며, 이러한 보는 방식의 차이는 관광객의 상이한 배경, 취향, 그리고 문화적 전통의 차이를 반영하며 행복한 시간을 보내기 위한 상상적 쾌락을 즐기고자 하는 관광객의 욕망이 들어 있게 될 것이다.

관광산업에서 관광지의 이미지는 관광을 자극시킬 수 있는 능력 (Mayo and Jarvis, 1981)을 가지고 있으며 관광지의 이미지는 관광자에게 소비문화로 내재화되어서 관광지 선택(민웅기·김남조, 2009)은 물론 관광목적지에 대한 선호에 중요한 영향을 미친다(서원석·백주아, 2009: 300). 이러한 과정을 통해 소비자는 태어나는 것이 아니라 소비자에게 원하는 것을 원하도록 가르치는 과정에 의해 만들어진다 (O'Neil, 1978; McCracken, 1988: 64 재인용). 관광공간도 하나의 소비공간으로서 소비주체로 탄생하게 가르치는 교육의 장이다.

관광이미지는 관광지에 대한 정보수집과 그곳을 방문하려는 활동을 촉진시키며, 형성된 이미지는 대상지 등에 관한 기대로 되며 기대는 평가에 영향을 준다(Kotler, 1981: 631; 이상봉, 2002: 8 재인용). 관광객은 기본적으로 여행은 즐겁다는 것을 전제로 한다. 동시에 관광은 '경험의 산물(experiential product)'이기 때문에 관광객은 생산물의 품질에 대한 신뢰를 바탕으로 그 생산물을 구매한다. 따라서 기대와 신뢰는 관광객의 이미지를 구성하는 요소들이다(닝왕, 2000). 이미지는 관광지를 선택하는 데도 중요하지만 관광지 그 자체에도 중요하다.

이미지는 소비자의 눈길을 사로잡기 위해서 한 종류의 상품을 여타상품과 구별 짓는 상업적 전략이기도 한다. 간단히 말해서 이미지는 동질성(homogeneity)에 대항해 차이를 만드는 수단이며, 이름 없이 잊히지 않고 주의를 끌기 위한 경쟁(competition for attention)의 수단이다(Boorstin, 1964: 199; 닝왕, 2000: 241 재인용). 상품과 기업에 대한 소비자의 이미지는 자본주의적 시장경쟁에서 결정적으로 중요하다. 매력적인 상품을 만들기 위해서는 기능이 뛰어난 물건을 만들어야 할 뿐만 아니라 디자인, 상표명, 광고카피, 광고 등과 같은 이미지 만들기가 필요하다. 보드리야르(Baudrillard, 1988)가 말한 것처럼, 이러한 이미지는 상품에 '기호가치(sign value)'를 더해준다.

이와 같이 관광개발에서 관광지 이미지의 역할은 매우 중요하다. 관광객이 관광지에 대해서 갖는 이미지는 '유인(pull)' 요인을 구성하기 때문이다(Gartner, 1993; 닝왕, 2000: 246 재인용). 관광이미지는 지속성을 가지고 있으며, 방문활동을 촉진시키고 대상지에 대한 기대와 평가에 영향을 주며 이미지는 관광지에 대한 지식, 경험의 정도에 영향을 받는다(前田 勇, 1980; 손대현, 1982: 113 재인용).

관광지에 대한 이미지는 매체에 의한 정보나 마케팅 정보(Gun, 1972)와 실제경험(Fakey and Crompton, 1991) 등에 의해 형성된다(이인재·조광익, 2003). 이와 같이 관광지 이미지는 다양한 방식으로 형성된다. 그러나 김종남·박석희(2001)의 연구에 따르면, 여행서적과 인터넷이 관광지 이미지 형성에 미치는 영향 중 인터넷의 영향력이 더 큰 것으로 보고된 바 있다. 현대사회에서 관광지 정보안내 책자는 물론이고 다양한 방송프로그램과 같은 방송매체, 인터넷 등이 관광지 이미지 형성에 매우 큰 영향을 미치고 있다. 그리고 이러한 매체들은 전 세계적으로 정보와 이미지의 이동성을 강화시킨다. 이러한 이미지의 이동성 강화는 이국적 환경에 대한 욕망 추구를 강화시키고 소비자를 욕망하는 주체가 되게 한다.

3. 포스트모더니즘 사회와 관광공간

자본주의 생산양식의 변화는 자본 입지의 변화를 가져올 뿐만 아니라 관광공간의 변화를 가져온다. 영국과 같은 모더니즘 사회에서 대중을 위한 관광은 관광객의 일상적 공간으로부터 분리된 시간과 공간의 장소로서 해변지역의 리조트[의례화된 쾌락(ritualised pleasure)]에 대한 빠른 개발에 집중되어 왔다(Shield, 1991; Sharpley, 2002: 311 재인용). 이러한 개발은 포디즘에 기반하고 있으며, 대중관광 그리고 대중패키지 형태로 발전하여 왔다.

20세기 후반부터 시작된 포스트모더니즘 사회로의 변화는 관광소비와 관광지개발에도 영향을 미쳤다. 포스트포디즘의 출현과 함께, 모더니즘의 관광지는 쇠퇴하게 되었는데 이러한 증거는 영국, 스페인, 이탈리아 등에서 발견되고 있다(Sedmak and Mihalič, 2008). 우리의 경우에서도 이러한 현상들은 마찬가지로 발견된다. 예를 들면, 유원지로서의 명성이 높았던 남이섬의 경우 문을 닫기 직전까지 쇠퇴하였었다. 그러나 새로운 리더십에 의하여 새로운 관광지로 재구성된 이후에 연간 200만 명이 넘는 관광객이 방문하는 관광지로 변모하였다.[10] 모더니즘 관광지의 환경 악화 및 열악한 상품의 질, 부정적 이미지 등으로 쇠퇴하게 되었으며 해외관광지 출현은 이를 더욱 가속화시켰다. 경제수준 증가에 따라 부유층은 대중관광지로 변한 해변리조트를 떠나 해외리조트로 이동하였다(이한석, 2005). 영국에서 19세기부터 20세기 초반까지 번성하였던 철도 중심의 해변 리조트들은 20세기 이동수단의 발전에 따라 변화되었다. 휴가기간의 증가와 소득 증가, 교통수단 발전은 영국의 모더니즘 사회의 해변리조트 발전 요인이었지만, 20세기 후반에는 이러한 요인들이 해변리조트의 쇠퇴 요인으로 작용하였다(이한석, 2005). 특히 70년대에 나타나기 시작하는 유럽의 리조트 쇠퇴는 관광지 관리나 재생에 대한 연구의 중요성을 부각시켰으며, Butler(1980)의 연구는 이러한 연구를 대표하고 있다. 우리 사회가 서구 사회와 유사한 발전과정을 거쳐 오지 않았기 때문에 서구 사회를 모델로 한 이론을 그대로 적용하기에는 일정한 한계가 존재할 것이다. 그럼에도 불구하고 우리 사회에서도 이러한 변화와 무관하게 존재하는 것은 아니라는 점에서 비록 서구 사회를 모델로 발전된 이론이지만, 이를 검토하는 것은 우리 사회를 이해하는 데 필요한 이론적 자원을 획득할 수 있는 매우 유용한 작업이 될 것이다.

관광생산의 특성은 기본적으로 관광 상품을 구성하는 관광산업뿐

10) 이러한 재구성의 과정에 대하여는 김성진(2010)의 연구에서 자세히 보고되고 있다.

만 아니라 관광객의 욕구와 동기, 기대 및 결과적인 행동에 의해서도 영향을 받는다(Sharpley, 2002: 300). 따라서 리조트와 같은 관광공간의 생산은 관광 상품의 구성방식에 대한 이해와 더불어 관광객의 특성에 대한 이해를 요구한다. 대부분의 관광이 발생하는 사회는 관광과 같은 모든 소비의 유형이 영향을 받는 지배적인 소비자 문화에 의하여 특징지어지기 때문에, 소비선택은 문화적 맥락에 대한 이해 없이 이해될 수 없다(Solomon, 1994: 536; Sharpley, 2002: 307 재인용).

현대사회의 관광 소비 변화는 자본주의 생산양식과 소비문화와의 관계 속에서 이해되어야 한다. 포스트모던 문화의 기본적인 특징은 '생산보다는 소비가 더욱 중요해지며 상품은 사회 삶의 절대적인 활동을 차지한다'는 것이다(Pretes, 1995; Sharpley, 2002: 312 재인용). 다양한 소비자 상품과 서비스의 출현과 이용가능성의 확대, 소비자 집단과 소비자 법률의 등장, 침투적인 광고, 인터넷을 통한 상품과 서비스에 대한 폭넓고 빠른 접근 등과 같은 다양한 요인들에 의하여 소비사회는 촉진되었다(Lury, 1996: 36). 따라서 포스트모더니즘 사회라고 이야기되는 현대사회의 특성, 특히 소비문화를 살펴보고 이러한 특성이 관광지 생산에 어떠한 영향력을 미칠 수 있는지에 대한 이해를 모색할 필요가 있다.

모더니즘이란 17세기경부터 유럽에서 등장해 세계적으로 영향력이 확장된 사유방식과 사회생활 및 조직 양식을 의미한다(김일영, 2000: 38). 이러한 모더니즘은 20세기 후반 들어 변화가 초래되었다. 모더니즘은 소비재의 대량생산 방식을 특징으로 하는 과입 표준화, 분업화와 같은 포드주의적 생산방식을 특징으로 하고 있다. 포드수의를 근간으로 하는 모더니즘 사회는 대량생산과 대량소비의 호순환을 특징으로 한다. 이러한 포드주의는 70년대 말을 기점으로 위기에 봉착하게 된다. 이러한 위기 원인은 바로 포드주의 자체가 가지고 있는 경직성이다(Harvey, 1989: 141-2). 모더니즘은 과도한 분업체계로 인하여 관리노동이 증가할 뿐만 아니라 노동을 과도하게 단순화시킴으로써 노동자들의 창의성을 상실시켰고 이는 생산성의 하락을 초래하였다. 또한 임금체계의 경직성으로 인하여 이윤이 압박되고 투자 감소를 가져와 전반적인 경기침체를 낳았다(김정훈, 1995). 이러한 모더니즘 위기에 대한 대응전략이 바로 유연적 축적(flexible accumulation)이다. 유연적 축적은 노동과정뿐만 아니라 제품, 소비패턴 등 사회의 유연성에 뿌리를 두고 있으며 유연적 노동시장 등을 그 특징으로 하는 유연적 생산을 특징으로 한다(하비, 1989: 186-187; 김정훈, 1995). 유연적 축적은 '경직적인 포디즘에 비해 더 유연해진 자본축적(체제)을 말한다. 이러한 유연성은 자본축적체제를 구성하는 모든 요소(즉, 기술, 노동관계, 생산방식, 산업구성, 정치체제 등)이 급변하는 여건에 보다 유연하게 적응할 수 있음을 의미한다(조명래, 1994). 이러한 유연성은 이를 가능하게 하는 기술사회적 조건을 기반으로 할 때 가능한 것이며, 대자본은 이를 활용하여 자본축적을 상대적으로 고도화하는 것으로, 유통, 소비, 생산에 이르는 과정을 긴밀히 통합하는 네트워크 형성을 특징으로 한다(조명래, 1994). 과학기술 발달은 사람, 자본, 상품, 문화의 이동을 용이하게 함으로써 자본의 시간적·공간적 제약을 극복하게 하였다. 이러한 시간적·공간적 유연성은 전 세계적으로 포스트모더니즘이 더욱더 세계화되고 점점 더 지구적인 현상이 될 수 있게 하였다(최석호·김남조·최승담·김봉중, 2008).

관광기업도 일반기업과 마찬가지로 유연적 생산체계를 그 특징으로 하고 있다(Shaw and Williams, 2004). 이러한 유연적 축적은 지역적 맥락에서 생산과 재생산의 네트워크를 공간적으로 분화시키며 이를 통해 축적과정의 유연성을 획득하게 된다(조명래, 1996). 이러한 유연적 축적에 의한 산업구조화는 기업 입지의 재구조화에 영향을 미치며, 이는 관광기업에서도 마찬가지로 적용되는 현대사회의 일반적인 특징이다. 이러한 유연적 축적은 일반적으로 노동자를 핵심노동자와 주변적 노동자로 이분화시키는 경향을 가지고 있다. 그리고 중산층의 소득향상과 그에 따른 새로운 생활양식(해외여행, 빌라형 주택 선호, 고급자가용 선호, 다양한 내구소비재의 이용, 고급 레포츠 회원 등)이 급속히 확산되고 있는 반면, 다른 한편에서는 저소득층의 상대적 빈곤 확대, 생활환경(특히 주거)의 악화, 고용의 불안정, 다양한 사회적 불평등 대우와 착취 등이 온존, 심화되고 있다(조명래, 1994: 194). 실제 네트워크를 통한 유연적 생산의 사회화 논리는 사회적 협업의 형태(하청, 계열화, 협업화 등)의 생산네트워크를 낳았고, 내부에서 분업의 최종 이득이 대자본으로 귀속되고 있다. 그 이유는 이들 생산단위 간에 비용전가 메커니즘뿐 아니라 불균형 잉여배분 메커니즘이 깔려 있기 때문이다(조명래, 1994: 192). 유연적 생산체제로의 전환이 보다 중요한 이유는 다름 아닌 신중산층의 증가와 관련된 소비의 변화에 있을 것이다. 이러한 변화는 서울을 비롯한 현대 대도시의 경제에서 가장 두드러진 특징 중의 하나이며, 급격한 소득향상은 소비욕구와 문화적 양식의 변화를 자극하여 다양한 소비상품의 생산과 소비수단의 창출을 자극하였다.

현대사회와 같은 포스트모더니즘 소비사회는 시상세분화의 심화, 신상품 증가와 상품수명 단축, 소량생산품 소비에 대한 선호증가, 기능적 소비 감소, 미학적 소비 증가 등을 특징으로 하고 있다(Lash & Urry, 1995: 274; 최석호 외, 2008: 76 재인용). 이러한 포스트모더니티 사회에서 소비는 단순히 유용성(utilitarian) 욕구만족보다는 좀 더 지배적이고 중요한 복잡한 역할을 수행한다(Sharpley, 2002: 312). 포스트모더니티 소비사회에서 소비되는 것은 단순한 물질이 아니라 기호들이다(Lash & Urry, 1996). 현대사회에서 소비하고 있는 기호(sign)와 상징(symbol)에 대한 인간의 반응은 사회적으로 구성되고 재생산된다. 현대사회는 소비에서 사물에 대한 물질적 가치보다 기호가치의 중요성이 증가되었고 심미적 내용이 확대되고 있을 뿐만 아니라(유광민, 2008) 포스트모던 자본주의사회에서 소비는 오히려 기호에 대한 소비가 기본적인 것이 되고 있다(Featherstone, 1991: 85). 이러한 객체의 심미화는 상품들의 생산과 순환 또는 소비에서도 일어나고 있다(Lash & Urry, 1996). 탈산업적 상품(또는 정보 상품)과 심미적 내용을 가지고 있는 탈현대적 상품(예를 들면, 팝뮤직, 영화, 여가, 잡지, 비디오 등)과 같이 심미적 요소를 가지고 있는 객체들의 급증은 이러한 기호들을 확산시킨다. 래쉬와 어리(Lash & Urry, 1996)에 따르면, 현대사회문화의 특징인 소비와 생산에서 심미적 성찰성은 더욱더 강화되고 있다. 이러한 심미적 성찰성은 다른 자연과 사회에 대한 기호와 특징에 대한 판단을 강화시키며 감정의 수준에서 작동하는 이미지와 상징(symbol)의 확산을 강화시킨다(Shaw and Williams, 2004). 현대사회의 리조트와 같은 관광공간도 다른 소비공간과 마찬가지로 사회적으로 구성된 각종 기호들로 채워진 공간이다. 그러므로 포스트모던 관광객에 관광지의 상징적 중요성과 '기호가치(sign value)'의 중요성은 더욱더 증가된다(Munt, 1994).

이러한 기호가치의 소비는 이미지에 의존하는 상상적 쾌락을 제공해주는 소비공간을 통해 이루어진다. 요컨대 현대 소비사회는 이미지와 기호로 가득한 사회이다(제임슨, 1979: 131; 페더스톤, 1991: 88 재인용). 소비는 사용가치의 소비(즉, 물질적인 유용성에 대한 소비)보다는 무엇보다 기호의 소비로 이해된다(페더스톤, 1991: 134). 이와 같은 기호의 소비는 차이추구를 지속하기 위한 하나의 습관화된 열망이다. 소비사회는 단지 물질주의만을 유포하는 것이 아니라 현실을 미화하고 탈현실화하는 꿈-이미지를 유도하며 이러한 이미지는 문화를 중요하게 여기는 소비자사회에서 새롭고 중심적인 역할을 담당한다(페더스톤, 1991: 109). 하비가 말하고 있는 포스트모더니즘 사회의 시공간의 응축은 이러한 소비의 기호와 이미지를 확산시키고 현실과 상상과의 경계에 대하여 영향을 미쳐 우리를 시뮬레이션한 세계의 공간으로 이끌어간다(페더스톤, 1991: 134). 이러한 과정을 통해 자본은 소비자의 이목을 집중시키기 위해 소비사회에서 일상적인 소비상품은 본래적이고 기능적인 사용이 점차적으로 해석하기 어려울 정도로 사치스럽고 이국적이며, 아름답고 낭만적인 이미지와 결합하는데, 리조트와 같은 관광공간은 이러한 기호와 이미지와 결합된 시뮬레이션한 전형적인 공간으로 나타나고 있다.

근대성의 위기를 극복하기 위해 도입된 유연적 생산양식은 자본이동의 유연화로 나타났으며, 동시에 자본 간 경쟁 심화를 발생시킨다. 이제 자본주의는 생산보다 소비가 중요한 사회로 발전하게 되었다. 이러한 사회변화는 소비를 촉진하기 위해 소비하는 대중을 만들기 위한 다양한 사회적 전략의 중요성이 커지게 됨을 의미한다. 즉, 20세기 자본주의에서는 생산에서 소비로 생산양식의 중심이 점차 이동함에 따라 자본은 소비자의 통제에 대한 영향력을 확대시키고 있으며, 다양한 방식으로 '소비하는 대중'을 만들어내고 있는 것이다 (Gane, 1991: 65; 리처, 2001: 187 재인용). 이러한 자본의 전략은 리조트와 같은 소비공간에서도 관철되고 있다. 예를 들면, 현대사회에서는 소비의 그리고 그와 관련된 공간적 경계들이 급속도로 내파되고 있으며, 이러한 내파된 공간은 소비를 진작하는 작용을 하는 스펙터클을 만드는데(리처, 2001) 이러한 스펙터클은 기호와 이미지를 생산하며, 소비를 진작시키기 위해 전략적으로 구성된다. 이러한 새로운 소비공간의 스펙터클을 창조하는 방식에는 다양한 방식이 존재한다. 예를 들면 무한한 공간 감각의 창출(사이버몰, 텔레비전 홈쇼핑), 어디에나 존재한다는 생각(맥도날드 및 여타 프랜차이즈), 거대한 공간 감각(슈퍼스토어, 라스베이거스 카지노, 유람선), 분리되던 소비수단을 하나의 단위로 통합하는 것(예: 아메리카 몰은 몰이면서 동시에 놀이공원, 유람선 안에 몰, 카지노 포함), 실재보다 더 기막힌 시뮬레이션을 만드는 것(예: 라스베이거스 안에 벨리지오, 베네치아, 룩소르, 파리 등의 시뮬레이션들이라 할 수 있는 일련의 카지노 호텔) 등이 그 예다(리처, 2001). 따라서 리조트의 스펙터클은 바로 소비를 진작시키기 위한 환상적 이미지와 기호를 제공해주는 공간구성인 것이다. 그 속에서 소비자는 의례화된 하나의 소비 성전의 이용자가 된다. 이러한 스펙터클의 건립은 대자본의 투입을 요구하며 더불어 소비자에 대한 더 많은 소비를 유도하는 경향을 지니고 있어야 한다.

그러나 이러한 스펙터클에 의존하는 소비공간은 소비공간 간의 경쟁을 심화시키며, 자기 자신을 위협하는 일종의 '자기 파괴적 경향'을 가진다(리처, 2001: 237). 예를 들면, 현란한 쇼가 아무리 놀랍더라도 소비자들은 점점 그런 것들에 익숙해져 가기 때문에, 기업은 소비자들의 이목을 끌기 위해서는 다음의 스펙터클은 지난번 것보다 더 화려해야 한다. 즉, 기업이 소비자의 소비를 촉진하고 시선을 끌기 위해서는 경쟁상대보다 더 놀랄 만하고 현란한 호화 쇼를 보여주려고 노력해야 한다(리처, 2001: 237). 이러한 새로운 소비수단은 미혹적, 스펙터클, 고도의 효율적인 판매기계, 소비수단이 효율적으로 될수록 오늘날의 소비수단은 '창조적 파괴' 과정(Schumpeter, 1950: 81-6)을 통해 결국에는 판매 기계같이 보다 미혹적이고 스펙터클하고 효율적인, 더 새로운 수단에 밀려날 것이다(리처, 2001: 235). 따라서 새로운 시설의 도입이나 기존 건조환경의 쇠락은 단지 시설 낙후만을 의미하는 것이 아니라 이미지와 스펙터클에 의존한 소비 촉진 전략의 자기 파괴적 경향이 발현의 일부로 이해될 수 있다.

하비(Harvey, 1989: 284)는 근대성의 특징인 시간－공간의 응축이 탈근대 시대에 한층 가속화되어, 시간－공간 응축의 강렬한 국면에 이르게 되었다고 주장한다. 이러한 시간과 공간의 응축은 다양한 시간 및 공간 차원들 사이에 있는 장벽을 무너뜨림으로써 가능하다(리처, 2001: 233). 이러한 시간과 공간의 응축은 시간에 의한 공간의 소멸 또는 유통비용의 감축에 의한 이윤의 증대 또는 자본회전율의 증대를 통한 잉여를 증식시키려는 장애요소의 제거 혹은 약화이다(김왕배, 2000b). 이러한 현대사회의 빠른 이동성은 사람들이 세상을 체험하는 방식에도 많은 영향을 미친다(Urry, 1995). 또한 현대사회의 이동성(mobility)은 체험방식뿐만 아니라 자연, 풍경(landscape), 도시풍경(townscape) 그리고 다른 사회에 대한 심미적 인식의 변화에도 영향을 미치는 원인이 된다(Shaw and Williams, 2004). 이제 풍경은 즉각적으로 지나가는 일련의 파노라마를 구성하게 된다(리처, 2001). 따라서 자연은 정복될 수 있고, 혹은 단조로워지고(flattened), 혹은 심지어 무시당하게 된다. 이동성 발달은 이러한 지식이 없이도 여행을 가능하게 하는 사회적 조직화가 수반된다는 것을 의미한다(Urry, 1995: 143). 이동성의 발달로 인해 현대인들에게는 걸어서 이동하는 것에 비하여 매우 먼 거리에 대한 경로와 환경에 대한 지식은 중요한 것이 아니게 된다. 따라서 특정 목적지에 대한 지식이나 경험은 덜 중요해지고, 대신에 관광목적지에 대한 시선은 특정 지점의 경관이나 인공 매력물에 더욱 집중된다. 이러한 시선의 집중은 목적지 스펙터클이 가지는 중요성을 높인다. 따라서 리조트와 같은 공간은 소비자의 시선을 집중시키기 위해서 다양한 방식의 스펙터클을 만들어야 한다.

관광공간은 경관에 의해 구조화되며, 도로, 항로, 공항 등과 같은 시설들은 이러한 흐름의 운동통로이며 이러한 흐름을 촉진한다. 경관은 호텔, 식당, 그리고 다른 관광에 필요한 시설들에 대한 투자를 구성한다. 그리고 이러한 경관과 흐름의 경로는 방송매체에 의해 이미 지화되어 관광객에게 제공되는데, 이러한 경관은 관광객의 시선의 길잡이가 된다(Urry, 1990). 자본의 흐름은 경관에 집중되는 경향이 있으며 이러한 경관을 따라 정보의 흐름이 존재하게 된다(Urry, 2000). 특히 규모의 경제에 의존하는 대중관광은 이러한 경관에 의해 크게 영향을 받는다.

그러나 이동성은 경관을 끊임없이 변경하게 하고 재구성되는 데 영향력을 미친다(Shaw and Williams, 2004). 몽상(day-dreaming) 그리고 환상(fantasy), 강렬한 쾌락을 통한 욕망소비에 대한 기대가 존재하기 때문에 관광지는 응시되고 선택된다(Urry, 1995: 132). 관광객의 시선은 다양한 매체(TV, 뉴스, 잡지, 영화 등)를 통해 만들어지고 이러한 관광객의 시선은 일상생활과 구별되는 전원풍경이나 도시풍경에 유도된다. 국내 여행의 경우 여행과 관련된 대부분의 광고에서 등장하는 여행의 주요 수단은 자동차이다. 이와 같은 광고들은 관광의 대중화와 개별화를 상징하며, 이러한 상징은 다양한 매체를 통해 현대인에게 각인되며, 확산되고 수용하게 한다. 이러한 방식으로 관광객의 시선은 끊임없이 재생산되고 재현된다(Urry, 1995: 132-133). 이제 먼 거리는 하나의 일상적인 공간이 아니라 몽상이나 환상, 기대된 쾌락을 즐기기 위한 하나의 역치적 공간이 된 것이다. 이러한 변화는 동시에 도시로부터 멀리 떨어진 지역에서의 리조트 입지를 가능하게 하는 사회적 요인이 된다.

또한 이동성 강화 혹은 기든스의 시공간 응축은 현대인에게 지구적 관광과 다양한 이미지와 정보의 지구적 흐름을 강화시키게 된다. 따라서 지구적 관광을 통해 다양성을 경험하게 되고, 관광지는 지역의 고유한 이미지와 다른 별개의 다양한 이미지의 공간으로 변하게 된다(Shaw and Williams, 2004). 이러한 주장은 보드리야르의 시뮬라시옹과 관련지어 이해될 수 있다.

시뮬라시옹(simulation)은 포스트모더니티의 중추적인 특성으로 폭넓게 받아들여지고 있다. 보드리야르(1983a: 2)는 시뮬라시옹을 '원형 또는 실재가 없는 현실적인 모형의 세대'라고 정의한다. 보다 구체화하면, 시뮬라시옹은 원래의 대상과 과정을 복제, 모방, 또는 확장하기 위해서 기획된 모든 과정과 대상을 말한다. 1980년대와 1990년대 문화산업이 확장되면서 시뮬라시옹 과정은 두드러지게 되었다. 과거의 모습, 소리, 향취 등을 재생산하는 것, 그리고 서부개척 시대의 도시, 중세의 마을, 동양의 사찰 등과 같이 멀리 떨어져 있는 대상과

라이프스타일을 기획자가 재구성한 것 등이 이 예에 속한다. 시뮬라
시옹 환경의 급증은 포스트모던한 문화에서 허구적이고 환상적인
요소들의 현존이 강화된 것으로 해석된다(로젝, 1995: 35).

시뮬라시옹은 현대사회의 중추적인 특징이다. 시뮬라시옹은 바로
공간의 이동을 통해 상상적 쾌락의 시간적 이동의 경험을 제공해주
는 공간의 이미지와 기호를 제공한다. 따라서 시뮬라시옹은 이동성
강화와 함께 나타나는 지구화의 과정과 밀접하게 관련되어 있는 것
으로 이해되어야 한다. 관광지는 다양한 방식으로(자본의 이동이든
이미지의 흐름이든, 그것이 관광객의 시선이든) 지구화의 흐름 속에
서 이미지에 근거한 쾌락의 공간으로 재구성된다. 이러한 재구성을
통해 리조트와 같은 관광지는 지구적 이미지와 기호가 가득 찬 공간
이며, 지역의 고유한 장소성이 없는 공간으로 변하게 되는 것이다. 로
젝(1995: 220)은 현대사회의 욕망과 이미지가 상품사회에서 어떻게
결합되는지를 다음과 같이 설명하고 있다.

> '시장사회는 우리에게 무한한 상품과 상품화된 경험을 제공하는데
> 광고, 텔레비전, 그리고 상품미학은 대상과 경험의 상징적 세계를
> 지원한다. 이러한 상징적 세계 속에서 소비자들은 상품 자체보다는
> 상품의 상징 또는 이미지와 연결되며 이러한 이미지는 소비자의
> 정신생활을 지배하고 부분적으로 소유를 대체한다. 일상생활 의식
> 은 변화한다. 실제로 일어나는 것은 욕구의 형성과 그것의 소비 간
> 에 개입하는 것이라고 캠벨(1987: 85)은 서술한다. 따라서 욕망하는
> 것(desiring)과 꿈꾸는 것(dreaming)의 형식은 욕구 그 자체의 일부가
> 되는 희망의 요소와 혼합된다.'

이러한 로젝의 주장을 받아들인다면, 이제 우리가 욕망하는 것과
이미지의 대상을 꿈꾸는 것은 희망이며 욕구가 되며 이는 상품화의

과정으로 편입된다. 이동성 강화는 이러한 공간의 상품화 과정으로의 편입 가능성을 확대시킨다. 사람과 정보, 이미지, 자본과 같은 흐름은 경관에 따라 움직이는데, 이러한 흐름은 20세기 후반의 사람들에게 새로운 모험뿐만 아니라 새로운 기회와 욕망을 발생시키기고 있다 (Urry, 2000: 36). 인간은 사물의 사용가치와 관련 없는 욕망을 지니고 있다(조광익, 2006: 302). 인간은 사물의 이용가치보다는 기호가치를 소비하고자 한다.

상품, 정보, 서비스, 자본거래들의 이동은 서로 관련되어 있으며, 공간을 넘나드는 관광객의 이동은 또한 상품 이동, 정보와 서비스, 자본 이동과 밀접하게 관련되어 있다(Shaw and Williams, 2004). 이동성은 이러한 관광지의 기호가치를 소비하고자 하는 인간의 새로운 욕망을 강화시키고 이러한 욕망을 상품화의 과정으로 편입을 강화시킨다. 그러므로 이동성 강화는 자본의 이동으로서 관광지 입지 전략과 관광공간에 대한 소비욕망의 상품화에 영향을 미치게 된다. 관광지 또한 이러한 욕망의 상품화를 촉진하기 위한 이미지와 기호로 가득찬 소비공간이 된다. 따라서 관광공간의 생산은 관광공간에 대한 소비욕망의 상품화 과정과 밀접하게 관련되어 있다. 국내뿐만 아니라 전 세계적으로 리조트 입지가 확산되고 있는 것은 바로 자본의 입지 전략과 소비욕망 그리고 이러한 소비욕망을 상품으로 만들기 위한 상상적·쾌락적 공간으로서의 관광공간의 생산의 결과인 것이다. 이동성 강화는 이를 촉진한다.

포스트모더니즘 사회의 유연적 축적 강화는 단지 자본의 축전 전략에만 영향을 미치는 것이 아니라 사람들 인성(personality)에도 영향을 미친다. 유연적 축적 강화는 사람들로 하여금 변동을 보다 의식하게 되고 변동에 적응해야 할 필요성과 유연해야 할 필요성을 강화시키게 된다. 이러한 필요성 강화는 사람들의 여가활동에도 영향을 미치게 된다. 즉, 모더니티 사회보다 포스트모더니티 사회에서 여가활동은 덜 경직되고 보다 유연한 것이 되어야 한다(로젝, 1995). 유연적 축적 강화는 소비에서도 유연화를 요구한다. 따라서 집단적 소비보다는 개별 소비, 즉 '개별화(individuation)'가 소비문화의 중요한 측면이되었다(로젝, 1995). 이와 같이 포스트모더니즘 사회로의 변화는 소비자 태도와 관광소비에도 영향을 미친다. <표 4-1>은 포스트모더니즘 소비의 특징과 관광의 예를 정리하고 있다.

〈표 4-1〉 포스트모더니즘 소비의 특징과 관광의 예

포스트포디즘 소비의 특징	관광의 예
소비자가 점점 더 중요하며 생산자는 더욱더 소비자 지향적이 되어야 한다.	어떤 대중관광형태의 배제(휴가캠프와 값싼 패키지 상품) 그리고 늘어나는 선호의 다양성
소비자 선호의 더욱 강해진 휘발성	소수의 재방문과 대안적 명소와 관광지의 확산
증가된 시장 세분화	휴가유형의 증가와 라이프스타일에 근거한 방문자 매력물
소비자 운동의 성장	미디어를 통한 대안적 휴가와 매력물에 대해 제공되는 보다 더 많은 정보
많은 신상품의 개발과 짧은 생명주기	유행의 빠른 변화 때문에, 관광지 명소와 체험의 빠른 전환
생산/소비의 비대중적 형태로 표현되는 선호의 증가	그린투어리즘 그리고 개개인의 소비자에게 꼭 맞는 원기회복과 편의제공의 형태의 성장(귀족저택 호텔(country house hotel)과 같은)
점점 덜 기능적인 그리고 더 심미적인 소비	여가, 문화, 소매, 교육, 스포츠, 취미로부터 관광의 탈분화

출처: Urry(1995: 151)

늘어나는 선호의 다양성과 개별화는 대안적 관광지의 확산과 대안적 휴가와 매력물에 대한 정보의 중요성과 개별 소비자에 맞는 관광 서비스의 중요성을 높였다. 그리고 포스트모더니즘 사회의 소비특징인 이미지와 기호 소비의 촉진은 리조트와 같은 관광공간을 더욱더 갖가지 인공적 매력물로 채우게 만들게 된다. 매우 빠른 속도의 이동성을 특징으로 하는 포스트모더니즘 사회는 매우 빠른 속도의 소비 변화를 요구한다. 이러한 포스트모더니즘 사회의 소비자 선호의 휘발성은 관광공간의 휘발성으로 나타나며, 이러한 휘발성은 더욱더 새로운 관광지, 좀 더 매력적인 관광지의 확산과 지리적 확산을 촉진시킨다. 생산과 소비의 개별화 혹은 비대중적 형태에 대한 선호의 증가는 자연에 대한 선호와 농촌관광이나 생태관광지 혹은 유적관광지와 같은 관광지들의 출현을 촉진시켰다. 그리고 소비의 심미성 강화는 건조환경의 이미지나 매력성을 요구하며, 이러한 요구는 리조트와 같은 인공적 소비공간 개발에서 주제화나 새로운 이미지로서의 스펙터클에 대한 의존을 강화시킨다. 리조트도 소비공간으로서 이러한 포스트모더니즘 사회의 소비특성이 관광공간에 반영되어 있는 공간이다.

그러므로 리조트와 같은 다양한 소비공간의 개발과 확산현상은 포스트모더니즘 소비문화를 배경으로 하고 있는 것으로 이해되어야 한다. 따라서 리조트 개발과 입지에 대한 이해는 리조트가 포스트모더니즘의 어떤 특성들을 가지고 있는지에 대한 이해와 관광지 확산을 가능하게 하는 이동성에 대한 이해를 요구한다. 이러한 관광공간의 확산은 문화 변화에 의해서만 가능한 것이 아니라 이러한 변화를 실제로 가능하게 하는 과학기술의 발전과 함께 이루어져야 실현될 수 있다. 이와 같은 관광공간의 확산에 큰 영향을 미치고 있는 것 중의 하나가 바로 교통의 발전이다. 관광지는 이동성의 장소(place of mobility)이며 운동하고 있는 장소이다(Sheller, 2004: 14). 현대사회의 과학기술 발전은 시간과 공간의 개념을 변화시켜 왔다. 교통의 발전은 출발지와 관광지 간의 직접적인 거리의 중요성을 상대적으로 감소시키고 있다.

현대사회에서 이동수단의 발전과 관광수요 변화는 관광에서 사용되는 공간을 변형시켜 왔다. 예를 들면 기차를 이용한 관광이 주된 수단이던 시기에는 역사도시나 온천과 같은 도시들이 관광지로 발전하였으나 자동차 발전은 관광객에게 이동의 자유를 부여함으로써 관광 소비공간의 확대와 다양화가 가능하도록 하였다(Claval, 1995: 262). 즉, 자동차라는 이동수단의 발전은 기차라는 이동수단보다도 더 많은 이동의 자유를 제공하고 관광 소비공간 확대와 다양화가 가능하게 되었음을 의미한다. 그러나 자동차와 같은 새로운 운송 기술이 현대사회에서 경제적으로 성공하기 위해서는 문화적으로도 사회에서 전형적인 것으로 자리를 잡아야 한다. 새로운 운송기술이 기존의 역사적 시기에서 성공적이고 지배적인 것이 되기 위해서는 적합한 조직적 변화를 필요로 한다(Urry, 1995: 142). 요컨대 개인 자동차의 발전과 소유의 확산은 개별적 여행체계를 가능하게 하지만, 개인자동차의 발전과 소유의 확산이 가능하기 위해서는 그것을 가능하게 하는 여러 가지 소비지원체계의 변화가 요구되는 것이다. 즉, 개별적 구매와 정보제공과 같은 사회의 변화가 수반되어야 함을 의미하며, 개별단위의 여가가 문화적으로 보편적인 것으로 확산되어야 한다. 자동차는 포스트모더니즘의 개별화된 소비문화를 실현하는 중요한 교통수단이다.

텔레비전이나 수많은 상품광고를 통해 여행은 보편적인 것이며, 그것을 누리는 것이 시민의 기본적 권리라는 생각이 현대인들에게 각인되고 있다. 이제 현대사회에서 휴가(여가)는 근대시민의 권리가 되었다(Urry,

1995: 130). 즉, 관광에서의 운송수단의 발전과 확산은 관광소비의 대중화 혹은 민주화를 확대시켜 왔다(한편으로는 관광소비의 개별화를 강화시키고 있다). 맥켄널(MacCannell, 1989)에 따르면, 이러한 이동성은 근대사회를 정당화시키는 효과를 가지는데, 이는 자애로운 그리고 접근하기 쉬운 형식으로 나타난다. 관광객의 시선을 자극하는 많은 종류의 대상은 기능적으로 전통사회에서 종교적 성지순례의 대상과 동등한 지위를 가진다. 사람들이 현대사회의 장대한 관광지를 방문할 때(종교순례를 할 때), 맥켄널은 현대인들이 그들 자신의 사회를 실제적으로 숭배하고 있다고 말한다(Urry, 1995: 144-145).

관광의 대중화는 사회적으로 차별화된 새로운 관광지의 생산을 요구한다. 소비공간에서의 소비행위는 소비상품에 대한 상징적 교환가치를 통한 신분상승에 대한 욕구를 대체하는 욕구의 해소과정이다(김성홍, 1996: 55). 그러므로 소비공간으로서의 관광공간은 위계화된 사회적 관계와 욕구와의 관계에서 이해될 수 있다. 관광의 대중화(혹은 민주화)로 인하여 기호(taste)의 구별 짓기(distinction)는 어떤 수단을 이용하여 여행을 가느냐보다는 차별적인(different) 장소(place) 간에 만들어진다. 즉, 어디를 가느냐가 상당한 중요성을 가지게 된다(Urry, 1995: 130). 관광의 소비는 소비자가 존재하고 있는 사회적 관계와 분리될 수 없다. 이는 역사적으로도 충분히 설명될 수 있다. 예컨대, 19세기 영국에서는 비슷한 장소에서도 '사회적 분위기(social tone)'에 있어서 상당한 차이가 존재하는 리조트 위계(resort hierarchy)가 존재하였다(Perkin, 1976; Urry 1987b; Urry, 1995: 130 재인용). 따라서 이동성의 발달과 관광의 대중화는 관광소비에서 관광공간을 통한 구별 짓기의 중요성을 강화시키게 된다.

사회적 행위는 공간적으로 유형화되며, 이러한 유형은 사회적 행위에 영향을 미친다(Urry, 1995: 64). 그리고 유형화된 공간은 위계화를 동반하는 특성을 가지고 있다(Lefebvre, 2011). 유형화된 여가공간은 사회계급의 차이를 표현하기 위해 활용된다(Pain et al., 2001). 여가공간은 경제자본과 문화자본의 차이를 반영하기도 하며, 여가활동에 대한 지식과 기술, 행동 규범 등의 문화자본을 획득하거나 소유하고자 하는 욕구와 관련되어 있다. 관광은 물리적·문화적·사회적·정치적·경제적 광역 환경 속에서 관광주체인 관광자와 관광대상, 관광매체가 상호작용하는 체계(Leiper, 1979; 조광익, 2002: 265 재인용)라고 널리 알려져 있는 관광에 대한 이해 또한 이러한 관점을 수용할 수 있는 이해 중의 하나이다. 그러므로 유형화된 소비공간에서 이루어지는 공간적 행위는 타인을 고려하여 이루어지며, 공간에서의 사회적 상호작용은 접근하기와 거리두기, 포섭과 배제, 개방과 격리 등과 같은 공간적 전략을 포함한다(닝왕, 2000: 192). 그러므로 소비주체의 자본총량에 따라 유형화된 리조트 시설 입지와 배치는 소비공간의 계층적 유형화에 따른 상호작용을 고려한 공간 전략이 반영되어 이루어진다. 이와 같은 방식을 통해 리조트와 같은 소비공간에서의 시설 입지와 배치는 각 소비시설의 소비주체의 권력관계를 반영한다(최운경, 2003).

전형적으로 소비에 대한 중요성은 다른 사회적 집단 간에 특징을 구별하는 데 있어서 혹은 정체성이나 지위에 대한 메시지와 관련되어 있다(Bourdieu, 1986, Sharpley, 2002: 313 재인용). 그리고 많은 연구들이 소비가 어떻게 우리와 다른 사람들에게 우리가 누구인가에 관하여 정보를 나르고 있는가에 대한 연구에 집중되어 있다(Belk, 1995: 64)는 점은 놀라운 것이 아니다(Sharpley, 2002: 313 재인용). 소비행위는 신분(status)/정체성 표시자(signifier)이며, 사회적 구별 짓기를 달성하는 수단이다. 특히 탈 차별화된, 포스트모던 사회에서 소비자는 소비를 자아 정체성을 창조하는 수단으로 그리고 다른 사람과의 관계에서 자신을 분류하기 위한 수단으로 이용한다(Holt, 1995). 이러한 구별 짓기로서의 소비과정은 새로운 것이 아니며, 위치적 소비(positional consumption)는 베블런(Veblen, 1925)에 의하여 확인되었다(Sharpley, 2002: 316).

현대사회에서 소비는 신분을 드러내는 방식이다. 사회적 지위나 신분은 실질적 소비대상 자체(마르크스가 말하는 사용가치)에 본디부터 내재하는 것이 아니라 소비대상에 대해 사치를 부리는 것(교환가치)에서 나오는 것이므로 사회적 지위나 신분을 파악하는 데 소비대상 자체의 성질이 중요한 것이 아니라 그것이 드러내는 부와 지위이다(리처, 2001: 339). 이와 관련하여 가장 영향력이 있는 이론은 베블런의 '유한계급론'의 과시적 소비일 것이다.

베블런이 과시적 소비개념을 사용하는 가장 중요한 방식은 모방심리 (emulation)와 소비행동을 설명하는 데에서 찾아볼 수 있다(리처, 2001). 베블런에게 모방은 인간의 중요한 본능 중 하나이다. 하류계급은 유한계급에서 고정되고 다양한 사회계급들로 조금씩 옮아간 소비습관을 모방하려고 계속해서 애쓰며, 유한계급이 소비하고 있는 것과 유사한 상품을 하류계급이 과시적으로 소비하기 시작하면, 유한계급은 대중의 저속한 소비관행과 자신들을 구별하기 위해 종전의 것과 다른 상품을 과시적으로 소비할 가치가 있다고 여기게 된다(리처, 2001: 341).

이에 대하여 리처(2001)는 베블런의 '유한계급'본은 19세기 말과 20세기 초의 미국사회의 특성을 반영한다는 점을 지적하면서 베블런의 이러한 주장에 대하여 몇 가지 문제점을 제기한다. 유한계급 아래의 계급들이 유한계급의 소비유형을 모방한다는 점이 있다고 하더라도, 이것만으로는 충분하지 않다는 점을 지적하면서, 각 계급은 독특한 '취향'을 반영하는 것으로 생각되는 독특한 소비유형을 각각 세련화한다고 주장한다(리처, 2001: 333). 즉, 베블런의 이론은 유한계급 아래에 있는 계급들에 그들 스스로 소비유형(모방과 독자(獨自)의 특이한 혼합)을 창조할 능력을 부여하지 않고 있으며, 베블런의 연구시대보다 한 세기가 지난 지금 엄격한 계급체계에 기초한 소비이론은 매우 제한적일 수 있음을 주장한다. 왜냐하면, 대중사회가 도래하면서 유한계급은 정치적으로나 문화적으로나 주도적 위치를 상실했으며, 대중사회에서 진행되는 민주화는 계급권력과 계급의 일체감을 약화시킴으로써, 이제는 배타적인 계급이 행동양식을 결정하는 데 전처럼 큰 영향을 미치지 않게 되었기 때문이다(Kornhauser, 1959; 리처, 2001: 333 재인용). 또한 베블런의 이론은 계층체계에서 위에 있는 계급, 특히 유한계급이 그보다 아래의 계급의 소비유형을 모방할 여지를 두지 않고 있어서, 베블런의 침투모델은 소비재에 대한 관심, 특히 유행이 생겨나는 곳이 다양하다는 것을 설명할 수 없다(리처, 2001: 333).

리처(2001: 344)는 현대사회의 소비에서 유한계급은 더 이상 유일한 모방대상이 아니며, 주된 모방대상도 아니라고 주장한다. 오히려 리처는 베블런 시대와 또 다른 중요한 사회변동은 매스미디어, 특히 텔레비전(지금은 인터넷)의 탄생이라고 주장하면서, '오늘날에는 어떤 소비재가 과시할 만한 가치가 있는지를 결정하는 유한계급이 존재하기보다는 전문직 집단[부르디외(Bourdieu)가 말하는 '문화중개자']이 존재하는데, 이들은 '가치를 가질' 소비재를 계속해서 만들어낸다'고 주장한다(2001: 346). 따라서 현대사회 소비문화는 유한계급뿐만 아니라 중간계급과의 관계 속에서 이해되어야 한다.

　이러한 구별 짓기로서의 소비는 단지 상품에서만 드러나는 것이 아니라 공간에서도 그 차이를 드러낸다. 부르디외(1979)는 여가에 관한 서로 다른 계급적 참여율의 차이가 소득의 차이뿐만 아니라 문화적 자본에 의해 결정된다고 주장한다. 리조트와 같은 여가공간도 계급적 차이를 드러내는 공간으로 활용될 수 있다. 다음 페인 등(Pain. et al.)(2001: 89)의 글은 어떻게 여가공간이 계급적 차이를 드러내는지를 잘 설명하고 있다.

> *"어디에 있느냐는 우리가 누구이냐를 나타낸다. 우리가 보여주기를 원하는 레저공간도 있고 보여주기를 원치 않는 레저공간도 존재한다. 따라서 레저공간에는 계급체계가 존재하며, 단지 취향의 차이만 의미하는 것은 아니다. 예를 들어 대부분의 사회계급은 휴가를 가지만, 그들을 구별 짓는 것은 휴가의 종류와 입지의 선택이다. 특정 목적지는 '감각적'인 '멋이 있고' '배타적인 것'으로 여겨지는 반면, 어떤 목적지는 '대중적'이고 '평범하고' '통상적인 것'으로 여겨진다. 벨라지오(Bellagio)와 베니돔(Benidom), 토레몰리노스(Torremolinos)와 투스카니(Tuscany)의 선호 간에는 엄청난 차이가 존재한다. 그러나 이러한 취향은 시간이 지남에 따라 변한다. 1950년대 유행한 리조트 토레몰리노스(에스파냐)는 작가, 영화배우, 왕족에 '보여주기를 위한' 장소였다. 그곳을 열망하는 중상류층들이 이러한 대세를 뒤따름에 따라 부르주아들은 또 다른 곳으로 이동하였다. 오늘날 토레몰리노스는 영국, 독일, 에스파냐의 노동계급을 제외하고 모두에게 경멸받고 있다(Pain. et al., 2001: 89)."*

　소비와 계급과의 관계에서 중요한 것 중의 하나가 사람들은 단순히 상품만 소비하는 것이 아니라 소비수단도 소비한다는 것이며, 사람들이 소비하는 장소는 차별적 구별의 근거가 된다는 점이다. 예를 들면, 리스베이기스에서는 벨라지오에 투숙하는 것이 홀리네이 인에 투숙하는 것보다 높은 지위를 부여하듯이, 계층화되고 높은 지위를 가진 소비수단에 참여하는 개인은 더 높은 지위를 얻는다. 따라서 관광공간과 같은 소비수단은 더 높은 지위를 얻는 수단이 된다(리처, 2001: 350).

관광지에서도 소비계층 특성과 관광지 유형 간에 일정한 관계가 존재하게 된다(곽재용・하정순, 2007). 이와 같은 관계는 관광지뿐만 아니라 소비시설이나 소비공간에도 존재할 수 있다. 소비공간의 구성은 소비자의 정체성을 드러내는 중요한 수단이다. 리조트에서 접근 통제, 공간 분리, 특정 계층을 분리할 수 있는 표지(sign)의 존재 등과 같은 방식들은 계급적 차이를 드러내기 위한 개별화된 소비공간, 즉 배타적인 공간임을 드러내려는 시도들이다(Shaw & Williams, 2004). 이러한 공간구성 전략을 통해 리조트와 같은 관광공간도 계급적 차이를 드러내는 구별 짓기가 실현되는 소비 장소가 된다. 고급스럽고 배타적으로 여겨지는 리조트가 있는 반면 대중적이고 평범하게 여겨지는 리조트가 있는 것이 바로 관광지의 구별 짓기의 결과인 것이다(Pain et al., 2001).

공간의 구별 짓기는 경계를 통해서 강화된다. 소비권력은 일정한 집단 및 공간에서 형성되고 재생산되고 주체들의 소비 아비투스를 흡수함으로써 고유한 소비 분위기를 생산하기 때문에, 공간적 경계는 아비투스의 분절화를 강화시키고 재생산하는 데 큰 역할을 담당한다(궁선영, 2009). 소비공간의 구별 짓기는 단지 소비계층의 계급적 지위를 드러내기 위한 수단만을 의미하지 않는다. 배타적 성격을 특징으로 하는 상류계층의 소비공간에 들어가기 위해서는 경제적・문화적 자본과 사회적 자본이 요구되지만 동시에 이러한 공간에 들어갈 수 있게 됨으로써 사회 자본은 증가할 수 있다(Bourdieu, 1985; Markus,

2006: 110 재인용). 부르디외는 이를 클럽효과라 부르는데, 클럽효과는 대부분의 군중과 구별된다는 바로 그 점에서 서로 비슷한 사람과 사물이 동일 공간 내에서 지속적으로 결집하는 것을 의미한다(Markus, 2006). 이미 축적된 자본에 참여하는 참여자들은 상징적으로 사회 자본이 상승하는 자본의 상승효과를 가지게 된다(Markus, 2006).

리조트의 시설 중에서 대표적인 상류계층의 여가공간인 회원제 골프장은 상류계층의 지위를 드러내주고 상류계층의 문화자본을 축적하는 중요한 공간이다(권기남, 2009). 즉, 골프는 골프 자체에 대한 즐거움과 유익함을 추구하기보다는 자신의 신분을 과시(임준택, 2007)하고 비슷한 계층의 사람들과 어울릴 수 있는 이를 통해 상류계층의 문화자본을 축적하는 여가활동이다(박인혜, 2011). 그러므로 리조트와 같은 소비공간은 배타적 공간에 대한 참여를 통해 사회자본의 상승효과를 가져다줄 수 있는 기회를 제공해준다. 이와 같은 소비공간에서의 자본상승효과에 대한 기회 제공 가능성은 클럽효과를 누리고자 하는 소비자의 욕구를 자극시킨다. 따라서 리조트와 같은 관광공간은 사회자본의 상승에 대한 욕구를 자극함으로써 과시적 소비를 자극할 수 있다. Veblen(1899)은 과시적 소비 행동을 모방심리로 설명한다. 하류계급은 유한계급에서 고정되고 다양한 사회계급들로 조금씩 옮아간 소비습관을 모방하려고 계속해서 애쓰며, 유한계급이 소비하고 있는 것과 유사한 상품을 하류계급이 과시적으로 소비하기 시작하면, 유한계급은 대중의 저속한 소비관행과 자신들을 구별하기 위해 종전의 것과 다른 상품을 과시적으로 소비할 가치가 있다고 여기게 된다(Ritzer, 2001: 341). 따라서 상류층 공간과 대중공간의 분리는 소비공간의 유형화를 통한 소비공간의 구별 짓기를 실현함과 동시에 클럽효과를 추구하고자 하는 욕구와 모방욕구에 근거한 과시 소비욕망을 자극하게 된다. 따라서 고급스러운 혹은 상류계층의 관광공간에 대한 소비는 관광공간의 기호가치를 통한 신분상승의 욕구 해소과정이며 관광공간은 이러한 소비욕구를 자극한다.

　소비공간에서 소비계층에 따른 시선의 차이는 소비계층에 따른 소비촉진 전략과도 관련되어 있다. 일반적으로 소비공간 구성의 차이는 소비계층에 대한 소비를 촉진하기 위한 판매 전략과 시선 두기 차이를 반영한다(최윤경, 2003). 예를 들면 상류층의 소비공간은 외부의 시선으로부터 벗어나거나 시선을 차단시킴으로써 배타적 공간의 성격을 드러내고 강화시킨다(조은진, 2007). 부유층 백화점에서는 최소화된 복도와 폐쇄적인 단위매장을 통해 상류층의 구체적인 구매의지 충족과 특정고객만을 위한 '배제의 전략(exclusive strategy)'을 보여주는 반면, 중하류층 백화점에는 최대한의 복도와 개방적인 단위매장을 확보함으로써 상품진열과 비교를 통해 구매충동을 자극하기 위한 고객의 움직임을 활성화하려는 '수용의 전략(inclusive strategy)'이 작용하고 있다(최윤경, 2003: 233). 이와 같이 공간구성은 소비공간에서 소비계층에 따른 소비자의 움직임을 통한 소비 촉진 전략 차이를 반영하고 있다. 이은영 외(2001)의 연구에 따르면, 저가의 소비공간에서는 접근성이 높은 공간에 배회의 움직임을 강화시켜 소비를 활성화시키는 공간구조를, 고가의 소비공간에서는 상대적으로 접근성이 낮은 지역에 목적적 움직임을 강화시킴으로써 낮은 밀집도 수준을 유지하는 공간구조를 가지고 있다. 그러므로 리조트와 같은 소비공간에서 시설 입지나 배치와 같은 공간구성은 소비공간의 분리와 경계 짓기, 시선의 배제, 움직임의 차별화 등을 통해 소비계층의 구별 짓기와 소비주체의 움직임 등의 차별화를 통한 소비욕망 자극 전략이 내재되어 있다. 이와 같이 관광공간과 같은 소비공간은 구별 짓기의 중요한 수단이며, 소비계층에 따라 차별적인 소비욕망을 충족시키고 자극하는 공간이다.

4. 포스트모더니즘의 소비공간인 리조트

모더니즘 사회에서 개발된 리조트들은 대부분 새로이 만들어진 풍경으로서 일상적인 생활이 지배적인 장소(즉, 노동과 주거)와 차별화시키려고 하는 쾌락의 장소(주로 회전목마나 대회전차 등과 같은 놀이 시설이 있는)였다(Shaw and Williams, 2004). 이러한 쾌락의 장소는 포스트모더니즘 사회에서도 마찬가지로 적용되고 있다. 현대사회에서 만들어지고 있는 리조트들도 마찬가지로 쾌락의 공간으로서 일상공간과의 구별성을 강조하고 있다. 그럼에도 불구하고 영국을 포함한 유럽에서 모더니즘을 반영한 해변리조트는 쇠락하고 있다(이한석, 2005; Sedmak and Mihalič, 2008). 이러한 영국의 해변리조트 쇠락은 포스트모더니즘과 관련된 변화와 밀접하게 관련되어 있다.

서구 사회에서 70년대 이후, 유연적 축적 체제로의 변화는 소비와 생산에 변화를 가져왔으며, 이러한 변화는 지리적인 재배치를 가져왔다. 기존 관광지의 쇠락은 바로 이러한 변화에 의한 것으로 이해될 수 있다(Agarwall, 2002). 따라서 현대사회의 리조트는 쾌락의 공간으로서 포스트모더니즘의 특성을 지닌 소비공간이 되어야 한다. 이러한 생산양식과 소비문화에 따른 리조트 공간은 나음과 같은 포스트모너니즘의 여러 가지 중요한 측면을 가지고 있다(Shaw and Williams, 2004).

첫째, 건조환경(built environment)은 포스트모더니즘의 중요 요인이다(Urry, 1990). Whitsundays와 Mamanucas 리조트에 대한 King의 연구에서 리조트는 '포스트모더니즘의 유형의 혼성화(pastiche-모방)가 매우 전형적인 것'으로 드러났다(1997: 210). Queensland의 Hamilton Island의 Whitsundays 리조트에서는 고층 아파트, 폴리네시안 스타일의 빌라 그리고 심지어 19세기 예배당이 모두 나란히 함께 존재한다. 이러한 다양한 건축 풍경은, 파리(Parry, 1983: 152)가 설명한 바와 같이, '쾌락의 건축물(architecture of pleasure)'이다. 현대사회의 관광소비에서 '인공적으로 만들어진 매력물(contrived attraction)'이 의미 없는 것이 아니다. 오히려 더욱 중요한 의미 있는 대상일 수도 있다. 즉, 관광객은 관광 대상물의 진정성에 덜 관심을 기울이며 방문이 즐거운 것인 한 매력물이 진품인지에 대하여 관심을 기울이지 않는다(Cohen, 1995: 16). 포스트모던 문화에서는 주제공원, 야생공원 등과 같은 인공매력물은 자연적 매력물에 대한 대용물로서 수용된다. 이러한 매력물들은 점점 더 개발자 그리고 정책결정자에게는 중요성이 증가하는 문제가 되었다(Cohen, 1995: 18). 이는 포스트모더니티의 중추적 특징인 시뮬라시옹이 폭넓게 받아들여지는 사회문화의 반영이다.

두 번째 중요한 측면은 리조트 풍경의 상품화이며, 이것은 Sack(1992)의 소비 장소(consumption places)의 개념과 관련되어 있다. 이러한 리조트 풍경의 상품화는 탈근대 세계의 핵심요소인 스펙터클과 깊은 관련이 있으며, 이는 '라스베이거스화(Las Vegasization)'나 '맥디즈니화(McDisneyzation)' 같은 추세와 부합한다(리처, 2001: 99).

소비의 선택은 소비자의 특성(특히, 부르디외의 용어로는 소비자의 아비투스와 자본)에서도 영향을 받기 때문에 꽤 오랫동안 맥도날드화가 지속된 사회에서, 대부분 사람들의 아비투스는 맥도날드식 환경을 선호하는 성향을 뚜렷하게 보일 것이라고 예상할 수 있다(리처, 2001). 특히 맥도날드화에 덜 심취된 장년층보다 젊은이들 사이에서 이러한 성향이 나타나기 쉬운데 이는 장년층이 덜 맥도날드화된 사회에서 자라났기 때문이다. 세월이 흘러 노년층이 사라지면 모든 세대가 맥도날드화된 환경에 빠져 더 유사한 성향을 갖게 될 것이라고 예상할 수 있다(리처, 2001: 121). 중류계급은 맥도날드식 환경에 자녀들을 훨씬 더 자주 접하게 할 만한 경제자본을 가지고 있으며, 이따금 자녀들을 비맥도날드식 환경에 데려가고 싶어 할 뿐만 아니라 비맥도날드 환경을 좋게 평가하려는 양면성을 가질 가능성이 훨씬 크다(리처, 2001: 123). 이러한 맥도날드식 환경이 비맥도날드 환경보다는 보다 많은 자본투입을 요구한다는 측면에서 보면, 소규모 자본보다는 대규모 자본의 입장에서 보다 더 유리한 자본잉여 창출에 유리할 수 있다. 또한 리처의 이러한 주장은 맥도날드화된 리조트의 소비공간 개발은 맥도날드식 환경에 대한 소비가 가능한 계층의 성장과 이를 가능하게 하는 소비자 창출과의 관련성 속에서도 이해될 수 있음을 시사한다. 왜냐하면 Sack(1992: 2)에 따르면, '리조트는 어떤 것이 단지 소비되는 장소가 아니라 소비를 촉진하기 위하여 준비'되기 때문이다.

보드리야르의 시뮬라시옹이 만들어내는 스펙터클과 같은 가시적 공간은 하나의 대상이나 일련의 대상들 주위에 집중되고 구조화되는 경향을 보인다(Tuan, 1997: 199). 이러한 건조환경의 집중화와 구조화는 관광공간의 건조환경에 사람의 시선을 멈추게 함으로써 강한 인식과 이미지를 만들어내게 된다. 이러한 소비공간은 일반적으로 신중하게 고안되는데 메가 리조트의 경우는 이러한 점이 분명하게 나타난다. 이것은 Cancùn의 경우에도 분명하며, 이곳에서 쇼핑은 주요 휴가 활동으로서 판매되고 있으며 쇼핑몰은 리조트 풍경을 좌우한다. 색(Sack, 1992)과 킹(King, 1997) 모두 이러한 리조트 풍경이 상품화의 기능이 되고 있는 방식과 이것이 상품과 체험의 판매를 지향하는 공간을 지향한다는 점에 관심을 기울였다. 이러한 풍경에서, 소비공간은 분명한 상징적 의미를 취하며, 재현적 공간(representational space)이 된다(Meethan, 2001). 그러나 이러한 과정은 단순하거나 일 방향적이지 않으며, 그러한 점에서 '기대된 관광객 소비는 시설의 배치를 결정하는 역할을 담당 한다(King, 1997: 215).' 이는 관광산업에서 관광객의 관광체험을 소비하는 방식이 관광개발에 중요한 영향을 미친다는 샤플리(Sharpley, 2002)의 주장과 맥락을 같이한다.

그러나 모든 리조트가 소비공간의 군집화를 통해서만 소비자의 욕구를 충족시키지는 않는다. Whitsundays와 Mamanucas 리조트의 상황속에, 킹(1997)은 다양한 형태의 소비 장소가 존재한다고 주장하였다. 대규모 리조트는 이러한 소비 장소로서 분명하게 설계될 수 있으며 따라서 많은 개개 시설들에 의하여 우위를 차지할 수 있다. 그러나 많은 작은 규모의 리조트들은 죽 늘어선 쇼핑 공간이 없는 안식처와 같다. 이것이 이러한 리조트가 쇼핑시설과 같은 상업적 시설을 발전시키지 않는다는 점을 말하는 것이 아니라 오히려 그들의 표상에서 덜 정력적이고 시끄럽지 않다는 것을 말한다. 이와 같이 킹(1997)의 연구는 리조트개발에 있어서 포스트모더니즘의 특성이 반영되고 있음에도 불구하고 리조트가 개발되는 형태는 다양한 형태로 진행되고 있음을 보여주고 있다. 즉, 대규모 리조트의 입지 전략과 소규모 리조트의 입지 전략에는 차별성이 존재할 가능성을 의미하는 것이다.

세 번째 리조트에 관한 중요한 측면은 배타적인 공간으로서 드러내려는 시도이며, 이곳에서 관광객은 그들 자신과 다르게 사회적 요인들로부터 벗어나 안전하고 편하게 휴식을 취할 수 있다. 이것은 고립된 장소의 리조트가 가장 극단적인 경우이다. 그럼에도 불구하고 쾌락 주변에서 많은 리조트는 그들과 '타자(other)' 간에 경계를 세우는 많은 비공식 그리고 공식적 수단들을 가지고 있다. 예를 들면, 많은 호텔 복합체는 출입문을 통해 접근을 통제하거나 시각적으로 공간을 분리하는 등 다양한 방식으로 공간을 통제한다. 또한 관광객 유형 간에 사회적 분리에 대한 분명한 표지(sign)가 존재하며 대다수의 호텔 복합체는 상류층 방문객의 요구에 맞도록 개발되어 왔다. 즉, 리조트는 소비계층을 구별 짓는 공간구성을 통해 상품화되고 있는 것이다. 일반적으로 소비공간인 리조트들의 건조환경의 구성과 소비는 관광객의 기대된 소비를 반영한다. 그러므로 이러한 소비는 소비계층의 욕구와 아비투스를 반영하며 유형화된다. 따라서 우리는 리조트의 공간구성이 소비계층의 기대된 욕구 혹은 아비투스의 결합이 어떻게 유형화되는지에 대한 분석을 통해 리조트의 입지와 공간구성에 대한 구체적인 지식을 확보할 수 있을 것이다.

이와 같은 논의를 정리하여 보면, 리조트는 포스트모더니즘의 중요한 측면들을 가지고 있다. 그리고 "건조환경은 리조트의 중요한 구성요소이며, 모방양식의 건축물은 건축물에 관한 쾌락을 생산한다. 이는 리조트 풍경의 상품화와 매우 관련되어 있으며 이것은 소비 장소의 개념을 기반으로 한다. 리조트는 배타적인 공간으로서 표현되며 이것은 사회적으로 그리고 물리적으로 구성된다(Shaw and Williams, 2004: 241)." 이러한 논의들은 리조트가 배타적으로 분리된 공간을 요구할 가능성이 높음을 의미하며, 지역사회의 문화나 풍경과 분리된 공간일 가능성이 있음을 시사한다. 이러한 시사점은 현대사회 리조트가 단지 탈일상적 쾌락에 의존하던 리조트가 아니라 건조환경이나 풍경에 의존한 이미지와 기호에 의한 쾌락적 소비욕구가 재현된 포스트모더니즘적 소비공간이라는 것을 의미한다. 따라서 현대사회의 리조트는 자본 축적 기회 추구, 관광의 지구화를 특징으로 하는 쾌락의 공간으로서 포스트모더니즘 사회의 소비의 변화에 따른 새로운 유형의 휴가 수요를 위해 창조된 새로운 소비공간이다(Agarwal, 2002).

제2부

리조트 입지와
리조트 공간의 생산

제5장 자본축적 공간으로서의 리조트

관광 소비공간인 리조트 개발은 개발을 담당하는 주체인 자본의 자본축적 전략과 소비 주체인 소비자의 상호작용에 의하여 이루어진다. 그리고 자본축적 전략은 해당 사회의 환경 속에서 이루어진다. 5장에서는 리조트 개발이 가능했던 사회적 배경과 리조트 개발에서 나타나고 있는 자본축적을 위한 자본의 입지 전략 특성과 배경에 관하여 분석하고자 한다.

1. 리조트 유형 구분과 자료수집

리조트는 소비를 조직하고 촉진하기 위한 여가와 소비시설을 가지고 있다. 그리고 리조트는 여가시설과 활동과 소비욕구에 적합한 부지를 요구한다. 관광공간으로서의 리조트는 상상적 쾌락을 제공해줄 수 있는 자연자원의 풍경이나 건조환경에 의존하여 개발된다. 그러므로 리조트 개발이 자연자원 그리고 여가시설 혹은 소비욕구와 어떠한 관계가 있는지를 분석하기 위해서는 리조트 입지의 물리적 특성과 여가시설 등을 반영하여 유형화할 필요가 있다.

이재곤(1998)은 한국의 리조트 유형을 다음 <표 5-1>과 같이 분류하였다. 이를 토대로 보면 위락형을 제외한 나머지 유형의 리조트들은 대부분 수변형이나 산악형으로 구분되고 있다. 이와 같이 대부분의 리조트들은 자연자원의 풍경을 이용하는 방식의 공간 입지 전략을 토대로 개발되고 있다. 특히 2000년대 이전의 리조트들은 해안지역의 수변보다 내륙의 산악이나 강과 호수 주변에 입지하고 있다. 이와 같이 2000년대 이전에는 주로 산지에 입지하는 리조트가 대부분을 차지하고 있었으며, 강원도와 서울 근교에 밀집되어 있었다. 그리고 이러한 개발은 주로 건설회사 및 부동산을 보유한 대기업을 중심으로 이루어지고 있었다(엄상권, 2002).

그러나 2000년대 이후, 리조트 입지가 내륙에서 해안지역으로 확산되는 경향을 보이고 있다(<그림 5-1> 참조). 리조트의 공간적 입지 특성이 어떻게 변화되어 왔는지에 대한 분석을 위해서는 공간적 입지 구분에 대한 통일된 기준과 2000년대 이후를 포함하는 분석이 요구된다. 이재곤(1998)의 연구는 유형 구분에 있어서 일정한 통일된 기준이 적용되어 있지 않을뿐더러 2000년대 이후 해안가로 리조트가 입지하고 있는 변화를 설명해줄 수 없다. 이러한 문제와 더불어 리조트 유형구분에 있어서 중요한 문제점 중의 하나는 리조트 유형에 대한 연구자 간의 합의가 존재하지 않는 것으로 보인다는 점이다. 이러한 점은 리조트 유형의 정밀성을 추구하는 작업이 의외로 어려운 작업일 수 있음을 의미한다. 이러한 작업 수행이 가능할 수는 있지만(실제로는 어려울 것으로 판단된다) 그 결과가 본 연구에 크게 기여할 것이라고 보장할 수는 없다.

유형		입지지역	주요활동	유형 사례
수변형 (해안형)		해안지역	해양레저	해운대글로리, 효산, 그레이스, 삼포, 현대 설악웰컴, 대천한화, 금호충무마리나, 한국(중문), 일성제주, 풍림후렌드리(서귀포) 등
수변형 (강/호수형)		강 및 호수지역	수상레저	대명양평, 양평 파라다이스, 청평 후랜드리, 레릭스빌영랑호, 영랑호, 두산, 충주호, 한국(충주) 등
임해형		산악 및 해안지역	등산 및 해양레저	한국, 설악한화, 설악하일라, 설악, 설악삼성, 대명설악, 현대설악, 사조마을, 일성설악, 설악동해, 금호설악, 대우금강산, 프레야낙산, 연호설악 등
건강/온천/ 스포츠형		대도시 및 온천지역	온천	수안보한화, 하일라돈산, 클럽에이스능강, 한국(도고), 글로리, 포시즌, 백암한화, 덕구온천, 일성부곡 등
위락형		대도시근교	놀이 및 관광단지	양평한화, 한국(남원), 경주한화, 하일라경주, 천안한화, 마산돔섬, 롯데월드, 에버랜드, 서울랜드 등
산악형	산악형	산악 및 고산지역	등산	용문산콘도렉스, 코레스코치악산, 한국(평창), 지리산레저텔, 지리산하이츠, 지리산포시즌, 일성리지산, 지리산송원, 금호화순, 지리산 등
	스키형		스키	베어스타운, 대관령, 알프스 등
	골프형		골프	용인한화, 골드 훼미리 등
	스키/골프형		스키 및 골프	양지파인, 용평, 대명홍천, 위닉스파크, 한솔오크벨리, 무주리조트, 현대 성우 등

출처: 이재곤(1998), 「리조트 관광자의 선택행동에 관한 연구」, 경기대 박사학위논문, 28(임세훈, 2002: 19 재인용)

따라서 본 연구에서는 리조트 유형구분의 정밀성을 추구하는 작업에 집중하기보다는 연구의 목적을 달성하기 위한 수단으로서 리조트 유형을 구분하고자 한다. 이에 리조트 입지의 물리적 공간 특성을 산악형과 내수면형과 해안형으로 구분하고자 한다. 이는 이와 같은 리조트 입지의 물리적 공간 유형 구분이 리조트 입지의 물리적 성격을 구분하기 수월할뿐더러 이해하기 쉽다는 판단 때문이다. 그리고 리조트 입지와 이용자원과의 관계를 이해하는 데 용이할 것으로 판단되기 때문이다.

시장으로부터의 리조트 입지거리는 시장 유인력에 대한 자본의 대응전략에 영향을 미칠 수 있다. 특히 리조트 입지거리가 대도시로부터 먼 지역에 위치하는 리조트는 관광객의 다양한 소비나 간헐적 소비가 가능한 시설을 입지시킴으로써 유인력(중심지이론의 관점에서는 중심성)을 증가시키고자 하는 전략을 취할 수 있기 때문이다. 따라서 입지거리와 리조트 개발과의 관계를 분석하고자 할 경우에는 시장과의 입지거리에 따라 리조트 유형화를 시도할 필요가 있다.

리조트 유형 구분에서 고려되어야 할 또 다른 기준은 리조트의 주요 시설이다. 여가공간의 성격은 공간개발과 시설배치 등에 영향을 미칠 수 있다. 여가 수요는 시대변화에 따라 변화되며 여가공간의 성격에 영향을 미칠 수 있다. 따라서 이러한 변화는 개발전략에 영향을 미치게 된다. 그러므로 본 연구에서는 리조트의 여가 핵심 시설을 중심으로 리조트 유형을 구분하고자 한다. 이와 같이 연구목적을 달성하기 위해 다양한 방식으로 리조트 유형을 구분하고 활용한다.

리조트 유형을 구분하기 전에 한 가지 문제를 더 해결해야 한다. 구체적으로 무엇이 리조트인가에 대한 문제가 남아 있다. 리조트라는 말은 상식적으로 사용되고 있다. 그러나 리조트에 대한 구체적인 대상은 관광지나 휴양지, 파크 등으로 이해하기도 하는 등 사람에 따라 상당히 다르게 인식되고 있다(김인배·김원필, 2006: 216). 이러한 혼란을 피하고 연구 목적을 달성하기 위해서는 리조트가 어떠한 공간인지에 대한 논의를 시작해야 할 필요가 있다. 일반적으로 리조트는 일상의 생활권을 벗어난 곳으로 자기 재량에 의해 풍부한 시간을 만끽하기 위한 행동 또는 그것이 가능한 장소로 이해되고 있다(채용식, 2002). 그리고 리조트는 주유형 관광지와는 달리 한 곳에 머무는 체재성의 성격을 지니고 있다(고진숙, 2006). 리조트는 일정 규모의 지역에 레크리에이션, 스포츠, 상업, 문화·교양, 숙박 등을 위한 시설들이 복합적으로 갖추어져, 인간심신의 휴양 및 에너지의 재충전을 목적으로 조성된 지역이라고 할 수 있다(서천범, 2004: 89). 그러나 누구도 일정규모가 얼마인지에 대하여 구체적 기준을 말하지 않는다.

일반적으로 리조트는 ① 체류하기 위한 곳, ② 스포츠, 오락, 문화 등 휴양시설이 다양한 곳, ③ 반복해서 방문하는 곳이라고 할 수 있다. 따라서 리조트에는 일상의 생활권에서 벗어난 휴양이나 여가선용을 즐기기 위한 장소로서, 음식, 숙박시설, 오락시설, 민속문화자원시설, 관람시설, 농어촌 휴양시설 등의 적합한 시설을 갖추어 재방문을 유도하는 종합휴양지로 이해될 수 있다(채용식, 2002: 60). 이러한 정의들을 통해 볼 때, 리조트는 외형적으로 숙박시설을 기본시설로 하고 기타 여가활동을 가능하게 하는 시설을 통해 휴양 및 에너지의 재충전을 목적으로 조성된 관광지라고 정의할 수 있다.

그러나 리조트에 대한 이러한 정의는 국내 법률적인 기준과 일치하지 않는다. 관광진흥법 시행령에 따르면 전문 휴양업은 "관광객의 휴양이나 여가 선용을 위하여 숙박업 시설이나 음식점 시설을 갖추고 전문휴양시설 중 한 종류의 시설을 갖추어 관광객에게 이용하게 하는 업을 말한다. 종합 휴양업은 크게 제1종 종합휴양업과 제2종 종합휴양업으로 구분된다. 제1종 종합휴양업은 관광객의 휴양이나 여가 선용을 위하여 숙박시설 또는 음식점시설을 갖추고 전문휴양시설 중 두 종류 이상의 시설을 갖추어 관광객에게 이용하게 하는 업이나, 숙박시설 또는 음식점시설을 갖추고 전문휴양시설 중 한 종류 이상의 시설과 종합유원시설업의 시설을 갖추어 관광객에게 이용하게 하는 업을 말한다. 그리고 제2종 종합휴양업은 부지 50만㎡ 이상의 부지를 갖추고, 관광숙박업시설과 제1종 종합휴양업의 등록에 필요한 전문휴양시설 중 두 종류 이상의 시설 또는 전문휴양시설 중 한 종류 이상의 시설 및 종합유원시설업의 시설을 함께 갖추어 관광객에게 이용하게 하는 업을 말한다. 즉, 종합휴양업 중 제1종 종합휴양업에는 숙박시설을 갖추지 못한 종합휴양업이 존재할 수 있다. 이러한 법률적 정의는 휴양지의 제도적 구분을 목적으로 하는 것으로, 리조트의 기능이나 성격을 드러내지 못한다. 또한 이러한 법률적 정의와 앞에서 살펴본 리조트에 대한 정의와의 불일치성은 연구마다 리조트의 범주에 포함시키는 대상들이 각각 다르게 되는 결과에 일정한 영향을 미치고 있다.

본 연구의 관점에서 볼 때, 리조트에 대한 다양한 정의들은 많은 한계를 지니고 있다. 앞에서 살펴 본 리조트는 리조트의 기능을 중심으로 개념화되고 있다. 이러한 정의들은 리조트의 기능과 이러한 기능을 수행하기 위한 시설과 리조트에서 이루어지는 관광객의 행동이 무엇인지를 설명하고 있다. 기능 중심의 정의가 리조트 연구에서 일반적인 정의로 받아들여지고 있는 것으로 보이며, 리조트에 관한 많은 연구들이 이러한 정의를 토대로 수행되고 있다.

사물에 대한 기능주의적 관점은 연구대상의 기능 혹은 효과에 대하여 관심을 기울인다. 그러므로 리조트에 관한 연구들이 어떠한 기능이나 만족도와 같은 효과와 관련되어 있는 것은 자연스러운 것이다. 기능주의는 주로 결과적으로 나타나는 효능에 관심을 두고 있기 때문에 효능이나 결과를 발생시키는 메커니즘이나 구조에는 관심을 기울이지 않는다. 그러므로 리조트에 대한 기능주의 관점의 이해와 정의로는 복합적인 메커니즘이나 요인들이 결합되어 나타나는 관광공간인 리조트의 공간변화나 입지 혹은 재입지에 대한 분석에 접근할 수 있는 방향을 제시하는 데 한계를 가질 수밖에 없다.

본 연구에서 논의하고자 하는 리조트는 자본 축적 기회 추구, 관광의 지구화를 특징으로 하는 쾌락의 공간으로서 포스트모더니즘 사회의 소비 변화에 따른 새로운 유형의 휴가 수요를 위해 창조된 새로운 소비공간이다(Agarwal, 2002). 이러한 정의는 리조트에 대한 성격과 특성 및 리조트의 개발과 입지에 관한 동력에 관하여 접근할 수 있는 방향을 제시해줄 수 있다는 점에서 일정한 장점을 지니고 있다. 이러한 장점은 본 연구의 목적 달성에 효율적으로 기여할 수 있을 것이다. 그럼에도 불구하고 연구대상 리조트를 선정함에 있어서 기능주의적 관점의 리조트 정의와 마찬가지로 구체성을 상실한다. 따라서 연구대상을 구체적으로 선택하기 위해서는 일정한 연구자의 주관적 판단과 기준이 요구된다. 이에 본 연구에서는 리조트를 '기본적으로 숙박시설을 가지고 있으며, 기타 여가활동이 가능한 시설을 보유하고 있는 자본에 의해 목적적으로 만들어진 관광공간'으로 정의하고자 한다. 이러한 정의는 리조트가 보유하고 있는 시설에 대한 최소한의 기준을 좀 더 구체화하고자 하는 실용적 목적과 리조트라는 공간의 성격을 규정하고자 하는 절충적 정의라 할 수 있다. 이러한 정의는 여러 가지 문제가 있을 수 있으며 비판될 수 있을 것이다.[11] 그러나 앞에서 말한 바와 같이 리조트 유형에 대한 정밀성을 추구하기보다는 연구의 목적을 달성하기 위한 실용적 정의로 활용하고자 한다.

---

11) 관광은 경계가 불투명한 특징을 지니고 있다. 따라서 관광의 영역을 구체적으로 구분하고자 할 때에는 항상 어려움을 겪게 된다. Shaw and Williams(2004)는 관광경계를 분명하게 하려는 시도는 유익하지 못하고 오히려 관광이 가지는 경계의 불투명성이 존재함을 인식하는 것이 관광을 이해하는 데 더 유익하다고 지적한다. 이러한 점은 리조트에 대한 이해에서도 유사하게 적용될 수 있을 것이다.

이러한 관점에 해당되는 리조트를 파악하기 위하여 기존의 리조트 연구를 통해 파악된 리조트와 전국의 골프장 중에서 숙박기능을 별도로 운영하고 있는 골프장, 숙박시설을 포함하고 있으면서 여가나 휴양시설을 포함하고 있는 리조트를 포함시켰다. 그 결과 부록 <표 1>과 같이 연구 대상이 선정되었다.[12] 본 연구에서 분석대상에 포함시키고자 하는 리조트(제주도를 제외한)는 모두 46개로 나타났다. 그중 천안의 상록리조트는 모든 요소가 포함되어 있다는 특징(놀이동산, 골프장, 호텔, 유스호스텔 등이 있음)이 있고, 공공자본(국민연금공단)이 개발하고 운영하고 있어서 민간자본이 개발하고 운영하고 있는 유형과 특성에 차이가 있어서 본 연구 세부 분석대상에서는 제외하기로 한다.

여가 수요는 시대변화에 따라 변화되며 이러한 변화는 개발전략에 영향을 미치게 된다. 따라서 본 연구에서는 리조트의 여가 핵심 시설을 중심으로 한 유형 구분에서는 스키리조트, 골프리조트, 휴양리조트로 리조트를 구분하고자 한다. 숙박시설 이외에 주요 시설이 스키장인 경우는 스키리조트로, 골프장을 주시설로 하는 경우는 골프리조트로, 스키장과 골프장의 기능보다는 휴양 기능을 주 기능으로 하는 리조트는 휴양리조트로 구분하였다. 그 결과 골프리조트는 12개, 스키리조트는 17개, 휴양리조트는 16개인 것으로 나타났다. 따라서 본 연구에서 리조트는 입지의 물리적 특성에 따라서는 산악형, 내수면형, 해안형으로, 시설을 중심으로는 스키리조트, 골프리조트, 휴양리조트로 유형이 구분된다.

리조트에 대한 선정 작업 과정에서 개별 리조트에 대한 기초자료

---

12) 이 과정에서 본 연구에 포함되지 못한 리조트가 있을 수 있다. 한화리조트 일부가 현장조사에서는 누락되었지만 리조트 담당자 조사에서는 포함되었다. 그리고 제주도는 내륙지역과 교통체계가 다른 특징을 지니고 있기 때문에 연구대상에서 제외하였다.

수집 작업(리조트 이름 및 위치, 리조트 운영회사 이름, 리조트 운영회사 대주주, 리조트 운영개시일, 리조트 부지 규모, 리조트 시설 별 규모, 여가활동의 종류 및 비용 등)이 동시에 진행되었다. 개별 리조트 홈페이지와 관련 신문기사 및 리조트 관련 잡지 등을 통해 자료를 수집하였다. 그리고 분석대상에 선정된 리조트의 입지조건 및 이용자원과 공간구성 등에 대한 자료 수집을 위해 분석대상 리조트에 대한 현지방문 조사가 실시되었다. 경기도 지역의 리조트에 대해서는 2010년 5월과 6월에 걸쳐서 현지 조사가 진행되었으며, 충남을 제외한 다른 지역의 리조트에 대해서는 2010년 7월과 8월에 집중 조사되었다. 그리고 충남지역 일부 리조트에 대해서는 2010년 9월에 추가로 조사가 이루어졌다. 리조트의 개별 시설 분포 및 공간구성 등에 대한 자료 수집에는 현지조사를 통한 사진 촬영과 지도, 홍보물 수집 등이 이루어졌다.

그리고 리조트 개발계획 착수 연도, 리조트 부지 매입 연도, 리조트 운영방식, 주요 표적시장 지역 및 대상 등에 대한 자료 수집을 위한 설문지는 현지 방문조사가 대부분 이루어진 2010년 8월 말에 초안이 작성되었다. 현지 설문조사의 현실가능성을 최대한 확보하기 위하여 1차 설문지를 작성한 후, 2명의 관광개발 및 자본투자 전문가로부터 설문지 타당성에 대한 검토를 받았으며, 그 후 수정작업에 대한 재검토를 통해 설문지가 완성되었다. 설문 작성 대상자는 현재 리조트개발 및 운영전략을 담당하고 있는 담당자로 한정하였다. 그 이유는 설문지 내용이 리조트 단위의 개발전략과 운영전략에 대한 질문이 포함되어 있기 때문에 이에 대하여 정확한 응답을 할 수 있는 위치에 있는 자로 한정하기 위함이다. 리조트별로 이러한 위치에 있는 담당자들을 직접 전화를 통해 접촉하였고, 설문응답을 요청하였다. 설문 응답에 직접적으로 거부를 표시한 리조트를 제외한 리조트에 대하여 설문지를 우편으로 32개의 리조트 담당자들에게 반송용 우편 봉투와 함께 발송하였다(일부는 이메일로 설문지를 발송하였다). 설문지의 응답률을 높이기 위해 설문응답에 대한 답례품으로 일정금액의 상품권을 동시에 발송하였다. 1차로 17부가 회수되었으며, 2차 독촉 우편에 7부가 추가로 회수되었다. 그리고 5부가 반송되거나 수신 거부되었다. 32부 중 대명과 한화, 리솜의 경우는 전체 리조트에 대하여 1명이 작성하여 우송하였고 3개 리조트는 회수되지 않았다. 응답자들은 최소 3년부터 21년 동안 리조트 개발 및 마케팅 분양에 종사한 각 리조트 현재 업무 담당자들로 구성되었다.

2. 리조트 개발 자본 특성과 사회적 배경

국내 리조트는 80년대까지 스키장을 중심으로 중소기업이 개발을 주도하여 왔다. 그러나 90년대에 들어서면서 막대한 자금력과 인력을 동원한 대기업들이 리조트 개발에 본격적으로 참여한다(박기홍, 1997).[13] 리조트들은 보통 100만 평 이상의 규모에 최소 1천억 원 이상의 막대한 투자비가 소요되고 있는 것으로 알려지고 있다(박기홍, 1997). 60년대에는 소득수준이 낮아 대단위 종합리조트가 개발되기 어려웠고, 70년대에는 외화획득을 목적으로 정부주도로 경주보문단지나 제주중문단지와 같은 리조트가 개발되었다. 80년대에는 경제발전과 더불어 휴양에 대한 국민적 관심이 증가하면서 골프장이나 도시근교형 또는

---

13) 본 연구 분석대상 리조트의 개발주체에 대한 정보는 부록 〈표 10〉에 수록되어 있다.

산악형 리조트 개발이 시작되었다.

국내 리조트업계는 1980년대까지는 스키장을 중심으로 중소기업들이 주도했으나, 90년대 들어와 막대한 자금력과 인력을 갖고 있는 대기업들((주)용평리조트, (주)보광, (주)현대시멘트, (주)대명레저산업, (주)대한전선, (주)한솔개발 등)이 적극 참여하고 있다(서천범, 2004: 90). 이 중에서 특히 건설회사 및 부동산을 소유한 대기업이 개발 주체가 되고 있다(엄상권, 2002). 성우리조트는 현대, 보광휘닉스파크는 삼성계열이며, 오크밸리리조트는 한솔이 개발자이지만 삼성그룹에서 분리된 회사이다. 그리고 용평리조트와 무주리조트는 쌍용이 개발자이다(서영준, 1995). 용평리조트는 최근에 통일교가 인수하였으며, 통일교는 여수의 디오션과 보령의 비체팰리스를 세우는 등 리조트 업계에 본격적으로 참여하고 있다. 채용식(2002)은 이러한 대기업의 리조트 산업 진출배경에 관하여 다음 <표 5-2>와 같이 정리하고 있다. 채용식(2002)의 정리는 몇 가지 점에서 우리에게 시사점을 제공하고 있다.

리조트의 사업여건 성숙은 소비자의 경제력이나 소비문화가 성숙되었음을 의미하는 것이다. 그러나 소비주체의 형성만으로는 대자본이 투입되는 대규모 리조트개발을 설명하는 것은 충분하지 않다. 왜냐하면 대기업의 새로운 산업으로의 자본이동은 자본축적전략과 관련지어 이해되어야 하기 때문이다. 채용식(2002)의 분석처럼, 레저산업으로의 대기업 진출은 제조업 경쟁력 약화를 배경으로 하고 있다. 이러한 제조업 경쟁력 약화로 인한 기업들의 다른 산업으로의 진출은 산업구조조정이라는 측면에서 이해될 수 있다. 산업구조조정은 자본축적 체제의 전환을 의미하는 것이며, 이러한 전환은 자본축적 과정에서 발생한 모순들을 극복하고자 새로운 구조로 전환하려는 것이다(최병두, 1994). 이러한 산업구조조정은 기존 건조환경의 재정비나 폐쇄, 이전과 같은 공간의 재구조화로 나타나며 생산조건의 차별화를 통한 자본의 초과이윤을 창출하고자 하는 것이다. 산업의 구조조정은 시장의 공급과 수요 변화에 산업 간 그리고 산업 내 자원의 조정을 의미한다.

〈표 5-2〉 국내 기업의 리조트 진출배경과 업계 변화

대기업 진출배경	업계 변화
− 리조트의 사업여건 성숙에 따른 다각화 − 제조업 경쟁력 약화로 내수성장 산업의 레저산업으로 전환 − 투자비 조달능력 보유 − 대규모 유휴 부동산 활용목적 − 자사 연관사업 발전 및 기업이미지 홍보 등 시너지 효과 도모	− 대규모 리조트화, 그룹화, 종합화, 다양한 진행 − 자금능력과 비례하여 중소업체 도태와 대기업 위주의 업계 개편 − 서비스 수준의 향상 − 강원/수도권의 영남, 제주권 등 지방시장 진출 본격화 − 전문화, 특성화 브랜드형 레저상품개발 및 판매 − 리조트의 테마성 강화

출처: 채용식, 2002: 52

이와 같은 산업구조조정은 자본축적의 안정화와 정치적 계급지배의 안정화와 깊은 관련을 맺고 있다(신희영, 1999). 90년대 초반에 이루어진 국내 기업의 구조조정은 과거의 문어발식 확장이 그 유효성을 상실하게 됨에 따라 국제경쟁력 제고를 위한 전문화체제로의 전환을 의미하는 것이었고(김견, 1992: 252) 동시에 재벌의 독점 강화에 대한 정치적 반발에 대한 대응책이었다. 전문화 체제로의 전환은 국내 기술개발 등에 대한 자본투자와 이에 대한 성과를 기반으로 하는 새로운 축적기반을 이끌어내었다. 그 결과 경쟁력을 상실한 산업이나 부문들에 대한 구조조정을 원활하게 하기 위한 정리해고 등과 같은

신자유주의적 노동유연화 정책이 도입되게 된다. 노동유연화 정책은 세계화의 과정 속에서 이루어지는 경쟁 강화와 유연적 생산체제에 효율적으로 대응하기 위한 신자유주의 정책의 흐름 속에서 이해될 수 있다. 이 과정에서 생산 공간에 대한 지역적 재편이 이루어지며, 지역공간을 잉여가치 창출을 위한 생산 공간으로서만이 아니라 유통에서의 상업적 이윤 확대와 레저산업과 같은 영역으로 진출할 수 있는 배경을 제공한다(허석렬, 1994). 그러므로 개별 산업의 입지와 변화는 지역의 고유한 입지특성에 의해 결정되기보다는 산업전반의 구조적 변화와 공간의 사회경제적 분화에 의해 규정되는 것이다(최병두, 1994: 139).

대기업의 자본능력 확대는 대규모 리조트를 개발하는 데 필요한 자금을 동원할 수 있는 능력(이러한 능력은 단지 자본의 보유만을 의미하는 것은 아님)이 확대되었음을 의미한다. 그러나 자본력의 확대가 바로 리조트 산업으로의 진출 원인이 되는 것은 아니다. 그러므로 우리는 왜 대자본이 대규모 부지를 요구하는 리조트라는 산업으로 진출을 하게 되었고 가능하게 되었는지에 대한 이해를 추구할 필요가 있다. 리조트 산업에 대한 대기업 진출의 사회적 배경 중의 하나가 대규모 유휴 부동산 활용이라는 점은 이러한 이해를 위해 우리 사회의 대기업 부동산 보유에 관하여 잠시 관심을 기울이게 한다.

한국사회의 고도 성장기에 자본은 정부의 특혜금융 지원을 받아 성장하였다.[14] 이러한 금융지원에는 부동산 담보가 제공되었고, 재벌은 이를 위해 땅을 사고 또 이를 이용하여 특혜금융을 받아 공장을 짓거나 땅을 사는 방식으로 자본을 축적했다. 이러한 토지구입은 산

---

14) 한국사회의 부동산투기와 자본과의 관계에 대한 자료는 장상환(2004)을 참조하였다.

업생산에 필요한 토지구입도 존재하지만, 땅값 상승으로 인한 자산증식을 목적으로 하는 것이었다. 또한 도시화의 급속한 증가와 더불어 이러한 재벌의 토지구입 메커니즘은 토지 가격 폭등을 가져왔다. 재벌은 금융자본을 통해 토지를 매입하였고, 이러한 매입은 생산용 토지 이외의 토지를 구입함으로써 산업부문의 투자이윤을 상회하는 자본이득을 확보하였다. 1964년부터 1984년까지 20년 동안 물가는 11.5배가 오른 반면에, 토지가격은 전국 평균 108.4배, 이 중에서 대도시의 경우는 171배가 증가하였다. 1989년 30대 재벌이 매입한 토지는 3조 8천억 원이었고, 30대 재벌이 보유한 부동산 규모는 장부가액으로 13조 1,391억 원이었다. 50만 평 이상 토지를 보유한 법인은 403개로 이들 업체가 보유한 토지는 9억 1,818만 평이며 이 중 임야가 69%를 차지하였다. 이러한 결과는 재벌들이 생산용 토지 이외의 비생산용 토지 매입에 열중하였음을 보여주는 것이다. 높은 지가와 지가앙등에 따른 자본이득은 1987년 34조 8천억 원으로 이 금액은 GNP의 36%, 제조업 총생산의 45%, 봉급생활자 보수 총액의 85%에 달하는 금액이다. 따라서 부분적으로는 기업의 미래 활동에 필요한 토지를 사전에 확보하기 위한 것도 있지만, 토지 매입의 핵심적인 이유는 투기이득의 취득(노희목, 1989)이라는 주장이 힘을 얻게 되는 근거가 된다.

재벌기업의 과다한 부동산 취득에 대한 국민적 저항에 직면하자, 6공화국은 부동산 투기억제 조치를 발표(소위 5·8조치)하면서 49개 여신관리 대상 기업의 골프장, 스키장, 콘도 등 리조트 산업에 대한 신규진출을 금지시켰다. 그러나 이후 1993년 문민정부 출범과 함께 각종 규제완화 조치가 시행되었고, 대기업들이 보유하고 있던 대규모 부지를 활용하기 위해 리조트 개발에 뛰어들었다(박기홍, 1997). 마우나오션리조트 홈페이지에 게재된 다음과 같은 내용은 국내 리조트 개발과 국내 자본축적 과정이 역사적으로 긴밀하게 관계되어 있다는 점을 잘 보여준다.

'마우나오션리조트는 관광레저산업의 미래와 시대적인 요구를 예견하고 **40여 년 전 230만 평의 부지를** 이곳 경주에 마련하면서 탄생되었습니다. **1996년 12월 기반공사를 시작하여 이듬해 6월 18일 회원제 골프장과 콘도미니엄 공사를 착공하였으나**……(www.mauna.co.kr)'

일반적으로 관광개발은 투자자금 회수가 상당기간 소요되는 것으로 알려져 있다. 국내 대자본은 부동산을 통한 특혜 금융이나 부동산 개발, 특히 아파트와 같은 부동산 개발 시 선(先) 분양 후 시공의 제도를 통해 자본을 축적함으로써 대기업으로서 성장하여 왔던 역사를 가지고 있다. 리조트 개발도 일련의 부동산 개발과 유사한 성격을 지니고 있다. 이는 대부분의 리조트가 콘도를 선 분양 후 시공하는 방식으로 자금투자에 대한 위험회피나 자금회수를 신속하게 할 수 있었던 점에서 확인할 수 있다. 리조트의 분양제도는 부동산 개발을 통한 자본 이익 창출을 안정적으로 확보해줄 수 있는 제도로 활용되고 있다. 그러므로 한국에서 대기업의 리조트 산업 참여는 한국사회 발전과정 속에서 정부와 금융자본과 대기업의 생산자본이 토지를 통한 자본축적과정에서 확보된 유휴토지에 대한 자본 투자이익의 안정적 실현 전략과 국내 산업구조조정에 따른 자본의 생산 공간의 재편과 관련지어 이해될 수 있다.

다른 한편 대기업의 리조트 산업 진출은 사회적으로 리조트 소비가 가능한 사회적 여건이 형성되었기에 가능한 것이다. 골프와 스키와 같은 레저스포츠의 대중화도 리조트 소비의 사회적 조건 형성의 중요한 요인으로 작용하였다. 90년대 들어서면서부터 종래에는 상류층 일부계층의 레저스포츠로 인식되어 온 스키 인구의 대중화와 함께 골프 수요의 급증으로 본격적인 대규모 복합리조트 개발이 대기업에 의해 적극적으로 이루어졌다(서영준, 1995). 스키와 골프는 모두 대규모 부지를 요구한다. 따라서 스키장과 골프장 개발에는 대규모 자본이 투입되어야 한다. 대기업이 빠른 시간 내에 대규모 리조트 건설에 참여할 수 있었던 이유는 앞에서 살펴본 바와 같이, 대규모 유휴부동산을 보유하고 있었던 점에서 이해될 수 있다.

스키와 달리 골프장은 주로 회원제 방식으로 개발된다. 이러한 개발방식의 차이는 90년대 이전에는 모두 고급여가공간이었던 스키장과 골프장의 사회적 성격 변화를 가져왔다. 골프장은 고가의 회원권 구매가 가능한 상류 계층의 여가공간으로 그 성격이 유지되는 반면에 스키장은 회원권 구매와 관련 없는 대중적 여가공간으로 성격이 변화된다. 이러한 여가공간의 계층적 성격 변화는 리조트 개발과 입지변화에서 차이를 드러낸다. 이에 대하여는 뒤에서 추가 분석이 이루어진다.

국내 리조트 수요는 최근 급격히 증가하고 있으며 대도시 중상소득계층, 청장년층의 주도로 점점 다양화·고급화·전문화되고 있다(채용식, 2002). 그리고 중산층의 확대로 구매력을 지닌 수요계층 확대, 도시화의 확대로 도시 근교에서 자연을 느낄 수 있는 대체물이나 매력물에 대한 욕구 상승, 국내외 여가 시설 이용경험자의 증가로 리조트와 같은 공간에 대한 여가 욕구 상승과 같은 요인들이 국내리조트 개발을 가능하게 하는 사회적 요인으로 작용하고 있다(서영준, 1995; 채용식,

2002). 자연에 대한 매력과 쾌락적 소비에 대한 욕구는 사회·문화적으로 구성되는 것임을 1부의 1장과 4장에서 논의한 바 있다.

기업 입장에서 리조트 개발은 시장동향요구에 대한 대응과 자사사업 경영체질의 재구축 필요성(자사사업의 다각화 도모방법), 자산의 활용과 자산형성의 필요(부동산 가격 상승에 따른 자금 확보 등), 자사사업과의 상승효과 기대(비즈니스 기회의 확대도모, 기업 이미지 상승-고급리조트 건설) 등을 거둘 수 있는 사업 중의 하나이다(채용식, 2002: 50-52). 본 연구 대상 리조트들의 리조트 사업 참여 동기에 대한 질문에서도 이러한 요인들이 리조트 사업 참여 동기로 작용하였음을 확인할 수 있다(부록 <표 12> 참조).

대기업의 대규모 리조트화, 그룹화, 종합화, 다양한 진행, 테마화(채용식, 2002)는 범위의 경제와 규모의 경제를 추구하며, 이미지가 더욱 중요해지고 있는 현대사회의 생산 방식의 특성이 리조트 개발에서도 반영되고 있음을 의미한다. 그리고 리조트의 테마성 강화는 상상적 쾌락을 기반으로 하는 이미지와 기호소비가 중요해진 포스트모더니즘 소비사회의 특성이 반영되고 있는 것을 의미한다. 그러나 리조트 개발이 대기업에 의해서만 이루어지고 있는 것은 아니다. 최근에는 리솜과 같이 리조트 개발 전문회사가 등장하고 있다.

70년대에 시작된 세계 경제위기의 대응전략으로 다품종 소량생산을 특징으로 하는 유연적 축적체제로 세계경제가 변화된다. 유연적 축적은 기본적으로 자본의 자유로운 이동을 지향하며, 국가정책은 탈규제화와 민영화를 특징으로 한다. 이러한 탈규제화와 민영화는 국가 조절체제의 변화를 가져온다. 포드주의 축적체계에서의 국가정책은 중앙집권적이며 지방정부는 중앙정부로부터의 통제 대상이었던 반면에, 유연적 축적체계에서는 민간의 역할이 강화되며, 중앙정부는 지방정부에 역할을 위임하기 때문에 지방정부는 기업가적인 역할을 담당한다(김왕배, 2000a). 이와 같은 유연성 원리 도입과 각 주체의 역할변화는 도시 및 지역개발과 구조에도 큰 변화를 초래하였다. 이제 지역은 세계화 속에서 경쟁주체가 되며 기업가적 지방정부의 역할이 강화된다. 이러한 역할 강요는 지방정부의 지역개발에 대한 욕구를 강화시키며, 지방세수원 확보 등에 대한 관심을 증가시킨다. 따라서 지자체가 리조트 개발에 직접 참여하기도 한다. 이러한 대표적인 사례로는 오투와 알펜시아가 있다.

3. 교통 발전과 리조트 입지 확산

자본이 리조트 개발을 통해 공간을 자본축적의 영역으로 확장해나가는 데 일정한 메커니즘이 작용하고 있다면, 지리적으로 혹은 시간적으로 일정한 경향을 보일 수 있다. 리조트의 개원시기별, 지역별 분포를 정리하는 작업은 리조트 개발을 통해 공간을 자본축적의 영역으로 확대해나가는 과정과 이에 작용하는 메커니즘의 존재에 대한 추론을 위한 기초자료를 제공할 수 있다. 리조트 입지를 개원시기별로 시도별 분포를 정리해 보면 <표 5-3>과 같다.

지역/연도	80년 이전	90년 이전	91~95년	96~00년	01~05년	06년 이후	계
강원도	1	3	3	3	2	7	19
경기도	1	1	2	0	0	0	4
경남	0	0	1	0	0	3	4
경북	0	0	0	1	1	3	5
전남	0	0	0	0	0	2	2
전북	0	1	0	0	0	1	2
충남	0	0	0	1	2	3	6
충북	0	1	1	1	1	0	4
계	2	6	7	6	6	19	46

90년대 이전의 리조트들은 경기, 강원 지역을 중심으로 입지하고 있었다. 그러나 90년대 중반 이후에는 리조트 입지가 경북, 충남북과 같은 지역으로 확대되고 있다. 특히 2000년 이후에는 경기도를 제외한 전국 모든 지역에서 리조트 개발이 활성화되고 있다. 90년대에 주로 리조트가 입지하였던 경기도에서는 90년 이후에 새로운 리조트가 추가로 입지하지 않고 있다. 이러한 이유 중의 하나는 경기도 지역 중 입지적으로 대규모 개발이 가능한 지역이 수도권 상수원 보호구역으로 개발에 제약과 같은 규제가 존재하기 때문이다.[15] <표 5-3>은 리조트 입지가 수도권을 벗어난 지역으로의 공간적 확산이 이루어지고 있음을 선명하게 보여주고 있다. 이러한 경향은 리조트 입지분포를 시기별로 구분하여 그림으로 나타낸 <그림 5-1>에서도 확인된다. 그러면 이러한 수도권을 벗어난 지역으로의 리조트 입지확산이 상수원 보호구역의 개발제약과 같은 제도규제에 의해서만 설명될 수 있을까 아니면

---

15) 곤지암 리조트의 경우를 통해 볼 때뿐만 아니라 스타힐의 경우도 설문조사 응답에서 상수원 보호구역 문제로 추가 시설개발이 제약을 받고 있다고 설문조사에 응답하고 있다.

다른 사회적 요인들이 작용하고는 있지 않을까라는 의문이 떠오른다.

　대규모 수요를 요구하는 리조트 입지 결정은 시장 크기와 교통과 밀접하게 관련되어 있다. 90년대 이전에는 주로 서울인근의 경기도와 영동고속도로와 근접한 강원도 일부지역에 스키리조트를 중심으로 입지하고 있다. 90년대에는 영동고속도로와 춘천권 지역을 중심으로 스키리조트가 입지하고 있다. 휴양형 리조트는 충무와 충주호 지역에, 그리고 골프리조트는 설악산과 부산과 가까운 울산 지역에 입지하고 있다. 현재의 고속도로망이 거의 완성된 2000년대에는 리조트 입지의 지리적 확장이 매우 뚜렷하게 나타나고 있으며, 점점 바닷가나 과거에는 접근이 용이하지 않았던 태백산맥 내륙지역에도 리조트가 입지하고 있다. 이와 같이 수도권이나 유명관광지를 중심으로 리조트가 입지하던 패턴이 교통망 발전과 함께 시장으로부터 점점 더 먼 곳으로 내륙뿐만 아니라 해안지역으로까지 리조트가 입지하는 패턴으로 변화되고 있다.

　중력모델의 관점에서 보면, 시장으로부터의 거리가 멀수록 리조트의 유인력은 떨어지기 때문에 원거리에 위치하는 리조트는 시장에서 불리한 조건에 위치하게 된다. 따라서 상수원 보호구역의 문제로 인하여 리조트 입지가 확산되는 것이라면 시장은 최대한 수도권과 가까운 곳에 입지하여야 한다. 그러나 현실이 보여주는 자료들은 이러한 예측과 다른 경향을 보여주고 있다. 그러므로 수도권의 상수원 보호구역을 벗어난 인접지역으로의 리조트 입지확산이 일어나는 것이 아니라 이보다 더 광범위한 지역으로의 리조트 입지가 확산되고 있다는 섬은 리조트 입지확산을 단지 상수원 보호구역의 규제와 같은 제도 규제로만 설명되기에는 충분하지 않음을 의미한다.

　대도시로부터 리조트 입지거리가 멀어지는 것은 거리의 문제를 중요하게 다루고 있는 비용극소화 관점에서 보면 시장으로부터의 거리가 멀어지기 때문에 이윤이 감소하게 됨을 의미하는 것이다. 그러므로 현실에서 나타나고 있는 리조트 입지 분포는 거리의 문제를 비용의 문제로 인식하는 입지이론으로 설명될 수 없다. 그러면 리조트는 시장에 대하여 불리할 수 있는 것으로 이해될 수 있는 지점으로 확산되어 개발될 수 있는 이유는 무엇인가? 일단, 리조트 입지확산 현상은 다른 요인이나 힘이 작용한 결과일 것이라고 추측해볼 수 있다. 이러한 추측은 우리에게 이러한 현상을 발현시키는 요인이나 힘이 무엇인지를 확인하고 설명하는 과제가 주어지고 있음을 의미한다.

　<표 5-4>는 리조트 유형별로 개원시기를 정리해 놓은 것이다. 유형별 분석은 리조트 입지와 주요 여가형태 변화와의 관련성에 대한 이해를 제공해줄 수 있다. 그리고 유형화된 여가공간은 위계성 혹은 계층성을 지닐 수 있으며, 여가수요의 변화는 시대변화에 따른 여가공간의 위계성 변화와 관련된다. 이와 같은 변화는 리조트 개발전략에 영향을 미치게 된다. 90년대 중반 이후에는 스키리조트 개발이 주춤하지만 대신에 골프리조트 개발이 활성화되고 있다. 그리고 2000년대 이후에는 휴양리조트가 본격적으로 개발되고 있다. 이러한 변화는 어떠한 과정을 통해서 나타나는 것일까?

〈표 5-4〉 리조트 유형별 개원시기

유형/시기	80년 이전	90년 이전	91～95년	96～00년	01～05년	06년 이후	계
스키리조트	2	4	5	2	0	4	17
골프리조트	0	2	0	3	3	5	13
휴양리조트	0	0	2	1	3	10	16
계	2	6	7	6	6	19	46

우리나라 리조트 개발은 75년에 개장한 용평 스키장 개발로부터 시작되었다. 그 후 90년대 스키의 대중화에 따라 90년대에는 스키리조트 개발이 주축을 이루었다. 오늘날의 복합시설이 입지한 현대적인 스키리조트로 개발되기 시작한 것은 90년대 이후부터이다. 골프장이 골프리조트로의 변화에는 크게 두 가지 발전유형이 있다. 처음에 골프장이 만들어지고 그 이후에 숙박시설이 입지함에 따라 골프리조트로 새롭게 재구성되는 경우와 처음부터 골프리조트로 개발되는 경우가 있다. 주로 80년대에 개장한 경기도 이외의 지역 골프장 중 일부는 골프장에 콘도나 골프텔과 같은 숙박 시설이 추가로 입지함으로써 골프리조트로 변화되었다. 그러나 90년대 이후에 새로이 개발되는 일부 골프장에서 처음부터 숙박시설이 입지한 리조트의 모습을 갖추고 개발되는 모습이 나타나고 있다. 이와 같이 국내 골프리조트들이 리조트로서의 모습을 갖추기 시작한 것은 90년대 중반 이후부터이며, 경기도 이외의 지역에서 개발되기 시작하였다. 물론 90년대 중반에 이루어지고 있는 골프리조트 개발은 골프 수요의 확대를 반영하는 것일 뿐만 아니라 90년대 지자체 실시에 따른 지자체의 골프장 개발 욕구와도 관련되어 있다(김민중 외, 2009).

그리고 2000년대 이후 리조트 개발에서 나타나는 특징은 스키리조트나 골프리조트에 비해 소규모 부지를 가지고 있는 휴양리조트가 리조트 개발의 절반 정도를 차지하고 있다는 점이다(<표 5-4> 참조). 2006년 이후에 개발된 스키리조트들은 하이원, 오투, 알펜시아 등과 같이 지자체나 공공자본이 참여하여 개발한 리조트들이 대부분을 차지하고 있다. 이는 앞에서 분석한 바와 같이 세계화에 따른 지자체의 기업가적 정부로의 역할 강화와 관련되어 있다. 이러한 변화들은 리조트 수요가 다양화되고 있으며, 개발주체가 다양화되고 동시에 리조트 입지가 수도권과 거리가 먼 지역으로 확산되고 있음을 보여주고 있다.

다음 <그림 5-1>은 시대별로 고속도로 개통노선과 리조트 입지와의 관계를 보여주고 있다. 특히 90년대에 개장하고 있는 대부분의 리조트가 고속도로 인근에 입지하고 있는 경향이 존재하고 있음을 알 수 있다. 그리고 현재 고속도로 체계가 거의 갖추어진 2000년대에는 이러한 입지경향이 매우 뚜렷하게 나타나고 있다. 2000년대 이후, 국내 고속도로는 거미줄처럼 전국의 모든 지역을 연결하고 있다.

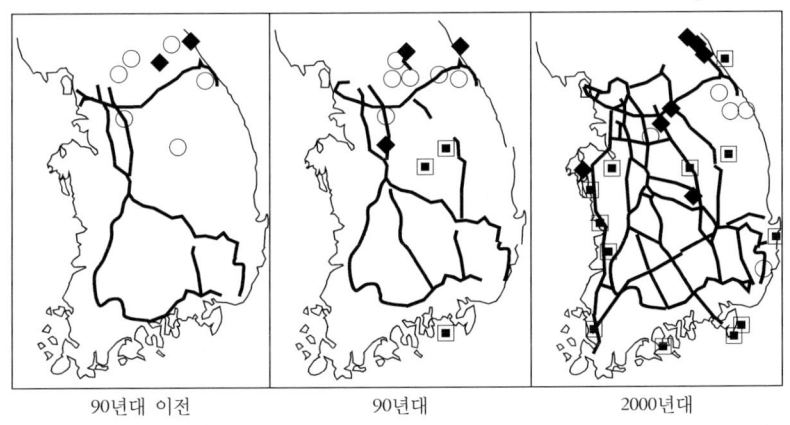

| 90년대 이전 | 90년대 | 2000년대 |

참고: ○ - 스키리조트, ◆ - 골프리조트, ■ - 휴양리조트

〈그림 5-1〉 시기별 리조트 입지지역 분포

이와 같이 90년대 이전에는 주로 스키리조트가 수도권을 중심으로 입지하였으나 90년대 이후에는 골프리조트와 휴양리조트의 다양화와 더불어 입지지역이 전국적으로 확대되고 있는 특징을 보여주고 있다. 이러한 입지확산 현상은 고속도로 발전과 함께 스키리조트에서 골프

리조트, 휴양리조트로의 리조트 유형의 다양화와 함께 나타나고 있다. 따라서 리조트 입지확산현상은 단지 시장과의 입지거리만의 문제가 아니라 수요변화 그리고 교통 발전과 관련되어 있는 것으로 이해될 수 있다. 그리고 리조트 입지거리의 문제는 이동비용의 문제만으로 이해될 수 없다. 이러한 관계의 발견에 대한 정보는 그 자체로 리조트 입지 확산현상에 대한 설명을 하는 것이 아니다. 지금까지의 리조트 입지확산과 교통발전과의 관계는 아직 이론적으로 충분히 설명되지 않고 있기 때문에 그 둘의 관계는 우연적 상관관계일 뿐이다. 이러한 한계를 벗어나기 위해서는 어떠한 힘이나 성향 혹은 메커니즘이 수요변화, 교통발전과 관련되어 리조트 입지 확산을 발현시키고 있는지에 대한 이해 혹은 설명이 요구된다. 그러므로 교통발전과 리조트 입지확산과의 관계를 인과적으로 설명하기 위해서는 수행해야 할 분석과 설명이 남아 있다. 이러한 이해는 시대변화에 따라 변화되고 있는 리조트 여가시설의 종류와 리조트 입지확산과의 관계에 대한 추가분석을 함께 요구한다. 다만 리조트 입지확산은 교통 발전과 밀접하게 관련되어 있다는 점은 분명하게 확인할 수 있다.

4. 자본축적의 안정화와 시설입지

대규모 시설을 가진 리조트는 자본축적을 안정화시키기 위한 전략을 요구한다. 리조트는 자본 축적 기회의 공간이다. 그리고 리조트 개발에는 많은 자금이 소요된다. 자본축적 기회의 공간인 리조트 개발자금이 어떻게 마련되는지에 대한 이해는 리조트 개발과 자본축적 전략과의 관계에 대한 이해의 단서를 제공해줄 수 있다. 앞에서 살펴본 바와 같이 국내 리조트들의 대부분은 골프장이나 콘도 분양을 통해 개발자금의 상당부분을 충당한다. 오렌지골프리조트는 골프장 건설 전문회사인 오렌지이엔씨가 골프장 발주처가 직접 보고 계약에 참고할 수 있도록 개발, 운영하고 있는 모델골프장이다. 오렌지골프리조트는 140명의 회원에게 골프장과 골프장 내 숙박시설 분양을 통해 445억 원을 회수하였다(홈페이지 분양정보란). 골프리조트뿐만 아니라 상당수 리조트들이 회원권 분양을 통해 개발자금을 마련하고자 하는 경향은 지금도 유지되고 있다. <표 5-5>는 추후 개발자금 마련방안에 대한 질문 결과를 정리한 것이다.

〈표 5-5〉 개발자금 마련방안

구분	1순위	2순위	3순위	계
회원권분양	6	2		8
금융대출	1	1	3	5
회사자금	1	4	3	8
기타	1		1	2

이에 따르면 응답 리조트 9개 중 6개가 회원권 분양을 통해 개발자금 마련을 우선적으로 고려하고 있다. 리조트 개발에 있어서 회사 자체자금과 금융대출 활용은 다른 방법에 비해 우선순위가 낮다. 이러한 개발자금 마련방안의 순위에 대한 결과는 현재 리조트가 회원권 분양을 통해 자본이익을 창출하고자 하는 경향이 매우 높음을 의미하는 것이다. 운영을 통한 리조트의 수익창출 가능성이 높다면 금융대출을 통해 개발을 하고 이에 대한 이자나 원금상환과 같은 방식이 유효할 수 있다. 그러나 금융대출이나 회사자금과 같은 개발자금 조

달방식의 중요성이 매우 낮은 것은 현재 리조트개발이 여가수요를 통한 운영이익보다는 부동산 개발을 통한 자본이익 창출 전략이 더 중요한 것이기 때문이다. 이러한 부동산 개발을 통한 자본이익 창출 전략은 회원권 분양이라는 제도를 통해 실현되고 있다. 그리고 분양 제도는 자본축적에 따른 위험성을 회피하기 위한 유용한 제도이다.

이러한 자본이익 창출 전략은 운영과 추가 개발에 있어서도 리조트 시설 입지 결정에 영향을 미치게 된다. 리조트 개발에서 자본축적은 주로 부동산 개발을 통한 회원권 분양을 통해 이루어지고 있다. 다음 <표 5-6>은 추가 개발계획이 있는 리조트에서 어떤 시설을 입지시킬 계획을 가지고 있는가에 대한 응답결과를 정리한 것이다. <표 5-6>에 따르면 추가로 시설개발계획을 가지고 있다고 응답한 리조트는 설문응답리조트 24개 중 17개였다. 상당수의 리조트가 추가 개발계획을 가지고 있는 것으로 파악되었다. 그중 13개 리조트가 숙박시설(이 중에 호텔 및 컨벤션 호텔이 2개, 나머지는 분양 가능한 숙박시설)에 대한 추가개발 계획이나 의도를 가지고 있었다. 이와 같이 추가 시설개발에서 분양 가능한 숙박시설이 가장 많은 비중을 차지하고 있는 것은 자본축적을 지속하기 위해서 회원권 분양이 가능한 시설을 중심으로 개발을 지속할 필요성이 있음을 의미하는 것이다. 그러나 이러한 개발방식은 회원권 분양의 지속가능성이 확보되지 않을 경우에 자본축적에 부정적 영향을 미치게 된다. 따라서 이러한 부정적 영향을 회피하고 자본축적을 지속하기 위해서는 회원권 분양이 가능한 시설이나 상품을 지속적으로 개발해야 한다. 새로운 분양시설을 지속적으로 개발하고, 리조트 숙박시설을 체인화하거나 각 서비스를 연계하는 상품개발이 대표적인 예라고 할 수 있다.

그리고 워터파크가 그다음으로 높은 비율의 추가개발대상인 것으로 나타났다. 워터파크는 사계절형 리조트로 개발하기 위해서 많은 리조트에서 개발하고 있는 시설 중의 하나이다. 워터파크는 숙박단지나 스키장, 골프장과 달리 상대적으로 좁은 부지 위에 입지가 가능한 시설이다. 또한 연중 이용가능하며 기존 숙박단지와 연계성이 높은 시설로 리조트가 가지는 계절성 문제를 완화시키는 데 크게 기여할 수 있다. 계절성 문제는 기본적으로 비수기에 시설 과잉 때문에 발생한다. 회원권 분양을 통한 자본축적을 달성하려는 자본의 전략은 지속적으로 숙박시설과 같은 시설의 과잉을 가속화시킬 수 있다. 즉, 계절성의 극복문제는 바로 이러한 과잉시설에 대한 운영의 안정화를 의미한다. 워터파크는 주로 원거리 스키리조트에 입지하고 있다. 이러한 리조트에서 워터파크 입지는 바로 운영의 안정화를 꾀하고자 하는 전략으로 이해할 수 있다. 또한 워터파크는 자연 속에서의 안락한 여가, 즉 비맥도날드화된 공간에 대한 소비욕구와 맥도날드화된 소비욕구가 결합된 공간에 대한 현대 중산층의 이중적 소비문화가 반영된 시설이다.

따라서 <표 5-6>의 추가시설 개발 계획에 대한 분석결과는 리조트 개발과 관련된 두 가지 압력이 존재할 수 있음을 시사하고 있다. 분양을 통한 부동산 개발 이익 창출 압력과 과잉 시설에 대한 운영 효율성을 높이기 위한 압력이 존재하고 있는 것으로 이해될 수 있다. 이와 같은 경향은 리조트의 중요 소비 집단과 리조트 운영 전략의 중요도에서도 마찬가지로 발견된다.

<표 5-6> 추가개발계획 시설

리조트	숙박시설	워터파크	휴양시설	컨벤션	골프장	스키장 확장	체인리조트
무주	O	O	O				
성우	O	O					
오투	O						
용평	O						
하이원	O	O					
에덴밸리	O	O					
리솜	O						
한화	O						
디오션	O				O		
금호	O						
마우나	O						
라데나	O						
파인	O	O					
베어스						O	
대명							O
충주호				O			
오렌지					O		

다음 <표 5-7>은 리조트 운영에 있어서 중요한 소비 집단 성격에 대한 응답결과를 정리한 것이다. 이에 따르면 스키리조트 중 스키장보다 골프장이 더 중요한 알펜시아[16]를 제외하고는 모두 개인과 단체가 모두 중요 집단으로 응답하였다. 이는 성수기에는 개별소비자가 중요하지만 비

---

16) 주요 시설의 운영 중요도에 대한 질문에서 알펜시아는 스키장보다 골프장이 더 중요한 시설로 답하였다. 이는 골프장 규모가 다른 스키장에 비해 큰 규모일 뿐만 아니라 회원제 골프장 내 200여 채의 고급빌라를 분양 목적으로 개발되고 있다는 점에서도 이러한 중요성이 이해될 수 있다. 설문응답결과는 부록 <표 3> 참조.

수기에는 기업이나 학교와 같은 단체 수요가 중요하는 것을 의미한다. 따라서 이러한 비수기의 단체 수요에는 단체 성격에 따라 추가 시설이 요구됨을 의미한다. 이러한 시설 중 대표적인 시설로는 기존에 호텔에 주로 입지하고 있었던 연회 혹은 컨벤션 시설이 있다. 대부분의 리조트에서 연회시설이 입지하고 있는 것은 바로 이러한 비수기 단체 수요, 특히 기업과 사회단체에 대응하기 위한 리조트 전략이 적용된 결과임을 의미한다.

〈표 5-7〉 중요 소비 집단에 따른 리조트 구분

구분	개인	단체	개인+단체
리조트이름	디오션, 리솜	충주호, 라데나, 알펜시아	무주, 성우, 오투, 휘닉스, 용평, 하이원, 곤지암, 에덴밸리, 스타힐, 베어스타운, 대명, 충주호, 비체팰리스, 한화, 금호, 청우, 마우나, 오렌지, 파인, 태안

다음 <표 5-8>은 현재 리조트 운영 전략에 있어서 중요도를 정리한 것이다. 이에 따르면 리조트 운영에서 가장 중요한 운영전략은 회원권 판매이다. 이는 앞에서 논의한 바와 같이 부동산 개발을 통한 이익창출이 리조트 개발에서 무엇보다 중요한 것임을 다시 한 번 확인해 주는 것이다. 이와 같이 리조트는 숙박시설이나 골프장 회원권 같이 분양 가능한 공간을 개발하고자 하는 힘이 강력하게 작용하고 있는 것이다.[17) 따라서 리조트는 여가상품판매를 통한 자본축적 기회의 공간이기보다 저렴한 토지에 대한 부동산 개발을 통한 자본축적의 기회 공간으로서 이해될 수 있다.

그다음으로 중요한 것은 고객의 만족도를 높이기 위한 서비스관리이다. 이는 현재 리조트 시장의 경쟁이 심한 상황을 반영하고 있는 것으로

---

17) 이러한 사회적 배경에 대해서는 앞 절에서 고찰한 바 있다.

이해된다. 그러나 중요도 1순위에서 이미지 제고를 위한 마케팅의 중요성이 세 번째로 높은 것으로 나타나고 있는 것은 회원권 분양과 시장경쟁 심화라는 요인이 복합적으로 작용한 것으로 이해될 수 있다. 최승담·박호운(2010)의 프리미엄 콘도 회원권 구매 목적에 대한 연구에 따르면, 회원권 구매는 재테크의 목적과 과시욕, 노후생활을 위한 목적이 주요 목적 중의 하나인 것으로 나타났다. 또한 기업의 신뢰성은 이러한 목적에 영향을 미치는 요인이며, 객실 크기, 계좌 수, 체인 리조트 수, 관리비 등의 요인으로 구성된 상품구성요인이 과시욕과 관련되는 것으로 나타났다. 이는 현재 우리나라의 회원권(특히 고가의 회원권)은 재테크와 과시욕의 욕구를 충족시키기 위한 수단이라는 성격을 가지고 있음을 의미하는 것이다. 즉, 재산의 안정성을 확보해줄 수 있는 기업에 대한 신뢰성과 리조트가 과시욕을 충족시켜 줄 수 있는 소비공간으로서의 매력성이 회원권 분양에서 매우 중요한 요소가 되는 것이다. 그러므로 분양에 의존하여 개발되고 있는 리조트는 소비계층의 사회적 욕구와 관련된 여가공간으로서의 성격을 가지게 된다.

〈표 5-8〉 리조트 운영전략 중요도

운영전략/중요도	1	2	3	4	5	6	7	8	9
회원권 판매	10	2	3	1				1	
비등기 회원 수 증대		3		1				3	1
이미지 제고	4	3	3		3	1			
서비스 제고	6	6	4	1	2	2	1		
시설규모 확대	1	3	2	2		2	2	2	
서비스 추가 개발	2	1	3	2	2	2	2	1	1
서비스 고급화		3	4	3	3	2			
시설 고급화	2	3	3	3	2	2	2	1	
전략적 제휴	1		2		1		1		3

그러므로 리조트가 매력적인 소비공간이라는 이미지는 회원권을 구매할 수 있는 소득계층의 구매 욕구를 자극할 수 있어야 한다. 과시욕을 충족시켜 줄 수 있는 소비공간의 매력성은 회원권 분양에 영향을 미치게 된다. 그러므로 리조트 소비공간의 매력성은 소비계층과 관련지어 이해될 수 있다. 분양권 가격은 분양시설의 종류뿐만 아니라 시설의 성격에 따라 차이가 존재한다. 이러한 가격 차이는 분양권 구매소득계층의 차이를 반영하고 있는 것이기 때문에, 리조트 소비공간에 대한 매력성은 소득계층 차이를 반영할 가능성이 높다.[18] 그러므로 고객 만족도를 높이기 위한 서비스제고는 바로 소득계층에 따른 매력적인 소비공간을 만들기 위한 전략의 일부분일 수 있다. 리조트는 주로 부동산개발을 통한 개발이익 창출을 위해 만들어지지만, 회원권 분양이라는 방식에 주로 의존하고 있으며 이를 촉진하기 위해서는 회원권 구매가 가능한 계층을 위한 매력적인 공간으로 구성되고 서비스가 제공될 필요가 있는 것이다.

국내 리조트 개발에는 리조트 수요를 충당하기 위한 공간이 개발되는 힘보다는 부동산 개발을 통한 이익을 창출하고자 하는 힘이 더 크게 작용하고 있기 때문에, 적정의 여가 수요에 비해 숙박시설이 과잉 공급될 가능성이 존재하게 된다. 특히 한국사회처럼 분양방식의 부동산 개발을 통한 자본축적 경험이 높은 나라에서 리조트의 분양 가능한 소비공간을 개발하려는 힘은 매우 클 수밖에 없을 것이다. 자본의 입장에서 보면 분양은 투자의 위험을 최소화시키고 자본축적이 용이하고 수익률이 높은 방식이기 때문이다. 따라서 리조트에서 숙박

---

18) 최승담 외(2010)의 연구에서 프리미엄 회원권 구매자들 중 10억 이상의 재산을 보유한 사람의 비중이 약 70%에 달했다.

시설 등의 공급과 개발 성공은 리조트의 여가수요가 아닌 특정 계층의 분양권 구매능력과 욕망에 달려 있게 된다. 그리고 리조트는 회원권 구매 가능한 계층의 공간이며 공간구성과 시설 및 서비스제공은 분양권 구매 소득계층의 차이를 반영하는 방식으로 공간이 구성될 가능성이 높다. 이러한 가능성에 대한 분석과 논의는 주로 3부에서 이루어진다.

실제로 우리나라 리조트의 대부분이 적자경영을 하고 있다는 점들은 바로 이러한 시설과잉의 가능성이 사회적으로 나타나고 있는 것을 의미하는 것이다. 현재 리조트는 시설공급 과잉에 대한 높은 잠재성을 가지고 있으며 분양권 판매 중심의 자본축적 전략은 이러한 시설 과잉공급 가능성을 높일 수 있다. 그러므로 동시에 운영의 안정화를 위한 노력이 동시에 요구되고 있는 것이다. 이러한 위험성을 완화시키기 위한 노력 중의 하나가 워터파크와 같은 사계절용 수익시설의 도입과 소매점과 같은 시설들의 임대나 위탁경영과 같은 위험회피전략으로도 나타난다.[19]

---

19) 이러한 개별시설에 대한 직영, 위탁, 임대현황은 부록 〈표 11〉에 수록하였다. 부록 〈표 11〉에 따르면 이러한 위탁, 임대현황은 소매점이나 식당과 같은 부대 지원시설을 중심으로 하고 있으며, 규모가 커질수록 이러한 위탁, 임대비율은 높아지고 있다.

제6장 소비욕망 공간으로서의 리조트

본 연구 분석대상 리조트 중 스키리조트의 평균부지규모는 약 166만 평이며 골프리조트의 경우는 44만 평, 휴양리조트는 25만 평에 이른다. 이러한 대규모 부지를 한꺼번에 개발하는 경우는 거의 존재하지 않는다. 대규모 부지를 한꺼번에 개발하는 방식은 막대한 자본을 동원하여야 한다. 이는 투자에 대한 위험을 증가시키는 것임과 동시에 새로운 소비문화에 대한 대응능력을 저하시킨다는 측면에서 위험한 개발전략이다. 리조트 개발은 자본의 개발전략뿐만 아니라 시대적 변화에 따른 소비문화의 변화가 반영된다. 따라서 대부분의 리조트들은 시대 변화에 따라 혹은 자본의 개발전략에 따라 순차적 개발방식을 취하고 있다. 그러므로 리조트 개발에는 시대변화나 리조트의 특성에 따라 일정한 패턴이 나타날 수 있다. 이러한 리조트 개발방식에 어떠한 유형이 존재하는지를 파악하는 것은 리조트 입지와 재입지가 어떻게 이루어지고 있는지를 이해하는 데 유용한 단서를 제공할 수 있을 것이다. 그리고 우리는 5장에서 리조트는 회원권 구매 가능계층의 소비공간일 가능성이 매우 높다는 점에 주목한 바 있다. 일반적으로 소비공간은 소비계층에 따라 차별적으로 구성된다. 따라서 리조트 입지와 리조트의 시설입지는 시대변화에 따른 소비문화를 반영하고 각 리조트가 가지는 소비계층과 관련지어 이해될 필요가 있다.

1. 입지거리와 소비공간의 위계화

공간은 경로 의존적으로 발전한다. 그러므로 리조트 시설의 추가 입지와 개발은 기존 공간의 특성과 사회 제도를 반영하면서 이루어진다. 스키리조트는 이러한 특성을 잘 보여줄 수 있을 것이다. 스키리조트는 리조트 유형 중 가장 많은 시설을 입지하고 있으며, 다른 유형에 비해 가장 오랜 개발의 역사를 지니고 있기 때문이다. 이러한 이유로 스키리조트를 대상으로 시대 변화에 따라 리조트가 어떻게 개발되고 있는지를 살펴보기로 한다.

스키리조트는 스키장과 골프장을 보유하고 있는 경우, 골프장 없이 스키장만을 보유하고 있는 경우로 구분할 수 있다. 또한 골프장을 보유하고 있는 스키장은 ① 골프장이 먼저 개발되고 스키장이 나중에 입지한 경우와 ② 스키장이 개발되고 나중에 골프장이 입지한 경우로 나누어 구분해볼 수 있다. 또한 최근에 공공자본에 의해 건설된 알펜시아 및 오투, 하이원과 같이 ③ 스키장과 골프장을 동시에 개장한 스키리조트, ④ 대중 골프장만을 가지고 있는 스키장, ⑤ 스키장만을 가지고 있는 스키장으로 구분하여 볼 수 있다. 이러한 스키리조트의 개발유형을 구분하여 정리해보면 다음 <표 6-1>과 같이 정리하여 볼 수 있다. 다음 <표 6-1>은 스키리조트의 발전유형별 입지조건과 입지 전략의 차이를 일부분 설명해줄 수 있을 것으로 기대된다. <표 6-2>는 발전유형별로 거리, 각 시설의 규모에 대한 평균값을 정리한 것이다.

<표 6-1> 스키리조트 개장 연도와 슬로프 수 및 골프장 규모, 도심까지의 거리

스키리조트	위치	개장 연도	슬로프 수	골프장 홀 수		거리(km)		발전 유형
				회원제	대중	서울	부산	
대명비발디	강원도	1993	13	18	9	62	306	1
무주	전북	1990	34	18	9	198	146	1
성우	강원도	1995	19		9	112	273	
용평	강원도	1975	29	18	9	150	282	
휘닉스파크	강원도	1995	21	18	9	119	281	
곤지암	경기도	2005(1993)	12	18		37	292	
양지파인	경기도	1970	8	27	9	47	280	2
에덴밸리	경남	2006	7	18		297	35	
엘리시안강촌	강원도	1997	10	27		60	327	
오크밸리	강원도	1998	9	54	9	75	280	
지산포레스트	경기도	1994	7	36	18	49	278	
베어스타운	경기도	1984	7		9*	37	338	3
알펜시아	강원도	2006	7	27	18	149	284	4
오투	강원도	2008	12	27	9	181	228	
하이원	강원도	2006	18		18	170	229	
수안보	충북	1990	9			118	215	5
스타힐	경기도	1982	4			28	324	

참고: 유형 1-스키장 개장 후 골프장 개장. 유형 2-골프장 개장 후 스키장 개장. 유형 3-스키장 일부를 대중 골프장으로 개장. 유형 4-스키장과 골프장 동시 개장. 유형 5-스키장만 개장

　발전유형 2에 속하는 스키리조트들의 도심으로부터 평균 거리는 51km이며, 유형 1에 속하는 스키리조트의 도심으로부터의 평균 거리는 128km, 스키와 골프장을 동시 개발하는 유형 4의 스키리조트는 도심으로부터의 평균거리가 167km이다(<표 6-2> 참조). 이와 같이 스키리조트의 발전유형과 도심과의 거리, 시설 입지 순서, 시설 규모와 일정한 관계가 있는 것으로 보인다.

구분/유형		골프장-스키장 (유형 2)	스키장-골프장 (유형 1)	스키장, 골프장 (유형 4)
도심과의 거리(㎞)		51	128	167
슬로프 수		9	23	12
골프장 홀 수	회원	30	25	18
	대중	6	9	15

<표 6-2>는 도심으로부터 가까운 지역은 골프장이 먼저 입지하고 도심으로부터 먼 지역에서는 스키장이 먼저 입지하는 경향이 있으며, 각 유형 간에는 주요 시설의 규모에 일정한 차이가 있음을 잘 보여주고 있다. 이는 시장과의 거리에 따라 리조트의 규모, 시설의 개발 순서와 규모 등에 일정한 차이가 존재함을 보여준다. 예를 들면 주요 표적시장으로부터 가장 먼 지역에 입지하고 있는 유형 1의 스키 슬로프 수는 23개로 가장 크며, 도심까지의 거리가 유형 1과 유사한 유형 4의 슬로프 수는 12개이고 시장과 입지거리가 상대적으로 가까운 유형 2는 9개로 슬로프 수의 규모가 가장 작다. 즉, 시장으로부터 먼 거리에 입지하고 있는 스키리조트는 많은 수의 슬로프를 가지고 있다. 이러한 슬로프 수의 차이는 먼 거리에 입지하고 있는 스키장일수록 스키장 중심의 개발전략을 추구하고 있음을 의미한다.

동시에 도심과 가까운 지역에 입지하는 스키리조트는 골프장 중심, 특히 회원제 골프장 중심의 개발전략을 추구하고 있다. 2012년 현재, 운영 중인 국내 전체 232개 골프장 중 18홀 골프장은 146개이고 27홀 골프장은 65개이며, 국내 골프장 평균 홀 수는 약 22홀이다. 18홀과 27홀의 골프장은 전체 골프장 중 약 91%를 차지하고 있다. 회원제 골

프장 홀 수가 가장 큰 유형은 표적시장으로부터 가장 거리가 가까운 유형 2로 골프장 평균 홀 수가 30개이다. 이는 국내 골프장의 대부분이 18홀이거나 27홀인 것에 비해 평균적으로 큰 규모에 속하는 것이다. 반면에 유형 1의 회원제 골프장 평균 홀 수는 25개이며 유형 4는 18개이다. 반면에 대중 골프장 평균 홀 수는 유형 2가 가장 적은 6홀이며, 유형 1은 9홀, 유형 4는 15홀로 나타났다.

이와 같이 개발유형 1은 유형 2에 비해 슬로프 수가 훨씬 많은 반면에 회원제 골프장 홀 수는 유형 2가 유형 1에 비해 많다. 반면에 대중회원제 홀 수는 오히려 유형 1이 유형 2에 비해 약간 많다. 이러한 결과는 유형 1이 상대적으로 스키장을 중심으로 운영되는 리조트이며 유형 2는 유형 1에 비해 골프장이 더 중요한 리조트임을 선명하게 드러내주고 있다.[20]

반면 유형 4의 대부분은 공공자본에 의해 건설되었다. 유형 4의 리조트들은 다른 리조트에 비해 월등히 큰 규모의 대중 골프장을 보유하고 있다. 이는 개발자본의 성격이 영향을 미치고 있음을 보여주는 증거 중의 하나이다. 회원제 골프장은 주로 분양을 통해 자본이윤을 창출하는 전략에 기초하고 있는 반면에 대중 골프장은 운영수익을 통해 자본이윤을 창출하는 전략에 기초하고 있다. 따라서 공공자본에 의해 건설되는 스키리조트는 민간자본에 의해 개발된 스키리조트에 비해 운영중심의 개발전략에 무게를 두고 있는 것으로 이해된다. 그럼에도 불구하고 대부분의 자본을 카지노로부터 공급받고 있는 하이원과 민간차입자본을 활용한 오투나 알펜시아 사이에도 차이점이 존재한다. 하이원은 콘도도 분양을 하지 않고 있으나 오투나 알펜시아

---

20) 이러한 결과는 설문조사 응답결과에서도 동일하게 나타나고 있다. 자세한 내용은 부록 〈표 3〉 참조.

는 골프장 등을 분양하고 있다. 이는 오투나 알펜시아는 하이원에 비해 분양중심의 개발에 더 의존하고 있음을 보여주는 것이며, 민간자본의 개발전략과 유사한 개발전략을 가지고 있음을 의미한다. 그러므로 유형 4에 속하는 스키리조트들 중 하이원을 제외한 대부분의 리조트 또한 리조트 개발이 부동산 개발을 통한 자본축적 전략을 목표로 하고 있는 것으로 이해될 수 있다. 이러한 결과들은 리조트가 회원권 분양제도를 활용한 자본축적 전략에 의해 생산되는 공간임을 확인해 주고 있다.

스키리조트 개발유형에 따라 도심으로부터의 거리와 개발순서, 규모에 일정한 차이가 있다는 점은 리조트 개발이 단지 교통발전이나 수요확대만의 요인에 의해 이루어지는 것이 아니라 보다 더 다양한 요인들이 작용하여 이루어지는 복합적인 현상이라는 점을 추측하게 한다. 특히 도심과의 거리에 따라 스키리조트 시설 입지가 일정한 관계가 있는 현상은 리조트 시설 입지의 문제가 소비시설의 차이 혹은 소비시설이 가지는 사회적 관계와 밀접하게 연관되어 있을 가능성이 있음을 의미한다. 왜냐하면 현대사회에서 스키는 대중스포츠로 발전되어 왔으나 회원제 골프장은 회원권 구매가 가능한 상류계층의 여가공간으로서의 의미를 가지고 있기 때문이다.

회원제 골프장과 같은 고가의 회원권 구매는 일정 소득 이상의 구매계층을 요구한다. 이러한 구매계층은 주로 대도시에 밀집되어 있다. 따라서 도심으로부터 보다 접근이 용이한 도심 인근지역에 회원제 골프장이 먼저 입지하는 것은 이러한 구매계층의 구매 욕구를 자극하기 위한 것으로 이해될 수 있다. 반면 도심으로부터 먼 거리에 있는 스키리조트는 상대적으로 골프장 회원권 구매가능 계층의 구매

욕구나 이동욕구를 자극하는 데 불리한 위치에 있는 것이다. 이러한 이해는 도심 근처의 스키리조트에서 회원제 골프장이 먼저 입지하는 이유를 부분적으로 설명할 수 있다.

이러한 입지거리와 시설개발과의 관계를 좀 더 자세히 살펴보기 위해 가장 오랜 기간의 개발 역사를 가지고 있는 스키리조트를 대상으로 시대변화에 따라 리조트 개발에 어떠한 변화 패턴이 존재하는 지를 살펴보기로 하자. 이를 위하여 각 발전유형을 시대별로 그리고 주요도심으로부터의 거리를 기준으로 분포현황을 나타내면 다음 <그림 6-1>과 같다. <그림 6-1>은 시대변화에 따라 도심으로부터의 거리변화가 일정한 흐름이 있음을 보여주고 있다.

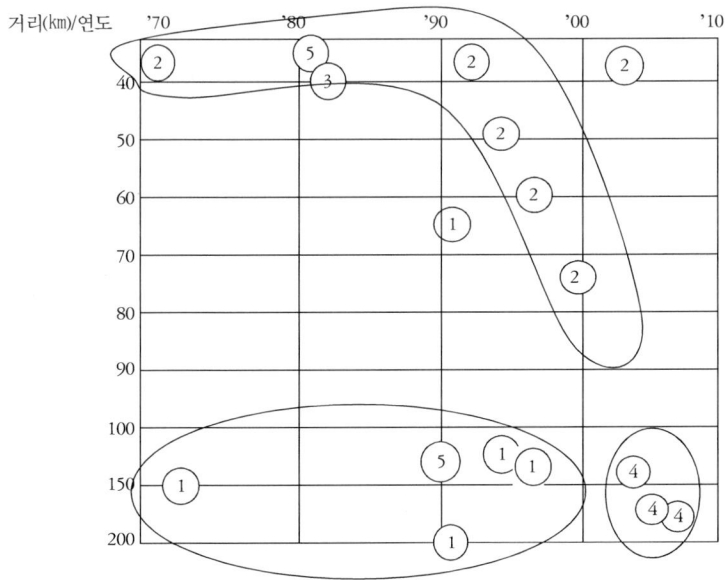

〈그림 6-1〉 스키리조트 발전유형의 거리 및 시대에 따른 분포현황

90년대 이전까지 스키리조트는 근교형과 원거리형 두 가지 입지 패턴이 분명하게 존재하고 있다. 그러나 1990년대를 기준으로 이러한 입지 패턴에 변화가 나타나 근교형과 원거리형 간의 거리 차이가 작아지고 있다. 1990년대 이전에는 근교형과 원거리형 간 거리가 확연하게 큰 차이를 보이고 있다. 1990년대 이전까지 스키리조트는 도심으로부터 40~50㎞ 떨어진 지점의 근교형과 100㎞ 이상의 지점에 입지하고 있는 원거리형으로 이분화된 입지분포를 가지고 있다. 비발디는 스키장을 먼저 개장한 발전유형 1에 속한다. 1993년에 개장한 비발디스키리조트의 경우는 이러한 근교형과 원거리형의 중간 정도 되는 지점에 입지하고 있다. 비발디스키리조트의 경우 현재는 4차선 도로 개통 등으로 접근성이 크게 향상되었다.

시대변화에 따라 발전유형에 일정한 변화패턴이 발견되고 있는데 가장 뚜렷한 변화를 보이고 있는 것은 발전유형 2이다. 발전유형 2형에 속하는 스키리조트들은 1990년대 이전에는 30~40㎞ 지점에 주로 입지하고 있었으나, 1990년대 이후에는 서울 도심으로부터 점차적으로 먼 거리인 70~80㎞ 떨어진 지점까지 골프장에 스키장이 입지하고 있다. 발전유형 2형 중 양지파인을 제외하고는 모두 1996년 이후에 1개, 나머지 4개는 2002년 이후에 스키장이 개장되었다. 이 중 근거리 지점에 입지하고 있는 곤지암리조트는 1993년에 이미 골프장을 개장하였으나 수도권 상수원보호구역 등의 문제로 인하여 스키장 개장은 매우 긴 시간이 소요된 2005년에야 개장되었다. 또한 양산의 에덴밸리는 수도권 시장을 겨냥한 스키리조트가 아니라 경남과 부산시장을 겨냥하여 만들어진 스키리조트이다. 따라서 수도권을 중심으로 보면, 1990년대 이후 발전유형 2형(골프장 개발 후 스키장 개발유형)

의 스키리조트는 도심으로부터 점점 멀어져 입지하는 공간적 확산현상을 분명하게 보여주고 있다.

이러한 발전유형 2의 스키리조트 입지의 공간적 확산현상은 어떠한 사회적 배경을 가지고 가능하게 되는가? 우선 교통발전과 골프와 스키수요 확대 및 상호작용이라는 차원에서 생각해볼 수 있다. 기존에 왕복 2차선이었던 영동고속도로가 1994년에 원주까지 4차선으로 확장되었다. 그리고 중부고속도로의 일부(남이~하남)가 1987년에 개통되었다. 그리고 서울과 춘천을 연결하는 국도 확장 및 연결지방도 신설 등이 1993년 말에 1차로 완공되었다(연합뉴스, 1993.11.2.). 이와 같은 고속도로 개통 및 개량, 그리고 국도의 확장 및 체계정비 등은 원주에 입지하고 있는 오크밸리와 강촌엘리시안과 같은 유형 2에 속하는 리조트에 대한 접근성을 향상시켜 주는 것이다.

이는 대량의 소비자를 수송해야 하는 스키장 입지 조건 중 하나인 접근성을 향상시켜 스키리조트가 보다 먼 거리에 입지할 수 있는 가능성을 실현시킨 결과로 이해될 수 있다. 따라서 교통인프라 개선 및 확충은 기존의 고급여가로서 인식되어 왔던 스키여가에 대한 대중의 욕망을 충족시킬 수 있는 가능성(즉, 거리의 이동에 대한 마찰력을 감소시키는 것)을 확대시키는 것이며, 이러한 가능성 확대와 소득향상과 같은 실현조건의 충족은 스키리조트 발전유형 2의 공간적 확산을 가능하게 한 것으로 이해될 수 있다. 그리고 90년대에 이루어진 스키리조트 개발은 스키의 대중화를 가능하게 해주었다. 이러한 해석은 발전유형 2에서 나타나는 스키장개발에 대하여는 설명력이 높을 수 있으나 골프장이 대도심으로부터 입지거리가 점점 커지고 있는 것에 대하여는 충분하게 설명하지 못하고 있다. 발전유형 2는 골프장이 먼저 입지하는 스키리조트이며 골프장을 중심으로 개발되고 있는 리조트이다. 양지파인을 제외하고는 골프장들이 모두 90년대 중반 이후에 개장되었고, 골프장 입지시기와 도심으로부터의 거리를 비교하여 보면, 도심으로부터 일정하게 먼 지역으로 입지하는 경향이 있음을 확인할 수 있기 때문이다(<표 6-3>). 따라서 아직도 많은 분석과 해석이 이루어져야 한다.

〈표 6-3〉 스키리조트 발전유형 2의 주요 시설 개장 연도 및 도심까지 거리

리조트	골프장 개장 연도(대중)	스키장 개장 연도	도심까지의 거리(km)
양지파인	1970(2007, 파3)	1982	47
지산포레스트	1994(1999)	1996	49
강촌엘리시안	1997(2002)	2002	60
오크밸리	1998(2001)	2006	75
곤지암	1993	2005	37
에덴밸리(양산)	2006	2007	35

발전유형 1에는 어떠한 개발 패턴과 특성이 존재하는지를 발견하기 위하여 스키장과 골프장 입지가 언제 이루어졌으며, 이러한 입지에 어떠한 패턴이 존재하는지를 분석해보자. 발전유형 1의 주요 시설 개장 연도를 표로 나타내면 다음 <표 6-4>와 같다. 무주리조트를 제외하고는 모든 리조트에서 9홀 규모의 대중 골프장과 18홀, 36홀 회원제 골프장을 가지고 있다. 무주리조트는 대중 골프장 대신에 파3골프장만을 보유하고 있다. 개발연도별 패턴을 보면, 스키장을 개장한 후 대중 골프장을 개장하였다. 그리고 이후 회원제 골프장을 개장하고 있다. 용평을 제외하고는 모두 1999년 이후에 회원제 골프장을 개장하고 있다. 이는 1990년대 말경에 사회적으로 장거리 리조트에 대

한 회원제 골프장 수요가 사회적으로 형성되었음을 의미하는 것으로도 이해될 수 있다. 그리고 발전유형 1에서 나타나는 개발유형과 입지거리는 스키장뿐만 아니라 상류층의 여가공간이었던 회원제 골프장도 더 먼 지역으로 입지하는 경향이 존재하고 있음을 보여주고 있다. 즉, 스키리조트 발전유형 2의 입지패턴 변화뿐만 아니라 발전유형 1의 골프장 입지는 중산층 여가공간의 입지확산과 상류층 여가공간의 입지확산이 동시에 이루어지고 있음을 보여주고 있다.

〈표 6-4〉 스키리조트 발전유형 1의 주요 시설 개장 연도

리조트	스키장 개장 연도	슬로프 수	골프장별 개장 연도 및 홀 수			
			대중	홀 수	회원제	홀 수
용평	1975	29	1985	9	1989,2004	18/18
휘닉스파크	1995	21	1997	9	1999	18
성우	1995	19	2005	9	2003	36
비발디	1993	13	1998	9	2005	18
무주	1990	34	?	9(파3)	2005	18

그러나 스키리조트에 입지하고 있는 골프장의 경우에서도 상류계층 간의 계층 차이를 반영한 리조트 시설 입지 전략이 존재한다. 이는 각 리조트의 골프장 회원권 가격을 통해 이해될 수 있다. 고가의 회원권 골프장은 상류계층의 골프장이며 저가의 회원권 골프장은 중산층이 주로 이용하는 대중적 성격의 골프장으로 이해될 수 있을 것이다. 이러한 관점에서 골프장 회원권 거래가격을 분석해보자. 국내 골프장 회원권 거래가격을 가격대별로 분리해놓은 samilgolf.co.kr을 참고로 가격대별 회원권 종류 수를 정리해보았다. 다음 <표 6-5>는 이를 정리해놓은 것이다. <표 6-5>에 의하면 5억 이상의 회원권 골프

장은 최상의 계층이 이용하는 골프장으로 이해될 수 있을 것이다. 반면에 1억 이하의 골프장은 상대적으로 중산층이 이용하는 대중적 골프장으로 이해될 수 있을 것으로 판단된다.

〈표 6-5〉 국내 골프장 회원권 가격대별 분포현황

회원권 가격(원)	5억 이상	3~5억	2~3억	2~1억	1억~5천	5천만 이하
골프장 수	29	31	37	17	76	63

출처: samilgolf.co.kr의 자료를 연구자가 정리(2010.09.). 회원권 종류별로 정리

발전유형 1형의 골프장 회원가는 용평-1억 2,500만, 버치힐-1억 9,600만, 휘닉스-8,850만, 성우 오스타-3억 2,000만(VIP), 2억(일반), 비발디-1억 7,000만, 무주-1억 8,000만 원이다. 발전유형 2에 속하는 골프장 중 지산은 3억 1,000만 원이며, 강촌엘리시안은 1억 9,000, 오크밸리는 2억 원 정도에 거래되고 있다. 이러한 골프회원권 가격은 성우 오스타(VIP)와 경기도에 있는 지산을 제외하고는 모두 높은 가격대가 아닌 낮은 가격대이다. 2억 이상의 고가 회원권을 가진 골프장 대부분은 경기도와 같이 도심과 가까운 지역에 위치하고 있다.[21] 이러한 골프회원권 가격대는 최상위층의 골프수요가 도심에서 벗어나 도심으로부터 먼 지역으로 이동하는 것이 아니라 중상류층의 골프수요를 반영하는 여가공간으로서 리조트 입지가 지리적으로 확장되고 있는 것을 보여준다. 역사적으로 보면, 골프장은 서울과 가까운 지역부터 회원제로 개발되기 시작하였으며 상류계층의 여가공간으로서 위치하여 왔다. 스키리조트 개발에서 나타나는 중상류계층 여가

---

21) 경기도에 위치하고 있는 양지파인의 회원권은 3,000만 원대로 이러한 분석과 다른 패턴을 보여주고 있는 사례이다. 이에 대한 공간적 이유에 대하여는 8장에서 분석되고 있다.

공간으로서의 골프장 입지의 공간적 확산은 기존의 상류계층 여가공간으로서의 입지는 유지되고 상대적으로 중상류계층 여가공간으로서의 골프장은 그 이외의 지역으로 확산되는 것일 수 있음을 의미한다. 따라서 스키리조트에서 나타나는 리조트 입지확산과 다양한 시설의 입지는 소득계층 차이를 반영한 여가공간으로서 유형화되면서 이루어지는 특징을 가지고 있는 것이다. 그러므로 스키리조트의 입지확산에는 교통 발전과 더불어 골프장 이용자인 상류층 내부의 여가공간을 공간적으로 분리하려는 사회적 힘이 함께 작용하고 있는 것이다.

　상대적으로 먼 거리에 입지하고 있는 스키 중심의 리조트는 골프장 중심의 스키리조트에 비해 대규모 수요를 필요로 하며, 비성수기에 운영압력을 더 크게 받는다. 발전유형 2에 비해 발전유형 1에서 대중제 골프장이 더 크게 입지하고 있는 현상은 바로 먼 거리에 입지하고 있는 스키리조트의 이러한 운영압력에 대한 대응으로 이해될 수 있다. 스키장의 슬로프 중 적당한 경사도가 있는 하층부의 경우는 대중 골프코스 건설이 가능하다. 이러한 대중 골프장 개발은 상대적으로 적은 비용이 투입된다. 이러한 점들 때문에 발전유형 1 중 용평을 제외한 모든 스키리조트의 대중 골프장은 별도의 부지매입이 필요 없으며, 상대적으로 적은 개발비용이 들어가는 스키슬로프를 활용한 대중 골프장을 입지하게 된 것으로 이해될 수 있다.

　스키리조트 발전유형 2의 대중 골프장 개발은 발전유형 1의 대중 골프장과 상당부분 다르게 전개된다. 발전유형 2 중 지산과 오크밸리는 스키장이 아닌 별도의 공간에 대중 골프장을 개발하였다. 그러나 강촌의 경우에만 스키장 일부를 대중 골프장으로 활용하고 있다.[22]

---

22) 강촌의 경우 스키슬로프의 하단부를 주로 대중 골프장으로 활용하고 있다.

이는 골프장 중심의 도심과 상대적으로 가까운 스키리조트인 발전유형 2의 특징을 반영하는 것이다. 즉, 발전유형 2에서 대중 골프장은 독자적으로 운영의 중요성을 지닌 시설인 반면에 발전유형 1에서는 스키리조트의 운영을 보완하기 위한 시설인 것을 의미한다. 그러므로 발전유형 1의 스키리조트에서 대중 골프장 입지는 스키 중심의 리조트가 가지는 계절성 문제를 극복하기 위한 개발전략과 관련되어 있을 가능성이 높은 것으로 이해될 수 있다.[23)]

마지막으로 발전유형 3과 5에 대하여 살펴보자. 발전유형 3은 스키장과 숙박시설만을 보유한 유형으로 스타힐과 사조수안보스키리조트가 있다. 스타힐은 서울과 가장 가까운 28㎞ 지점에 입지하고 있으며, 수안보의 경우는 대전으로부터 75㎞ 지점이며, 부산과 경남지역에서 가장 가까운 지점에 입지하고 있었던 스키장이었다. 스타힐의 부지는 스키장 중 가장 작은 15만 평이다. 그리고 수안보리조트는 그 다음으로 작은 17만 평의 부지규모를 가지고 있다. 스타힐의 경우는 매우 작은 규모인 38실의 단체 연수용 숙박시설만을 가지고 있다. 수안보 또한 작은 규모의 숙박시설만을 가지고 있다.[24)] 이 두 리조트들은 스키장의 슬로프 수가 각각 4개, 7개로 비교적 작은 특징을 가지고 있다. 또한 부지규모도 일반적인 골프장 부지보다 작다.

이와 같이 발전유형 3에 속하는 스키리조트들은 숙박 수요가 비교적 적은 도심근교지역의 수요를 수용하고 있는 입지 특성을 가지고 있다. 반면에 베어스타운리조트는 40만 평의 부지에 7면의 스키장을

---

23) 회원제 골프장은 모두 90년대 중반 이후에 입지하게 되는데 이러한 사회적 배경에 대한 해석은 뒤에서 논의할 골프리조트의 입지지역 확산의 성격에 대한 논의와 맥락을 같이하는 것으로 이해될 수 있을 것이다.

24) 60실의 유스호스텔과 50실의 콘도만을 가지고 있다.

가지고 있는 비교적 소규모 근교형 스키장에 속한다. 그러나 별도의 골프장을 보유하기에는 부지면적이 작은 한계를 지니고 있다. 그러나 베어스타운리조트는 앞의 두 리조트에 비해 상대적으로 큰 규모의 부지를 보유하고 있다. 그리고 앞의 두 리조트에 비해 큰 규모의 숙박시설과 타워형 및 빌라형 등과 같이 다양한 형태의 콘도를 가지고 있다(콘도 337실 - 타워형, 빌라형 등). 이러한 결과들은 입지지역의 부지규모와 도심으로부터의 거리가 숙박시설 입지를 제약하는 요인으로 작용하고 있음을 의미한다. 서울과 입지거리가 가까운 지역인 경기도에 입지하고 있는 스키리조트들이 속하고 있는 개발유형 2의 스키리조트들 또한 숙박시설의 규모가 개발유형 1과 4에 속하는 스키리조트에 비해 작은 경향을 보이고 있다(숙박시설의 규모에 대하여는 <표 6-8> 참조). 즉, 도심으로부터 거리가 가까운 지역에서는 숙박수요를 발생시키지 않는 저비용의 일상적 여가활동 중심의 여가공간으로 개발되고 있음을 보여주는 동시에 골프는 상류계층의 여가공간으로서 개발되는 경향을 보이고 있는 것이다.

스키리조트 발전유형에 따른 입지패턴 분석결과는 표적 시장과의 거리와 부지규모에 따라 초기에 개발되는 시설과 추가 시설 입지 전략에 일정한 차이점이 있음을 보여주고 있다. 이러한 차이점은 리조트가 도심과의 거리, 부지규모 등의 조건에 따라 일정 소득계층의 공간으로서 여가공간의 성격을 지니며 발전하고 있다는 점을 보여주고 있다. 그리고 스키리조트의 발전유형 분석에서 나타나고 있는 입지확산 현상은 교통 발전과 더불어 중산층의 여가공간인 스키장의 지리적 확산이라는 측면과 중상류층의 여가공간인 골프장의 지리적 확산이라는 측면에서 이해될 수 있다. 또한 대규모 수요를 요구하는 스키장은 기본적으로 접근성이 우수한 지역에 입지하는 경향이 있으며, 자동차의 이동을 촉진하는 고속도로 발전은 스키리조트 입지를 시장으로부터 보다 더 먼 곳에 위치하는 것을 가능하게 하였다.

이와 같은 스키리조트를 중심으로 한 리조트의 발전과정에 대한 유형별 분석결과는 리조트 입지와 시장과의 거리 간에 일정한 패턴이 존재하지만, 이러한 패턴의 발생이 중력모델과 같이 거리의 제곱에 반비례하는 수요에 근거하여 입지가 결정되는 것이 아님을 보여주고 있다. 오히려 리조트 입지와 시장과의 거리 간의 관계는 자본이 축적을 안정적으로 도모하기 위해(회원권 분양과 관련되어 있는) 리조트라는 소비공간을 구매하고 소비하고자 하는 소비계층과 관련되어 있음을 의미한다. 도심과 보다 더 가까운 곳에서는 고가의 골프회원권 구매가 가능한 계층의 공간 개발을 통해 자본축적을 보다 안정적이고 용이하게 달성할 수 있는 방식의 개발에 집중하고 있으며 반면 보다 더 먼 곳에는 중산층 혹은 중상류층의 여가공간으로 개발되고 있다.

이러한 관점에서 보면, 리조트 입지의 도심으로부터의 거리 차이는 리조트의 여가수요 혹은 시설이 가지는 계층적 특성과 관계된 부르디외의 소비를 통한 구별 짓기와 문화자본 축적을 강화하기 위한 클럽효과가 리조트 입지결정에 작동한 결과일 수 있음을 의미한다. 그리고 5장에서 살펴본 바와 같이, 고급화된 이미지와 서비스 제공이 운영에 있어서 중요한 요인이 되고 있는 이유는 바로 리조트가 이러한 회원권을 보유할 수 있는 소비계층의 여가공간이기 때문이다. 이러한 잠정적인 추론이 실재 존재한다면 리조트에서의 구별 짓기는 골프장 이외의 다른 시설 등의 다양한 방식을 통해 외부로 그 모습을 드러내 보일 것이다.

지금까지 스키리조트의 발전유형에 대한 분석결과는 리조트의 입지거리가 시장과의 거리 비용의 문제가 아니라 소비계층의 관계를 보여주는 것임을 보여주고 있다. 따라서 이러한 관계를 보다 깊이 있게 확인하기 위해서는 스키리조트를 대상으로 도심으로부터의 거리에 따라 각 시설의 종류와 성격, 규모 등에 대하여 분석할 필요가 있다. 이를 위하여 주요 시장인 서울로부터의 거리에 따라 각 스키리조트를 다음 <표 6-6>과 같이 구분하였다. 그리고 서울로부터 각 스키리조트까지의 거리와 부지규모를 고려하여 세 가지의 유형 즉, 도시 지역형, 도시 근교형, 원거리형으로 분류하였다. <표 6-6>과 같이 부지규모와 거리에 따라 구분하는 이유는 앞에서 살펴본 바와 같이 입지거리와 시장과의 상호작용 결과에 따라 리조트 입지 특성이 달라질 수 있으며, 부지면적은 이러한 상호작용에 대한 시대변화에 따른 구체적 대응전략에 제약을 가하는 요인이 될 수 있을 것으로 판단하기 때문이다.

1) 도시 지역형

도시 지역형은 일반적으로 부지규모가 작으며 도심에 인접한 특징을 지니고 있다. 스타힐은 부지가 15만 평이며 서울로부터의 거리는 28㎞, 사조수안보리조트는 부지면적이 17만 평으로 충주로부터 16㎞ 떨어진 지점에 위치하고 있다.[25] 대부분의 도시 지역형은 경기도와 같이 시장과의 거리가 매우 가까운 지역에 위치하고 있다.

도시 지역형 스키리조트의 평균면적은 16만 평으로, 골프장 리조트 평균부지면적인 43만 평에 비해서도 매우 작다. 그리고 스키장과

---

25) 본 연구에서 사용하고 있는 리조트까지 거리는 각 도시의 시청이나 중심 역으로부터의 직선거리이며, 다음(Daum)의 지도 서비스기능을 활용하여 측정하였음.

숙박시설과 같은 기본시설만이 입지하고 있다. 도시 지역형으로 구분된 스키리조트는 대부분 단체나 저가형 여가를 즐기고자 하는 계층이 주요 표적 대상이다. 사조수안보의 핵심적인 숙박시설도 단체고객용인 유스호스텔이며, 스타힐도 대중형 연수용 숙박시설만을 보유하고 있다. 이와 같이 도시 지역형 스키리조트의 숙박기능은 주로 단체 관광객 혹은 연수 단체(학생 들을 포함한)를 중심으로 운영되고 있다.

이와 같이 도시 지역형 스키리조트는 저렴한 비용의 스키 활동이나 단체 활동을 필요로 하는 소비자의 공간이다. 즉, 교통비용이나 숙박비용을 절약할 수 있거나 저렴한 비용으로 여가활동을 즐기고자 하는 소비자를 주요 표적으로 개발되고 있음을 의미한다. 즉, 거리와 비용은 비례하므로 단거리는 저비용 소비자, 원거리는 고비용 소비자를 표적으로 할 가능성이 높음을 의미한다. 이는 숙박시설의 경우 리조트 입지거리에 따라 소비계층의 여가공간의 성격을 나누고자 하는 리조트 시설 입지 전략이 존재할 수 있음을 의미하는 것이다.

〈표 6-6〉 스키리조트 시설별 개장 연도 분포

지역	리조트 명	면적	'75	'80	'85	'90	'95	'00	'05	'10
원거리 (강원 전북)	용평	520	S, H, U	C G2	C			C G1	C W	
	대명비발디	340				S, C	U G2	C, G1	W	W
	무주	212			S, C	H	S	G1		
	오크밸리	450					G1,C	C	S, C G1	
	성우	200				S, C	H(u)	G1	G2 A G1	
	휘닉스	116				S, C	C G2 G1	H, U, S	C W	
	엘리시안	60					G1	C, S		
	알프스	15		S, H	C			(휴장)		

구분	리조트	면적									
원거리(강원, 전북)	하이원	151								G2	S, H
	오투	145									G1, S, C
	알펜시아	149									C, G1, S H
	평균면적	214									
도시 근교형(경기, 경남)	양지파인	100	G1	G1, S U				C			S
	지산	180					G1, G2	S	C		
	곤지암	45					G1			S	C, W
	베어스타운	40			S	U	C				Un
	에덴밸리	74									G1, S, C
	평균면적	88									
도시 지역형	사조수안보	17					S, U			C	
	스타힐	15		S							
	평균면적	16									

부호참고: 스키장-S, 호텔-H, 유스호스텔-U, 콘도-C, 회원제 골프장-G1, 대중 골프장-G2, 워터파크-W, 스노우파크-A, 면적-만 평

2) 도시 근교형

도시 근교형 스키리조트 대부분은 회원제 골프장으로 개발되기 시작하였으며 이후 콘도와 스키장이 추가로 입지한 개발형태를 띠고 있다. 이러한 경향을 띠고 있는 스키리조트로는 양지파인, 지산과 같이 100만 평 이상의 부지를 가진 리조트와 에덴밸리와 곤지암과 같이 중소규모의 부지를 가진 리조트가 있다. 이 두 유형의 리조트들은 개발과정에서 차이점이 있다. 에덴밸리와 곤지암은 모두 2000년대 이후에 개발되었으나 양지와 지산은 80년대와 90년대에 개발되었다. 에덴밸리와 곤지암의 경우는 대규모 부지를 가진 양지와 지산과 달리 집중개발방식으로 스키리조트가 건설되었다. 이와 같이 개발시기와 부지규모의 차이에 따라 개발방식에 차이가 있다.

도시근교형 스키리조트 중 골프장 중심이 아닌 스키장 중심의 발전과정을 취하고 있는 경우로는 베어스타운이 있다. 베어스타운은 처음에 스키장으로 개발된 이후 콘도분양을 하였고, 최근에 유스호스텔 시설을 리모델링하였다. 베어스타운은 개발 초기에 유스호스텔을 입지하였고 90년대 초에 콘도를 분양하였다. 서울로부터 37㎞ 떨어진 지점에 위치하고 있으며 고속도로가 인근을 지나지 않고 있다. 이와 같이 베어스타운은 상대적으로 접근성이 떨어지고 부지규모도 작은 특징을 지니고 있다. 베어스타운리조트는 90년대 이후 콘도를 분양한 후 최근에 추가 분양개발계획이나 회원제 골프장 혹은 고급휴양시설의 도입계획을 가지고 있지 않으며, 슬로프확장 등과 같은 기존 스키장 부지 이용을 극대화시키기 위한 계획만을 가지고 있다.[26] 이러한 계획은 베어스타운이 스키장으로서의 기능을 확충하는 발전전략을 가지고 있는 것으로 이해될 수 있다. 이와 같은 도시 근교형 스키리조트의 특징을 구분하여 정리하여 보면 다음 <표 6-7>과 같이 정리해볼 수 있다.

〈표 6-7〉 도시근교형 스키리조트 특성 분석

구분	양지, 지산	곤지암, 에덴밸리	베어스타운
부지규모	대	중	소
개발과정	골프 → 스키	골프 → 스키	스키
고속도로	근접	근접	없음
개발시기	1980~90년대	1990년대~2000년대	1980년대
숙박시설	유스호스텔, 콘도	콘도	유스호스텔, 콘도

도시근교형 중 부지규모가 일정 규모 이상인 양지, 지산, 곤지암,

---

26) 이러한 개발계획은 설문조사결과에서 확인되었다.

에덴밸리는 도심으로부터 모두 접근성이 양호한 지역인 경기도 지역과 부산 근처에 위치하고 있다. 이들 리조트들은 모두 회원제 골프장 개발을 통하여 개발되었다. 접근성이 우수한 도심 근교 지역에 일정 규모의 부지를 확보한 경우에는 골프장이 먼저 개발되고 그 이후에 스키장이 개발되는 경향이 있다. 반면에 접근성이 양호하지 않은 포천에 소규모의 부지를 가지고 있는 베어스타운은 스키장을 개발하고 골프장과 같은 추가 시설은 개발하지 않았다. 그리고 스키장에 입지하는 숙박시설 중 대중 이용형 시설인 유스호스텔이 먼저 입지하고 90년대 중반 이후에 콘도가 입지하는 특성을 보이고 있다. 그러나 2000년대 이후, 스키장에 보다 고급화된 숙박시설이 입지하는 경향이 나타난다. 그러나 상대적으로 최고급 숙박시설은 입지하지 않고 있다. 스키리조트에 입지하고 있는 최고급(소위 VIP 고객을 위한) 숙박시설은 근교형 스키리조트에서는 존재하지 않고, 모두 원거리형에 속하는 스키리조트에서만 존재한다.

3) 원거리형 리조트

원거리형 스키리조트는 개발 자본의 성격에 따라 크게 두 가지로 구분할 수 있다. 하이원, 오투, 알펜시아는 공공자본이 주도하는 리조트들이며 나머지는 모두 민간자본이 개발한 리조트들이다. 민간자본 스키리조트들은 원주에 위치하고 있는 오크밸리리조트를 제외하고는 모두 스키장이 먼저 개발된 리조트들이다. 또한 알프스리조트를 제외하고는 모두 100만 평 이상의 부지를 가지고 있다. 다만 엘리시안리조트의 경우는 상대적으로 부지규모도 작으며, 회원제 골프장으로 개발되기 시작하였고 개발 시기도 다른 스키리조트에 비해 최근에 개발되기 시작하였다는 점이 차이점이라고 할 수 있다.

상대적으로 거리가 먼 스키리조트는 스키장을 중심으로 발전되었다. 70년대에 개발되기 시작한 용평리조트의 경우는 초기 개발 시기에 맞추어서 호텔과 유스호스텔이 지원시설로 입지하였다. 이는 그 당시에 장거리를 이동할 수 있는 관광객은 사회적으로 부유한 소비계층이며 이를 대상으로 하는 지원시설을 입지하였던 것을 의미한다. 그러나 80년대 이후 콘도 분양 전략을 통해 숙박시설이 개발되고 90년대 이후 2000년대에 들어와서는 고급 콘도(별장형 콘도의 개념)나 콘도 자체에 호텔기능이 들어 있는 호텔형 콘도를 중심으로 개발이 이루어지고 있다. 또한 휘닉스 파크와 같이 동일 리조트 내에 고급지향적인 리조트를 다른 브랜드(소노펠리체)로 레지던스(별장형) 콘도를 분양하는 등 리조트의 고급지향적 추세가 발견되고 있다. 이러한 점은 원거리 스키리조트가 근교형이나 도시지역형의 스키리조트와 다른 고급지향적인 개발경향을 가지고 있음을 선명하게 보여주고 있음을 의미한다.

최근의 개발과 과거 개발에서의 차이점 중 하나는 지방정부의 역할이다. 하이원과 오투, 알펜시아는 모두 강원도나 태백시와 같은 지방정부가 주도하거나 제3섹터 방식의 개발전략을 취하고 있다. 이러한 리조트개발에서의 지방정부 역할 확대는 5장에서 논의한 바와 같이 지자체 실시와 더불어 세계화라는 측면에서 이해될 수 있다. 세계화는 국가단위에서 지방단위로의 경쟁을 심화시키는 경향이 있다. 이러한 경쟁 속에서 지자체는 지역개발의 주요한 주체가 되려는 압력을 받기 때문이다. 몇 가지 점에서 이러한 개발방식이 진행되는 특징을 추론해볼 수 있다. 알펜시아와 같은 경우는 동계올림픽 위치라는 목적에 리조트 개발이 기여해야 하는 정치적 환경이 작용한 경우이다. 하이원은 정선카지노와 카지노 호텔을 포함하여 생각하면, 카지노 리조트를 확대하여 개발하는 방식으로 이해될 수 있다. 오투의 경우는 태백시가 제3섹터 방식으로 무리하게 개발을 진행한 경우로 이해될 수 있다. 현재 오투는 계속되는 적자로 인하여 행정안전부로부터 법인 청산명령이 내려진 상태이다. 이들 스키리조트들은 단기간에 골프장과 콘도, 스키장을 개발하는 방식을 취하고 있다. 이러한 단기 개발방식은 기본적으로 경쟁이 치열한 리조트 시장에 후발주자가 대응하기 위한 전략으로 이해될 수 있다. 그만큼 위험부담이 가중된다.

4) 스키리조트 유형별 시설 입지특성 비교

<표 6-8>은 스키리조트 유형에 따라 슬로프 수와 콘도나 호텔과 같은 객실 수, 골프장 홀 수 등의 평균값을 표시한 것이다. <표 6-8>에 따르면, 도심으로부터 멀수록 부지규모도 커지며, 콘도와 같은 분양숙박시설의 규모가 커짐을 알 수 있다.

〈표 6-8〉 스키리조트 유형별 각종 시설 평균

유형	평균면적 (만 평)	슬로프 수	분양콘도객 실 수	회원제 골프장 홀 수	호텔 (골프텔) 객실 수	유스호스텔 객실 수	대중 골프장 홀 수
도시지역형	16	6.5	25	0	0	49	0
도시근교형	88	8.2	296	20	0	21	7
원거리형	214	17.2	841	23	112	94	10

원거리형에서는 다른 유형의 리조트와 달리 호텔과 같은 고급 숙박시설이 입지하고 있다. 그리고 스키장의 슬로프 수도 도시 근교형에 비해 두 배 이상 많은 것으로 나타났다. 앞에서 분석한 <표 6-6>

을 보면, 워터파크도 상대적으로 도심으로부터 입지거리가 먼 원거리형의 스키리조트에 주로 입지하고 있다. 그리고 먼 거리에 입지하고 있는 리조트일수록 소비자를 유인하기 위하여 시설의 규모를 크게 함은 물론 고급화, 다양화를 지향하는 개발 전략을 통해 리조트가 개발되고 있다. 따라서 근거리에 입지하는 리조트는 스키와 같은 여가활동의 실용적 목적 추구가 더 중요한 대중적 여가공간이며 반면에 원거리에 위치하고 있는 리조트는 여가스포츠 활동뿐만 아니라 기타 여가활동까지를 소비할 수 있는 소비계층의 여가공간으로 이해될 수 있다.

<표 6-6>과 <표 6-7>에 대한 분석결과는 원거리 리조트들의 시설입지는 소비자의 유인력을 높이는 중심성을 강화시키는 개발 전략의 관점에서 이해될 수 있음을 시사하고 있다. 임은미 외(2007)의 연구에 따르면, 도심으로부터의 거리가 먼 지역에 입지하고 있는 리조트가 스키와 같은 주시설의 중요성보다 부대시설의 중요성이 소비자에게 더 중요하다. 현실적으로 원거리에 있는 스키리조트는 상대적으로 근교형 스키리조트에 비해 더 높은 수준의 이동비용을 부담하고 추가 소비를 할 수 있는 소비능력을 요구하게 된다. 따라서 원거리 스키리조트에서 스키 이외의 이러한 부대시설의 공간을 소비할 수 있는 소비자를 주요 대상으로 개발되고 있는 시설의 중요성이 더 증가하게 되는 것이다. 동시에 원거리 스키리조트에서는 리조트 단지 내 다목적활동이 가능하도록 하는 시설 입지 전략이 작동하고 있을 수 있음을 의미한다. 이러한 분석결과는 중력모델에서 논의되는 바와 같이 거리의 제곱에 반비례하는 수요에 비례하여 리조트 입지나 시설 개발이 이루어지는 것도 아니며 자연자원의 매력성이 리조트 개발과 입지를 자동적으로 결정하는 것이 아님을 보여주고 있는 것이다.

이러한 원거리 리조트의 중심성 강화전략에는 상당한 자금이 투입되므로 이에 대한 위험부담을 회피하고 자본의 안정적 축적을 가능하게 하기 위한 전략이 요구된다. 물론 분양방식의 개발은 바로 이러한 안정적 자본축적의 전략 중의 하나이다. 그리고 이러한 시설들이 안정적으로 운영되기 위해서는 마케팅과 고급서비스를 안정적으로 제공할 수 있는 능력이 개발자에게 요구된다. 현재 휴업 중인 알프스리조트와 공공에서 개발하고 있는 하이원, 오투, 알펜시아 스키리조트들을 제외하고 나머지 원거리형 스키리조트들은 모두 대기업들이 개발하고 운영하고 있는 스키리조트들이라는 점에서 이러한 개발자의 능력과 리조트개발과 입지와의 관계가 밀접하게 연관되어 있음을 추론할 수 있다.

스키리조트의 시장과의 거리와 부지면적, 시설 집적 및 다양성과의 상관관계를 그림으로 나타내면 다음 <그림 6-2>와 같이 도식화를 시도해볼 수 있을 것이다. <그림 6-2>는 시장으로부터의 거리(또는 접근성)가 부지규모, 시설의 종류와 집적 규모가 상당한 관련성을 지니고 있는 것을 보여주고 있다.

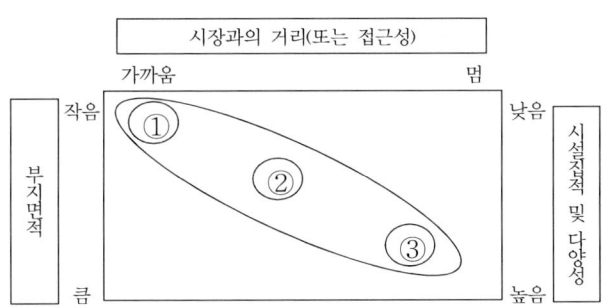

참고: ① 도시지역형, ② 도시근교형, ③ 원거리형

〈그림 6-2〉 스키리조트에서 시장과의 거리(또는 접근성)와 부지면적, 시설집적 및 다양성과의 상관성

지금까지의 분석에 따르면 스키리조트에서 고급 골프장은 시장과 거리가 가까운 곳에 입지하는 경향이 있는 반면, 고급 숙박시설은 시장과 거리가 먼 곳에 입지하는 경향이 있다. 이는 시장과 가까운 곳에 입지하는 스키리조트는 고급지향의 골프장과 대중적 숙박시설이나 기타 시설이 동시에 입지하고 있음을 의미하는 것이며, 시장과 먼 곳에는 대중적 스키장과 숙박시설 그리고 중상류층의 골프장과 고급 숙박시설이 입지하는 것임을 의미하는 것이다. 그러면 같은 리조트 내에 두 개의 상이한 계층의 여가공간이 존재하게 된다. 이러한 상이한 소비계층의 성격을 지닌 소비공간인 스키리조트는 소비계층의 성격을 구별하기 위한 공간 전략을 요구하게 된다. 이에 대하여는 주로 3부에서 논의된다. 다만 여기서는 입지거리는 공간의 소비계층 구별 짓기와 밀접하게 관련되어 있다는 점과 중심지이론에서 논의되었던 중심성은 입지거리와 여가의 성격과 관련되어 있다는 점을 분명히 할 수 있다. 그리고 이러한 구별 짓기는 여가시설의 종류나 여가활동에 따라 다르게 나타난다는 점이 중요하다.

2. 계층의 성격을 드러내는 여가공간으로서의 골프리조트

상대적으로 적은 종류의 시설이 입지하고 있는 골프리조트는 리조트 입지확산이 소비욕망과 관계되어 있다는 사실을 보다 잘 보여주고 있다. 시대변화에 따른 골프리조트의 개발특성을 파악하기 위하여 각 골프리조트를 다음 <표 6-9>와 같이 입지지역에 따라 시대별로 시설입지를 정리하여 보았다. 골프리조트가 가장 많이 입지하고 있는 곳은 강원도이며, 그다음으로 경북지역인 것으로 보인다. 그리고

<표 6-9>에 따르면, 숙박시설 입지 후에 골프장이 개발된 경우(유형 1)와 골프장이 먼저 개발된 후 콘도나 골프텔과 같은 숙박기능이 추가로 입지한 경우(유형 2)로 유형화가 가능하다.

콘도를 중심으로 골프리조트로 개발된 유형 1에는 영랑호리조트와 대명설악리조트가 있다. 유형 1에 속하는 리조트들은 대표적인 명승지이며 관광지 매력성이 높은 지역으로 알려져 있는 설악산을 배경으로 하고 있으며, 대중관광이 활성화되기 시작한 90년대에 개발되었다는 공통점을 가지고 있다. 또한 부지가 상대적으로 작으며 9홀 규모의 대중 골프장이 개발되었다. 이러한 공통점은 유형 1에 속하는 리조트들은 관광수요를 충당하기 위한 공간으로 숙박시설이 먼저 입지하고 난 후에 수요 변화에 대한 대응 및 운영다각화를 위하여 소규모 대중 골프장이 입지하고 있음을 보여준다. 즉, 90년대의 골프리조트는 풍경자원의 매력성을 활용한 관광수요를 중심으로 개발되었으며, 상대적으로 부지 규모가 작다는 특징을 가지고 있다. 그리고 풍경을 중심으로 하는 리조트는 소규모로 강원도에 군집하여 입지하는 경향이 있음을 보여주고 있다.

〈표 6-9〉 골프리조트 시설별 개장 연도 분포

지역	리조트 명	면적	'90	'92	'94	'96	'98	'00	'02	'04	'06	'08	'10
강원도	센츄리21	122	G1	G2			H1		H1				
	설악썬밸리	47								G1, C			
	라데나	46.4	G1			C							
	골든비치	45									G1	H1, C	
	파인리즈	45								G1	G1,C		
	영랑호	26			C, G2								
	청우	24									G1,H1		
	대명설악	9	C, C			G2			W				
경북	오션힐스골프	50								G1			C
	마우나오션	46					G1	G2	C		C		
	오렌지골프	33									G1, H1		
충남	태안비치	23								G1	H1		

부호참고: 회원제 골프장-G1, 대중 골프장-G2, 골프텔-H1, 콘도-C, 워터파크-W, 면적-만 평

　　반면에 부지가 상대적으로 큰 나머지 골프리조트들은 모두 회원제 골프장을 중심으로 개발되었고 이후에 골프텔이나 콘도와 같은 숙박시설이 입지하였다(유형 2). 즉, 회원제 골프장을 중심으로 개발한 골프리조트라는 특징을 가지고 있으며 라데나, 센츄리 21을 제외한 나머지 리조트들은 모두 90년대 말 이후 2000년대에 주로 개발되었다. 이러한 회원제 골프장 개발은 분양방식을 통해 개발자금을 회수함으로써 개발투자에 대한 위험을 회피하고 시대변화에 따라 요구되는 숙박시설을 추가로 개발하고 있음을 의미하는 것이다. 그러나 파인리즈나 썬밸리와 같이 회원제 골프장을 가지고 있는 2000년대 중반 이후에 개발된 유형 2에 속하는 골프리조트 중 일부는 설악산 주변의 아

름다운 풍경을 배경으로 개발되고 있다. 이는 90년대에는 아름다운 풍경자원이 대중관광수요를 중심으로 이용되어 왔으나 2000년대 이후에는 소수의 이용자들을 위한 자원으로도 활용되고 있음을 의미한다.

그리고 시대별로 골프리조트 입지 또한 시대변화에 따라 대도시로부터 입지가 확산되는 경향을 보이고 있다. 다음 <표 6-10>은 주요 골프리조트의 개장 연도와 주요 중심시장과의 거리를 정리해 놓은 것이다.

〈표 6-10〉 주요 골프리조트의 개장 연도와 주요 시장과의 거리

유형	리조트 이름	개장 연도	주요 시장과의 거리(㎞)
유형 2	라데나	1990	73
	마우나오션	1999	69
	센츄리21	2003	83
	설악썬밸리	2005	158
	파인	2006	158
	태안비치	2006	120
	골든비치	2007	158
	청우	2007	98
유형 1	대명설악	1990	152
	영랑호	1996	159

<표 6-10>에 따르면, 유형 2에 해당하는 골프리조트들 중 90년대에 개장한 골프리조트들은 모두 서울로부터 100㎞ 이하의 지역에 분포하고 있지만, 2000년대에 개장한 골프리조트들 중 센츄리 21을 제외한 나머지 골프리조트들은 대도심으로부터 약 100㎞ 이상의 거리에 입지하고 있다. 즉, 골프리조트 유형 2에 속하는 리조트들은 시대변화에 따라 대도심으로부터 먼 거리로 입지가 확산되고 있다. 반면 유형 1은 유형 2에 비해 90년대 초반부터 설악산과 같은 먼 거리에

입지하고 있었다. 이러한 차이는 90년대 초반 이전에는 먼 지역까지 소비자를 유인할 수 있는 유인력이 있는 명승지를 중심으로 한 리조트 개발이 먼저 진행되었으나, 90년대 말 이후에는 그 이외의 지역으로 리조트 개발이 확산되고 있음을 보여주고 있다.

골프장은 1990년대에는 서울과 가까운 경기도 지역에 입지하거나 관광수요가 많은 강원도와 제주도 지역에 집중되어 있었다. 그러나 2000년대에는 경북, 경남, 전남, 충북 등의 지역으로 점차 확대, 분산되어 왔다(김민중·정근한, 2009). 강원도 지역에 주로 위치하여 왔던 골프리조트들은 2000년대 들어와서 경북지역에 주로 입지하고 있는 특성을 보이고 있다. 우리나라 두 번째로 인구가 많은 부산지역의 입장에서 보면 경북지역은 서울의 강원도와 같은 기능을 수행할 수 있는 지역이다. 이러한 지역으로 골프리조트 확산은 골프와 리조트에 대한 수요 확산과 더불어 경북지역으로의 고속도로 개통과도 매우 밀접한 관련성이 있을 것으로 추론된다. 오렌지골프리조트는 경북 상주 내륙지역에 위치하고 있다. 인근지역을 통과하는 고속도로 중 중부내륙고속도로는 2004년에 개통되었다. 또한 오션힐스와 마우나 오션골프리조트는 모두 해안과 인접한 지역에 위치하고 있다는 특징을 가지고 있다. 이러한 특징들은 리조트 입지 거리가 도심으로부터 멀어짐과 동시에 골프리조트 입지의 지리적 확산현상을 의미한다. 교통 발전과 골프수요 증가는 골프장 입지를 도심으로부터 보다 더 먼 곳에 입지시키고 있으며 동시에 해안과 같은 지역의 풍경 매력성에 의존하는 개발 또한 골프리조트의 입지를 지리적으로 확산시키고 있는 것이다. 그리고 최근에 개발된 많은 골프리조트들이 단기간에 골프장과 숙박시설을 동시에 입지시키는 경향이 있다. 동시에 이러한 개발의 집중화 전략은 다른 리조트와의 경쟁에 대한 압력을 받고 있음을 의미한다(부록 <표 9> 참조).

이와 같은 분석결과를 요약 정리해보면 다음 <표 6-11>과 같이 정리해볼 수 있다. 90년대에는 시장과 가까운 곳에 골프장만이 입지하였고 골프리조트와 같은 성격을 지닌 리조트는 주로 자연자원의 매력성이 높은 지역에 대중관광 수요를 중심으로 개발되었다. 그러나 2000년대에는 골프 중심의 여가수요를 중심으로 도심으로부터 먼 거리에 골프리조트가 입지하는 동시에 자연자원 매력성에 의존하는 골프리조트 입지가 공간적으로 확산되어 가고 있다. 이는 골프장이라는 여가공간의 확산을 의미한다. 즉, 이러한 현상은 소수의 이용자를 위한 여가공간이었던 골프리조트 또한 풍경자원에 대한 매력성을 추구하는 방향으로 골프리조트 입지에 변화가 있음을 보여주고 도심으로부터 먼 지역으로까지 입지가 확산되고 있음을 함께 보여주는 것이다. 그러므로 골프리조트 개발에서 나타나는 특징들은 스키리조트와 마찬가지로 회원권 분양을 통한 자본축적의 안정화 추구가 매우 중요한 개발전략이라는 점을 보여주는 동시에 풍경자원의 아름다움에 대한 소비욕구가 강화되고 있을 수 있으며, 이러한 공간을 찾아 리조트 입지가 확산되고 있음을 보여준다.

〈표 6-11〉 골프리조트 유형별 입지특성

개발유형	부지 규모	골프장 종류	입지특성	숙박시설 종류	개발 시기	주요 수요	거리 (㎞)
콘도 → 골프장	작음	대중	설악산	콘도	1990년대	관광	150~160
골프장 → 콘도	큼	회원제	전국지역	골프텔, 콘도	2000년대	골프	70~160

그러나 우리는 골프장 또한 동일한 소비계층의 공간이 아니라 차별적인 여가공간이라는 점을 확인한 바 있다. 그러므로 골프리조트의 여가공간 확산이 어떤 계층의 여가공간의 확산을 의미하는지에 대하여 확인할 필요가 있다. 최근에 도심으로부터 먼 거리에 입지하고 있는 골프리조트의 골프회원권 거래가격은 파인리즈와 골프텔과 함께 회원권을 분양한 오렌지를 제외하고는 모두 1억 원 이하에 거래되고 있다(<표 6-12>). 따라서 이들 골프리조트는 최상류층이 아닌 중상류층의 골프수요 확대를 수용하기 위해 골프장 입지가 비수도권으로 확장된 것을 의미한다. 이는 스키리조트에 대한 분석결과와 동일한 결과이다.

〈표 6-12〉 주요 골프리조트의 골프장 회원권 거래가격

리조트 명	골프회원권 가격 (만 원)	리조트 명	골프회원권 가격 (만 원)
파인리즈	37,000	마우나	7,900
오렌지	약 30,000*	골든비치	9,650
설악썬밸리	5,450	청우	8,800
		태안	5,200

출처: sinwogolf.co.kr, icrowngolf.co.kr(2010.10.) 참조, 연구자 재정리
* 오렌지는 골프장과 골프텔 포함 분양가격

골프리조트는 모두 자연자원 매력성이 뛰어난 곳에만 입지하고 있는 것은 아니다. 특히 회원제 중심의 숙박시설을 가지고 있는 골프리조트에서 이러한 특징이 두드러진다. 만약에 골프리조트 입지결정에 이용자의 아름다운 자연에 대한 소비욕망보다 골프장이라는 공간에 대한 소비욕망이 사회적으로 더 큰 것이라면 골프리조트가 풍경자원의 매력성이 뛰어나지 않은 곳에서도 그리고 대도심과 가깝지 않은

곳에서 입지할 수 있는 부분을 일정 부분 설명해줄 수 있다. 왜냐하면 장거리 이동을 해서라도 골프에 대한 여가활동과 골프장에 대한 소비 욕망을 충족하고자 하는 사회적 욕망은 골프리조트의 입지거리를 더욱더 먼 거리까지 확대시키는 사회적 배경이 될 수 있기 때문이다.

그러므로 골프리조트 입지지역의 확산 또한 소비자의 이동을 가능하게 하는 교통 발전(특히 자동차와 고속도로의 발전)은 물론 먼 거리까지 이동을 통한 골프 여가를 즐기고자 하는 이용자들의 욕망과 관련지어 이해되어야 한다. 70년대에는 골프장과 스키장 모두 상류계층의 여가공간이었다. 골프장은 여전히 상류계층의 여가공간으로 존재하고 있다. 따라서 베블런의 관점에서 보면 상류계층의 여가공간인 골프장은 상류계층의 소비욕망 대상인 동시에 상류계층에 대한 소비모방 욕구 대상이 될 수 있다. 그러므로 서울과 같은 대도심으로부터 일정 거리에 떨어져 골프리조트가 입지하는 현상은 이러한 소비공간에 대한 중상류계층의 소비욕망과 관련이 있을 수 있다. 동시에 골프리조트 입지의 해안지역으로 분산은 자연자원의 매력성에 대한 소비욕구가 강화되고 있음을 보여주는 것을 의미한다. 그리고 이러한 입지확산은 풍경자원의 매력성에 대한 소비욕망이 사회적으로 강화되고 있음을 동시에 의미한다.

3. 맥도날드화된 휴양형 리조트

휴양형 리조트는 풍경자원의 매력성에 대한 소비욕망이 리조트 개발에 어떠한 영향을 미치고 있는지를 잘 보여주고 있다. 휴양형 리조트는 기본적으로 숙박기능과 워터파크나 스파, 문화시설이나 서비스 등을 통한 휴양기능을 강조하는 리조트이다. 휴양형 리조트는 입지의 공간적 특징에 따라 해안에 위치하고 있는 리조트와 내륙에 위치하고 있는 유형으로 구분하여 볼 수 있다. 휴양형 리조트는 다른 유형의 리조트에 비해 부지 면적이 작으며, 주로 해안(혹은 내수면)에 입지하고 있다. 이러한 입지 특성은 휴양형 리조트가 풍경 매력성에 의존하여 소비자를 유인하고자 하는 경향이 강한 것을 의미한다. 휴양형 리조트의 개발특성을 파악하기 위하여 휴양형 리조트를 다음 <표 6-13>과 같이 구분하였다.

〈표 6-13〉 휴양형 리조트 유형 및 시설별 개장 연도 분포

유형	리조트 명	면적(만 평)	'92	'94	'96	'98	'00	'02	'04	'06	'08	'10
수면형	힐튼남해골프스파	24.7								G1, C		
	충무마리나	12.4	Y	C								
	능강(제천)	8.8			C	C	C					
	대명쏠비치	2.6								C, W	H	
	엘도라도	2.5								C, W		
	무창포비체팰리스	1.8									C, W	
	리솜오션캐슬	1.2					C, W					
수면형	대명변산	0.72									C, W	
	능강(통영)	0.71									C	
	펀비치	0.42									H, W	
	충주호	20	C, H									
내륙형	대명단양	1.83					C	W				
	대명경주	0.98								C, W		
	리솜스파	0.96							C, W	C		
	문경STX	0.73									C, W	

부호참고: 회원제 골프장 - G1, 대중 골프장 - G2, 호텔 - H, 유스호스텔 - U, 콘도 - C, 워터파크 - W, 요트장 - Y

휴양형 리조트에서도 개발 시기에 따라 입지하는 시설에 차이가 존재하고 있다. 90년대에 개장한 충무마리나 리조트와 충주호 리조트에서는 주로 해양스포츠나 야외활동이 가능한 여가시설이 주로 입지하고 있다. 그러나 90년대 후반 이후에 개장한 휴양형 리조트 중 능강리조트(제천과 통영)를 제외한 모든 리조트는 스파 시설이나 워터파크와 같은 자본 투입형 실내외 여가시설이 입지하고 있다. 내륙형인 문경STX도 작은 규모의 실내외 스파 시설이 입지하고 있으며, 힐튼남해골프스파리조트에는 호텔형 스파 시설을 보유하고 있다. 이와 같이 최근에 지어진 휴양형 리조트와 90년대 초반에 지어진 휴양형 리조트에 입지하고 있는 시설에는 일정한 차이가 존재하고 있다.

즉, 2000년대에 지어진 휴양리조트는 자연 속에서의 인공시설을 통한 자연의 매력성을 소비하는 공간으로 발전하고 있다. 이제 소비자는 도심으로부터 보다 먼 자연 속에 입지하고 있는 스파나 워터파크 시설 속에서 소비자는 과거에 비맥도날드화된 여가공간이었던 자연을 배경으로 맥도날드화된 공간에서 여가를 즐기게 된다. 이러한 여가공간의 변화는 맥도날드화된 소비환경과 비맥도날드화된 소비환경을 소비하는 양면성을 지닌 중산층의 이중적 소비문화(리터, 2001)를 반영하고 있는 것이다.[27] 그리고 자연공간의 맥도날드화는 소비자가 자연을 즐기기 위해서 소비자가 이전에 비해 더 많은 돈을 지출해야 함을 의미한다. 따라서 휴양리조트 시설입지의 변화는 포스트모더니즘 소비문화가 반영된 자본의 입지 전략임을 보여주고 있는 것으로 이해될 수 있다.

이러한 이해는 리조트의 소비공간의 매력성이 자연자원의 매력성

---

27) 워터파크는 주로 중산층을 표적으로 개발되고 있는 시설이다(8장 참조).

에만 의존하여 만들어지는 것이 아님을 의미한다. 특히 소비자의 선호와 소비를 자극하기 위한 각종 이미지와 기호를 담고 있는 건조환경에 대한 의존을 높이는 방향으로 리조트 개발이 이루어지고 있음을 의미하는 것이기도 하다. 이와 같이 2000년대 이후 활성화되고 있는 자연자원과 건조환경의 결합을 특징으로 하는 휴양형 리조트는 포스트모더니즘의 소비문화의 중요한 측면들이 반영된 관광공간임을 잘 보여주고 있다.

또한 휴양형 리조트 입지 특성에 대한 분석결과에서 우리의 관심을 기울이게 하는 것은 휴양형 리조트의 대부분이 콘도 분양이라는 개발방식에 의존하고 있다는 점이다. 이와 같이 분양에 의존하는 리조트 개발방식이 모든 유형의 리조트에서 나타나는 공통적인 특징이라는 점은 리조트 개발에서 분양이 매우 중요한 요인임을 의미하는 것이다. 이는 앞에서 논의한 바와 같이 자본축적의 안정화 전략의 중요수단으로 분양이라는 제도가 활용되고 있음을 의미하는 것이다.

결론적으로 정리하자면, 리조트 입지 거리와 공간적 확산은 단지 수요 확대와 교통발전에 의해서만 이루어지는 것이 아니라 베블런(Veblen)의 상류계층에 대한 모방 소비욕구 그리고 위계화된 여가공간에 대한 소비욕구와 생산전략에 의해 이루어진다. 그리고 풍경매력성에 대한 소비 선호의 강화는 다양한 형태의 리조트 입지 확산(특히 해안가와 같은 지역으로의)을 가능하게 하고 있다.

지금까지 우리의 분석은 리조트 입지확산은 공간을 자본축적의 대상으로 그 영역을 확장해가고 있는 자본의 자본축적 전략과 교통의 발전과 더불어 소득수준에 따른 차별적인 여가공간 개발전략이 복합적으로 작용하여 발생하고 있는 결과임을 말하고 있다. 그러나 리조트 입지의 확산은 소비주체가 기꺼이 먼 거리에 있는 공간을 소비하고자 하는 욕망과 관련지어 설명될 필요가 있다. 소비주체가 없는 소비공간은 없다는 기본적인 생각에 근거한다면, 왜 현대인들은 보다 먼 지점의 관광지로 이동하려고 하는가 혹은 이동하게 되는가에 대하여 답해야 한다.

제7장 이미지 소비공간으로서의 리조트

관광은 공간의 매력성에 의존하는 경향을 보이고 있다. 특히 자연자원의 매력성에 대한 선호와 소비는 앞에서 논의한 바와 같이 낭만주의와 결합된 상상적 쾌락주의에 기반하고 있는 긴 역사적 배경을 가지고 있다. 포스트모더니즘 사회로의 변화는 기호와 이미지 소비를 강화시키고 있다. 리조트 또한 이러한 기호와 이미지를 소비하는 공간이다. 따라서 리조트 입지 또한 소비공간으로서의 기호와 이미지를 구성하고 강화시키는 방향으로 활용될 수 있다. 그러므로 리조트 입지의 특성에 영향을 주는 자연자원의 특성과 리조트 개발과의 관계에 대한 분석은 기호와 이미지에 대한 소비선호와 소비욕망 강화와 같은 사회적 힘과 자본의 입지 전략에 대한 이해에 보다 가깝게 접근할 기회를 제공해줄 수 있을 것이다.

1. 리조트 유형별 입지 영향요인

<표 7-1>은 리조트 유형별로 입지하고 있는 지역의 물리적 공간 특성을 보여주고 있다. 스키리조트는 모두 산악지역에 입지하고 있으며, 골프리조트는 산악지역과 해안지역에, 휴양리조트는 내륙의 산악지역보다는 해안과 내수면에 주로 입지하고 있다. 이와 같이 리조트

핵심시설에 따라 입지 공간의 물리적 특성에 차이가 있다. <그림 7-1>과 <표 7-2>는 본 연구 대상 리조트의 전국적 입지분포를 나타내고 있다. 스키리조트는 주로 강원도와 경기도에 집중 배치되어 있다. 골프리조트는 강원도와 경북, 충남 지역에 입지하고 있다. 스키리조트와 골프리조트가 특정 지역을 중심으로 입지하고 있는 반면에 휴양리조트는 경기도를 제외한 전국의 해안이나 내수면과 같이 수자원이 존재하고 있는 지역에 입지하고 있다(<그림 7-2>).

스키리조트는 앞에서 살펴본 바와 같이 대부분 수도권과 고속도로와 인접한 강원도에 집중되어 있다. 스키리조트는 대규모의 대중적 수요를 요구한다. 스키리조트가 수도권과 영동고속도로를 따라 강원도 지역에 입지하는 분포를 보이고 있는 것은 수도권과 같은 대규모 시장을 요구하는 스키리조트의 특성이 반영된 결과이다. 경남 양산에 입지하고 있는 에덴밸리리조트 또한 국내 제2의 도시인 부산과 매우 가까운 지역에 입지하고 있다. 이와 같이 대규모 부지를 필요로 하는 스키리조트는 대량수요를 요구하기 때문에 대규모 시장을 중심으로 접근성이 용이한 지역에 입지하고 있으며, 대규모 부지확보가 가능한 산악 지역에 입지하고 있다. 따라서 스키리조트의 입지결정에는 부지확보, 접근성과 같은 요인이 영향을 미치고 있을 가능성이 높다.

〈표 7-1〉 리조트 유형별 입지 공간 특성(리조트 수)

구분	내륙(산악)	해안	내수면	계
스키리조트	17	0	0	17
골프리조트	8	5	0	13
휴양리조트	5	10	1	16
계	30	15	1	46

<표 7-2> 리조트 유형별 각 시도 분포현황

위치/유형	스키리조트	골프리조트	휴양리조트	계
강원도	10	8	1	19
경기도	4	0	0	4
경남	1	0	3	4
경북	0	3	2	5
전남	0	0	2	2
전북	1	0	1	2
충남	0	2	4	6
충북	1	0	3	4
계	17	13	16	46
면적(평균면적, 만 평)	166.1	44.3	24.8	82.2

　　반면에 2000년대에 들어와 활성화되고 있는 골프리조트는 수도권과 부산권역과 같은 대규모 시장과 상대적으로 가까운 지역에 입지하고 있는 경우와 강원도 해안지역과 같이 상대적으로 먼 거리에 입지하고 있는 경우로 유형화될 수 있다. 자연자원의 매력성이 뛰어난 강원도 설악산 지역은 상대적으로 먼 거리에 입지하고 있는 경우이며, 그 이외의 지역에 입지하는 골프리조트는 상대적으로 도심과 가까운 지점에 입지하는 경우이다. 동시에 경기도나 경남과 같이 대도심과 매우 가까운 지역에는 골프리조트가 입지하지 않고 있다. 이러한 특징들은 골프리조트 입지가 시장과의 거리 그리고 입지하고 있는 지역의 자연자원 매력성과 관련되어 있음을 의미한다.

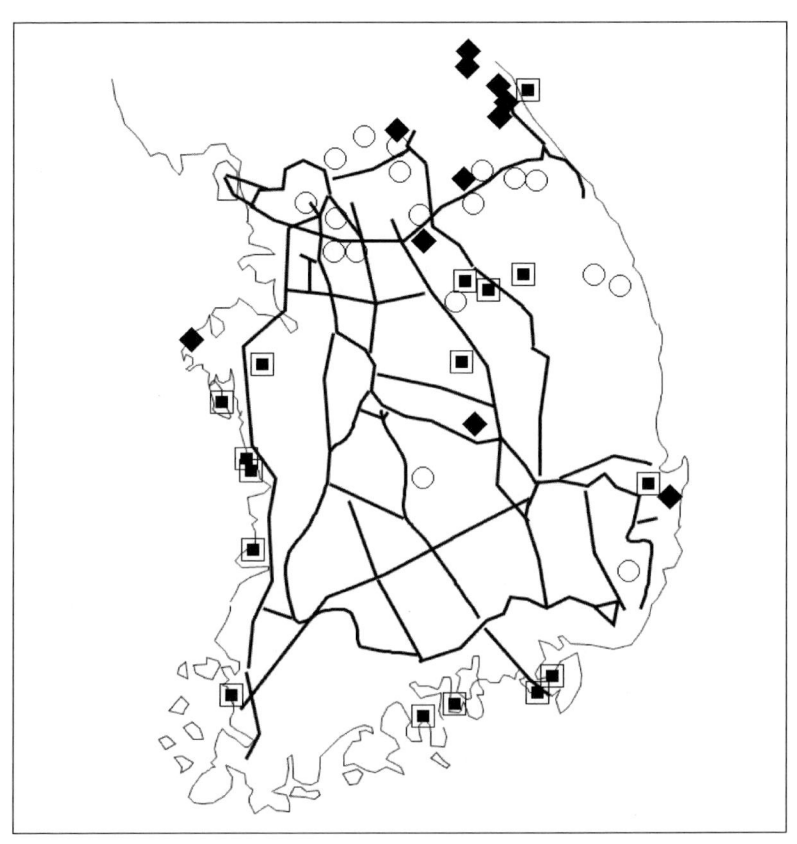

참고: ○ –스키리조트, ◆ –골프리조트, ■ –휴양리조트

〈그림 7–1〉 각종 리조트 전국 분포현황

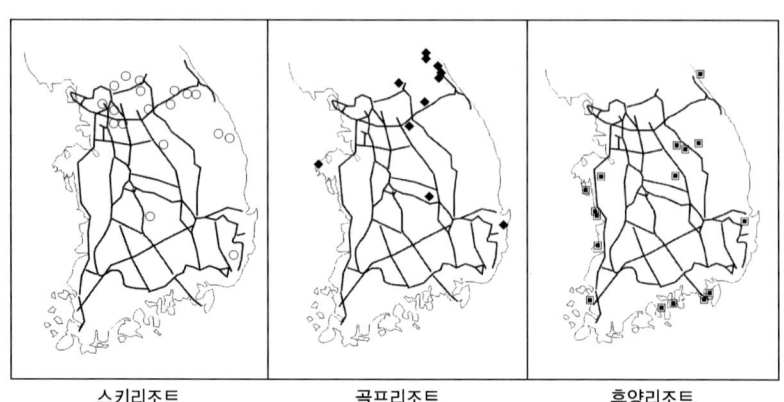

| 스키리조트 | 골프리조트 | 휴양리조트 |

참고: ○ - 스키리조트, ◆ - 골프리조트, ■ - 휴양리조트

〈그림 7-2〉 리조트 유형별 입지분포

2000년대 이후에 본격적으로 개발되기 시작한 휴양리조트는 상대적으로 수도권과 멀리 떨어진 지역에 입지하고 있으며, 해안지역과 내수면 지역에 입지하는 경향이 뚜렷하게 나타나고 있다. 즉, 휴양리조트는 풍경자원의 매력성을 적극적으로 활용하는 입지특징을 가지고 있다. 이와 같은 리조트 유형별 입지영향요인에 대한 분석결과들을 정리해보면 다음 〈표 7-3〉과 같다.

〈표 7-3〉 리조트 유형별 입지영향요인

유형구분	스키리조트	골프리조트	휴양리조트
입지영향요인	부지확보, 접근성	거리, 자연자원 매력성	풍경 매력성

〈표 7-3〉에서와 같이 리조트 유형에 따라 입지에 영향을 미치는 요인이 다양함은 리조트 입지의 물리적 특성과 입지결정과의 관계가 일방적이거나 자동적인 것이 아님을 의미한다. 그리고 리조트가 가지

는 중요 여가시설의 특성에 따라 도심으로부터의 입지거리에도 차이가 있다. <표 7-3>에 따르면, 자연자원이나 풍경의 매력성이 높은 지역에 입지하고 있는 골프리조트나 휴양리조트는 대도심으로부터 상대적으로 먼 거리에 위치하고 있다. 이러한 특징은 자연자원이나 풍경의 매력성이 도심으로부터의 먼 거리까지 소비자를 유인할 수 있는 요인으로 작용하고 있음을 의미한다.

그리고 리조트 입지의 자연자원 매력성은 리조트의 공간적 분포와 개발 시설의 규모와 관계가 있는 것으로 나타나고 있다. 리조트가 위치하고 있는 입지에 존재하는 자원이 다른 지역에도 유사한 자원이 존재하는가와 해당지역에만 존재하는 자원인가에 따라 일반자원과 특수자원으로 구분하여 볼 수 있다. 국립공원이나 기존의 유명관광지(예를 들면, 경주나 단양과 같은)는 특수자원으로 분류하여 볼 수 있을 것이다. 이를 토대로 리조트 수를 파악해보면 일반자원에 의존하는 리조트 수가 특수자원에 의존하는 리조트 수에 비해 월등이 많았다. 일반자원이 존재하는 지역에 입지하고 있는 리조트 수가 특수자원(예를 들면, 국립공원이나 유명관광지)이 존재하는 지역에 입지하고 있는 리조트 수보다 약 4배 높으며, 부지 평균면적도 약 3배 큰 것으로 분석되었다(<표 7-4>). 즉, 입지 지역의 자원매력성이 높은 지역보다 상대적으로 자원매력성이 낮은 지역에 더 많은 리조트가 입지하고 있다. 그러나 <표 7-4>는 일반자원 특성을 지닌 입지의 리조트는 전국적으로 분산되어 있는 반면에 특수자원의 특성을 지닌 입지의 리조트는 설악산이나 한려해상과 같은 국립공원 지역에 집중되어 있다는 점을 또한 보여주고 있다. 스키리조트와 같이 부지면적이 큰 리조트는 리조트가 입지하고 있는 공간의 자연자원매력성에 대한 의존성이 부지면적이 상대적으로 작은 휴양리조트와 같은 리조트보다 작은 것을 의미한다. 이는 보편적 매력물에 의존하는 관광개발은 확산되는 경향이 존재한다는 Williams(1998)의 주장과 유사한 결과이다.

〈표 7-4〉 리조트 주변공간의 자원특성 분포 및 부지 평균면적 비교

자원특성	개수	부지 평균면적(만 평)
일반	37	92.6
특수	9	39.2
계	46	82.2

<표 7-4>는 입지지역의 매력성이 높은 지역에 입지하는 리조트는 개발면적이 상대적으로 작으며, 반대로 입지지역의 매력성이 낮은 지역에 입지하는 리조트는 개발면적이 상대적으로 크다는 점을 보여주고 있다. 이러한 현상은 입지지역의 매력도에 따라 여가활동의 다양성과 부지확보의 가능성 차이와 국내 부동산 개발을 통한 자본축적의 역사적 배경을 통해 이해될 수 있다.

특수자원이 존재하는 지역은 주변 지역의 관광자원 매력성이 높다. 이러한 지역에서는 리조트 외부에서의 다양한 활동에 대한 유인력이 높기 때문에 리조트 이외의 지역에서 복합적인 여가활동과 같은 다목적 활동이 가능하다. 상대적으로 주변지역과 연계된 관광활동 기회나 매력성이 적은 지역, 즉 일반자원이 있는 지역에 입지한 리조트는 상대적으로 리조트 자체의 매력성이나 복합적인 여가활동이 가능한 복합시설의 중요성이 높을 수 있다. 그러나 특수 자원이 있는 지역, 즉 리조트 입지 주변과 연계된 관광활동 기회를 제공해줄 수 있는 지역에 입지한 리조트는 리조트 자체의 매력성이나 복합시설의 중요성

이 상대적으로 낮을 수 있다. 특수자원이 있는 지역에 입지하는 리조트는 자연자원이라는 공공재를 적극적으로 활용하는 입지자원의 이점을 적극적으로 활용하고자 하는 입지 전략을 가지고 있는 것이다. 이러한 입지 전략은 주로 대중관광수요를 겨냥하고 90년대에 개장한 대명설악이나 영랑호리조트에서 발견된다. 그러나 2000년대 이후에는 소규모의 고급화된 휴양리조트에서 자연자원의 매력성을 활용하고자 하는 경향이 강하게 나타나고 있다. 그리고 이와 같은 휴양리조트에서는 리조트 내부에서의 안락한 휴식을 강조하고 있다.

특수자원의 매력성에 의존하는 리조트 개발이 90년대에는 대중관광을 중심으로 이루어졌으나, 2000년대 이후에는 보다 고급지향적인 소규모의 소비자를 중심으로 이루어지는 변화가 이루어지고 있다. 그러나 일반자원에 의존하는 리조트에 비해 소규모의 시설이 입지하는 경향은 유지되고 있다. 이에 반해 특수자원이 존재하는 지역에 입지한 리조트에 비해 일반자원이 존재하는 지역에 입지하는 리조트는 소비자를 유인하기 위한 매력성을 높이기 위한 공간구성 전략을 더욱더 요구받을 수 있다. 일반자원에 의존하는 리조트는 소비자에게 충분한 매력성을 제공할 수 있는 리조트 내부의 여가공간이나 시설 개발이 필요하기 때문이다. 따라서 일반자원에 의존하는 리조트가 상대적으로 큰 규모의 부지를 필요로 하고 더 다양한 여가 시설을 개발하게 된다. 3장에서 리조트 입지 외부의 자원 매력물을 활용하는 개발전략의 경우에는 리조트 내부시설의 군집보다는 외부와의 연계를 강화시키는 개발전략이 중요한 전략인 반면에 리조트가 일반자원에 의존하는 경우에는 리조트 내부의 중심성 강화전략을 통해 유인력을 강화시키는 전략이 나타날 수 있다는 점을 논의한 바 있다. 즉, 리조트와 같은 관광공간의 중심성 강화전략이 리조트가 입지하고 활용하는 매력물에 따라 다양하게 나타날 수 있다는 논의와 같은 결과이다. 이러한 의미 해석은 <표 7-4>와 같은 리조트가 입지하고 있는 주변 공간의 자원특성과 리조트가 개발하고 있는 부지의 평균면적 차이를 설명해줄 수 있다.

이와 함께 부지규모의 차이를 설명할 수 있는 다른 가능성은 부지 자체의 획득 가능성여부이다. 국립공원이나 기존의 유명관광지에서는 제도적 제약과 시장의 경쟁으로 인해 대규모 부지확보가 어려울 가능성이 높다. 이에 반해 리조트 산업용지와 다른 산업용지와의 경쟁 혹은 리조트 산업 간 경쟁이 약하고 규제가 없는 지역에서는 대규모 부지 확보 가능성이 더 높을 것으로 판단된다. 이와 같은 설명들은 리조트가 위치하고 있는 지역의 물리적 자연자원의 특성에 따라 리조트 부지의 면적 차이를 설명할 수 있다.

그러나 지금까지의 설명은 일반자원에 의존하는 리조트 수가 특수자원이 존재하는 지역에 입지하는 리조트 수보다 왜 더 많은지를 설명하지 못하고 있다. <표 7-4>에서 보여주고 있는 결과들은 리조트 입지가 관광자원의 매력성이 뛰어난 지역에 입지시키는 힘과 동시에 일반지역에도 입지시키고자 하는 사회적 힘이 매우 크게 작용하고 있음을 의미한다. 이는 앞의 5장에서 논의된 리조트 개발자본의 특성 분석에서 논의되었던 국내 자본의 부동산 개발을 통한 자본축적의 역사적 배경과 관련지어 설명될 수 있을 것이다. 그러므로 리조트 입지가 천연적으로 주어져 있는 자연자원의 매력성에 의해서만 결정되는 것으로 이해하는 것은 리조트 입지결정에 대한 충분한 설명이 될 수 없다. 그럼에도 불구하고 대부분의 리조트는 풍경자원 매력성에 의존하고 있는 경향이 강화되고 있다는 점을 확인할 수 있다. 따라서 리조트 개발이 어떻게 이루어지고 있는지에 대하여 충분한 설명을 하기 위해서는 자연자원을 어떻게 활용하고 있는지에 대하여 구체적으로 살펴볼 필요가 있다. 이에 대한 분석은 우리의 추론의 타당성을 강화시켜 줄 것이다.

관광지는 입지 조건의 물리적 조건에 따라 크게 산악형, 내륙형, 내수면형, 해안형으로 구분할 수 있다(임화순·강영순, 2008). 이러한 물리적 조건에 따른 구분은 리조트가 입지하고 있는 물리적 공간의 특성을 이해하는 데 유효하다. 그러나 입지조건의 물리적 조건을 현실에서 실제로 유형별로 구분하는 것은 용이하지 않을 수 있다. 그 이유는 현실적으로 구분의 경계가 뚜렷하지 않을 수 있기 때문이다. 따라서 물리적 특성으로 리조트 유형을 구분하기 위해서는 좀 더 세밀한 일정한 기준이 필요하다. 국내 리조트를 구분함에 있어 예외적인 경우가 최소한으로 발생되는 기준이 설정될 필요가 있다. 예외가 많이 발생하면 분류 기준의 설명력이 떨어지기 때문이다. 이러한 관점에서 연구대상 리조트를 직접 방문한 결과를 토대로 다음과 같이 유형분류기준을 정하였다.

산악형은 리조트가 입지하고 있는 지역의 주변지역이 산악에 해당(산지가 리조트를 둘러싸고 있는 형태)하는 경우로, 내륙형은 해안이나 내수면을 접하지 않으면서 리조트의 어떤 한 면이라도 평지가 둘러싸고 있는 경우나 도시에 존재하는 경우로 구분하고자 한다. 내수면을 접하고 있으면 내수면형으로, 해안을 접하고 있으면(도보로 접근 가능한 수준) 해안형으로 구분한다. 그러나 리조트에서 내수면이나 해안까지 도보로 접근하기에는 큰 무리가 있지만, 내수면이나 해안을 조망할 수 있는 위치에 입지하고 있는 경우가 존재한다. 이러한 경우에도 내수면이나 해안이라는 관광자원이 리조트 입지에 영향을 줄 수 있기 때문에 준내수면형 혹은 준해안형으로 추가 구분하여 분석하고자 한다. 이러한 준내수면형과 준해안형은 내륙이나 산악지대에도 위치할 수 있다. 이러한 구분을 기계적으로 적용하고 분석하기보다는 각 리조트가 어떠한 자연자원에 의존하는지를 유연하게 분석하는 데 사용하는 것이 본 연구의 목적상 효율적이다. 이와 같은 세부기준에 따라 본 연구의 분석대상 리조트는 다음 <표 7-5>와 같이 분류될 수 있다.

<표 7-5>와 같이 스키리조트는 모두 순수한 산악형 지역에 입지하고 있다. 스키리조트가 모두 산악형의 물리적 조건을 가지고 있다는 점은 스키장이 입지하기 위해서는 스키장에 적합한 일정 면적을 가진 물리적 공간을 요구하고 있음을 의미한다. 이는 스키라는 활동이 일정한 경사도를 가진 순 산악지역의 물리적 공간을 요구하며 이러한 요구가 스키리조트 입지결정에 중요하게 작용하는 요인임을 의미하는 것이다. 따라서 스키리조트에서는 공간의 매력성보다 대중의 여가활동 공간으로서 다수 대중의 이동성 확보가 가능하며 스키에 적합한 부지마련이 현실적으로 더 중요한 입지요인일 수 있는 것이다.

골프리조트 중 상당수는 준해안형에 속하고 있으며, 휴양리조트는 해안형의 비율이 다른 유형의 리조트에 비해 높은 것으로 나타났다. 그러나 <표 7-5>와 같이 골프리조트나 휴양리조트 입지의 물리적 조건에는 일정한 경향성이 존재하지만 물리적 입지조건에 다양성이 존재한다. 이러한 골프리조트와 휴양형 리조트의 물리적 입지조건의 다양성은 입지의 물리적 조건 이외에도 좀 더 다양한 요인이 입지결정에 작용하고 있을 가능성이 있음을 의미한다.

골프리조트 중 내륙형의 준해안이나 산악형의 준해안, 그리고 해안형 그리고 내수면의 물리적 입지조건을 가지고 있는 리조트(즉, 수면자원을 활용하고 있는)가 본 연구 분석대상 12개 중 9개를 차지하고 있다. 골프장에 숙박시설이 입지하고 있는 골프리조트 대부분이 해안선이나 내수면을 직접 사용하지는 않지만 중 해안선을 바라보거나 인접하여 입지하고 있다. 이러한 입지 전략은 해안가라는 풍경자원의 이미지를 활용함으로써 리조트의 매력성을 높이는 전략으로 이해될 수 있다. 이미지는 리조트의 방문활동과 소비를 자극시킬 수 있다(Mayo and Jarvis, 1981). 파인리즈, 설악썬밸리, 마우나오션, 대명설악, 영랑호, 라데나와 같은 대중숙박시설이 입지하고 있는 골프리조트 모두가 바로 이와 같은 준해안형의 물리적 입지조건을 가지고 있다. 이러한 해안가를 바라보거나 해안가와 인접한 리조트라는 이미지는 소비자의 방문을 자극할 수 있다. 그리고 일부의 골프리조트 중 순 내륙형이나 순 산악형의 경우에는 순수한 의미의 회원제 골프장의 성격이 강하다.

〈표 7-5〉 본 연구 분석 대상 리조트의 유형별 입지조건 분류

입지	구분	스키리조트	골프리조트	휴양리조트
내륙형	순 내륙		청우, 오렌지	리솜스파캐슬
	준내수면			
	준해안		골든비치	
산악형	순 산악	모든 스키장	센츄리21	STX
	준내수면			대명단양, ES제천
	준해안		파인리즈, 설악썬밸리, 마우나오션, 골든베이, 대명설악	ES통영, 디오션
내수면			영랑호, 라데나	대명경주, 충주호
해안형			태안비치	엘도라도, 쏠비치, 남해힐튼, 대명변산, 리솜오션캐슬, 충무마리나, 비체팰리스, 펀비치

골프 활동 이외에는 유인력이 부족한 일반적인 산악이나 내륙 지역에 입지한 골프리조트는 매력적인 풍경이라는 이미지를 활용하고 있는 리조트에 비해 대중소비자를 유인하는 힘이 약할 수 있다. 그러나 골프 자체가 중요한 소수 이용 공간인 회원중심의 골프리조트는 골프장 자체에 대한 소비욕구가 이용자들에게 매력적인 중요한 유인요인일 수 있다. 골프는 중상류계층에 여가활동 그 자체가 매우 중요한 소비수단이며 자신의 사회지위를 드러내는 욕구가 반영된 활동이며 장소이기 때문이다. 그러나 골프 이외의 활동이 보다 더 중요한 대중을 유인하고자 하는 리조트에서는 보다 더 많은 대중을 유인할 수 있는 공간의 매력성이 요구된다. 골프리조트가 입지하고 있는 바닷가와 같은 이미지는 소비자를 보다 더 먼 곳으로 유인할 수 있다. 따라서 설악산 인근의 지역과 같이 주요 시장과의 거리가 먼 곳에서 풍경자원의 매력성을 활용하는 골프리조트는 유인력이 우수한 지역의 공간에 집중되어 입지하는 반면에 순 내륙형이나 순 산악형과 같이 상대적으로 주요 시장과 가까운 곳에 입지하는 골프리조트는 특정 지역에 집중되기보다는 대도시와 상대적으로 가까운 곳에 분산 입지하는 경향을 보이고 있다. 이러한 골프리조트 입지의 물리적 자원의 차이는 표적시장과의 거리와 리조트 군집의 차이로 나타난다.

휴양리조트에서는 자연자원의 매력성에 의존하는 입지 전략이 보다 분명하게 나타나고 있다. 이는 휴양리조트 대부분이 직접 해안가를 접하고 있는 해안형이 바다를 조망할 수 있는 준해안형보다 더 많은 비중을 차지하고 있다는 점에서 확인된다. 특히 바다를 조망할 수 있는 준해안형과 직접적으로 해안을 접하거나 이용할 수 있는 해안형이 휴양형 리조트의 절반 정도를 차지하고 있다. 이러한 입지는 해안자체가 휴양형 리조트에서 제공하는 여가활동의 공간이면서 마치 바다와 하나로 연결되어 있는 또는 열대지방의 해안가에 위치하고 있는 리조트와 같은 이미지를 만들어낼 수 있다. 상당수의 휴양형 리조트가 해안가에 접하는 형태로 입지하면서 동해안뿐만 아니라 서해안과 남해안 지역으로 입지가 확산되고 있는 것은 이러한 이미지 소비를 자극하기 위한 입지 전략과 동시에 자동차의 대중화와 같은 교통수단의 발달 속에서 이해가능하다.

이와 같은 리조트 입지의 물리적 공간 특성과 입지패턴을 요약하면 다음 <표 7-6>과 같이 정리해볼 수 있다. 그리고 각각의 리조트 유형에 따라 입지결정에 영향을 미치는 중요 요인에 차이가 외형적으로 있음에도 불구하고 일정한 원리가 작용하고 있다. 스키리조트에서 풍경보다 교통인프라가 더 중요한 이유는 자연자원의 매력성이 뛰어나 이미지를 활용한 공간보다 기본적으로 스키 활동과 대규모 수송이 가능한 입지를 요구하기 때문이다. 골프리조트 (B)형은 골프 활동 자체에 적합한 물리적 입지조건이 중요하다. 따라서 자연자원 매력성에 의존하는 전략의 필요성이 낮을 수 있다. 반면 (A)형은 입지 공간의 이미지를 활용하여 대중소비자를 유인하고자 하기 때문에 자연자원의 매력성이 우수한 물리적 조건을 갖춘 곳에 입지하는 경향이 있는 것이다. 그리고 휴양형 리조트는 마치 자연 속의 편안한 휴식의 공간이라는 이미지를 활용함으로써 이용자에 대한 유인력을 강화시키고 있는 입지 전략을 사용하고 있다. 이러한 입지 전략의 차이는 입지지역의 군집 또는 분산의 차이를 발생시키고 있는 것이다.

관광자원의 매력성은 유인력의 차이를 반영한다. 그리고 보편적으로 존재하는 매력물에 의존하는 리조트 입지는 확산되는 경향이 존재한다. 이러한 가정을 전제로 하면, 자연자원의 매력성이 뛰어난 곳은 자본의 입지를 촉진할 것이며 많은 수의 리조트가 입지할 것으로 기대되어야 한다. 그러나 앞에서 분석한 바와 같이 이러한 기대와 실재 리조트의 공간적 분포와 개발 규모는 완벽하게 일치하지 않는다. 풍경자원에 의존하는 리조트는 자연자원의 매력성과 관련되어 입지하지만 풍경자원에 의존하지 않는 리조트는 교통의 접근과 같은 요인에 의하여 더 큰 영향을 받고 있다. 따라서 리조트 입지는 리조트 시설 혹은 리조트라는 여가공간의 성격과 교통 혹은 자원 매력성 등의 다양한 요인과의 상호작용으로 이해될 필요가 있다. 그러나 풍경의 매력성에 의존하는 리조트 입지경향이 강화되고 있다는 점 또한 확인할 수 있다.

〈표 7-6〉 리조트 유형에 따른 입지의 물리적 공간특성 분석결과 요약

유형	중요입지요인	숙박시설규모	입지패턴
스키	풍경보다 교통인프라가 더 중요한 입지요인	대규모	교통인프라 중심 입지
골프	풍경중심 입지 유형(A)과 그렇지 않은 유형(B)	A형 > B형	A형 - 지역적 군집, B형 - 분산
휴양	풍경이 중요 입지요인	비교적 소규모	전국 수면자원이 존재하는 지역으로 분산

2. 이미지 소비를 극대화하는 리조트 시설 입지

상당수의 리조트들이 이미지를 활용하는 방식으로 입지하고 있다. 리조트는 소비를 위해 만들어진 공간이다. 그러므로 리조트로 보다 많은 소비자를 유인하고 동시에 소비를 촉진시키기 위한 공간구성 전략을 요구한다.

덕유산 국립공원에 위치하고 있는 무주리조트와 설악산 국립공원과 인접하여 입지하고 있었던 알프스스키리조트를 제외한 나머지 스키리조트들은 관광자원으로서의 자연자원 매력성이 뛰어난 곳으로 알려져 있는 지역이 아닌 곳에 위치하고 있다. 스키리조트들이 이와 같이 풍경이 뛰어난 산악지대에 입지하지 못하는 이유는, 스키장은 기본적으로 대규모 토지를 필요로 하는데, 국립공원과 같이 자연자원의 매력성이 뛰어난 산악지대에서는 이러한 공간을 확보하기 어렵기 때문인 것으로 이해된다. 민간자본이 국립공원을 스키장으로 개발하기에는 사회적 어려움이 존재할 것이기 때문이다. 현재 한국사회에서 스키리조트 입지는 무엇보다도 스키장 특성에 적합한 공간 확보가 가능한 조건이 무엇보다도 중요한 요인이다.[28] 그럼에도 불구하고 스키리조트가 매력적인 풍경을 가진 공간을 요구하지 않음을 의미하는 것은 아니다. 앞에서 분석한 바와 같이 무주리조트와 알프스리조트 경우는 자연자원 매력성이 뛰어난 국립공원에 입지하고 있으며, 풍경자원이 우수하지 못한 지역에 입지하고 있는 리조트들 또한 인공적 자연자원을 활용하고 있다는 점들이 이를 뒷받침한다. 따라서 다양한 입지조건을 가지고 있는 리조트들이 이러한 입지 전략을 어떻게 실현하는지에 대한 분석이 요구된다. 관광 자원은 자원 형성 방식에 따라 기존에 존재하였던 자원(자연자원과 역사문화자원을 포함한 사회문화자원)과 관광객에게 매력성을 높이기 위해 새로이 도입되는 시설자원 등이 있다(권용우·김선희, 1994; 서태성·유완, 1983).

---

28) 이는 법률적 문제와 더불어 토지가격의 문제도 영향을 미칠 것이다. 그리고 공간 확보의 문제가 과도하게 적용된 경우로는 에덴밸리가 있다. 에덴밸리는 부산에서 가까운 지역인 양산에 입지하고 있다. 이는 위도가 낮은 지역이므로 기후와 상관성이 높은 스키장 특성상 매우 불리한 기후조건인 것이다. 설문조사에도 스키장에 적합한 기후조건이 맞아서(높은 고도) 스키을 건설한 것으로 답하였다. 실제로 에덴밸리는 경사도나 북향과 같은 소규모 스키장에 적합한 물리적·지형적 조건을 갖추고 있다.

1) 스키슬로프의 매력성 향상 전략

스키장 중 가장 적은 수의 슬로프 수를 가지고 있으며, 서울에서 가장 가까운 지점에 위치하고 있는 스타힐을 제외하면 모든 스키리조트는 대중고객이 사용할 수 있는 유형의 타워형 콘도를 가지고 있다.[29] 이러한 타워형 콘도는 모두 스키슬로프를 조망할 수 있는 위치에 입지하고 있다. 그리고 스키하우스와 인접한 슬로프들은 대부분 대중 골프장(베어스타운, 엘리시안, 현대성우, 휘닉스파크)으로 활용하거나 자연공원(휘닉스파크, 현대성우), 놀이 공간(용평, 양지파인)으로 활용 또는 잔디나 야생화가 자라고 있는 공간(곤지암, 용평, 양지파인, 무주, 하이원 등) 등으로 조성되어 있다. 스키장에서 슬로프는 단지 스키를 타는 공간만으로 이용하지 않는다. 스키장의 슬로프가 과거에 일반적인 산지의 일부를 물리적으로 변경하여 변형된 공간이라는 사실은 망각된 채 넓은 초원과 아름다운 꽃들이 피어 있는 정원과 같은 공간으로 소비되고 있다. 즉, 스키슬로프는 겨울철이 아닌 다른 계절에는 아름다운 정원이거나 푸른 들판이 된다. <그림 7-3>에서와 같이 스키 슬로프 하단은 푸른 잔디밭이나 아름다운 꽃들이 심어져 있는 정원을 만들어 자연 속에서의 산책이나 여가활동을 즐기는 이미지를 제공한다. 리조트 이용자들은 아름다운 정원을 산책하거나 푸른 들판이나 정원에서 아이들과 함께 뛰어 논다. 주변의 매력성이 높은 산을 배경으로 하지 못하는 경우에도, 스키장 숙박시설 입지는 스키장 내부의 인위적으로 조성된 자연공간을 활용하고 있다. <그림 7-3>에 있는 사진들은 개별리조트들이 스키슬로프를 일종의 매력물로 활용하고 있음을 잘 보여주고 있다. 이와 같은 방식을 통해 스키리조트

29) 이는 기본적으로 스키장이 대중적 여가공간임을 상징한다.

(강촌엘리시안, 현대성우, 휘닉스파크, 곤지암 - 왼쪽 위부터 시계방향 순)

〈그림 7-3〉 스키슬로프를 관광자원으로 활용하고 있는 스키장

는 겨울뿐만 아니라 관광객을 일 년 내내 유인하고 있는 것이다.

2) 자연자원 매력성 활용 입지전략

인위적 자연자원 활용보다는 자연자원의 매력성을 직접 활용하고 있는 사례들도 있다. 이러한 대표적인 사례로는 오투, 하이원, 무주가 있다. 오투리조트는 최근인 2008년에 개장하여 슬로프 노면의 일부가 아직도 그대로 드러나 있다(2010년 현장 방문 시). 다른 스키리조트와 다르게 콘도가 스키하우스가 있는 아래에 위치하지 않고 슬로프 중간지점에 입지하고 있다. 스키 슬로프 하단에는 유스호스텔이 입지하고 있다. 이러한 숙박시설의 배치는 두 숙박 시설 간의 위계성을 반영한다. 콘도를 이용하는 고객은 스키하우스를 이용하지 않고 스키를 타고 직접 내려갈 수도 있다. 뿐만 아니라 콘도에 서 있으면 스키장 정상에 항상 있는 것과 같은 느낌을 주며, 태백산맥을 멀리까지 조망할 수 있는 아름다운 풍경을 즐길 수 있다. 그리고 골프장의 아름다운 골프코스도 조망할 수 있다(<그림 7-4> 참조). 이와 같이 오투의 타워콘도는 아름다운 풍경을 조망할 수 있는 가장 좋은 지점에 입지하고 있다. 이는 대중형 콘도로서는 보기 드문 경우이며, 콘도개발에서 풍경의 매력성을 강조함으로써 리조트 공간의 유인력을 강화시키고 있는 경우로 이해될 수 있다. 대중형 콘도가 스키장 정상 부근에 위치하고 있는 경우는 오투와 같이 공공자본이 투입된 스키리조트에서만 발견되며, 민간자본에 의해 개발된 스키리조트에서는 존재하지 않는다.

이와 유사한 경우로는 하이원리조트가 있다. 하이원리조트는 국내 스키장 중 규모가 가장 큰 스키장을 가지고 있다. 하이원리조트에는 두 개의 스키하우스와 콘도단지가 있다. 그중 하나인 밸리콘도는 바로 가장 낮은 지점에 위치하고 있으며, 또 다른 하나인 마운틴콘도는

참고: 왼쪽 사진은 스키장 하단부에서 바라본 오투리조트의 콘도, 오른쪽 그림은 산언덕 위에 위치한 하이원리조트의 마운틴콘도

〈그림 7-4〉 스키슬로프 산등성이에 입지하고 있는 콘도숙박단지(오투, 하이원)

카지노 호텔보다 더 높은 산 중간 지점에 위치하고 있다. 밸리콘도는 스키하우스와 인접하여 입지하고 있으며, 객실면적이 53~90㎡로 마운틴 콘도보다 작은 규모이며 다른 야외놀이시설은 없다. 또한 경사가 큰 계곡 하부에 있어서 주변의 아름다운 자연을 조망하기 어려운 지형적 조건을 가지고 있다. 이와 같이 밸리콘도는 겨울에 스키어들을 수용하기 위해 개발된 전형적인 숙박시설로 이해된다. 반면에 산 중턱에 있어 주변에 대한 조망 시야를 넓게 확보하고 있는 마운틴콘도는 사계절 휴양형 콘도로 개발되어 있다(<그림 7-4> 참조). 객실면적도 109~188㎡로 밸리콘도에 비해 크다. 뿐만 아니라 마운틴콘도는 아이들을 위한 놀이시설과 야외수영장이 있으며, 스키하우스의 식당은 여름철에도 운영되고 있다. 이러한 점을 통해 볼 때, 마운틴콘도는 밸리콘도에 비해 고급이며 사계절용 리조트시설로 이해된다. 따라서 밸리콘도는 저렴한 가격에 숙박시설을 이용하고자 하는 소비계층을 대상으로 하고 있으며, 마운틴콘도는 이보다는 더 높은 수준의 소비능력이 있는 소비계층을 대상으로 하고 있다.

무주리조트의 경우는 스키하우스와 가까운 지점에 숙박단지가 아닌 쇼핑거리가 조성되어 있으며, 반대편의 산자락과 고도가 더 높은 지점에 숙박단지가 조성되어 있다. 이러한 숙박단지의 위치는 스키장을 포함한 덕유산을 조망하는 데 매우 유리하다. 스키리조트 중 자연자원의 매력성이 뛰어난 곳 중의 하나가 바로 덕유산국립공원에 입지하고 있는 무주리조트이다. 무주리조트의 콘도와 같은 숙박시설은 스키장 이용고객 중심의 기능성이 강조된 지점보다는 덕유산 자체의 자연자원 매력성을 소비하는 데 적합한 지점에 입지하고 있다. 즉, 많은 스키리조트의 대중형 콘도가 스키장을 이용하는 고객들의 접근편의성을 높임과 동시에 스키장 슬로프나 인공하천과 같은 인위적인 자연자원의 매력성으로 활용하고자 하는 전략을 수행하고 있는 데 반해, 무주리조트는 국립공원 덕유산의 천연적인 자연자원 매력성을 보다 적극적으로 이용하는 입지 전략을 사용하고 있다. 무주리조트 내의 대중콘도 입지와 다른 스키리조트 내의 대중콘도 입지 차이는 리조트가 의존하고 있는 자연자원의 종류와 매력성 차이에 기인하고 있는 것으로 이해될 수 있다.

3) 인공적 자연자원의 이미지 활용

그럼에도 불구하고 스키리조트는 스타힐리조트를 제외하면,[30] 모두 산으로 둘러싸인 곳에 입지하고 있어서 도시를 벗어나 마치 자연속에 와 있는 이미지를 제공한다. 이러한 이미지를 강화시키기 위해서 심지어 인공 자연 매력물을 만들기도 한다. 예를 들면, 곤지암리조트는 서울로부터 매우 가까운 지점에 위치하고 있지만 스키하우스는 모두 산으로 둘러싸여 있어서 강원도의 산속에 와 있는 것과 같은 이미지를 제공한다. 이러한 이미지를 강화시키기 위해서 스키하우스와 숙박단지 사이에 인공하천을 만들어 놓았다. 이 인공하천에는 징검다리도 있고, 작은 폭포도 있고, 나무도 심어져 있다. 리조트에서는 이를 생태하천으로 소개하고 있으며, 리조트 이용객들은 이곳이 산속의 자연 계곡인 것처럼 자연스럽게 돗자리를 깔고 자연 속에서의 여유로움을 즐긴다(<그림 7-5> 참조). 이러한 곤지암리조트 사례는 리조트에서의 자연자원 매력성이 반드시 천연적인 자원에만 의존하고 있는 것은 아님을 분명하게 보여주고 있다. 즉, 소비자에게 제공되는 자연이 인공인지 아니면 천연자원인지보다는 자연이 주는 이미지가 보

---

30) 스타힐리조트는 서울 주변의 도시화로 인하여 리조트 입구가 도시로 변화되었다.

참고: 왼쪽 사진은 생태하천으로 선전하고 있는 화면. 오른쪽 사진은 인공하천을 즐기고 있는 이용자들의 모습

〈그림 7-5〉 곤지암리조트의 인공하천

다 중요한 것이다. 현대인들에게 소비대상이 진품인지의 여부보다는 그 소비대상이 가지고 있는 이미지가 더 중요하다. 이러한 이미지를 통해 현대인들은 도시로부터의 공간적 거리를 망각하게 하고 일상으로부터의 탈출을 경험한다(<그림 7-5> 오른쪽 사진 참조).

4) 건조환경의 이미지 활용

앞에서 살펴본 사례들과 같이 모든 스키리조트가 천연자연자원 혹은 인공적 자연자원과 자연자원의 매력성에만 의존하여 개발되는 것은 아니다. 대표적인 예로는 알펜시아리조트가 있다. 알펜시아 리조트는 공공자본에 의해 만들어진 스키리조트이다. 인근에 위치하고 있는 용평스키리조트에 비해 상대적으로 스키장 규모가 작고 최근(2006)에 개장하였다. 용평리조트에 비해 스키장으로 사용하고 있는 산 높이도 낮을 뿐만 아니라 자연자원의 매력성 또한 뛰어나지 않다. 알펜시아는 스키슬로프를 초원처럼 꾸며서 자연의 일부로 활용하고 있는 것과 동시에 숙박시설 자체를 하나의 유럽 도시처럼 꾸밈으로써 건조환경이 가지는 매력성을 활용하고 있는 대표적인 예이다(<그

〈그림 7-6〉 알펜시아 슬로프와 시가지형 숙박단지

림 7-6> 참조). 소위 시뮬라시옹의 세계에서 우리는 서구 유럽도시가 가지는 우리 사회의 고급스럽고 이국적인 이미지를 소비한다. 알펜시아리조트는 공간적 차별성과 매력성을 높이기 위해서 건조환경 자체를 매력물의 일부로 활용하는 전략을 잘 보여주고 있다. 이와 같이 풍경자원의 매력성에 의존하기 어려운 지역에 입지하는 경향이 있는 스키리조트에서도 최대한 풍경자원의 매력성을 활용하거나 건조환경에 대한 이미지를 통한 매력성 향상 전략은 이루어지고 있다.

5) 소비계층에 따른 숙박 시설 입지 전략의 차이

이와 같은 사례를 종합해보면 스키리조트 숙박시설은 풍경자원(자연자원이든 인공자원이든)의 매력성을 활용할 수 있도록 입지하고 있다. 그러나 이러한 활용전략에도 소비계층에 따른 차이가 존재한다. 특히 고급형 숙박시설과 대중 이용형 숙박시설의 입지는 소비계층의 차이가 어떻게 반영되고 활용되고 있는지를 잘 보여주고 있다.

용평의 대표적인 타워형 콘도인 타워콘도는 18평형, 그린피아 콘도는 25평과 33평형으로 구성되어 있다. 이들 콘도는 스키하우스를 중심으로 입지하고 있으며 동시에 객실에서 스키슬로프를 조망할 수 있도록 개발되어 있다(<그림 7-7> 참조). 그리고 다중의 사람이 자유롭게 출입이 가능하도록 되어 있다. 반면에 고급콘도 중의 하나인 버치힐콘도는 37평형과 76평형으로 평수가 상대적으로 클 뿐만 아니라 스키하우스와는 떨어져 있으며, 차량으로만 이동이 가능한 높은 지대의 숲에 둘러싸여 있는 지점에 위치하고 있다. 또한 포레스토콘도는 스키슬로프가 위치하고 있는 산을 정면으로 마주하고 있는 지점에 위치하고 있지만, 슬로프에서 포레스트콘도가 정면으로 보이지 않는다(<그림 7-8>). 포레스트콘도는 2인 계좌 또는 5인 계좌제도로 일부는 개인 별장에 해당하며 전부 단독형으로 283~782㎡로 버치힐콘도보다 규모도 클 뿐만 아니라 출입 자체가 엄격하게 통제된다.

〈그림 7-7〉 대중 이용형 숙박시설(용평리조트)

〈그림 7-8〉 고급형 콘도인 버치힐콘도와 포레스트레지던스(용평리조트)

이러한 특징은 상류계층의 숙박시설에서 주로 나타난다. 상류계층의 숙박시설인 버치힐콘도는 대중여가공간인 스키장보다 오히려 상류계층의 여가공간인 용평골프장과의 접근이 더 쉬운 곳에 위치하고 있다. 고급형 콘도인 버치힐과 포레스트레지던스 콘도는 숲 속에 입지하고 있으며, 스키장이나 워터파크 이용 고객과 같은 대중고객의 이동 흐름과 분리될 수 있는 공간에 위치하고 있다. 고급콘도는 숲이라는 자연자원, 즉 외부로부터의 시선을 차단할 수 있는 자연자원을 활용하고 있다. 앞에서 논의한 대중형 숙박시설 사례들은 모두 넓은 범위의 자연자원을 조망하면서 숙박단지가 드러나 보이는 위치에 입지하고 있는 반면에 고급콘도는 이와는 다른 형태로 입지하고 있음을 보여주고 있다. 따라서 고급콘도와 대중콘도 입지결정에는 자연자원의 매력성을 어떻게 활용하는가에 대한 차이가 존재하는 것으로 이해될 수 있다.

이와 같이 숙박시설과 같은 시설 입지는 소비계층에 따라 자연자원의 매력성과 시설입지 전략에 차이를 반영하고 있다. 그리고 전체적으로는 자연자원의 매력성뿐만 아니라 스키장의 슬로프나 인공하천과 같은 인위적인 자연자원의 이미지를 활용하는 입지 전략이 작용하고 있다. 이미지 소비가 중요한 현대인들에게 천연의 자연과 인공의 자연에 대한 경계나 구분에 대한 의미보다는 소비자가 인식하는 이미지가 더 중요하기 때문이다.

6) 골프장 코스의 매력성 활용 – 회원제 골프장

골프리조트 중 내륙형에 속하는 청우와 오렌지 골프리조트는 일정 규모의 숙박단지를 갖추고 있다. 2007년에 개장한 청우골프장은 영동고속도로 새말IC에서 차량으로 3분 거리에 위치하고 있다. 그리고 입구 전면에는 논이 있으며, 후면에는 고도가 낮은 구릉지의 산림지대가 있다. 반면에 오렌지골프장은 경부고속도로 영동IC에서 18㎞, 청원~상주 간 고속도로 화서IC에서 15㎞ 정도 떨어진, 전형적인 농업지대의 경사가 완만한 산지에 입지하고 있다. 이 두 리조트 주변에는 유명하거나 매력성이 뛰어난 자원이 없다. 그러나 두 리조트에 개발된 숙박시설인 콘도는 모두 골프장 코스를 내려다보는 장소에 입지하고 있다(<그림 7-9> 참조). 청우리조트의 경우 숙박단지는 클럽하우스와 분리된 공간에 입지하고 있다. 반면에 오렌지 골프리조트의 평수가 작은 콘도는 주로 골프장 이용고객을 위한 시설로 활용되고 있고 클럽하우스와 인접하여 입지하고 있다. 반면에 2층 이하의 별장형 저층형 콘도는 클럽하우스와 일정하게 거리를 두고 분리된 주거단지처럼 입지하고 있다. 이러한 별장형 콘도는 오렌지골프장의 인공호수와 골프코스를 조망할 수 있도록 입지하고 있다. 오렌지골프리조트는 이용고객의 경제적 능력 등에 따라 숙박단지를 분리하고 있음을 잘 보여주고 있다. 그럼에도 불구하고 이 두 골프리조트에서의 골프장 내 숙박단지 입지는 골프장 내의 골프코스 자체를 매력물로 활

〈그림 7-9〉 청우(왼쪽)와 오렌지(오른쪽) 골프리조트의 숙박단지에서 바라보는 골프코스

용하고 있다는 점을 함께 보여주고 있다. 즉, 리조트 입지지역의 자원 매력성보다는 골프장 자체의 매력성에 의존하는 숙박시설 입지 전략을 가지고 있는 것이다.

이러한 경향은 산악형의 준해안형 경우에서도 발견된다. 파인리즈는 설악산 자락의 국립공원 경계선과 인접하고 있으며, 경사가 완만한 구릉지의 산림지대 한가운데에 입지하고 있다. 파인리즈리조트 골프장은 전체가 회원제로 운영되고 있다. 파인리즈리조트 내의 콘도는 골프코스로 도보로 이동이 가능할 정도로 매우 가깝게 입지하고 있어서 골프장 내에 설치된 인공 호수와 골프코스를 객실 내에서 조망할 수 있다(<그림 7-10> 참조).

일반적으로 콘도는 회원 이외의 대중들도 사용할 수 있는 숙박시설이다. 파인리즈리조트 내 콘도는 일반적인 의미의 콘도로서 활용되고 있다. 그러나 골든비치 골프리조트에서의 콘도는 다중이용 숙박시설이 아니라 골프장 회원들을 위한 숙박시설, 즉 골프텔로서 활용되고 있다. 골든비치 골프리조트에서도 비록 골프장을 가장 잘 조망할 수 있는 위치에 입지하고 있지는 않지만 골프텔이 골프장 코스를 조망할 수 있도록 입지하고 있다는 점은 앞의 골프리조트와 유사하다.

〈그림 7-10〉 파인리즈리조트의 숙박시설과 호수

그러나 청우나 파인리즈 골프리조트 숙박단지가 클럽하우스와 분리된 공간에 입지하는 것과는 달리 골든비치 골프리조트에서는 클럽하우스와 매우 가까운 동일 공간에 입지하고 있다. 이러한 특징들은 골프장 내의 숙박단지 개발에 골프장 자체가 가지는 풍경 매력성이 영향을 미치고 있음을 부정하는 것이 아니라 골프리조트 내의 콘도 활용목적과 숙박시설 이용 고객의 계층적 특성에 따라 골프리조트 내의 숙박시설 결정에 차이가 있음을 보여주고 있다.

고객의 계층 특성이 골프리조트 내의 콘도입지결정에 어떻게 반영되는지를 선명하게 보여주는 사례로 마우나오션리조트가 있다. 마우나오션리조트는 크게 숙박시설이 두 개의 공간에 분리 배치되어 있다. 마우나오션리조트의 숙박시설인 마우나빌콘도(대중적 숙박시설)와 마우나빌레(고급숙박시설)는 완벽하게 분리된 공간에 위치하고 있다. 전자는 숙박등록 및 연회시설이 입지하고 있는 건물을 중심으로 좌우로 입지하고 있으며, 그 아래에 마우나빌레오가 들어가 있는 골프장이 입지하고 있다. 산 중턱을 따라 개설된 도로를 따라 아래에는 골프장이 있으며, 위로는 숙박 동이 있다. 골프장과 일반 숙박 동은 자연스럽게 도로를 중심으로 분리되어 있으며, 도로를 따라 골프장을 분리하는 담이 설치되어 있다(<그림 7-11> 참조).

그럼에도 불구하고 두 숙박시설은 모두 골프장과 먼 바다를 조망할 수 있는 위치와 시야를 최대한 확보할 수 있도록 개발되어 있다. 이러한 점들은 골프리조트 내 숙박시설이 골프장을 풍경자원으로 활용하고 있으며 동시에 숙박시설의 계층적 성격에 따라 입지에 차이가 존재함을 보여주는 것이다. 계층 성격에 따라 숙박시설 입지에 차이가 존재한다는 점은 스키리조트에서도 발견되었다.

〈그림 7-11〉 마우나오션리조트 전경

　이와 같이 회원제 골프리조트들은 자연자원의 매력성이 뛰어난 지역에 입지하는 리조트와 그렇지 않은 리조트 모두에서 입지하는 숙박시설의 계층에 따라 시설 배치에는 차이가 존재[31]함에도 불구하고, 골프장 자체의 매력성에 의존하는 입지 전략을 가지고 있다.

7) 자연자원 매력성 활용 – 대중제 골프리조트

　대명설악과 영랑호리조트의 골프장은 모두 대중 골프장이다. 앞에서 논의한 골프리조트들은 모두 회원제 골프장을 보유하고 있다는 점에서 이들 리조트와 차이가 있다. 대명설악리조트와 영랑호리조트는 모두 9홀의 소규모 대중 골프장을 가지고 있다. 대명설악리조트의

---

31) 이에 대하여는 8장에서 집중적으로 분석된다.

참고: 숙박 동의 한 면은 오른쪽 사진의 울산바위를 조망할 수 있으며, 나머지 두 면은 동해안 쪽 풍경을 조망할
수 있도록 배치되어 있음

〈그림 7-12〉 대명리조트설악

경우는 설악산 중 가장 아름다운 풍경을 자랑하는 울산바위를 정면으로 바라볼 수 있는 위치에 입지하고 있다(<그림 7-12> 참조).

객실 수가 683개로 골프리조트로 분류된 리조트 중에서는 가장 큰 규모의 객실 수를 가지고 있는 반면에 골프장 홀 수는 가장 적다. 이는 대명설악리조트에서 골프장보다는 콘도와 같은 숙박시설이 더 중요 시설임을 의미한다. 콘도는 설악산과 동해안을 잘 바라볼 수 있는 산등성이에 입지하고 있으며, 객실배치도 골프장보다는 설악산과 동해안을 조망할 수 있도록 하고 있다. 설악산의 매력성이 골프장이 주는 매력성보다 훨씬 크기 때문이다. 따라서 리조트 입지에 골프장 풍경의 매력성보다는 설악산이라는 자연자원의 매력성을 활용하는 입지 전략이 더 강력하게 작용하고 있는 것으로 이해될 수 있다.

자연자원에 의존하여 숙박시설이 입지하고 있는 또 다른 경우로는 영랑호리조트가 있다. 영랑호는 대명설악과 매우 가까운 곳에 위치하고 있지만, 속초의 자랑인 영랑호와 접하거나 조망이 가능하게끔 개발되어 있다. 영랑호리조트에는 20층 타워형 콘도와 저층 빌라형 두

〈그림 7-13〉 고급형과 타워형 숙박시설(영랑호리조트)

종류의 숙박시설이 있다(〈그림 7-13〉 참조). 타워형 콘도는 호수와 골프장을 조망할 수 있는 위치이며, 20층 높이를 자랑한다. 타워형 콘도는 리조트 어느 곳에서도 보일 정도로 높은 건물이다. 반면에 빌라형 콘도는 영랑호 산책로를 따라 입지하고 있다. 타워형 콘도는 객실 면적이 주로 60㎡과 66㎡의 규모이며 전체객실 200실 중 188실을 차지하고 있다. 빌라형의 객실면적은 109㎡, 138㎡, 142㎡로 타워형의 객실면적에 비해 매우 크다. 즉, 영랑호리조트 숙박시설 입지는 소비계층에 따라 공간 분리라는 방식으로 이루어지고 있다.

이러한 특징은 대중 골프장을 보유한 대명설악과 영랑호리조트에서는 주로 골프장의 풍경 매력성보다는 매력성이 뛰어난 자연자원을 활용한 숙박시설입지 전략이 작용하고 있음을 보여주고 있다. 그리고 회원제와 대중 이용형의 골프리조트 유형과 관계없이 모든 골프리조트에서는 소비계층에 따라 공간의 분리전략이 골프리조트의 숙박시설 입지결정에 영향을 미치고 있다. 그러나 회원제 골프장을 가진 골프리조트에서는 주로 골프장 자체의 매력성을 활용한 입지 전략을, 대중 골프장을 가진 골프리조트에서는 아름다운 자연자원의 매력성을 활용한 입지 전략을 사용하고 있다. 따라서 숙박시설의 입지는 이미지 소비를 극대화시키고 소비계층에 따른 차별화된 공간을 구성하고자 하는 전략의 결과로 이해될 수 있다.

3. 배타적 공간으로서의 리조트

휴양형 리조트로 분류된 리조트 중 리솜스파캐슬과 STX리조트를 제외하고는 모두 내수면이나 해안과 같은 자연자원과 관련이 있다. 다른 유형의 리조트와 마찬가지로 휴양형 리조트에서도 자연자원의 매력성이 리조트 입지 전략에 영향을 미치고 있다. 특히 해안이라는 자연자원을 활용할 수 있는 해안형으로 구분된 휴양형 리조트는 전체 휴양형 리조트 17개 중 8개로 절반을 차지하며, 준해안형까지를 포함하면 10개에 이른다. 그리고 내수면을 활용하고 있는 리조트는 모두 5개로 17개 리조트 중 15개 리조트가 어떠한 형태로든 수면과 관련성을 가지고 입지하고 있다.

1) 해안의 독점적 사용

엘도라도, 쏠비치, 남해힐튼골프앤스파리조트는 지형적으로 리조트가 독점적으로 점유하고 있는, 외부와 분리된 해변을 가지고 있다. 그리고 리솜오션캐슬과 비체팰리스는 엘도라도 등과 같이 지형적으로 외부와 분리되어 있지는 않지만 기존의 유명한 해수욕장(꽃지해수욕장과 무창포해수욕장)의 가장자리 부분과 연결되어 있다(<그림 7-14> 참조).

이러한 리조트 입지는 해수욕장을 찾는 대중들과 리조트를 이용하는 이용객을 자연스럽게 분리시키는 효과를 가진다. 따라서 해수욕장 일부가 리조트의 점유공간인 것처럼 사용될 수 있다. 충무마리나 리조트나 대명 변산 리조트의 경우도 이와 유사한 지형적 조건을 가지고 있다. 해변가의 독점적 사용은 회원제 전용 휴양형 리조트와 대중 이용 휴양리조트 모두에서 나타나고 있다. 이와 같은 분리된 물리적 공간의 입지특성은 어떠한 의미를 가지고 있을까? 공간의 독점적 사용은 소수의 이용자에게 비이용자와의 구별을 가능하게 한다. 이러한 공간은 비이용자들로부터 리조트 이용자를 구별 짓는 역할을 수행한다. 즉, 분리된 물리적 공간인 해변은 리조트가 배타적인 공간임을 상징하고 이를 실현시킨다. 이러한 공간에서 소비자는 배타적 공간이 가져다주는 이미지를 통해 스스로 다른 사람과 다른 주체가 되는 쾌락을 즐기게 된다.

〈그림 7-14〉 공공재인 해변을 독점적으로 점유, 사용하고 있는 휴양형 리조트들
(쏠비치, 엘도라도, 비치팰리스, 남해힐튼골프앤드스파-왼쪽 위부터 시계방향 순)

2) 시각적 분리와 이미지 극대화의 공간 – 산악 입지(준해안)형

ES통영리조트는 해상국립공원 지역 내에 입지하고 있으며, 해변과 섬들이 아름답기로 널리 알려져 있는 통영에 위치하고 있다. 특히 ES 통영리조트는 해변을 접하고 있는 산림이 우수한 언덕 위에 저층형의 숙박시설이 입지하고 있어서 아름다운 통영의 섬들과 바다를 조망할 수 있는 위치에 있다. 그리고 철저하게 회원제 중심으로 운영되고 있다. 국내에서 전형적인 휴양형 리조트를 표방하고 개발하기 시작한 리조트는 ES능강리조트(제천)이다. ES능강리조트는 중장년 인텔리계층을 목적으로 겨냥하여 개발된 리조트이다. 이러한 점은 리조트의 홈페이지에 있는 다음과 같은 문구에서 확인할 수 있다. 또한 철저한 회원제 운영으로 리조트 입구에서부터 왕래자들의 철저한 통제가 이루어지는 리조트로 유명한 곳이다.

> "Club ES는 복잡한 현대화 사회 속에서 가장 소외된 계층인 중장년 인텔리층을 위한 편안한 휴양마을이라는 테마를 가지고 개발 운영 중인 회원제 클럽형 리조트(ES 리조트 홈페이지)"

숙박시설에서 보면 바로 앞에 아름다운 섬들과 바다가 펼쳐져 있다. 그리고 이러한 자연자원과 더불어 언덕 위에 만들어진 수영장은 바다의 수평선이 닿아 있는 것과 같은 느낌을 주어 이용자로 하여금 태평양의 푸른 바다에 있는 리조트에 와 있는 느낌을 가지게 한다 (<그림 7-15> 참조). 이러한 느낌은 현실세계와 분리된 낙원을 상상할 수 있게 한다. 이제 소비자는 자연자원의 풍경과 이국적 이미지의 풍경을 소비하기 위해 먼 곳까지 달려오게 되는 것이다.

〈그림 7-15〉 ES(통영)리조트 풍경

　이는 ES 통영리조트와 같은 해변가에 입지하는 휴양형 리조트들의
일반적 형태이다. 반면에 ES제천의 경우는 숲 속에 저층 별장형 콘도
로 대명단양과 한화경주와 같이 대중 이용형 리조트에 비해 좀 더 넓
은 부지 위에 숙박시설이 입지하고 있다(<그림 7-16> 참조). 즉, ES제
천도 ES통영과 마찬가지로 자연자원 속에서 리조트 외부의 아름다운
자연자원의 매력성을 활용하고 있으며 리조트 내부에서의 휴식, 즉
자연 속에서의 휴식을 강조하고 있다. 리조트에서의 자연은 상상 속
의 낙원이다.

　입지지역의 물리적 특성 구분상 같은 유형에 속하지만 다른 형태
의 리조트가 바로 여수에 위치하고 있는 디오션이다. 디오션은 다중
이용고객형의 콘도와 워터파크로 구성되어 있다. 호텔은 콘도보다 조
금 더 높은 위치에 입지하고 있다. 리조트의 하부에는 다중 이용시설
인 워터파크가, 그 위에는 다중이용시설 중의 하나인 콘도가 입지하
고 있으며, 그 위에 15층의 호텔이 있다.[32] 이러한 숙박시설의 배치는
숙박시설의 소비 계층적 위계질서를 반영하는 동시에 바다라는 자연
자원에 대한 조망권과 관련지어 생각해볼 수 있다. 바다를 바라다볼

───────────

32) 연구가 진행될 당시에는 호텔이 공사 중이었으나, 현재에는 완공되어 운영 중에 있다.

〈그림 7-16〉 소수 회원 이용형 숙박시설인 ES제천리조트

수 있는 시야는 현재 입지한 시설 중 고층의 콘도와 호텔이 가장 뛰어나다. 대부분의 숙박 장소에서 바다를 조망할 수 있으며, 콘도 로비에서는 바다가 한눈에 들어온다. 물론 워터파크의 실외공간에서도 바다를 조망할 수 있지만, 숙박단지가 워터파크에 비해 바다와 섬들을 조망할 수 있는 시야를 더 크게 확보하고 있다. 디오션리조트는 바다에 대한 조망권이라는 자연자원을 활용할 수 있는 위치에 입지하고 있음을 보여주는 사례이다. 동시에 소비계층에 따라 조망권에 일정한 차이가 존재할 수 있도록 개발되는 전형적인 사례라고 할 수 있다. 이러한 위계질서의 존재와 함께 산악입지(준해안형)는 해수면을 마치 리조트의 일부와 같은 이미지를 만들어내는 효과를 발생시킨다. 이와 같이 바다보다 높은 산자락의 고도를 이용해 바다와 리조트 내부가 마치 하나의 공간인 것과 같은 이미지를 활용하는 입지 전략은 모든 이용형태에서 나타나고 있다(<그림 7-17> 참조).

참고: 오션파크를 아래에, 숙박단지를 위에 배치함으로써 자연자원을 바라볼 수 있는 시각에 차이를 두고 있는 여수
디오션리조트

〈그림 7-17〉 여수 디오션리조트

대중 이용 형태의 다른 휴양형 리조트에서도 주변의 자연자원에
대한 조망을 활용하여 마치 자연 속에 들어와 있는 것과 같이 일상
생활공간과 분리된 여가공간이라는 이미지를 도입하고자 하는 입지
전략이 발견된다. 산악형이면서 내수면과 관련성을 지닌 위치에 입지
하고 있는 대중 이용형 휴양리조트로는 한화경주와 대명단양이 있다.
한화경주는 경주의 보문호를, 대명단양은 북한강과 소백산 일부를 조
망할 수 있는 위치에 있다(<그림 7-18> 참조). 한화경주는 경주국립
공원지역에, 대명단양은 소백산국립공원 지역에 입지하고 있다. 이와
같이 대명단양과 한화경주는 대중관광지로서의 관광수요가 많은 관
광자원의 매력성이 뛰어난 지역에 입지하고 있다. 따라서 대명단양과
한화경주는 대중 관광 수요가 많은 지역 특성을 반영하듯 숙박시설
이 대중 이용형인 타워형 콘도로 개발되어 있으며, 부지 규모가 상대
적으로 작다.

2000년대에 본격적으로 개발되고 있는 휴양형 리조트 사례들은 모
두 자연자원이나 역사문화자원의 매력성이 우수한 지역에 입지하고

〈그림 7-18〉 대중 이용형 숙박시설인 대명단양리조트의 타워형 콘도

있다. 그리고 자연자원의 풍경 매력성에 의존하여 개발되고 있는 경향이 매우 뚜렷하다. 이러한 경향들은 관광자원 매력성이 휴양형 리조트 입지에 영향을 미치고 있음을 보여주고 있다. 그리고 공공재인 자연자원을 리조트가 자연스럽게 점유가 가능(즉, 독점적 지배)하도록 입지하는 경향이 다른 유형의 리조트에 비해 강화되어 나타나고 있다. 특히 2000년대 이후 활성화되고 있는 휴양형 리조트에서 나타나고 있는 자연자원에 대한 독점적 지배는 다른 공간과의 구별이나 분리가 리조트 개발에서 강화되고 있음을 의미하는 것이다. 그러므로 특히 회원 중심의 휴양리조트는 리조트가 가지고 있는 포스트모더니즘 특성 중의 하나인 배타적 공간으로서 드러내는 시도가 강화되어 특정 계층의 요구에 맞도록 공간이 구성되고 있는 것을 의미한다.

이러한 소비계층에 따른 공간구성의 차이는 대중관광 수요를 표적으로 하느냐 그렇지 않느냐에 따라 건축양식과 리조트를 외부로 드러내는 방식과 자연자원의 매력성을 소비하는 공간구성 방식의 차이에서도 확인된다. 대중수요를 표적으로 하고 있는 경우에는 타워형 건물이, 회원 혹은 고급형인 경우에는 빌라형 건물이 입지하고 있다. 그리고 대중 이용형 리조트에서는 개방적 위치에서 자연자원의 매력성을 소비하는 방식이, 회원 중심형이거나 고급형의 리조트에서는 분리된 공간에서의 자연자원의 매력성을 소비하는 방식이 주로 사용되고 있다.

4. 리조트 입지 결정의 중요 요인

지금까지 개별 리조트가 입지하고 있는 지역의 입지특성과 관광자원을 어떻게 활용하고 있는지를 분석하여 보았다. 모든 리조트는 자연자원의 매력성을 활용하기 위한 다양한 전략을 사용하고 있다. 골프리조트에서는 골프코스를, 스키장에서는 스키장 슬로프를 자연의 일부로 재구성(잔디를 심거나 허브나 꽃을 심어 정원처럼 꾸미는)하거나 자연자원의 매력성이 뛰어난 곳은 자연자원의 매력성을 직접적으로 활용하는 방식으로 개발이 이루어지고 있다. 상대적으로 개발허가가 용이한 공공자본의 경우에는 자연자원의 매력성이 뛰어난 곳을 직접 활용하는 경향이 있다. 그러나 리조트 개발이 자연자원의 매력성에 의존하여 이루어지고 있음에도 불구하고, 반드시 자연자원의 매력성이 뛰어난 곳에 입지하고 있는 것은 아니다. 대중적 수요를 표적으로 하는 리조트는 교통인프라와 같은 접근성이 보다 더 중요한 입지요인이다. 또한 숙박단지의 경우, 소비계층의 성격에 따라 입지가 분리되는 배제의 원리가 적용되고 있으며, 이러한 경향은 스키리조트를 포함하여 골프리조트, 휴양리조트 등의 모든 유형에서 나타나고 있다. 즉, 특정 소비계층에 따라 리조트의 공간구성에 차이가 있다.

이와 같은 분석결과는 리조트 입지가 몇 가지 요인에 의해 자동적으로 결정되는 사안이 아니라 시장, 거리, 교통, 소비계층의 욕구, 개발전략과 같은 복합적인 요인들이 작용하여 결정되고 있는 것임을 시사하고 있다. 만약 이와 같은 분석결과가 타당하다면 이러한 분석결과는 리조트 개발자들의 개발전략과 맥락을 같이하고 있을 것이다. 즉, 앞에서 논의된 리조트 입지특성 분석결과는 리조트 개발자들의 개발전략을 반영하고 있어야 한다. 만약에 이러한 입지특성이 개발자들의 개발전략과 맥락을 같이한다면 앞에서 분석한 결과의 타당성은 높아질 수 있을 것이다.

다음 <표 7-7>은 현재 리조트의 위치 결정 요인들의 중요도에 응답 결과를 정리한 것이다. <표 7-7>에 따르면, 중요도 1순위에서 가장 높은 빈도수를 나타내고 있는 요인은 풍경이며 그다음으로는 접근성이다. 기타의 요인 중에는 4개 리조트에서 기후(모두 스키리조트임), 리조트 개발에 적합한 부지조건이 2개로 나타났다. 두 번째 중요도를 가진 요소로는 시장거리와 부지확보인 것으로 나타났다. 이를 종합해보면, 부지와 관련된 내용 중에는 입지 지역의 풍경과 부지확보가 중요요인이며 그다음으로는 시장과의 거리나 접근성과 같은 이동성과의 문제가 중요 요인인 것으로 나타났다. 부지 주변의 관광자원이나 유명관광지의 근접과 같은 요인들은 상대적으로 영향이 크지 않은 것으로 응답하고 있다.

이러한 응답분포는 리조트가 풍경에 의존하여 개발되는 경향이 있음에도 불구하고 반드시 기존 유명관광지나 관광자원이 풍부한 곳에 입지하는 것이 아님을 보여주고 있다. 이는 현재 리조트가 입지하고 있는 주변과의 연계성에만 의존한 소비공간으로 개발되기보다는 자연자원의 풍경에 대한 조망이나 건조환경의 매력성 또는 인위적 자원의 매력성과 같이 리조트 자체가 가지는 매력성에 의존하여 소비공간으로 개발되고 있음을 의미한다. 휴양형 리조트를 포함한 모든

리조트는 자연자원의 매력성 그 자체를 활용하거나 또는 인위적으로
만든 환경을 이용하는 등 다양한 방식으로 개발되고 있다. 리조트는
소비자의 시선을 집중시키기 위해 풍경의 매력성을 활용하는 방식으
로 입지한다. 리조트의 매력성은 천연자원과 인공적 자연자원과 같은
자연자원뿐만 아니라 이국적인 건조환경을 통해서도 이루어지고 있
다. 이러한 개발을 통해 리조트는 그 자체가 매력성을 지닌 소비공간
으로 구성되며 그 자체가 관광물이며 목적지가 된다. 이와 같은 리조
트의 매력성은 소비자의 시선을 집중시킨다.

〈표 7-7〉 위치 결정 중요도

요인/중요도	1	2	3	4	5	6	7	8
풍경	8	3	1				1	
시장거리	2	6	3	1				
부지확보		7	1					
부지활용	3					1		1
인프라		1				1		
유명관광지 인접		1	2	1	1			
관광자원 풍부	2	1	2	2				
접근성	6	1	5	2				
기타(기후)	6							

리조트 위치 결정 중요요인 중 앞의 분석에서 논의되지 못한 내용
중의 하나는 부지활용에 대한 논의이다. 전체 응답 리조트 회사 23개
중 3개 회사가 기존에 보유한 부지를 활용하기 위해 현재 입지에 리

조트를 개발하였다고 응답하였다. 이러한 응답결과는 보유하였던 부지에 대한 개발을 통해 자본이익을 추구하고자 하는 압력이 리조트 개발과 입지결정에 영향을 미치고 있음을 의미하는 것이다. 이와 같은 부지활용이라는 입지 결정요인은 국내 리조트 개발과 입지가 국내 자본의 부동산 개발을 통한 자본잉여 축적전략과 관련지어 이해되어야 함을 보여주는 것이다. 동시에 90년대에는 주로 보유하고 있던 부동산을 활용하기 위해 리조트를 개발하였던 것에 비해, 매우 소수의 리조트만이 보유하고 있는 부지를 활용하고자 한다고 응답하였다. 이러한 결과는 보유하고 있던 대규모 부동산에 대한 리조트 개발이 마무리되었을 가능성이 높음을 의미한다. 2000년대에 주로 이루어진 리조트 개발이 소규모의 부지를 가지고 있는 휴양형 리조트를 중심으로 이루어지고 있으나 대규모 리조트 개발은 대부분 공공자본에 의해 이루어졌으며, 민간자본에 의한 개발은 매우 소수에 지나지 않다는 점에서 이를 추론해볼 수 있다. 이는 향후 이루어질 리조트 개발이 소규모의 부지를 요구하는 형태의 휴양형 리조트 중심으로 이루어질 가능성이 높음을 의미하는 것이다.

리조트라는 소비공간의 매력성 향상은 소비자 시선을 집중시킴과 동시에 공간 소비욕망을 강화시킨다. 이러한 매력성은 리조트 이미지와 연결된다. 리조트 이미지는 리조트에 대한 소비자의 관광행동을 먼 거리까지 가능하도록 촉진한다. 원거리에 있으며, 대중의 이용을 요구하는 리조트는 보다 많은 대중을 유인하기 위해서 단거리에 입지하고 있는 리조트에 비해 자연자원과 인공자원의 이미지를 보다 더 적극적으로 활용하고 있다. 표적시장으로부터 보다 먼 거리에 입지하고 있는 휴양형 리조트나 골프리조트 혹은 스키리조트들은 풍경자원이 우수한 지역에 입지하고 있거나 이국적인 건조환경 조성을 통해 리조트를 보다 더 매력적인 공간으로 구성함으로써 리조트 공간의 유인력을 높이고 있다. 동시에 다중의 소비를 요구하는 대중적 성격의 리조트들에서는 소수 회원 이용형 리조트에 비해 교통과 같은 접근성이 중요한 입지요인이 된다. 이러한 접근성 요인이 가지는 중요성은 가장 많은 이용자를 요구하는 스키리조트에서 보다 더 선명하게 나타난다.

이와 같이 자본은 공간의 소비를 촉진하기 위해 자연자원의 매력뿐만 아니라 인공자원을 활용한 매력 향상과 이미지 전략을 사용하고 있으며, 계층적 성격에 따라 소비공간을 차별적으로 유형화시키고 있다. 특히 상류계층의 여가공간은 자신의 사회적 위치를 드러내고 자신의 계층에 적합한 문화자본을 축적하기 위한 공간이다. 그러므로 리조트 개발전략은 특정 계층에 매력적인 소비공간으로 구성하기 위한 공간구성 전략과 결합되어 이루어진다. 특히 이러한 경향은 휴양리조트뿐만 아니라 골프리조트에서도 발견되며, 최근에 입지하고 있는 스키리조트 일부 시설에서도 발견되고 있다. 스키리조트나 골프리조트에 비해 소규모로 개발되고 있는 휴양형 리조트의 경우에서도 해변을 부분적으로 독점하여 점유하는 방식으로 개발되는 경향이 뚜렷해지고 있다. 그리고 자연자원의 매력성을 활용하는 방식은 소비계층에 따라 그 차이점을 드러내고 있다. 그 방식에는 시선을 외부로 드러내는 방식과 외부로부터 차단하는 방식, 소비자의 이동을 공간적으로 분리하는 방식 등 다양한 방식이 존재하고 있다. 이와 같이 리조트의 공간매력성은 소비계층에 따라 차별적인 공간구성을 통해 소비를 촉진하는 전략과 관계되어 있다.

제3부
리조트 시설 입지와 소비

제8장 리조트 공간구성과 소비계층

우리는 2부에서 리조트 입지는 물론 리조트 내의 여가 시설의 입지가 소비계층에 따라 차별적으로 이루지고 있음을 분석한 바 있다. 그리고 리조트라는 관광공간은 특정계층을 구분하고 특정계층의 소비욕구를 충족하고 촉진하기 위한 메커니즘이 작용하고 있는 소비공간이다. 만약에 이러한 추론이 실재라면, 리조트 시설 배치와 같은 공간의 구성 또한 이러한 메커니즘이 작용하고 있을 것이다. 이러한 메커니즘의 성격과 작용에 대한 이해를 위해서는 리조트 공간의 계층 성격과 공간구성에 대한 이해가 요구된다.

1. 리조트 공간의 사회계층 성격

소비는 사회신분을 드러내는 수단이다. 그러므로 소비시설은 사회신분에 따라 그 성격의 차이를 드러낸다. 리조트에는 여러 가지 기능과 성격을 가진 소비 시설들이 존재한다. 따라서 리조트 시설들이 가지고 있는 사회계층 차이는 시설배치와 같은 공간구성에서도 나타난다. 이러한 공간구성을 분석하고 이해하기 위해서는 우선 리조트의 주요 공간들이 어떠한 사회 계층적 성격을 지니고 있는지를 먼저 분석해야 한다. 이를 위해 최소 3년부터 21년 동안 리조트 개발 및 마케팅 분야에 종사한 각 리조트 현재 업무 담당자들에게 개별 리조트 시설의 사회계층 성격에 대한 질문을 실시하였다. 다음의 <표 8-1>, <표 8-2>, <표 8-3>은 이러한 질문에 대한 결과들을 정리한 것이다.

<표 8-1>은 리조트 시설별로 주요 표적대상의 연 소득을 정리한 것이다. <표 8-1>에 따르면, 회원제 골프장과 대중 골프장의 주요 표적 대상의 소득에 차이가 존재한다. 회원제 골프장은 연 소득 1억 원 이상의 상류층을 주요 표적대상으로 하고 있다. 반면에 대중 골프장은 주로 연 소득 5천만 원 이상의 중산층을 주요 표적대상으로 하고 있다. 따라서 대중 골프장과 회원제 골프장에는 계층 간 차이가 존재한다고 할 수 있다. 숙박시설에서도 이와 유사한 관계가 존재한다. 일반콘도는 주로 중산층이나 중산층 이하의 소득계층을, 고급콘도는 1억 이상의 상류층을 주요 표적으로 하고 있다. 반면 호텔의 주요 표적 대상은 다른 시설에 비해 조금 더 폭이 넓다. 5천만 원 이상의 중산층부터 1억 이상의 상류층까지를 표적대상에 포함하고 있다. 반면에 5천만 원 이하의 중산층 이하 계층은 표적대상에서 제외되어 있다. 리조트에서 호텔은 중산층 이하의 서민계층을 배제하는 공간이 될 가능성이 높지만, 다른 고급 숙박시설에 비해 수용하는 계층이 더 넓다고 할 수 있다.

시설/소득		2억 원 이상	1억 원 이상	5천 원 이상	5천 원 미만
골프장	회원	무주, 성우, 용평, 대명, 한화	성우, 오투, 알펜시아, 대명, 금호, 청우, 마우나, 오렌지, 파인, 태안	에덴밸리	
	대중	하이원	하이원, 대명, 한화	오투, 알펜시아, 용평, 하이원, 에덴밸리, 베어스, 대명	베어스, 대명
스키장		베어스타운, 대명	하이원, 베어스타운, 대명	무주, 하이원, 베어스타운, 대명, 한화	오투, 알펜시아, 용평, 에덴밸리, 베어스타운, 대명
콘도	일반		대명, 파인	알펜시아, 하이원, 에덴밸리, 대명	용평, 대명, 충주호
	고급	용평, 대명	무주, 알펜시아, 하이원, 대명, 청우, 마우나, 오렌지	하이원, 한화	
호텔		하이원, 대명	무주, 하이원, 대명	알펜시아, 용평, 대명, 한화	
워터파크		곤지암	곤지암	곤지암	알펜시아, 용평, 곤지암, 비체팰리스, 한화, 디오션

스키장은 일반콘도와 가장 유사한 계층적 성격을 지니고 있다. 반면 워터파크는 5천만 원 미만의 계층을 주로 상대로 하는 대중적 이용시설로 이해될 수 있다. 따라서 리조트 시설 간에는 회원제 골프장, 고급콘도 > 호텔 > 일반콘도, 스키장 > 워터파크와 같은 소비공간의 계층적 위계의 존재 가능성이 높다고 할 수 있다.

이러한 위계적 질서는 시설별로 표적으로 하는 소비자의 학력 차이로도 나타날 수 있다. 소비는 경제자본뿐만 아니라 학력과 같은 문화자본에 의해서 영향을 받기 때문이다. 다음 <표 8-2>는 주요 시설별 표적시장의 학력을 나타낸 것이다. 이에 따르면 골프장은 전문대졸이상의 고학력자를, 스키장과 일반콘도, 호텔, 워터파크는 다양한 학력계층을 표적대상으로 하고 있다. 반면 고급콘도는 골프장과 유사한 학력계층을 주요 표적대상으로 하고 있다. <표 8-1>과 <표 8-2>는 리조트라는 소비공간은 단일한 소비계층의 소비공간이 아니며, 다양한 계층의 소비공간이 복합적으로 입지하고 있는 공간임을 보여주고 있다.

〈표 8-2〉 리조트 주요 시설별 주요 시장의 학력

구분		대졸 이상	전문대졸 이상	고졸 이상	고졸 이하
골프장	회원	무주, 알펜시아, 용평, 에덴밸리, 대명, 한화, 마우나, 태안(8)	용평, 에덴밸리, 대명, 리솜, 오렌지, 파인(7)	용평, 에덴밸리, 대명(3)	용평, 에덴밸리, 대명(3)
	대중	알펜시아, 용평, 하이원, 에덴밸리, 베어스, 대명, 한화(7)	용평, 하이원, 에덴밸리, 베어스, 대명(5)	용평, 에덴밸리, 베어스, 대명(4)	용평, 에덴밸리, 대명(3)
스키장		용평, 하이원, 곤지암, 에덴밸리, 베어스타운, 대명(6)	용평, 하이원, 곤지암, 에덴밸리, 베어스타운, 대명, 파인(7)	무주, 오투, 알펜시아, 용평, 하이원, 곤지암, 에덴밸리, 베어스타운, 대명(9)	용평, 곤지암, 베어스타운, 대명, 한화(6)
콘도	일반	용평, 하이원, 에덴밸리, 대명, 충주호, 청우, 마우나, 라데나(8)	용평, 하이원, 에덴밸리, 대명, 오렌지, 파인(6)	오투, 알펜시아, 용평, 하이원, 에덴밸리, 대명, 디오션(7)	용평, 에덴밸리, 대명, 한화, 금호(5)
	고급	알펜시아, 용평, 하이원, 곤지암, 대명, 마우나, 오렌지(7)	무주, 용평, 곤지암, 대명(4)	용평, 대명, 한화(3)	용평, 대명(2)
호텔		무주, 알펜시아, 용평, 하이원, 대명(5)	용평, 대명(2)	용평, 대명, 한화(3)	용평, 대명(2)
워터파크		용평, 하이원, 대명(3)	용평, 하이원, 대명, 디오션(4)	알펜시아, 용평, 하이원, 대명, 디오션(5)	용평, 대명, 한화(3)

참고: ( )는 해당 칸의 리조트 수

다음 <표 8-3>은 주요 시설의 표적시장이 되는 연령층을 정리한 것이다. 이에 따르면 회원제 골프장은 40세 이상의 중장년층을, 대중 골프장은 이와 유사하지만 보다 조금 젊은 층을 포함한 계층을 표적 대상으로 하고 있다. 일반콘도가 고급콘도보다 보다 더 넓은 연령대를 표적으로 하고 있으며 호텔은 고급콘도와 유사한 연령대를 표적 시장으로 하고 있다. 반면 스키장과 워터파크는 주로 40세 이하의 젊은 계층을 주요 표적대상으로 하고 있다.

〈표 8-3〉 리조트 주요 시설별 주요 시장의 연령

구분		60세 이상	50세 이상	40세 이상	30세 이상	30세 이하
골프장	회원	성우, 용평, 대명	성우, 오투, 알펜시아, 용평, 대명, 청우, 파인, 태안	무주, 용평, 에덴밸리, 대명, 리솜, 한화, 금호, 마우나, 오렌지	대명	
	대중	하이원, 대명	성우, 하이원, 베어스타운, 대명	성우, 오투, 알펜시아, 하이원, 에덴밸리, 베어스타운, 대명, 한화	용평, 베어스타운, 대명	
스키장		용평	용평, 베어스, 대명	용평, 곤지암, 베어스, 대명	무주, 휘닉스, 용평, 하이원, 곤지암, 에덴밸리, 베어스 대명	무주, 성우, 알펜시아, 휘닉스, 용평, 하이원, 곤지암, 에덴밸리, 오투, 베어스, 대명, 한화, 파인
콘도	일반	용평, 하이원, 에덴밸리, 대명	용평, 하이원, 에덴밸리, 대명, 파인	용평, 에덴밸리, 대명, 충주호, 디오션, 청우	오투, 알펜시아, 용평, 에덴밸리, 오렌지, 라데나, 대명, 리솜, 디오션, 마우나	하이원, 한화, 라데나
	고급	용평, 에덴밸리, 대명	용평, 에덴밸리, 대명	무주, 용평, 하이원, 에덴밸리, 대명, 한화, 마우나, 오렌지	알펜시아, 용평, 하이원 에덴밸리	
호텔		용평, 대명	용평, 하이원, 대명	무주, 용평, 하이원, 대명	알펜시아, 용평, 대명, 한화	
워터파크		대명	대명	하이원, 대명	용평, 하이원, 대명, 디오션, 금호	알펜시아, 용평, 하이원, 대명, 리솜, 한화, 디오션

이와 같은 분석결과를 정리해 보면, 다음 <표 8-4>와 같이 요약해볼 수 있다. 회원제 골프장과 고급콘도는 고학력의 상류층이며 40세 이상의 중장년층 공간으로서 그 성격을 지니고 있다. 반면에 대중 골프장은 고학력의 중산층이며 30세 이상의 공간으로써, 회원제 골프장보다 폭 넓은 연령층의 여가공간으로서 성격을 지닐 가능성이 높다. 스키장과 일반콘도와 워터파크는 중산층의 여가공간으로서 유사한 성격을 지니고 있다. 호텔은 보다 폭넓은 연령층과 소득계층을 포괄하지만, 유사소득계층보다는 조금 더 고학력자들의 소비공간이다. 이러한 차이는 호텔이 일반 숙박시설에 비해 고급이면서 개방적인 공간이라는 성격을 반영하고 있는 동시에 이를 소비하고자 하는 소비자의 문화자본 수준이 보다 더 높음을 의미하는 것으로 이해될 수 있다. 그리고 <표 8-4>의 결과를 보다 쉽게 이해하고 분석하기 위하여 간략하게 도식화하면 다음 <그림 8-1>과 같다. <그림 8-1>은 소비주체의 아비투스를 반영하는 변인 중의 하나인 학력과 소득을 중심으로 리조트의 주요 시설의 사회적 위치를 잘 보여주고 있다. 그리고 <그림 8-1>에 따르면, 학력보다는 소득이 리조트 여가시설의 소비계층 성격을 보다 더 구분 짓게 하는 요인인 것으로 이해된다. 이와 같은 특성이 나타나는 이유는 골프장이나 고급콘도는 회원권 구매가능 계층과 밀접하게 연관되어 있기 때문이다.

〈표 8-4〉 리조트 주요 시설의 소득·학력·연령별 주요 표적

구분		소득	학력	연령
골프장	회원	상류층	고학력	40세 이상
	대중	중산층	고학력	30세 이상
스키장		중산층	전학력	40세 이하
콘도	일반	중산층	전학력	전 연령
	고급	상류층	고학력	30세 이상
호텔		중산층 이상	고학력	30세 이상
워터파크		중산층	전학력	40세 이하

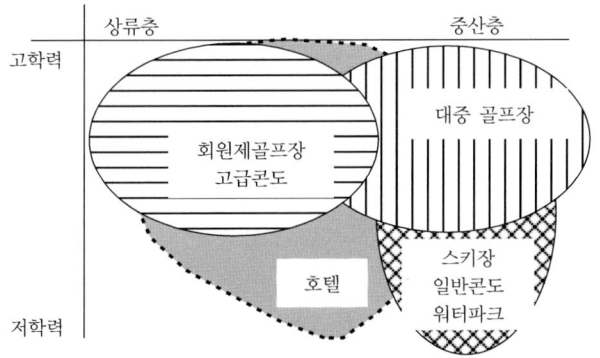

〈그림 8-1〉 리조트 주요 시설의 소득·학력별 주요 표적

리조트의 공간별 주요 표적시장의 차이는 마케팅 전략수립에서도 그 차이를 반영하게 된다. 이러한 표적 시장 차이는 공간구성 및 소비대상물의 차이에도 영향을 미칠 수 있다. 다음 <표 8-5>는 마케팅 전략 수립에 있어서 시설별로 주요 표적으로 삼는 계층을 리조트별로 정리해놓은 것이다. 이에 따르면 앞의 분석결과와 마찬가지로 회원제 골프장은 상류층 이상, 대중 골프장은 주로 중산층을 표적으로 하고 있다. 또한 일반콘도는 상류층과 중산층을, 고급콘도는 많은 리

조트에서 최상류층을 표적으로 하고 있다. 이러한 차이는 리조트에서 숙박시설의 이중구조로 나타날 가능성이 있음을 의미한다.[33]

〈표 8-5〉 주요 시설별 마케팅 전략수립의 주요 표적계층

구분		최상류층	상류층	중산층	서민층
골프장	회원	무주, 알펜시아, 용평, 하이원, 에덴밸리, 대명, 한화, 금호, 오렌지	무주, 성우, 오투, 알펜시아, 휘닉스, 하이원, 에덴밸리, 금호, 청우, 마우나, 오렌지, 파인	휘닉스, 오렌지	
	대중		하이원, 베어스타운, 한화	성우, 오투, 휘닉스, 용평, 하이원, 에덴밸리, 베어스타운, 대명, 청우	
숙박시설	일반콘도	금호	성우, 하이원, 곤지암, 에덴밸리, 비체팰리스, 한화, 금호, 청우, 마우나, 오렌지, 파인	성우, 오투, 알펜시아, 휘닉스, 용평, 하이원, 에덴밸리, 대명, 충주호, 디오션, 오렌지, 라데나	
	고급콘도	용평, 하이원, 에덴밸리, 대명, 한화, 청우, 마우나, 오렌지	무주, 알펜시아, 휘닉스		
	호텔	하이원	알펜시아, 용평, 하이원, 한화	휘닉스, 대명	
스키장			무주, 하이원, 곤지암, 에덴밸리, 베어스타운	무주, 성우, 오투, 알펜시아, 휘닉스, 용평, 하이원, 곤지암, 에덴밸리, 베어스타운, 대명, 한화, 파인	휘닉스
식음료		오렌지	무주, 성우, 하이원, 곤지암, 청우, 오렌지, 라데나	무주, 성우, 오투, 알펜시아, 휘닉스, 용평, 하이원, 곤지암, 에덴밸리, 대명, 비체팰리스, 한화, 디오션, 마우나, 오렌지, 라데나, 파인	휘닉스
컨벤션(연회)		에덴밸리, 오렌지	무주, 성우, 알펜시아, 용평, 하이원, 한화, 오렌지	무주, 성우, 오투, 휘닉스, 에덴밸리, 대명, 마우나	

---

33) 실제 공간구성 분석에서도 이러한 차이가 나타나고 있다.

호텔은 상류층과 중산층의 공간으로서 마케팅이 이루어진다. 스키장과 식음료, 컨벤션은 중산층에 초점이 맞추어진다. 특이하게 휘닉스파크만이 서민계층을 포함하는 마케팅전략을 수립하고 있는 것으로 응답했다.[34] 따라서 마케팅을 통해 리조트는 서민계층이 철저하게 배제된, 특정 계층에 적합 소비공간으로 이미지가 구성되게 될 가능성이 높은 것이다. 소비는 소비주체의 아비투스를 반영한다. 이러한 측면에서 보면, 리조트와 같은 관광공간도 소득, 학력과 같은 소비주체의 사회계층적 요인들의 차이를 반영하는 방식으로 구성되고 소비되는 공간이다.

2. 위계의 상징과 공간 분리

1) 스키장과 회원제 골프장

앞에서 살펴본 바와 같이 리조트는 시설에 따라 소비를 촉진하고자 하는 표적 대상에 차이가 있다. 그러므로 리조트 시설들은 이러한 차이를 반영하는 방식으로 배치된다. 결론적으로 말하자면, 리조트 시설 입지는 앞의 <그림 8-1>에서 나타나고 있는 리조트 시설이 가지고 있는 소비계층의 차이를 반영한다.

스키리조트의 주요 시설은 골프장과 스키장이라고 할 수 있다. 회원제 골프장은 고가의 회원권을 보유할 수 있는 소수회원 중심의 여가공간이다. 다음 <표 8-6>은 주요 스키장의 회원제 골프장 회원권 가격을 보여주고 있다. 대부분의 골프장 회원권 가격이 1억 원을 넘

---

34) 휘닉스파크의 공간은 다른 스키리조트에 비해 대중콘도 중심으로 공간구성이 되어 있으며 이와 관련지어 보면 이해될 수 있다.

고 있다. 즉, 회원제 골프장은 이러한 회원권을 보유할 수 있거나 그들과 함께 지낼 수 있는 계층의 여가공간이다. 이러한 계층적 성격은 스키리조트 내 골프장과 스키장 공간구성에서도 드러난다. 스키리조트에서는 스키장과 회원제 골프장 간의 공간 분리, 진입로의 구별, 고도 차이를 반영한 입지 전략과 각종 기호를 통해 공간의 계층적 성격을 드러내고 있다.

<표 8-6> 주요 스키리조트의 회원제 골프장 회원권 가격

단위: 억 원

리조트	분양권(일반)	리조트	분양권(일반)	리조트	분양권(일반)
용평	1.2250	오크힐스	1.3	강촌엘리시안	1.875
버치힐	1.9650	무주	1.8	휘닉스	0.9
오크밸리	2.0	오투	1.4	지산	3.55
양지파인	0.32	오스타(성우)	2.0		

출처: www.samilgolf.co.kr(2010.09.16.)

스키장과 회원제 골프장 간의 공간 분리의 예는 비발디파크의 도로표지판에서 전형적으로 드러난다(<그림 8-2> 참조). 비발디파크 입구에 있는 도로 표지판에는, 회원제 골프장도 비발디파크의 일부분임에도 불구하고, 회원제 골프장은 비발디파크가 아닌 다른 공간인 것처럼 안내되어 있다. 표지판에는 왼쪽으로 비발디파크라는 표지글자 밑에 작은 글씨로 스키월드, 오션월드, 대중 골프장이 있으며, 오른쪽 방향으로는 회원제 골프장으로만 표시되어 있다. 즉, 스키월드, 오션월드, 대중 골프장은 비발디파크라는 공간의 하위 공간임을 자세하게 보여주고 있는 반면에 회원제 골프장은 비발디파크와 같은 크기의 글씨로 표시되어 있어 회원제 골프장과 비발디파크는 다른 공

<그림 8-2> 비발디파크 도로교통표지판

간인 것처럼 보인다. 이러한 비발디파크의 입구에 위치하고 있는 도로교통표지판은 스키장과 회원제 골프장이 서로 다른 성격의 공간이라는 두 소비공간의 차별성을 상징하고 있다.

이와 같은 스키장과 골프장의 공간 분리는 골프장을 가지고 있는 모든 스키리조트에서 보편적으로 나타나고 있는 현상이다. 용평리조트에서도 용평리조트 입구의 우측 방향으로 난 작은 진입로 표지판을 따라가면 용평회원제 골프장이 나타나고, 최근에 새로이 만들어진 버치힐 골프장은 용평골프클럽 맞은편 작은 강 너머에 입지하고 있어서 스키장과는 완벽하게 분리되어 있다. 그리고 이와 유사한 방식의 입지는 강촌엘리시안 스키리조트에서도 나타나고 있다. 강촌엘리시안리조트 입구에서 오른쪽으로 작은 길을 따라 올라가면 클럽하우스가 나타나고 스키장에서는 클럽하우스가 보이지 않는다. 이와 같이 골프장과 스키장은 하나의 리조트라는 이름 아래, 분리된 공간으로서 위치하고 있다.

스키장과 회원제 골프장 간 공간 분리 전략은 스키리조트 내의 골프장 간에도 존재한다. 이러한 골프장 간 분리의 예로는 가장 많은 골프장 홀 수를 가지고 있는 오크밸리리조트가 있다. 오크밸리리조트는 두 개의 분리된 공간(산을 넘어가야 함)에 회원제 골프장을 가지고 있다(<그림 8-3> 참조). 오크밸리와 오크힐스이다. 오크밸리는 전적으로 골프장과 숙박시설단지가 있는 골프빌리지에 그리고 오크힐스는 골프장과 스키장, 숙박단지로 구성되어 있는 스키빌리지에 위치하고 있다. 따라서 오크힐스에 있는 골프장은 자연스럽게 스키장과 공간을 같이 구성하고 있다. 이러한 차이는 회원권의 가격 차이로 드러난다. 대중적 여가공간인 스키장과 함께 있는 오크힐스의 골프장 회원권은 오크밸리의 골프장 회원권보다 7천여만 원이나 싼 가격에 거래가 되고 있다. 이러한 회원권 가격 차이는 대중 이용형 공간인 스

출처: www.oakvalley.co.kr

〈그림 8-3〉 오크밸리리조트 단지안내도

키장과 소수이용 공간인 회원제 골프장 간 위계적 차이를 반영하는 것이다. 그리고 오크밸리의 사례는 상류계층끼리 군집할수록, 대중공간과 분리되어 있을수록 공간의 계층 위계성이 높아지고 있음을 보여주고 있다. 일종의 여가시설의 클럽효과의 발현이다.

이러한 스키장과 골프장 간의 공간분리는 진입로를 활용하는 방식으로도 나타난다. 골프장과 스키장 진입로 자체가 다른 경우, 진입로는 동일하지만 내부에서 분리되어 진입로가 다른 것과 같은 효과를 내는 경우, 진입로는 동일하게 느껴지지만 상대적으로 작은 진입로 등을 통해 보이지 않는 분리된 공간이 되는 경우, 스키장에는 없는 문이나 초소를 만들어서 공간을 분리하는 방식 등과 같이 다양한 형태로 나타난다.

진입로 자체가 다른 가장 대표적인 경우로는 지산리조트가 있다. 이러한 방식은 골프장이 리조트 일부라는 사실 자체를 인식하지 못하게 한다. 회원제 골프장이 리조트 공간의 일부라는 사실은 리조트 홈페이지를 통해서만 확인할 수 있다. 지산리조트 홈페이지에는 골프장과 스키장이 소개되어 있다. 그러나 홈페이지에서 골프장에 대한 위치안내도를 보면 영동고속도로의 양지 IC를 통해 진입하도록 안내되고 있다. 반면에 스키장에 대한 안내도를 보면, 영동고속도로의 덕평 IC를 거쳐 진입하도록 안내되고 있다. 스키장과 골프장은 리조트 내부에 작은 산길로 연결되어 있어서 일반고객들은 이 길을 거의 이용하지 않고 있다. 스키장에 가면 골프장이 전혀 보이지도 않을뿐더러 표지판도 찾아볼 수 없다. 스키장과 골프장을 연결하는 길의 진입로 입구에 가야만 작은 표지판을 볼 수 있을 뿐이다. 따라서 사전 정보가 없는 스키장 이용자들은 리조트가 골프장을 소유하고 있는지조차 알 수 없다. 지산스키리조트에서 스키장과 골프장은 전혀 다른 여가공간이며 서로 관계없는 여가공간인 것이다. 이와 유사한 예로는 성우스키리조트의 스키장과 오스타골프장이 있다. 성우리조트로 진입하기 위한 영동고속도로 둔내IC로 나오면 왼쪽으로 오스타골프장, 오른쪽으로는 성우리조트라고 표기되어 있다. 마치 다른 리조트 공간인 것처럼 여겨진다. 그리고 이러한 도로안내판은 두 여가공간의 이용자들을 효과적으로 분리하게 한다.

하이원은 회원제가 아닌 대중제 골프장이지만 지산리조트와 유사한 방식의 공간구성을 취하고 있다. 하이원도 스키장과 골프장은 다른 진입도로를 사용하고 있다. 이러한 다른 진입도로의 사용은 스키장과 다른 성격의 공간임을 강조하는 것으로서 이해될 수 있다. 일반적으로 대중 골프장의 클럽하우스는 회원제 골프장의 클럽하우스에 비해 규모도 작고 덜 화려하다. 그런데 하이원의 경우는 특2급 호텔을 클럽하우스로 사용함으로써 골프장이 고급 여가공간임을 보여주고 있다. 이는 하이원 골프장이 비록 대중 골프장으로 운영되고 있지만 다른 회원제 골프장과 같은 상류층 혹은 고급 소비공간이라는 성격을 유사하게 띠고자 하는 전략을 취하고 있음을 의미한다. 즉, 제도적으로는 대중성을 띠면서도 고급화 전략을 사용하고 있는 것이다. 실제로 골프장에서 하이원 콘도 단지 중 고급형 콘도인 마운틴콘도까지 산책로를 따라 연결되어 있다. 즉, 두 공간은 지형적으로 분리되어 있으면서도 산책로라는 좁을 길을 통해 연결되어 있는 것이다. 이러한 연결을 우연으로 이해할 수도 있지만, 고급화 전략을 사용하고 있는 두 공간을 유사한 성격의 공간으로 이어주는 것으로도 이해할 수 있다.

입지고도 차이 또한 소비공간의 위계성을 드러내는 수단으로 활용되고 있다. 이러한 입지고도 차이를 반영한 소비공간의 위계성은 주로 스키장과 골프장 간에서 주로 나타나고 있다. 양지파인을 제외하고는 스키리조트에서 스키하우스가 입지하고 있는 지점의 고도가 회원제 클럽하우스보다 낮은 경우는 발견되지 않았다. 비발디, 무주, 성우, 용평, 곤지암, 에덴밸리, 강촌엘리시안, 지산 모두 골프장의 골프클럽하우스가 스키하우스보다 높은 지점에 입지하고 있다. 이러한 고도 차이는 자연스럽게 두 여가공간을 분리한다.

양지파인리조트는 클럽하우스의 고도가 스키하우스보다 낮은 예외적인 경우이다. 양지파인리조트에서는 스키장을 이용하는 고객들이 골프장의 일부 코스를 들여다보이는 지점들이 발생한다. 반면에 곤지암과 강촌은 리조트 내에서 완벽하게 분리되어 있을 뿐만 아니라 골프클럽의 고도가 스키하우스보다 높은 지점에 위치하고 있다. 이러한 입지고도 차이는 두 공간의 위계적 질서를 보여준다. 이러한 시설 입지차이가 공간의 위계적 질서를 확증적으로 증명하는 것은 아닐 수 있다. 하지만 스키리조트 중에서 스키하우스보다 낮은 지점에 골프클럽이 위치하는 경우는 양지파인이 유일하다. 그리고 양지파인리조트의 회원권 거래가격이 3,200만 원 정도로 다른 스키리조트의 골프장 회원권 거리가격에 비해 매우 싼 가격에 거래되고 있다는 점은 바로 양지파인골프장 이용 계층의 위상을 보여주는 것으로 이해될 수 있다. 즉, 골프장의 공간적 고도가 가지는 위계적 질서가 골프장의 사회적 위계적 질서와 매우 밀접한 연관성을 가지고 있는 것이다.

만약에 이러한 공간의 위계적 질서가 존재한다면 스키리조트 내에서 골프클럽의 고도와 회원권 거래 가격 간에 유사한 상관관계가 존재할 것이다. 다음 <표 8-7>은 이러한 상관관계가 있을 가능성이 매우 높음을 보여주고 있다. 즉, 스키 하우스의 입지고도와 골프클럽의 고도 차이를 유형화하여 이에 해당하는 리조트의 골프장 회원권 거래가격을 비교하여 보면, 분류유형과 회원권 거래 가격 간에는 상당한 상관관계가 있음을 알 수 있다.

<표 8-7> 회원제 골프하우스와 스키하우스의 고도차와 골프장 회원권 거래가격

단위: 천만 원

구분	리조트	회원권 가격	구분	리조트	회원권 가격
스>골	양지파인	3.2	스<골	무주	18
스≒골	휘닉스	8.9		오스타(성우)	32
스<골	비발디	17		강촌	18
				지산	35

출처: www.samilgolf.co.kr(2010.09.16.)
참고: 스 - 스키하우스 고도, 골 - 골프클럽 고도

고도 차이를 반영한 공간의 위계성은 숙박시설에서도 나타나고 있다. 무주리조트는 앞에서 논의한 바와 같이 스키하우스를 중심으로 숙박시설이 입지하지 않는 경우이다. 그럼에도 불구하고 객실면적이 작은 국민호텔은 계곡 아래에 입지하고 있으며 스키시즌에 사용하는 주차장과 가깝게 입지하고 있다. 반면 국민호텔보다 객실면적이 큰 가족호텔은 계곡 윗부분에 입지하고 있다. 이는 객실면적으로 표현되는 숙박시설 간의 위계적 질서가 입지의 높이라는 방식으로 나타나고 있음을 의미한다. 무주리조트의 숙박시설 중 가장 고급인 호텔 티롤(Hotel Tirol)은 중심부에 입지하고 있으며, 쇼핑거리와 컨벤션 시설과 인접하여 입지하고 있다. 호텔 티롤은 무주리조트 내에서 가장 중심적인 위치를 차지하고 있다. 무주리조트에서 숙박시설 중 호텔이 가장 중요한 숙박시설이다.[35) 이와 같이 무주리조트에서도 일정한 공간적 위계질서가 작용하고 있는 것이다. 다만 스키하우스와 숙박시설 간에 관련성을 지니고 있는 많은 스키리조트와 다른 방식의 위계질서가 작용하고 있을 뿐이다.

이러한 분석결과들은 스키리조트에서 분리와 높이라는 공간적 분리전략과 기호를 통해 스키장과 회원제 골프장 간 공간의 위계성이 발현되고 있음을 의미한다. 소비공간은 소비주체의 계층적 성격을 드러내고 반영하는 방식으로 구성되며, 시설입지는 이를 반영하고 있는 것이다. 리조트 시설에서 입지의 고도 차이는 공간의 위계적 질서를 상징한다. 그리고 고도 차이를 반영한 입지는 상류계층과 하위계층을 분리하며, 상류계층이 하위계층에 비해 자연자원의 매력성을 보다 더 많이 즐길 수 있음을 의미한다. 이는 두 시설 간의 시선의 불균형을 동반한다.

2) 소비계층 성격 변화와 숙박시설 입지 변화

리조트 시설 입지는 시설의 계층 성격과 밀접한 관련성을 가지고 이루어진다. 따라서 소비시설에 대한 소비계층의 성격변화는 시설 입지의 변화를 가져온다. 여가의 소비계층 변화가 시설입지에 영향을 주고 있는 대표적인 사례로는 용평리조트가 있다.

용평리조트는 현재 운영 중인 리조트 중 가장 긴 역사를 가지고 있다. 용평리조트와 같이 긴 역사를 지닌 리조트는 시대변화를 반영하

---

35) 이는 설문조사의 응답에서도 확인(부록 〈표 4〉 참조)되었으며, 전체 이미지 구성에서도 호텔 티롤은 중심적인 역할을 담당하고 있다.

면서 새로운 시설이 추가로 입지하게 된다. 리조트와 같은 소비공간은 시대변화에 따른 소비문화나 소비계층의 성격을 반영하면서 변화된다. 이러한 소비문화나 소비계층의 성격은 숙박시설의 건조환경의 특성, 공간의 분리와 같은 배치 등을 통해 반영될 수 있다. 따라서 이러한 공간구성의 특징을 파악하기 위하여 각 시설의 입지시기를 분석하고 숙박시설 건축유형과 스키리조트의 핵심시설 중의 하나인 스키하우스와 각 숙박시설의 정문에 해당하는 곳까지의 거리를 측정하였다.[36] 그리고 숙박시설의 회원권 거래 가격은 회원권 거래사이트를 종합하여 정리하였다(<표 8-8> 참조). 숙박시설의 회원권 거래가격을 조사하는 이유는 숙박시설의 계층적 성격을 파악하기 위한 대리변수로 활용하고자 함이다.

용평리조트가 개장된 1975년 당시에 스키장은 상류층의 소비공간이었다. 용평리조트에 최초로 입지한 숙박시설이 호텔이었다는 점이 이를 반영하는 증거 중의 하나이다. 1990년대 소득 향상과 소비문화 변화 등과 같은 사회 변화에 따라 스키가 대중스포츠로 자리를 잡게 되었고 이로 인하여 스키장은 상류층의 여가공간이 아닌 대중여가공간이 되었다. 1990년 대 이후 새로운 스키장 개발에는 호텔이 아닌 보다 저렴한 숙박시설인 콘도가 입지하게 된다. 이와 같이 스키장이라는 공간의 계급적 성격의 변화는 입지하는 숙박시설의 성격에 반영되고 있다.

82년에 개장한 용평콘도와 호텔은 비슷한 고도에 위치하고 있으며, 호텔이 용평콘도보다 스키하우스와의 거리가 더 가깝다. 용평리조트

---

36) 거리는 인터넷의 지도서비스를 활용하였다. 스키하우스를 중심으로 거리를 측정하는 이유는 일반적으로 스키리조트에서 스키하우스는 여가활동의 중심점이기 때문이다.

개장 초기인 1970년대에 스키장은 상류소비사회의 공간이었다. 그리고 호텔이용고객의 스키장 이용이 편리할 수 있는 위치에 호텔이 입지하고 있는 것은 개장 초기에 용평리조트가 상류계층의 여가공간이었음을 보여주고 있는 것이다. 그러나 82년에 지어진 용평콘도는 스키하우스와 멀리 떨어진 지점에 입지하였다. 이러한 두 숙박시설의 분리는 호텔이용고객과 용평콘도 이용고객과의 분리를 의미하는 것이다. 따라서 개장 초기에 지어진 용평콘도는 호텔이용객과 다른 소비계층의 숙박수요를 흡수하기 위한 시설로 이해될 수 있다.

〈표 8-8〉 용평리조트의 숙박시설 입지 현황 정리

숙박시설	개장 연도	건축유형	스키하우스와의 거리(m)	객실 수	주요 평수	회원권 거래가격 (만 원)
호텔	75		151	72		
용평콘도	82	3층 빌라형	984	205	17/34	
타워콘도	89	타워형	345	195	18	1,050
빌라콘도	90	별장빌라형	694	412	28/41	1,600
버치힐	2002	별장형	2000	450	37/76	40,000~80,000 (분양가)
그린피아	2006	타워형	225	336	25/33	1700/2200
포레스트레지던스	2006	독립별장형	1360	141	79~156	140,000/180,000/ 290,000/360,000
베르데힐	2008	타워형	909	224	38/49	11,500~12,000(1/5)

그러나 스키장에 대한 수요가 대중화되던 시기인 1989년에 개장한 타워콘도는 18평형의 작은 평수의 객실로 개발되었다. 이는 대중적 수요를 수용하는 숙박시설임을 의미한다. 그러나 용평콘도보다 타워콘도가 더 스키하우스에 접근하기 용이한 지점에 입지하고 있다.

용평콘도와 타워콘도는 입지적으로 용평리조트의 저층부에 입지하고 있다. 그러나 이어 지어진 빌라콘도는 대중 골프장과 스키슬로프를 조망할 수 있으며, 언덕 위에 입지하고 있어 마치 숲 속에 들어와 있는 느낌을 주는 빌라형의 건축물이다. 빌라콘도의 기본 평수는 이전에 지어진 숙박시설에 비해 28평으로 커져 있으며 보다 더 높은 지점에 입지하고 있다. 이러한 대중 이용 숙박시설은 저지대에 타워형으로, 고급형 숙박시설은 고지대에 빌라형으로 입지하는 입지패턴은 그 이후에 입지하고 있는 숙박시설에서도 그대로 재현되고 있다.

이러한 계층 간 차이를 드러내는 입지 전략은 스키하우스와 숙박입지시설과의 거리, 높이, 공간의 분리, 건축양식의 차별화, 고급화 등과 같은 다양한 방식으로 이루어지고 있다. 앞에서 살펴본 바와 같이 1989년에 입지한 대중 이용형 타워콘도보다 90년대에 지어진 빌라콘도가 스키하우스와의 거리가 더 가깝다. 고급콘도는 고지대에 그리고 스키하우스와 먼 거리에 입지하는 방식으로 입지하고, 대중콘도는 저지대에 스키하우스와 가까운 거리에 입지하는 방식이 적용되고 있다. 이러한 패턴은 2000년대에 지어진 숙박시설입지에서도 마찬가지로 재현되고 있다. 즉, 객실평수의 크기와 입지지점의 고도를 달리하고 스키하우스와의 거리에 차이를 둠으로써 숙박시설 간의 계층적 차이를 드러내고 있는 것이다. 이러한 고도와 거리를 통한 입지 전략은 자연스럽게 숙박시설별로 이용자들의 분리를 가능하게 한다.

용평리조트에서 고급형으로 지어진 콘도로는 버치힐과 포레스트레지던스, 베르데힐이 있다. 버치힐은 평당 분양가가 약 1,000만 원을 넘고, 포레스트레지던스와 베르데힐은 1,300만 원을 넘어서고 있다. 이와 같이 고급형 콘도 평당 분양가격은 대도시 고급아파트 분양가격과 유사하다. 버치힐은 용평리조트 숙박단지 중 가장 높은 지점에 입지하고 있으며, 베르데힐은 스키슬로프를 조망할 수 있는 산자락에 입지하고 있다. 또한 포레스트레지던스는 일반적인 콘도라기보다는 별장에 가까운 시설이다. 버치힐과 포레스트, 베르데힐은 이러한 특징 이외에 소수 중심의 분양방식을 통해 회원권이 판매되고 있다. 과거에는 콘도회원권들이 1/10 혹은 1/12의 방식으로 다수자에게 분양되었던 반면에, 버치힐 등은 1/2 혹은 1/5의 분양방식을 통해 과거에 비해 소수자에게 회원권을 판매하고 있다. 이러한 분양방식의 변화와 고가화는 콘도가 점점 더 소수 이용자의 공간으로 변화되는 경향이 있음을 의미하는 것이다.

반면에 대중형 콘도로서 2006년에 지어진 그린피아는 타워형으로 스키하우스와 가까운 위치에 입지하고 있으며, 2000년대 지어진 고급형 콘도보다 객실 면적이 작다. 그럼에도 불구하고 89년에 지어진 타워콘도보다는 객실면적이 크다. 이는 대중형이든 고급형이든 객실면적이 점점 커지고 있음을 의미한다. 즉, 리조트는 고급화라는 일정한 흐름 속에 공간이 구성되고 있는 것이다.

이와 같이 용평리조트 숙박시설은 소수 이용형의 고급형과 대중 이용형의 이원화된 구조를 가지고 있다. 이러한 이원화된 숙박시설의 구조는 입지의 높이, 건축양식의 차별화, 스키하우스와의 거리(보다 자연 속으로), 출입의 통제, 고급화, 고가화(객실면적의 확대, 회원권 분양방식의 변화)와 같은 수단을 통한 다른 소비계층과의 공간 분리 전략을 통해 실현되고 있다. 이러한 입지패턴들은 계층 간 차이가 소비공간의 입지를 통해 반영되고 있음을 의미한다.

용평스키리조트와 같이 고급형과 대중 이용형의 숙박시설이 분리 배치되어 있는 경우로는 비발디가 있다. 비발디는 1993년에 스키장을 개장하면서 뒤를 이어 1994년(오크)과 1995년(파인)에 타워형 콘도를 개장하였다. 이들은 각각 19평/26평으로 구성되어 있다. 그 후 10여 년이 지난 2004년에 22평/32평형의 메이플 동과 40평/56평/88평의 노블리안 동을 개장하였다. 이러한 숙박시설들은 오크/파인 동을 시작으로 차례대로 스키장을 바라볼 수 있도록 입지하고 있다. 즉, 시대순서대로 숙박 동이 입지하고 있다. 그리고 스키하우스로부터 가장 먼 거리에 위치하고 있는 노블리안 동은 상류계층의 콘도임을 내세우고 있다.

> "노블리안 클럽의 멤버십 서비스는 상류사회의 품격이 느껴집니다. 노블리안 클럽은 그 누구에게도 방해받지 않는 편안한 휴식을 제공합니다. 클럽멤버만을 위한 독립 건물로 설계하여 회원의 프라이버시, 품위, 안전을 지켜드립니다(비발디파크 홈페이지 문구 중)"

대중콘도와 고급콘도의 이중구조와 공간 분리전략은 비발디에서도 관찰된다. 이들 시설은 모두 스키장에서 내려다보이는 시설들로서 스키하우스와 입지고도가 비슷한 지역에 입지하고 있다. 그리고 모두 고층형 타워형 건물이라는 점, 누구든 쉽게 각 숙박 동을 조망할 수 있다는 점 등이 용평리조트와의 차이점이다. 따라서 외형적으로 볼 때 다른 숙박 동과의 차이점이 크게 드러나지 않는다. 다만 노블리안 숙박 동 출입구에 문을 지키는 사람이 배치되어 있다는 점과 회원공간이라는 문구에서 대중콘도와 다른 특정인들의 출입이 가능한 숙박시설임을 알 수 있을 뿐이다. 이러한 공간입지는 스키장 이용의 용이성을 높일 수 있다는 점에서는 장점이지만, 숙박 동 간 계층적 차이를 보여주는 데는 일정한 한계를 지니고 있는 입지조건이다.

이러한 노블리안 동이 상류계층의 공간임을 외부로 드러내는 데 가지는 한계를 극복하고 있는 시설 중의 하나가 쏘노펠리체이다. 같은 리조트 부지 내에 존재함에도 불구하고, 비발디와 다른 리조트 이름을 사용하고 있는 등 비발디와는 다른 공간임을 주장하려 하고 있다. 즉, 기존의 상류층을 위해 개발된 노블리안 동 그리고 비발디와도 다른 상류사회의 소비공간임을 강조하고 있는 것이다. 쏘노펠리체는 2009년에 개장하였다. 쏘노펠리체는 스키하우스와 시각적으로 분리된 공간에 입지하고 있으며, 단지 입구에서 차량출입을 철저하게 통제하고 있다. 이와 같은 출입구 설치와 철저한 차량통제는 쏘노펠리체가 비발디파크와는 전혀 다른 공간임을 선명하게 드러내는 또 다른 기호인 것이다. 이러한 점은 쏘노펠리체가 어떠한 곳인가를 알려주는 쏘노펠리체 홈페이지 광고에서 확인될 수 있다.

"**대중화된 VVIP들과는 전혀 다른 기준으로** 소수 중의 극소수, 바로 당신을 위하여 탄생하는 쏘노펠리체. 앞만 보며 힘차게 달려오신 당신의 존경받는 휴식을 위한 VVIP SOCIETY(쏘노펠리체 홈페이지에서)"

즉, 비발디의 노블리안 동이 폭넓은 소수의 공간이라면 쏘노펠리체는 그 소수 중의 소수를 위한 공간인 것이다. 따라서 상류계층 간 차이를 반영하는 차별화된 소비공간으로서 탄생한 것이 바로 쏘노펠리체인 것이다(<그림 8-4> 참조).

쏘노펠리체는 아파트형의 숙박 동과 P3골프장 앞의 레지던스 숙박 동으로 구성되어 있다. 아파트형 숙박 동은 이색적인 디자인 건물에 노블리안(40평), 골드(51평), 로열(56평부터 95평)까지 객실과 가장 높은 곳에 가장 넓은 객실인 펜트하우스(92평과 95평)가 있다. 이들 콘도는 연간 60일 사용가능한 회원권 분양 방식을 통해 분양되었다. 그

〈그림 8-4〉 쏘노펠리체의 단지안내도

리고 아파트형 건물은 앞과 뒤로 우거진 산의 숲을 조망할 수 있으며,
전면에는 스키장 슬로프도 보인다. 그리고 쏘노펠리체 입구에 있는
P3골프장을 내려다보는 지점에 입지하여 마치 골프장의 잔디밭이 이
용자의 안마당 정원처럼 보이도록 입지한 테라하우스(53, 60, 70평)는
365일 전용으로 사용가능한 별장형의 레지던스 숙박시설이다. 쏘노
펠리체는 비발디파크가 가지고 있는 상류계층만의 숙박공간을 만들
기 위해 비발디와 분리된 공간에 입지하고 있다. 마치 용평리조트의
버치힐과 포레스트레지던스를 합쳐놓은 것과 같은 느낌을 준다.

버치힐은 쏘노펠리체의 노블리안, 골드, 로얄, 펜트하우스와 같은
성격을 가지고 있으며, 포레스트레지던스는 테라하우스와 그 성격이
유사하다 할 수 있다. 다만 두 리조트는 입지조건에 차이가 있다. 용
평은 고도의 차이를 두고, 자연의 숲과 조경을 활용한 지형적 조건을
통해 대중콘도와 고급콘도의 계급적 차이를 반영하고 있다면, 쏘노펠

리체는 건조환경을 통해 비발디파크와 다른 공간임을 드러내 보이는 방식으로 소비계층 간 차이를 반영하고 있다. 또한 용평에는 버치힐과 포레스트 간의 드러내는 방식 차이를 통해 고급콘도 간의 차이를 나타내고 있는 반면, 쏘노펠리체는 단지 내 공간 분리라는 방식으로 차이를 반영하고 있다. 또한 쏘노펠리체가 현대적 이색적 디자인에 의존하여 전면을 드러내 보이는 방식을 사용하고 있다면 용평의 버치힐은 이국적인 미주지역의 산장 이미지를 차용하여 보여주는 방식을 통해 대중 이용형 숙박시설과의 차이를 반영하고 있다(9장의 <그림 9-5> 참조).

그러나 소비 계층 간 차이를 드러내는 방식 중 입지 고도 차이를 이용하는 방식은 비발디에서는 발견되지 않고 있다. 이러한 차이는 각 리조트가 활용할 수 있는 부지의 조건이 다르기 때문인 것으로 이해될 수 있다. 그럼에도 불구하고 대중콘도와 고급콘도의 이중구조의 존재 그리고 공간의 분리 경향은 여전히 동일하게 존재하고 있는 것이다. 또한 객실면적의 크기 확대 및 고급화는 비발디에서도 확인되고 있다.

숙박시설의 소비계층 성격에 따라 위계성을 드러내는 방식으로의 시설입지는 골프리조트에서도 분명하게 나타나고 있다. 골프리조트는 골프장과 숙박시설을 기본시설로 하고 있는 리조트를 의미한다. 골프장은 크게 회원제 골프장과 대중 골프장으로, 숙박시설은 골프장 회원 및 숙박시설 회원만 사용하는 회원 전용 숙박시설과 회원 이외의 대중도 사용가능한 숙박시설로 구분할 수 있다. 이러한 구분은 소비공간의 소비계층 성격을 반영하고 있다.

연구자의 현지 방문을 통해서 수집된 자료를 토대로 골프리조트에서의 숙박시설 입지를 구분하여 보면, 크게 골프클럽과 숙박시설이 같이 입지하고 있는 경우(통합입지), 공간적으로는 분리되어 있지만 서로 보이는 위치에 있는 경우(가시권 분리), 완벽하게 시각적으로도 분리되어 있는 경우(비가시권분리), 단지자체가 분리되어 있는 경우(단지분리)로 나누어볼 수 있다(<표 8-9> 참조).

일반적으로 회원제 골프장과 대중숙박시설과의 사회적 성격을 반영하듯이 두 시설 간 분리 입지 전략을 취하고 있는 골프리조트가 상당수를 차지하고 있다. 두 시설들이 통합적으로 입지하고 있는 경우는 골든비치와 오렌지와 같이 숙박시설이 회원 중심으로 운영되고 있는 경우이다. 그 밖에 대중적 숙박시설을 운영하고 있는 경우에는 다양한 방식으로 두 공간이 분리되어 있다.

<표 8-9>와 같이 마우나는 대중콘도단지에 입지한 숙박시설과 골프장 내에 입지한 별장형 숙박시설 두 종류의 숙박시설을 가지고 있다. 이러한 대중콘도단지의 숙박시설과 골프장 내에 입지한 숙박시설에 대한 소비계층의 성격은 다른 것으로 이해될 수 있다. 마우나의 대중콘도 단지는 진출입이 상대적으로 자유롭지만, 고급콘도에는 거대한 철문이 설치되어 있고, 이곳에서 출입에 대한 통제가 이루어지고 있다. 또한 대중콘도의 이름은 마우나오션콘도(마우나빌)이고 고급콘도의 이름은 마우나빌레오이다. 이러한 각기 상이한 이름의 사용은 두 개의 숙박시설이 다른 종류의 숙박시설임을 분명하게 드러내고자 하는 기호이다. 그리고 라데나 리조트는 하나의 리조트라는 이름으로 운영되고 있지만, 골프장과 콘도숙박단지가 완전히 다른 공간에 입지하고 있어서 다른 시설과 공간으로 이해된다. 이와 같은 단지분리형의 골프장과 콘도는 완전히 다른 공간의 시설로 이해되어도 무방한 형태이다.

마우나와 라데나는 다른 골프리조트에 비해 상대적으로 도심과의

거리가 가까운 지점에 입지하고 있다. 라데나는 1990년에 골프장을 개장하였고, 1997년에 숙박시설을 개장하였다. 마우나는 1999년에 골프장을 개장한 후 2003년에 숙박시설을 개장하였다. 마우나는 경주는 물론 포항과 울산에서 가까운 산인 경주 통대산의 500m 지점에 위치해, 그곳의 우수한 자연수림과 먼 바다를 조망할 수 있어 자연적 매력도가 비교적 우수한 조건에 입지하고 있다고 볼 수 있다. 그리고 라데나 또한 춘천호수를 바로 옆에 두고 있다. 라데나나 마우나리조트는 도심으로부터 상대적으로 거리가 가깝지만, 자연자원의 매력도가 비교대상인 다른 골프리조트에 우수한 자연관광자원을 가지고 있다. 이와 같이 우수한 자연관광자원을 가지고 있는 마우나와 라데나는 모두 대중 이용형 숙박시설을 가지고 있다. 라데나와 마우나는 모두 도심으로부터 상대적으로 가까운 거리에 입지하고 있기 때문에 대도심의 주중 고객이나 비수기의 단체고객을 흡수할 수 있다는 장점을 가지고 있다. 두 리조트가 단체 고객을 주요 표적대상으로 하고 있는 것도 바로 이러한 입지 장점을 반영하고 있는 것이다.[37] 동시에 대중숙박시설은 이와 같은 단체 고객 수요 이외에 리조트 입지지역이 우수한 자연자원을 활용하여 관광수요를 흡수하려는 전략을 가지고 있다고 할 수 있다. 그리고 두 리조트가 골프장과 숙박단지가 분리되어 입지하고 있음은 두 여가공간의 성격이 다른 것임을 보여주는 것이다.

---

37) 스키리조트에서는 곤지암리조트가 이와 유사하다.

유형	콘도유형	통합입지	단지 내 분리입지		단지분리입지
			가시권	비가시권	
대중	대중			영랑호(1996) 대명설악(90/98)	
회원제	대중		파인리즈(06/08) 썬밸리(2005)		라데나(90/97) 마우나(99/03)
	회원	골든비치(2007) 오렌지(2008)	청우(2007) 오렌지(2008) 마우나(2007) 태안(06/07)		

참고: ( )는 골프장 개장 연도/숙박시설 개장 연도

    회원제 골프장 중 대중고객이 사용가능한 숙박시설을 단지 내에 가지고 있는 골프리조트로는 파인리즈와 썬밸리가 있다. 썬밸리는 2005년에 골프장과 숙박시설을 개장하였다. 파인리즈는 2006년에 골프장을 개장한 후 2008년에 숙박시설을 개장하였다. 파인리즈와 썬밸리는 리조트 단지 내부에서 차량 진입로가 나뉘어 있지만, 골프클럽 하우스와 숙박시설이 서로 볼 수 있는 위치에 입지하고 있다. 특히 파인리즈는 숙박시설에서 골프장 코스에 직접 진입이 가능할 수 있게끔 되어 있으나 썬밸리는 골프클럽 하우스를 통해서만 들어갈 수 있도록 골프장 경계에 울타리가 설치되어 있다. 그러나 파인리즈도 골프클럽으로 가기 위해서는 차량으로 이동해야만 가능할 정도로 멀리 떨어져 있다. 숙박단지와 골프클럽이 가시권의 영역에 존재하지만, 두 개의 공간은 분리되어 있다. 숙박단지와 골프장 진입로의 분기점에서 골프클럽까지의 거리는 파인리즈의 경우는 1.64km, 썬밸리리조트의 경우는 470여m 정도이다. 이와 같이 파인리즈는 더 먼 거리에 두 시설을 입지시킴으로써 자연스럽게 두 공간이 분리되도록 하고 있는 반면에, 썬밸리는 별도의 울타리를 동원하여 두 공간의 분리를 강조하고 있다. 그러나 파인리즈리조트가 골프장코스를 숙박시설의 매력물로 사용하기 위해 대중숙박시설을 골프장 코스와 근접하여 입지시키고 있는 것이 바로 골프장과 숙박시설이 같은 공간임을 의미하는 것은 아니다.

그럼에도 불구하고 파인리즈와 썬밸리리조트 숙박시설에는 여러 가지 점에서 차이가 존재한다. 썬밸리는 타워형 건물의 숙박시설이 입지하고 있는 반면에, 파인리즈는 저층의 별장형 건물로 평형 수대별로 군집하여 입지하고 있다. 파인리즈는 52평형대(빌리지), 36평형대(레이크), 28평형대(스톤), 20평형대(리즈)로 각각 다른 명칭을 부여하고 군집하여 입지시키고 있다. 마치 도시의 아파트에서 평형대별로 동 수가 분리되어 있는 것과 같은 방식이다. 즉, 평수의 크기가 계층을 나타내며 같은 계층끼리 군집하고 다른 계층 간에는 분리하려는 방식으로 숙박단지가 입지하고 있다. 그리고 별장형 건물들은 고급 별장 느낌을 주도록 3층 이하로 지어져 있다. 반면에 썬밸리는 7층의 고층형 타워형 건물로 32평형과 48평형의 객실들을 주로 배치하고 있다.

파인리즈는 저층형 별장형의 서구적 이미지와 골프장을 가깝게 접할 수 있도록 하는 방식을 통해 고급스러운 이미지를 창출하고 있다. 파인리즈콘도 분양가격(1/10방식)은 20평형이 6천만 원이며 52평형은 1억 5천만 원에 이른다. 반면 썬밸리리조트의 32평형이 5천8백만 원이며 48평형이 9천만 원에 이른다. 파인리즈는 썬밸리에 비해 고가의 고급형 숙박시설을 골프코스와 근접시켜 하나의 공간이라는 이미지를 창출하고 있는 것이다. 또한 파인리즈는 유럽식 건축양식을 모방하여 자연과 어우러지는 숙박시설을 입지함으로써 고급화된 숙박공간이미지를 만들어내고 있다. 이러한 방식을 통해 파인리즈는 상류계층의 여가공간인 골프장에 유사한 계층의 숙박시설을 입지시키는 전략을 취하고 있다.

반면에 썬밸리는 골프장과 숙박시설의 사회계층적 차이를 두는 전략으로 입지개발을 하고 있다. 썬밸리는 골프장 내에 숲이 존재하지 않지만, 파인리즈는 아름다운 소나무 숲이 들어서 있다. 이러한 자연조건은 두 리조트의 숙박단지 입지 전략에 차이를 두게 되는 요인 중의 하나로 이해될 수 있다. 그 이유는 스키리조트에서 살펴본 바와 같이, 리조트에서의 고급형 숙박단지들은 자연과 가깝게 혹은 자연 속에 시설을 입지함으로써 상류계층의 숙박단지 입지의 매력도를 높이고 있기 때문이다.

앞에서 살펴본 바와 같이 대중 이용형 숙박시설이 입지하고 있는 골프리조트들은 모두 자연자원의 매력성이 우수한 곳에 입지하는 경향을 보이고 있다. 이러한 골프장 자체 풍경 매력성을 활용하는 전략은 주로 단지 내 분리 유형, 즉 표적시장으로부터 먼 거리에 입지하고 있는 골프리조트에서 나타나고 있다. 이러한 골프리조트 단지 내 분리는 대중 관광객을 유인하기 위한 매력성을 높이기 위한 전략으로 자연자원뿐만 아니라 골프코스와 같은 골프리조트 내부의 자원을 활용함으로써 리조트의 유인력을 강화시키는 전략이 이용되고 있음을 의미한다. 따라서 리조트 유인력 강화전략은 다양한 시설의 입지뿐만 아니라 리조트 내외의 풍경을 활용한 전략을 통해서도 이루어지고 있다.

이러한 입지전략, 즉 골프장의 자연자원을 활용하여 대중숙박시설을 입지하고자 하는 전략은 2005년 이후 나타나고 있다. 상류계층의 여가공간이었던 골프장 안에 대중숙박시설 입지는 상류계층 여가공간의 이미지를 소비할 수 있는 간접적 기회를 보다 많은 대중들에게 제공해줄 수 있게 되었음을 의미한다. 상류계층의 소비공간에 대한 소비 기회 제공은 베블런의 상류계층에 대한 소비모방 욕구를 자극하고 있는 것인지 모른다. 그리고 이러한 모방 소비욕구를 자극하는 방향으로 리조트 시설배치가 이루어지는 성향이 강화되고 있는 것으로 이해된다(세부적인 분석은 9장에서 다시 이루어진다).

3. 소비계층의 위계를 드러내는 기호

1) 출입통제와 공간의 위계성

리조트는 운영방식에 따라 회원중심의 여가공간과 대중적인 여가공간으로 구분해볼 수 있다. 회원제 중심의 여가공간으로서의 성격이 강한 곳은 ES리조트(제천과 통영)들이다. 또한 이와 유사한 성격을 지향하고 있는 곳이 신안 증도의 엘도라도리조트이다. 이들 리조트를 회원 중심의 리조트라고 하는 이유는 리조트 입구에서 출입객의 신분을 확인하고 있다는 점 때문이다. 출입구에서 출입객의 회원 여부에 대한 신분을 확인하기 위한 출입 통제가 이루어지고 있다는 것은 이곳이 대중여가공간이 아닌 소수 회원들만의 여가공간임을 의미하는 것이다. 연구자가 현장을 방문하였을 당시에도 이러한 신분확인을 요구받았으며, 이러한 신분확인은 용평이나 비발디의 고급숙박시설에서도 이루어지고 있다. 엘도라도리조트는 입구의 차단기 설치를 통해, ES리조트는 입구에 객실배정을 하는 사무실을 배치함으로써 출입자에 대한 통제를 실시한다(<그림 8-5> 참조). 즉, 이와 같은 출입구

〈그림 8-5〉 엘도라도리조트(왼쪽)와 ES제천리조트(오른쪽) 입구

에서의 통행자에 대한 통제는 회원 중심 그리고 고급지향적 여가공간임을 상징하는 것이며[38] 타자에 대한 배제를 통해 주체의 소비주체성을 드러내는 장치이다. 그 이외의 휴양형 리조트는 대부분 대중과 회원들이 함께 사용할 수 있는 여가공간으로 이해될 수 있다.

이와 같은 공간 통제는 다양한 계층의 숙박시설이 같이 입지한 리조트의 고급콘도에서도 이루어지고 있다. 예를 들면 용평리조트에는 버치힐과 포레스트레지던스, 베르데힐과 같은 고급형 콘도에는 차량 출입을 통제하는 차단기가 존재한다. 버치힐과 같은 고급형 콘도로 들어가기 위해서는 반드시 자동차 통과를 조절하는 차단기를 통과해야만 한다. 이러한 차단기는 고급콘도를 대중으로부터 분리하기 위한 시설물이다. 이는 고급콘도가 대중콘도와의 분리라는 전략을 사용하고 있음을 분명하게 보여줌을 상징한다. 그리고 쏘노펠리체와 같은 고급콘도에서도 차량 출입을 통제하는 차단기가 설치되어 있다. 반면에 대중이용형 숙박시설에는 이러한 차단기가 설치되어 있는 경우는 국내 리조트에서 발견되지 않고 있다. 이와 같이 출입 통제는 소비공간의 위계성을 드러내주는 중요한 방식 중의 하나이다.

---

38) 이는 일부 고급 골프장에서도 이루어진다.

〈그림 8-6〉 알펜시아리조트 내의 회원제 골프장(왼쪽)과 대중 골프장(오른쪽)

이러한 위계성을 드러내주는 방식이 숙박시설에서만 이루어지고 있는 것은 아니다. 예를 들면, 대중 골프장과 회원제 골프장 간에서도 나타난다. 알펜시아에 있는 대중제 골프장에는 출입구에 출입문이 설치되어 있지 않지만, 회원제 골프장에는 커다란 출입문이 설치되어 있다. 알펜시아의 경우, 회원골프장에는 커다란 출입문이 설치되어 있고 수위가 출입자를 통제하고 있으나 대중 골프장과 스키장에는 별도의 출입문이 설치되어 있지 않다(<그림 8-6> 참조). 즉, 회원제 골프장과 대중 골프장 간에도 출입문을 통해 두 공간의 위계질서를 반영하고 있다.

2) 건조환경의 기호(sign)

소비공간의 위계는 단지 공간 분리를 통해서만 나타내지는 것은 아니다. 소비공간 구성은 각각의 소비계층을 구별하기 위한 다양한 수단을 통해 이루어진다. 이러한 구별 짓기를 위한 수단에는 건축양식, 공간의 출입 통제, 각종 기호 등이 있다. 숙박시설의 건축양식도 리조트의 각 공간이 가지는 계층적 위계성을 드러내는 방식 중의 하나이다. 리조트에서 회원제 중심의 숙박시설은 주로 별장식 빌라형 건물로 이루어져 있으며, 대중 이용형 숙박시설은 타워형 건물이 입지하고 있다. 이와 같은 경향은 모든 유형의 리조트에서 보편적으로 나타나는 현상이다.

스키리조트 숙박시설 분석에서 살펴본 바와 같이, 별장식 빌라형은 주로 고급지향형 건축양식이다. 앞에서 살펴본 바와 같이 용평리조트와 같은 전형적인 스키리조트에서 회원제 숙박시설은 저층형 빌라 형태의 건축물로 되어 있다. 반면 대중 이용형인 타워콘도나 그린피아와 같은 경우는 대표적인 타워형 건축물이다. 그리고 파인리조트와 같은 골프리조트에는 고급형 숙박시설이 입지하고 있는데 모두 서구식 건축양식을 빌려 지은 빌라형식의 건축양식을 가지고 있다. 이에 비해 설악썬밸리골프리조트에 입지한 콘도는 대중 이용형으로 타워형 건축양식을 가지고 있다.

휴양형 리조트에서도 이러한 건축양식과 회원제와 같은 소수이용 공간과 대중 이용형의 숙박시설의 건축양식에 차이가 선명하게 드러나고 있다. 다음 <표 8-10>은 휴양형 리조트의 주요 시설, 건물유형, 운영방식을 정리해 놓은 것이다. 이 표에 따르면 회원제 운영방식의 휴양형 리조트에서는 저층형 빌라형의 숙박단지가 입지하고 있는 반면에 대중 이용형의 숙박시설에는 고층형 타워형 숙박시설이 입지하고 있다. 따라서 서구식 빌라형의 건축양식은 고급지향의 공간임을 외부로 드러내주고 있으며, 타워형 건축양식은 이 공간이 대중적 숙박시설임을 보여주고 있는 것이다.

리조트	객실 수	개장 연도	건물 유형	숙박운영		숙박시설구분			핵심여가시설		
				회원	회원 대중	대중	고급	호텔	통합형 (워터파크)	실내 시설	실외 시설
충주호	276	1992	타, 빌		O	O	O	O			O
충무마리나	272	1994	타		O	O					O
ES제천	193	1997	빌	O		O					O
리솜오션	248	2001	타, 빌	O	O	O			O?		O
대명단양	856	2002	타		O	O			O		
리솜스파	407	2005	타		O	O			O		
대명경주	417	2006	타		O	O			O		
신안엘도라도	177	2006	빌		O	O				O	O
쏠비치	443	2007	타, 빌	O	O	O	O	O	O		O
디오션	128	2008	타		O	O			O		
남해골프 & 스파	170	2008	빌	O	O	O				O	O
비체팰리스	236	2008	타		O	O			O		
펀비치	55	2008	타		O			O	O		
ES통영	106	2008	빌	O		O					O
한화경주	393	2008 (1996)	타		O	O			O		
대명변산	504	2008	타		O	O			O		

참고: 타－타워형 건물, 빌－빌라형 건물, 숙박운영 구분 중 회원은 회원전용 시설로 운영, 회원대중은 회원과 함께 대중 이용의 성격을 가지고 있는 경우(콘도나 호텔 예약사이트에서 상품판매 중인 리조트), 숙박시설 구분의 기준은 콘도시설이 한 개의 울타리 내에 집적되어 있는 경우는 대중으로, 다른 공간에 분리되어 대중시설과 고급시설의 차이를 반영하고 있는 경우는 고급으로, 호텔이 입지하고 있는 경우는 호텔로 구분

건조환경의 이미지나 각종 간판 등과 같은 기호는 소비공간의 위계성을 드러내는 데 활용되기도 한다. 이러한 기호 활용은 고급스러운 공간이나 상류층의 공간에는 귀족이나 왕과 같은 의미의 이름 또는 그 공간의 기능을 대중적으로 알 수 없는 이름을 붙이는 방식이 활용되기도 한다. 예를 들면, 대명리조트에서 주로 사용하고 있는 노블리안이라는 숙박시설 이름은 이 공간이 귀족과 같은 계층의 공간임을

드러내주는 것을 의미한다. 반면에 대중적인 공간에는 오크 등과 같은 일반적인 비계급적 사물의 이름을 명명하고 있다. 이러한 명명의 차이는 두 공간의 계층적 성격 차이를 드러내주는 것을 의미한다.

간판의 이름 또한 고급공간의 기호를 드러내는 수단으로 사용된다. 이탈리어나 라틴어와 같이 국내에서 그 의미를 잘 알지 못하는 단어를 사용하여 이곳이 어떤 곳인지를 알지 못하지만 서구적인 느낌을 주도록 함으로써 고급스러운 공간임을 드러내고자 하는 방식이 대표적인 예이다. 쏠비치리조트의 식당이나 편의시설에 붙여진 엘 꼬시네로(뷔페식당), 엘 비노(전문 레스토랑), 세르베자(맥줏집), 다비도프(노천카페), 그라시아스(식당) 등과 같은 이름만으로는 그 시설의 기능이 무엇인지를 알 수 없다. ES통영의 식음료 시설에 붙여진 이름인 루나 페이나(카페), 루나 피에나(레스토랑)도 이와 유사하다. 이러한 이름 붙이기는 이곳이 한국이 아닌 마치 외국의 어느 거리와 같은 이미지를 제공함으로써 리조트가 이국적이고 고급스러운 공간임을 상징하는 효과를 지니게 된다. 그리고 소비자는 이러한 기호를 고급이라는 이미지와 동일시하며 이를 소비한다. 이와 같이 리조트라는 공간은 이미지와 기호를 통해 소비되는 공간으로 상품화되고 있다. 리조트는 단일한 계층의 소비공간이 아니라 다양한 계층의 소비공간으로 구성된다. 소비계층의 유형에 따라 소비공간 또한 유형화된다. 그리고 이러한 유형화된 소비공간은 사회적·위계적 질서 혹은 관계를 드러내지만 사회적 관계를 망각하게 한다. 왜냐하면, 리조트라는 소비공간에 대한 공간의 상품화는 사회와 독립된 하나의 존재로 인식하게 함으로써 공간이 가지고 있는 사회적 관계를 망각하게 하기 때문이다.

제9장 소비공간의 배치와 소비욕망

리조트에 입지하는 소비시설들은 소비욕망을 자극하기 위해 입지한다. 대부분의 스키리조트에서는 스키장의 성격과 유사한 성격의 숙박시설이 군집하여 입지하는 경향이 있다. 이러한 유사 성격의 숙박시설이 군집하여 입지하는 경향은 숙박시설과 식당이나 쇼핑센터와 같은 소비시설과의 관계에서도 나타나고 있다. 이와 같은 리조트 소비시설의 배치는 계층에 따른 소비욕망 촉진과 관계되어 있다.

1. 소비 시설 배치전략과 소비공간의 차별화

1) 분산배치와 고급화

용평리조트의 호텔 내부와 주변에는 양식을 포함한 고급식당이 집중되어 있다. 예를 들면, 호텔에는 한식당 도라지, 양식당 '샬레'가, 호텔 앞에는 한우식당이 들어서 있다. 비발디파크에서도 고급식당인 '식객'이라는 식당은 상류계층의 숙박 동인 노블리안 동 옆과 쏘노펠리체로 진입하는 입구에 입지하고 있다. 이 식당에서는 주로 한우불고기(1인분 55,000원)와 같은 고가의 음식을 주로 판매하고 있다. 비발디파크의 대중 숙박시설인 메이폴 동 지하에 있는 뷔페레스토랑

저녁 뷔페가 2만 원대에 판매되고 있는 것에 비하면 매우 비싼 가격대의 음식점임을 알 수 있다. 이와 같이 고급 소비공간 배치에는 분산배치 방식이 그리고 고급 숙박시설과 인접한 곳에 배치되는 방식이 주로 사용되고 있다.

이러한 고급 소비공간의 성격을 지닌 시설 간의 인접 배치와 분산배치는 휘닉스파크와 같은 대중 이용형 숙박시설이 주류를 이루고 있는 스키리조트에서도 잘 나타나고 있다. 휘닉스파크 호텔 1층에는 호텔조식뷔페와 스키장 슬로프를 조망할 수 있는 캐슬라인과 퓨전식당인 자스미나가 입지하고 있다. 이들은 휘닉스파크 내의 숙박시설 중 가장 고급 숙박시설인 호텔과 연결되어 있다. 그리고 방문센터 역할을 담당하고 있는 블루 동에는 르블루라는 복합테마퓨전 고급레스토랑이 지상 1층과 지하 1층에 각각 입지하고 있다. 이와 같이 조금 더 고급스러운 식음료시설은 호텔이나 호텔과 가까운 숙박 동인 블루 동에 입지시킴으로써 대중 식음료시설 공간과 고급 식음료시설 공간을 분리시키고 있다.

이러한 분산배치는 최상위계층의 숙박시설인 쏘노펠리체 내의 식음료시설 배치에서도 이루어지고 있다. 쏘노펠리체 지하에는 푸트코드에 해당하는 Kaitus(사랑이라는 의미)가, 2층에는 퓨전식당인 The Eletes, 술의 신이라는 의미의 The Din, 5층에는 왕의 만찬이라는 의미의 The Boydin이, 스카이라운지에는 하늘/창공이라는 의미의 Ciclo라는 카페가 입지하고 있다. 우선 보통 사람의 경우 그 의미를 잘 알 수 없는 이름의 쏘노펠리체 식음료 시설은 지하에 집중 배치되어 있는 것이 아니라 각 층에 분산 배치되어 있다.

비발디의 지하에 있는 식음료시설들은 그 이름에서 식당의 성격과 판매 품목에 대해 상당수 이해할 수 있는 것에 비해 쏘노펠리체의 식음료시설들은 그 이름부터 음식의 종류가 아닌 다른 그 무엇이라는 느낌을 주고 있다. 이러한 이국적인 기호들로 채워진 공간은 소비자들에게 고급스러운 소비공간으로 이해된다. 이러한 쏘노펠리체의 분산배치는 다중 이용객으로부터 각자의 공간이 분리되는 것을 의미함과 동시에 아름다운 경관조망을 가능하게 하는 시설배치가 가능하다는 장점을 가지고 있다. 이러한 경관조망과 다른 시선으로부터 분리된 공간구성은 이 공간을 소비하는 소비 주체와 비이용자 간의 구별을 가능하게 하는 것이며, 이러한 구별이 가능한 분리된 공간은 소비공간에 대한 상류계층의 매력성을 높이기 위한 공간구성 전략이다. 그리고 상류계층의 소비공간의 분산 배치는 상류계층의 구매 욕구에 적합한 공간구성을 통해 보다 더 많은 소비를 자극하기 위한 것이다.

2) 군집 배치와 대중화

고급 소비공간과 고급 숙박시설은 각각 분산 배치되면서 서로 근접하여 입지하고 있다. 대중적 소비공간과 대중적 숙박시설 간에도 근접하여 입지하는 경향은 마찬가지이지만 대중 소비시설은 군집하여 입지하는 경향이 있다.

대중적 숙박시설을 가지고 있는 비발디파크 식음료시설들은 지하에 입지하고 있다. 뿐만 아니라 각종 오락시설들도 모두 지하에 입지하고 있어서 콘도 밑에 있는 지하 위락상가는 마치 커다란 도시 상가와 같다. 대부분의 식음료시설과 오락 및 쇼핑시설은 오크파인 동과 메이폴 동 지하에 있는 지하상가에 입지해 있다. 지하에는 한식당, 향토음식점, 베이커리, 횟집, 중국집, 원할머니보쌈, 행님아, 호프광장,

만두스텍, 배스킨라빈스, 던킨도너츠, 베거백, 스토리런츠, 도미노피자와 같이 일반적으로 도시에서는 1층에 입지하고 있는 음식종류까지 모두 지하에 입지하고 있다. 그리고 영화관, 오락실, 사격장, 볼링장 등과 같은 각종 놀이시설도 지하에 입지하고 있다. 이러한 집중된 식음료시설과 오락 및 쇼핑시설들은 모두 대중 이용형 콘도와 공간이 연결되어 있는 지하에 있다.

이와 같은 대중적 소비시설의 군집 입지경향은 휘닉스파크, 오크밸리, 곤지암, 용평, 성우에서도 동일하게 나타나고 있다. 휘닉스파크에는 Central Plaza라고 하는 쇼핑센터가 있다. 이름에서 알 수 있듯이 쇼핑중심인 센트럴플라자는 리조트 입구에서 대중 이용형 콘도로 진입하는 지점에 입지하고 있어서 대중 이용형 콘도 이용객들에게 눈에 잘 띄고 접근하기에 수월하다. 그리고 센트럴플라자는 워터파크인 블루캐니언과 연결되어 있다. 이러한 소비공간의 연결은 용평리조트에서의 연결 형태와 유사하다.[39] 센트럴플라자에는 조식뷔페(대중 이용 고객용)와 더불어 지오플라자, 신라, 스포츠카페, 게임랜드, 키즈블루, 배스킨라빈스, 도미노피자, 스타벅스, BBQ치킨, 볼링장, 노래방이 입지하고 있다. 이러한 식음료들과 여가시설은 대부분 대중적인 품목들이다. 중산층이나 서민계층을 주요 표적대상으로 하고 있는 휘닉스파크[40]의 소비공간 입지 또한 앞에서 살펴본 다른 스키리조트의 대중 이용형 소비 시설 입지 전략과 유사한 입지패턴을 보이고 있다. 휘닉스파크와 같이 오크밸리와 곤지암 같은 리조트에서는 별도의 독

---

39) 용평에서는 쇼핑시설인 피트니스센터 옆에 워터파크가 있다.

40) 이는 설문조사에서도 휘닉스파크의 스키장과 식음료시설은 중산층과 서민계층을 마케팅 표적대상으로 하고 있음에도 확인되었다.

〈그림 9-1〉 군집시설로 입지한 소비시설(오크밸리, 휘닉스, 곤지암—왼쪽부터)

립된 건물에 식음료와 여가시설을 입지하고 있다. 오크밸리는 골프밸리 내에 군집된 콘도 단지 중앙에 유럽 성 이미지를 빌려 지은 빌리지 센터를 지어 이곳에 컨벤션 기능과 쇼핑, 식음료, 수영장과 같은 시설을 모두 모아놓았다(〈그림 9-1〉 참조).

이러한 유사한 소비시설 입지패턴은 성우리조트에서도 관찰된다. 성우리조트 숙박시설은 대중 이용형 콘도와 유스호스텔로 구분된다. 성우리조트는 고급콘도와 독립된 숙박시설을 가지고 있지 않으며, 외형적으로 이원화된 구조를 가지고 있지 않다. 그러나 성우리조트 또한 식음료와 놀이시설은 대부분 콘도 숙박 동 내에 군집하여 입지하고 있다. 본관 3층에는 스키장 슬로프 전면을 조망할 수 있는 커피 판매점인 로비라운지와 스타시아(양식당), 풍경마루(한식당)와 같은 약간 고급음식점이 입지하고 있다. 반면 2층에는 500석 이상의 단체객을 위한 카페테리아, 1층에는 베이커리, 아이세상, 오락실, 컴퓨터(pc)방 등이 입지하고 있다. 식음료시설과 놀이시설 모두 스키장 하우스 마당과 연결되는 방향의 1층과 지상에 모두 입지하고 있다. 이러한 시설입지는 이용 편리성이 강조된 배치라고 이해될 수 있다. 그리고 수영장, 볼링장, 대중 골프장 클럽과 같은 레크리에이션 시설이 입지한 스포츠센터 또한 서관(西館)과 하나의 건물을 통해 연결되어 있다.

용평리조트 내에는 작은 자연하천이 있는데, 이 하천을 따라서 그 린피아 콘도, 스키하우스, 호텔, 피트니스센터를 끼고 있는 타워콘도, 워터파크와 용평콘도가 차례대로 입지하고 있다. 스키하우스와 대중 이용형 숙박시설인 그린피아 콘도에는 대중 이용 대형 식당이 입지 하고 있다. 주로 스키시즌이나 단체고객을 수용하기 위한 시설들이 다. 반면에 일상적으로 개별소비자나 소규모 소비자를 위한 식음료시 설들은 호텔(호텔 내부와 근처)과 타워콘도와 붙어 있는 피트니스센 터에 입지하고 있다. 피트니스센터에는 간이음식점들(롯데리아, 피자 에땅, 종로김밥)들이 1층에 집합하여 입지하고 있다.

이러한 시설배치들은 전형적으로 유사 성격의 시설을 군집시켜 이 용의 편리성을 강조하는 입지 전략의 한 형태라 할 수 있다. 즉, 대중 이용형 숙박시설의 성격이 강한 리조트 또는 시설에서는 이용객의 이용편리성이라는 기능성이 강조되는 방식의 소비시설 집중화가 이 루어지고 있는 것이다. 그리고 대중 소비 시설의 집중화는 구매충동 을 자극시키는 효과를 발생시키므로 이러한 시설을 주로 이용하는 중하류층의 구매 욕구를 자극함으로써 보다 더 많은 소비를 유도하 려는 입지 전략을 의미한다.

3) 유사소비계층 시설의 동반 입지

리조트에 입지하는 시설은 앞에서 살펴본 바와 같이 특정 소비계 층을 대상으로 하고 있다. 그리고 리조트는 표적 대상 계층의 정체성 을 드러내고 소비를 촉진하고자 하는 공간구성 전략을 취하고 있다. 리조트 시설이 입지하는 경우 이와 유사한 소비계층을 표적으로 하 는 소비시설이 함께 입지시키는 경향을 통해 이와 같은 특성이 강화된다. 대중시설인 스키장을 개장할 때에는 대중적인 숙박시설이 입지하는 반면에, 회원제 골프장과 같이 상류층 여가공간이 입지하는 경우에는 고급 숙박시설의 입지가 함께 발생하는 경향이 많은 리조트에서 발견된다.

지산의 경우에는 스키장을 96년에 개장한 후 99년에 매우 작은 규모의 콘도를 개장하였다. 곤지암의 경우에도 스키장을 개장(2005)한 이후에 콘도를 2008년에 개장하였다. 양지, 곤지암, 지산은 모두 경기도에 존재하는 스키리조트들이다. 그러나 경기도 이외의 지역에 존재하는 강촌과 에덴밸리는 모두 같은 해에 스키장과 콘도를 개장하였다. 그리고 오크밸리도 스키장 개장과 동시에 같은 부지 내에 타워형 콘도를 개장하였다. 그리고 성우리조트는 스키장과 콘도를 동시에 개장(1995)하였다. 반면 스키장을 개장한 양지파인(1982)은 84년에 유스호스텔을, 그리고 1996년에 302실의 대중 콘도를 개장하였다. 비발디파크는 스키장을 개장(1993)한 이후에 콘도(파인동, 오크동, 1994년과 1995년)를 개장하였다. 이와 같은 예들은 스키장이 대중적 여가공간으로 변화된 이후 대중 이용형 숙박시설이 동반하여 입지하고 있음을 보여주고 있다.

이와 같은 유사 계층의 리조트 시설의 동반입지 현상은 상류계층의 소비공간에서도 마찬가지로 나타나고 있다. 용평리조트 최초의 회원제 골프장인 용평골프장은 1989년에 개장하였다. 그리고 바로 그다음해인 1990년에 별장형 콘도인 빌라콘도가 개장하였다. 고급콘도인 버치힐 콘도는 2002년에 개장되었고, 그 뒤를 이어 2004년에 버치힐 골프장이 개장하였다. 그리고 90년대 이후에 개장한 휘닉스파크는 스키장 개장과 동시에 타워콘도를 개장하였고, 회원제 골프장을 개장

(1999)한 이후에 호텔을 개장(2002)하였다.

이와 같은 유사 소비계층의 소비공간 동반입지현상은 유사계층의 문화자본이 집약된 공간의 생산을 의미한다. 그리고 이러한 공간의 생산은 동시에 계층별 소비공간의 구별 짓기를 강화시킨다. 소비자는 자신의 정체성을 드러내기 위해 소비한다. 그리고 소비공간도 이러한 소비자의 정체성을 드러내는 수단이다. 소비자의 정체성을 드러내고 다른 소비계층과 구별 짓고 있는 소비공간은 소비주체에 매력적인 공간이 되며, 소비욕망을 자극하게 된다. 시설의 동반입지와 배치전략은 이러한 소비욕망을 강화시키고 자극한다.

2. 시선 잡기와 공간배치

이와 같이 대중 이용형 소비시설은 대중 이용형 숙박시설과 근접하여 특정 공간에 군집하여 입지되고 있는 공통적인 특징을 보이고 있다. 대중 이용형 소비시설 입지패턴은 소비자의 시선을 잡기에 용이하다는 특징을 가지고 있다. 별도의 시설에 소비시설의 군집화를 통한 별도의 쇼핑시설 입지는 시선을 사로잡기에 용이하다. 이러한 시선 집중은 비록 별도의 건물에 쇼핑시설 입지를 통해서만 이루어지는 것은 아니다.

스키리조트 내의 대중 이용형 소비공간의 기본적인 특징은 숙박시설로부터 도보로 이동 가능한 공간 내에서 군집되는 경향이 있다는 점이다. 용평리조트와 같이 하천을 중심으로 배치된 호텔의 야외 카페테리아는 용평리조트를 고급스러운 공간으로 이미지화시킴은 물론 보행하는 소비자의 시선을 사로잡기에 용이하다. 이러한 시선끌기는 피트니스센터나 워터파크의 'PEAK ILAND'의 커다란 간판과 외부로 드러내 보이는 화려한 물놀이 슬라이드에서도 이루어진다(<그림 9-2> 참조).

무주리조트에서는 이와 같은 동일 유형의 리조트에 비해, 약간은 다른 형태의 소비공간 구성 방식이 발견되고 있다. 무주리조트는 동일 유형의 다른 리조트에 비해, 무주 덕유산의 풍경을 활용한 숙박시설의 분산 배치라는 특징을 가지고 있다. 무주리조트는 용평, 비발디, 휘닉스, 성우 등에서 식음료와 쇼핑, 실내여가시설들이 유사성격의 숙박시설과 연결되어 군집하고 있다. 그러나 무주리조트는 다른 스키리조트와 비교할 때, 여러 가지 면에서 독특한 공간구조를 가지고 있다.

무주리조트에서 소비시설의 군집에 있어서 중심이 되는 시설은 일반 대중 이용형 숙박시설이 아닌 티롤호텔이다.[41] 티롤호텔은 무주리조트에서 가장 고급스러운 숙박시설이다. 티롤호텔 앞에는 컨벤션시설 및 카니발 상가가 그리고 옆에는 다양한 식음료시설이 입지한 만선하우스가 위치하고 있다. 이와 같이 티롤호텔은 무주리조트에 입지하고 있는 식음료 시설과 쇼핑 및 휴양시설이 입지하고 있는 공간

〈그림 9-2〉 용평리조트의 피트니스 센터와 워터파크

41) 무주에서 호텔은 숙박시설 중 가장 중요한 시설이다(부록 〈표 4〉 참조).

의 중심에 서 있다.

호텔 티롤은 오스트리아 티롤의 '쉬탕엘리르트 호텔'을 모토로 하여 만들어졌으며, 모든 객실은 오스트리아에서 수입한 나무로 만들어져 있어서 독특한 향이 난다. 그리고 호텔 등에서 근무하는 모든 여성은 오스트리아 전통의상과 복장을 하고 근무하고 있으며, 호텔 티롤의 모든 장식품도 오스트리아 티롤지방에서 수입하여 제작한 것이다. 티롤호텔은 바로 무주리조트가 오스트리아의 어느 지방에 와 있는 느낌을 주게 하는 상징물이다(<그림 9-3> 참조). 그리고 가족호텔은 바로 숲을 배경으로 하고 있어서 마치 오스트리아 어느 지방에 와 있는 이미지를 가지고 있다. 따라서 무주리조트에서 오스트리아 티롤이라는 이미지는 리조트의 상징이며 이를 통해 고급스러운 이미지를 만들어내고 소비자의 시선을 집중시키는 원천인 것이다. 이러한 중요성을 상징하고 있듯이 호텔 티롤을 중심으로 컨벤션센터와 음식점, 카니발 상가가 입지하고 있다. 카니발상가에는 다양한 간이음식점과 기념품점이 입지하고 있고, 컨벤션 역할을 담당하고 있는 카니발팰리스에는 컨벤션 센터와 커피전문점, 단란주점 등이 입지하고 있다. 그리고 호텔에서는 한식과 양식, 뷔페식당이 입지하고 있다. 카니발상가에는 모두 오스트리아 지방의 건축양식을 한 음식점과 기념품점들을 군집시킴으로써 하나의 오스트리아 거리를 연상시킨다(<그림 9-3>). 이러한 방식은 하나의 이국적인 이미지를 빌려와 시선을 집중시키고, 건조환경을 군집시킴으로써 이용자들의 시선을 붙잡고 유인하는 데 매우 유리한 방식이다.

〈그림 9-3〉 무주리조트의 티롤호텔과 카니발상가

대중 이용 소비공간의 집중배치는 소비자의 시선을 일정 공간 내에 다양한 곳에 두게 할 수 있는 장점을 가지고 있다. 이러한 방식의 소비와 시선에 관한 예로는 롯데마트나 이마트와 같은 대형 쇼핑몰에서도 발견할 수 있다. 대형 쇼핑몰에도 다양한 종류의 매장이 입지해 있으며, 고급백화점과는 달리 문이나 경계가 없거나 경계가 있어도 문이 없는 개방형 매장이 주로 입지하고 있다. 이러한 개방형 매장은 소비자에게 상품이 잘 보이도록 함으로써 소비욕구를 자극한다. 이러한 시선 자극은 소비자로 하여금 원래의 계획보다 더 많은 물건을 쇼핑카트에 담게 한다. 반면에 최고급 백화점에서 특히 고가의 물품을 판매하는 매장에는 통로도 좁고, 매장에는 문이 있으며 쇼윈도위도 상대적으로 작게 만들어져 있다. 이러한 공간구성 차이는 소비계층에 대한 판매 전략과 소비계층의 시선 두기 차이를 반영하고 있는 것이다. 이와 같이 리조트에서는 소비계층에 따른 시선 두기 차이를 통해 각 표적 소비계층에 대한 소비를 촉진하고 있는 것이다.

3. 드러내기의 차이

소비주체에게 매력적인 공간구성은 공간의 구별뿐만 아니라 드러내는 방식의 차이를 통해서도 이루어진다. 이러한 드러내는 방식의 차이는 대중형과 고급형 간에서도 이루어지지만 고급형 간에서도 서로의 차이를 드러내기 위해 사용되기도 한다.

1) 대중형과 고급형의 드러내기 차이

대중 이용형 공간인 대중 콘도는 자신을 외부로 전면적으로 드러내는 경향이 있다. 대중 이용형 콘도는 거의 모든 리조트에서 타워형 건물을 사용하고 있다. 이러한 타워형 건물은 멀리서도 눈에 잘 보이는 방식이며, 좁은 부지 위에 대량의 고객을 수용하는 방식이다. 그리고 타워형 건물들은 모두 모든 객실이 외부에서 한눈에 보일 수 있는 방식을 취하고 있다(7장의 <그림 7-7> 참조). 반면 고급형 숙박시설에서는 대중 숙박시설과 외부로 드러내는 다른 방식을 사용하고 있다. 고급형 숙박시설들은 주로 저층형 건물을 사용하고 있다. 이러한 저층형 건물은 타워형 건물에 비해 외부에서 잘 드러내 보이지 않는 건축양식이다.

회원제 리조트로 유명한 ES리조트나 엘도라도리조트 등은 이러한 고급형 숙박시설의 드러내기 차이를 잘 보여주고 있다. ES통영리조트 숙박시설은 지면보다 약간 높은 지점에 입지하고, 듬성듬성 있는 건물높이의 나무들을 활용함으로써 내부에서 외부로의 시선은 충분히 확보되지만, 외부에서 내부로의 시선에는 제약이 가해질 수 있도록 입지하고 있다(<그림 9-4> 참조). 그리고 ES리조트들은 이탈리아 최고급 휴양지 '샤르데니아풍(통영)'의, 스위스 '샬레풍(제천)'의 이미지를 차용하고 있으며, 숲 속에 자기 자신을 드러낼 듯, 감출 듯한 모습을 지니고 있다.

반면에 엘도라도리조트는 해변의 언덕에 위치해 있어, 바다 쪽에서 보면 잘 바라보이지만, 육지에서는 잘 보이지 않는다. 그리고 객실에서는 바다를 잘 조망할 수 있지만, 외부에서 리조트 내부로의 조망은 힘들게 하는 방식의 공간구성을 가지고 있다. 각 객실 간에도 다른 객실이 전면적으로 보이는 않게끔 배치되어 있다. 이러한 빌라형 건축양식과 배치는 외부로부터의 시선을 배제하고 내부로부터 외부로의 시선, 특히 아름다운 해변과 바다를 향한 시선 확보를 가능하게 하고 있다. 이러한 시선의 불균형은 푸코가 분석한 파놉티콘(원형감옥)에서 나타나고 있는 것과 마찬가지로 권력질서, 즉 위계성을 상징한다.

타인으로부터 구별되고자 하는 상류소비계층의 구별 짓기 욕구는 다중의 시선으로부터의 분리를 요구하는 경향이 있다. 이러한 다중의 시선으로부터의 분리 욕구는 고급 리조트를 외부로 드러내는 방식뿐만 아니라 내부의 드러내는 방식에도 영향을 미친다. 예를 들면, <그림 9-4>와 <그림 9-5>의 엘도라도리조트 내부 사진과 같이 숙박시설이 직선이 아닌 곡선을 따라 입지시키고 있으며, 옆의 객실에 대한 시야를 차단하기 위한 건축 양식이 도입되고 있다. 이러한 입지패턴은 숙박 공간 간 가시범위를 최소화시킴으로써 다중의 시선으로부터 분리를 요구하는 상류계층의 욕구를 반영하고 있는 것이다.

〈그림 9-4〉 ES통영리조트 입구와 엘도라도리조트 내부

〈그림 9-5〉 엘도라도리조트 숙박단지 내부

2) 상류계층 공간 간의 드러내기 차이

이러한 고급형 시설의 드러내기 전략은 상류계층 시설과 최상류계층 시설 간에도 약간의 차이를 보여준다. 이러한 차이를 잘 보여주는 사례로는 용평리조트 내에 있는 고급형 숙박시설인 버치힐과 포레스트레지던스가 있다. 버치힐은 2002년에 개장하였으며, 주로 37평형과 76평형으로 구성되어 있고 분양가는 4억에서 8억 원 정도이다. 반면에 포레스트레지던스는 모두 독립 가옥형태의 별장형이며, 79평에서 156평형까지이고 분양가는 14억에서 36억 원 정도이다. 따라서 두 시설은 모두 고급형 숙박시설이지만 버치힐에 비해 포레스트레지던스가 더 높은 상류계층의 숙박시설이라고 할 수 있다.

버치힐은 저지대에서 보면 숲 위로 하얀색 건물 외벽과 지붕들이 보여서 이국적인 분위기를 자랑하도록 되어 있다면 포레스트레지던스는 살짝 보이지만 잘 안 보이도록 되어 있다. 버치힐은 미국 콜로라도 주의 비버크릭마운틴(해발 2,479m)에 위치한 겨울휴양지로 스키리조트로 유명한 비버크릭리조트를 모델로 개발한 것이다(<그림 9-6> 참조). 따라서 버치힐은 미국에 있는 비버크릭리조트 일부를 용평에 옮겨놓은 것 같다.

버치힐은 마치 숨어 있으면서 동시에 외부로 드러내 보이고 싶은 것 같은 느낌을 주고 있다. 그러나 버치힐보다 고급 숙박시설인 포레스트레지던스를 보면 숨어 있으며 동시에 숨고 싶어 하는 것 같다는 느낌을 준다. 이러한 차이점은 콘도에 대한 안내표지판의 차이점에서도 나타난다. 버치힐 콘도에 대한 안내판은 잘 보이도록 진입도로 입구에 크게 설치되어 있지만 포레스트레지던스에 대한 길거리 안내판은 설치되어 있지 않다. 이와 같이 별장 개념의 포레스트레지던스와 고급콘도로서의 버치힐 간에는 드러내 보이는 방식에 차이가 있다. 상류층일수록 외부로 드러내지 않는 방식의 구별 짓기가 강조되고

출처: http://www.beavercreek.hyatt.com

〈그림 9-6〉 비버크릭리조트와 버치힐콘도 단지(오른쪽 사진)

있는 이러한 공간의 드러내기 차이는 소비 계층의 차이를 드러내는 수단으로서 기능하고 있다.

4. 모방 소비욕망의 자극

리조트는 소비공간이다. 소비공간은 기본적으로 소비자의 소비를 자극하기 위해 구성된다. 자본은 소비계층의 아비투스에 적합하도록 소비공간을 구성하며 동시에 보다 더 많은 소비를 촉진하도록 소비욕망을 자극해야 한다. 이러한 자극 중의 하나가 상류계층에 대한 소비공간에 대한 모방 소비욕망을 자극하는 것이다. 이러한 모방 소비욕망을 자극하는 공간구성을 잘 보여주는 사례로는 쏠비치리조트, 힐튼남해골프 & 스파리조트, 파인리즈리조트 등이 있다.

쏠비치리조트에 있는 호텔 'LaHotel'은 '에스파냐의 마드리드 왕궁인 팔라시오 레알을 건축 모티브로 바로크 양식의 기법과 스페인 왕실 건축의 전통기법이 접목하여 지어졌으며, 콘도는 스페인 남부 안달루시아 지방의 말라가 항구 'Costa del Sol' 주변 건축을 모티브로 하여 적색 지붕과 하얀색 외벽 그리고 넓은 창가와 테라스를 특징적으로 나타내주고 있다(대명리조트 홈페이지). 그리고 콘도는 이스탄샤, 빨라시오, 노블리와 같은 이름으로 군집되어 구분되어 있다. 각각의 이름은 지역 이름, 왕궁 이름, 귀족 의미를 지니고 있다. 이스탄샤의 객실 면적은 95㎡이며, 빨라시오와 노블리의 객실면적은 122~201㎡로 이스탄사에 비해 훨씬 크다. 그리고 콘도 이름은 콘도를 이용하는 사람들이 일시적으로 귀족 신분이 누릴 수 있는 사치를 누릴 수 있는 자격이 있음을 암시하고 있다. 그리고 노블리(1/6계좌 구입)와 레지던스 회원(풀계좌 구입)에게는 전용 시설과 전용 서비스를 제공하고 있다. 콘도 이름에서 알 수 있는 위계와 객실 규모는 비례하고 있다. 이름 붙이기의 위계성 드러내기는 소비공간에 대한 소비주체의 위계성을 강조하는 수단이다. 그리고 이들 회원들의 숙박시설에는 대개 바다를 바라다보며 월풀 목욕을 즐길 수 있는 야외 월풀 욕조가 딸린 객실이 제공된다. 이러한 욕실 제공은, 오직 상류계층만이, 실내에서 즐겨야 하는 과거의 대중적 목욕이 아닌, 바다를 바라보며 바다와 같은 자연 속에서의 목욕을 할 수 있도록, 그리고 그러한 목욕행위가 주는 쾌락을 소비할 수 있도록 하는 것이고, 이러한 소비욕망을 자극하는 것이다. 이러한 콘도들은 다른 콘도에 비해 더 고급스럽다는 것을 의미할 뿐만 아니라 공간적으로 분리된 서비스와 소비를 제공함으로써 소비욕구를 자극하고 소비하게 한다.

그리고 고급콘도의 공간적 위계는 분양제도와 연계되어 있다. 대명리조트에서 노블리 회원은 1/6계좌를 구입한 회원이며, 레지던스 회원은 풀계좌를 구입한 회원이다. 이러한 회원구별은 바로 리조트 내의 숙박시설 이중구조로 공간화되어 나타나며 동시에 상위계층에 대한 모방 소비욕구를 자극하게 된다.

이러한 자극은 건조환경 외부에 드러난 이미지뿐만 아니라 내부에서도 이루어진다. 호텔은 에스파냐의 한 궁전을 옮겨온 것 같은 느낌을 가지도록 설계되어 있다. 리조트 내에 위치하고 있는 호텔 로비는 궁전이 가지는 화려함을 보다 더 잘 드러내고자 하는 공간으로 구성되어 있다. 로비 중앙은 왕궁의 침실과 같은 이미지를 연출하고 있다 (<그림 9-7> 참조). 현재 커피숍으로 활용되고 있는 호텔 로비는 주변의 시선에 완벽하게 공개되어 있는 공간이다. 모든 시선이 모아지

〈그림 9-7〉 쏠비치리조트 호텔 로비와 레지던스 회원 전용공간 표지판

는 중앙의 개방된 공간에 사적인 이야기를 나누는 장소인 커피숍을 배치하는 경우를 찾아보기 어렵다. 모든 사람의 시선이 모이는 공간 중앙에 개방된 커피숍이 입지한 호텔이 바로 왕궁이며, 왕의 침실에 앉아 있는 소비자는 일시적이지만 왕과 같은 존재임을 의미한다. 이러한 공간을 통해 쏠비치리조트는 궁전에 초대받은 자들이 오는 공간으로서 다른 공간과의 차별성을 드러내고자 하는 것이다. 로비 중앙에 실제로 많은 소비자가 커피를 마시고 담소를 나누기를 부담스럽게 생각하는 것은 중요한 문제가 아닌 것이다. 호텔 로비는 호텔의 고객에게 소비하고자 하는 욕구에 대한 이미지를 제공해주는 공간으로서의 가치를 지니고 있기 때문이다.

이와 같이 쏠비치리조트는 이국적인 동시에 귀족적인 상류계급의 이미지를 건조환경을 통해 재현함으로써 공간의 매력성을 높이는 전략을 취하고 있는 것이다. 쏠비치리조트가 귀족 혹은 왕족을 상징하는 기호와 공간구성 그리고 스페인의 도시에 와 있는 느낌을 주게 하는 다양한 기호로 가득 차 있는 이유이다. 따라서 쏠비치리조트에 강원도와 설악산은 존재하지 않는다.

이러한 소비 자극은 최근에 이루어지고 있는 회원제 골프장과 호텔 또는 고급 대중콘도의 통합 입지에서도 두드러지고 있다. 이러한 통합 입지의 가장 대표적인 예로는 힐튼남해골프 & 스파리조트가 있다. 힐튼남해골프 & 스파리조트는의 건물형식은 주로 빌라형과 유사한 저층형 건물로 독특한 외관을 자랑하고 있다. 워터파크는 존재하지 않지만, 호텔과 같은 실내 스파 시설이 입지하고 있고, 야외수영장과 골프장이 입지하고 있다. 또한 호텔체인운영으로 유명한 힐튼이 운영하고 있다. 이제 국내 리조트 개발과 운영도 세계적인 이동성 강화에 따라 이미지의 이동성에 의한 공간구성에만 영향을 받는 것이 아니라 운영에 있어서도 영향을 직접적으로 받고 있음을 보여주고 있다. 리조트 객실 수는 170실로 회원중심의 휴양형 리조트와 유사한 규모이다. 숙박규모에 비해 다양한 종류의 식당이 입지하고 있다. 일반적으로 골프장 그늘막에서는 골프장 이용자를 위한 간단한 음료나 식사를 판매한다. 그러나 힐튼남해골프 & 스파리조트에서는 그늘막 역할을 하는 시설이 정식으로 운영되는 레스토랑처럼 운영되고 있다. 또한 골프장 클럽하우스와 객실 프런트가 같은 건물을 사용하고 있다. 그리고 단지형 숙박시설과 분리된 별도의 공간에 별장형 고급 저층형 대형빌라가 입지하고 있다. 또한 마을사람들이 자유롭게 이용하던 해변을 소수의 이용자들이 점유하여 이용하고 있다는 점에서 공공재인 자연자원의 공간에 대하여 배제원리가 관철되고 있다(<그림 9-8> 참조).

이러한 시설 입지와 운영 방식은 골프장과 대중 이용 시설과의 분리를 강조하고 있는 골프리조트와 차이가 있는 것이다. 파인리즈리조트와 같이 회원제 골프장 내에 고급 대중숙박시설을 골프장 코스 와 함께 입지하는 것은 상류계층의 모방 소비욕구를 자극하고자 하는 입지전략이다. 이러한 소수 이용 공간과 대중 공간의 통합 입지방식은 고급 휴양공간의 분리 욕구를 관철하면서도 동시에 대중에 대한 상류소비계층의 공간에 대한 엿보기를 가능하게 해줌으로써 모방 소비욕구를 자극하고 있는 것을 의미한다. 그와 동시에 이러한 모방 소비욕구의 대상으로부터 벗어나고자 하는 최상류계층의 여가공간은 여전히 분리된 공간으로 존재하고 있는 것이다. 최상류층의 여가공간의 재분리는 용평리조트의 프레스트레지던스와 남해힐튼골프 & 스파리조트의 섬에 독립하여 입지하고 있는 그랜드빌라가 이를 잘 보여주고 있다.

(골프클럽하우스와 객실 프런트로 사용하고 있는 건물, 외딴 지점의 섬에 독립적으로 지어져 있는 그랜드빌라 단지, 고급스러운 스파시설, 독특한 디자인의 숙박 동 외관 - 왼쪽 위부터 시계방향)

〈그림 9-8〉 남해힐튼골프 & 스파리조트

5. 리조트 공간구성과 소비촉진

현대사회에서 소비가 소비주체의 정체성을 드러내는 수단이듯이 소비공간의 계층 간 구분은 바로 이러한 소비주체의 정체성을 드러내는 중요한 수단이다. 소비공간은 소비자에게 소비할 만한 매력적인 공간이 되어야 한다. 이러한 매력적인 공간은 소비주체의 소비욕망을 실현시키는 중요한 무대이다.

리조트를 구성하는 스키장, 골프장, 호텔, 콘도, 워터파크와 같은 휴양시설 등은 각각 특정 소비계층을 표적대상으로 개발되고 운영되고 있다. 그리고 리조트가 매력적인 공간이 되기 위해서는 단지 고급스럽거나 이국적인 이미지만을 요구하는 것이 아니라 소비계층을 구별하기 위한 공간구성을 요구한다. 앞의 분석들은 리조트라는 소비공간이 소비공간의 위계성을 드러내고 강조하는 방향으로 이루어지고 있음을 보여주고 있다. 소비공간의 위계성은 공간의 분리, 고도 차이, 통제, 유사 소비계층 간의 인접배치와 이질적 소비계층 소비공간의 분리, 유사 소비 계층의 다양한 시설의 동반 입지, 건축 양식, 각종 기호 등을 통해 드러나고 있다. 이러한 방식의 공간화를 통해 바로 소비주체의 계층적 정체성을 드러낼 수 있는 공간에 대한 소비욕망을 충족시키기 위한 매력적인 공간이 구성되고 있다. 그리고 자동차와 같은 개별화된 교통수단의 발달은 이러한 소비주체의 계층의 정체성을 드러낼 수 있는 매력적인 공간에 대한 소비욕망을 실현시킬 수 있는 기회를 확대시키고 있다. 보다 더 먼 곳에서라도, 또는 대중과 분리되어진 외진 곳에서의 소비공간에 대한 소비를 가능하게 하고 있는 것이다. 이러한 경향은 상류계층의 여가공간이며 활동인 골프장의 입지나 고급 휴양형 리조트의 입지 확산에서 분명하게 나타나고 있다.

이러한 공간구성에는 소비 주체의 정체성을 드러내기 위한 공간의 구별 짓기를 위한 분리 이외에도 소비를 촉진하기 위한 계층에 따른 소비 촉진 전략이 내재되어 있다. 상류층에게는 구체적인 구매의 충족과 특정 고객만을 위한 '배제의 전략(exclusive strategy)'을 중하류층에게는 구매충동을 자극하고 고객의 움직임을 활성화하려는 '수용의 전략(inclusive strategy)'(최윤경, 2003)이 주로 사용되고 있다. 그 이유는 상류층은 구매욕구가 구체적이기 때문에 구매 욕구를 충족시키기 위한 공간제공이 무엇보다도 중요한 것인 반면, 구매능력에 제약이 있는 중하류층에게는 구매충동을 자극시킴으로써 보다 더 많은 소비를 촉진하도록 소비공간을 구성하게 되는 것이다(최윤경, 2003). 리조트도 바로 이러한 소비계층에 따라 소비 촉진을 위한 다른 소비공간 구성 전략이 숨어 있는 것이다.

상류층의 소비공간은 주로 분산 배치되어 있다. 이는 앞에서 논의한 분리된 공간으로서의 소비 정체성을 드러내는 데 적합한 방식일 뿐만 아니라 구매 욕구가 구체적인 상류계층의 구매 욕구를 충족시키는 데 적합한 공간구성 방식이기 때문이다. 반면에 중산층을 주로 겨냥하는 대중적 소비공간은 소비공간을 집중시키거나 화려한 이미지나 색상 등을 활용하여 보다 많은 대중의 시각을 자극하도록 공간이 구성되고 있다. 이러한 공간구성은 건조환경의 집중이나 이미지를 통해서만 이루어지는 것은 아니고 보다 더 오랜 시간 더 많은 시각적 자극을 확보할 수 있도록 보행 중심의 이동 속에서 소비하도록 공간이 구성되는 경향이 있다. 이러한 보행중심의 이동 공간에서의 소비촉진과 공간의 구성과의 관계에 대해서는 10장에서 논의되고 분석되고 있다.

그리고 소비 촉진을 위한 소비욕구 자극은 상류계층의 소비공간에 대한 모방 소비욕구를 자극함으로써도 이루어진다. 회원제 골프장 내의 고급 대중 숙박시설이나 호텔의 통합입지, 귀족적 건조환경에 대한 소비는 바로 이러한 모방 소비욕구를 자극하는 대표적인 예라 할 수 있다. 이와 같이 리조트는 소비계층의 구별 짓기와 소비욕망을 자극하기 위한 시설과 공간구성을 통해 소비되도록 구성되는 공간인 것이다.

제10장 공간구성과 이동의 흐름[42)

　현대사회에서 여가활동은 하나의 상품으로 조직되어 소비되고 있다(김혜연, 2008). 관광공간 또한 대중여가활동을 상품으로 소비하도록 조직하기 위한 소비공간 중의 하나이다. 이러한 소비공간 구성에는 일정한 사회적 논리가 작용한다(Sonitbafna, 2003). 주제공원은 대중여가활동을 상품으로 소비하도록 조직하기 위한 전형적인 공간 중의 하나이며 주제공원의 공간구성에는 소비를 조직하고 촉진하기 위한 논리가 작용한다. 그러나 주제공원을 비롯한 관광공간에 대한 많은 연구들은 공간을 단지 행위의 물리적 환경으로만 이해하는 경향이 있다. 주제공원에 대한 연구들은 주제공원 이용자들에 대한 태도, 만족도, 재방문, 행동의도 등에 관한 연구(권유홍·이훈, 2002; 박순호·최정수, 2001; 박창규·엄서호, 1998; 오정학·김유일, 2001; 하광수·한범수, 2002)와 소비자의 포지셔닝에 관한 연구(정필용·엄서호, 1994) 등과 같이 소비자를 중심으로 이루어져 왔다. 주제공원의 공간에 대한 연구 또한 주제공원의 길 찾기 등 환경정보 등과 만족도의 영향관계(이재곤·한금희·이승언, 2010)와 서비스스케이프에 대한 연구

---

42) 이 글은 2012년 5월호 『관광학연구』(36(4): 59-80)에 게재되어 있는 최영석 박사와 함께 연구한 결과물을 토대로 작성되었다.

(류시영·이상봉·유석환, 2010; 이혁진·류재숙, 2007), 진입공간의 테마성 강화에 대한 연구(박태욱, 2008)와 같이 주제공원의 서비스 환경과 소비자와의 관계에 관한 연구에 집중되어 있다. 그러나 이러한 관점과 연구들은 소비공간을 주어진 것으로 전제로 하고 행위의 물리적 환경으로만 이해함으로써 이용자의 여가활동이나 소비를 조직하기 위해 주제 공원과 같은 소비공간이 어떻게 구성되는지에 대한 이해를 제공해주지 않는다. 그러므로 먼저 이용자들의 여가나 소비활동을 조직하기 위해 주제공원의 공간이 어떻게 구성되는지에 대한 이해를 위해서는 주제공원과 같은 소비공간이 주어진 물리적 공간이 아니라 소비를 촉진하기 위한 사회적 논리가 작용하여 구성되는 공간으로 이해되어야 한다.

주제공원의 이용자는 주제공원의 보행로를 따라 다니며 어트랙션을 즐기고 식당, 기념품점 등에서 소비 행위를 수행한다. 관광지와 같은 소비공간은 소비자의 소비활동을 조직하고 촉진하기 위해 공간을 구역으로 나누고 시설을 배치한다. 이러한 공간구성과 시설 배치는 기본적으로 소비자의 소비촉진을 통한 이윤극대화를 목표로 한다. 이러한 목적을 지닌 소비공간의 배치 계획에서 고려해야 할 가장 중요한 요소 중의 하나가 바로 보행량이다(김도현·김영욱, 2005). 소비공간에서의 보행량은 공간구조에 의해 기본적으로 영향을 받는다(최윤경, 2003). 따라서 소비공간에는 소비자의 이동 패턴을 조절하기 위한 공간구성 전략이 내재되어 있다(홍예진, 2005). 또한 주제공원과 같은 대중적 소비공간은 소비자로 하여금 여기저기를 기웃거리는 배회의 움직임을 활성화시킴으로써 충동적 소비를 자극하고자 하는 공간구조를 가지고 있다(최윤경, 2003). 그리고 소비 특성에 따라 달라지는 소비자의 이동을 조절하고자 하는 공간구조를 가지고 있다(안은회, 2009). 그러므로 소비공간의 공간구성은 소비 특성을 반영한 소비자의 이동패턴에 영향을 주는 방식을 통해 이윤을 극대화하기 위한 전략을 반영하고 있다.

따라서 본 연구는 이윤을 극대화하기 위해 주제공원의 공간구성과 시설 배치가 어떻게 소비자의 이동조절전략과 관련되어 있는지에 대한 분석을 통해 주제공원의 공간구성 원리를 분석해 보고자 한다. 이를 위해 국내의 주제공원을 대표하는 에버랜드를 대상으로 공간구성의 구조 파악이나 공간구성의 사회적 의미를 파악하는 데 널리 사용되고 있는 공간분석방법인 공간구문론(space syntax)을 활용하고자 한다(이진경, 2007; 장동국, 2004).

1. 공간구문론과 공간 연구

1) 공간구문론

공간구문론은 인간사회가 사회를 조직하는 데 있어서 공간을 중요하고 필수적인 자원으로서 이용하고 있으며, 사회구조는 공간에 내재되어 있으며 공간구성은 기본적으로 사회적 논리를 가지고 있다고 전제하고 있다(Sonitbafna, 2003: 18). 따라서 공간구문론의 관점에서 보면, 공간은 사회적 논리를 가지고 구성되는 실체이다.[43] 이와 같은 관점은 공간구문론의 창시자인 힐러(Hiller, 1996)의 대표적인 저서 『Space is the Machine: A Configurational Theory of Architecture』의 제목에서도 잘 나타나 있다.

---

43) 그리고 공간이 하나의 사회적으로 구성되는 실체라는 점은 힐러(Hiller)와 다른 사상적 배경을 지니고 있는 푸코(Foucault, 1994)의 원형감옥에 대한 분석, 이진경(2007)의 주거공간의 변화에 대한 분석 등을 통해서 널리 인정되고 있기 때문에 이에 대한 자세한 논의는 생략한다.

동일한 물리적 크기를 가진 공간일지라도, 어떻게 구성되느냐에 따라 공간의 기능과 공간에서 이루어지는 행위나 사회적 관계 등은 변화된다. 즉, 공간은 공간의 구성방식에 따라 새로운 공간으로 변형될 수 있다. 이진경(2010: 118) 또한 힐러와 마찬가지로 "공간은 기계"라고 정의한다. 기계는 일반적인 기술적 기계만이 있는 것이 아니다. 들뢰즈와 가타리는 '다른 어떤 요소와 결합하여 어떤 질료적 흐름을 절단하고 채취하는 방식으로 작동하는 모든 것'을 기계라고 한다(이진경, 2010: 116). 힐러(Hiller, 1996: 377) 또한 그의 유명한 저서 『Space is the Machine』에서 기계는 '그것을 통과하면 재료의 질이 변하여 새로운 것으로 변형되는 말'로 정의한다(이진경, 2010: 118). 즉, 공간은 어떠한 방식으로 어떠한 요소와 어떻게 결합하느냐에 따라 전혀 새로운 공간의 기능과 의미, 사회적 관계 등을 변화시키고 생산한다. 이러한 관점에서 보면 이진경(2010)이 주장하는 바와 같이 공간은 공간을 구성하는 방식에 따라 공간의 사회적 의미나 기능이 변화되고 새로운 것을 생산해낼 수 있는 기계와 같다. 따라서 공간구조에 대한 이해와 분석은 공간적 구성요소들만을 볼 것이 아니라 공간구성 요소 간의 관계 및 공간구조가 가지는 사회적 의미파악을 요구한다(이진경, 2007; 양승정 · 박용환, 2005). 공간의 배치는 사회적 관계 혹은 욕망을 반영하는 일정한 이용자의 이동의 규제 내지 통제 효과를 발생시키기 때문이다(이진경, 2007).

그러나 일반적인 공간구문론 연구자들의 인식은 공간구성과 구조를 사람들의 인식과 정보처리의 대상으로 이해하고 있으며, 이러한 이해를 토대로 공간의 배치나 구조를 분석하는 경향이 있다. 이러한 이해는 공간의 깊이나 각 공간의 연결의 정도 등과 같은 공간의 구성과 배치 요인이 보행자에게 미치는 심리적 영향에 대한 이해를 가능하게 해준다. 그리고 공간구문론 연구들은 복잡한 공간조직을 이해함에 있어서 기하학적 질서의 차원보다는 구조적 특질을 통해 접근하는 것이 도시공간을 움직이는 사람들이 그 위상학적 특질을 체계적이고 일관성 있게 인식한다는 사실을 보여주고 있다(최윤경, 2003: 277).

그러나 이와 같은 이해만으로는 공간구성이 가지는 사회적인 의미나 관계 등을 이해할 수 없다. 공간의 배치를 분석하는 기법 중의 하나인 공간구문론은 물리적 공간구조의 인문사회적인 공간과의 연계성 및 상호작용을 파악하여 공간을 해석하는 기법이다(Hiller and Handson, 1984; Hiller, 1996; 오충원, 2004: 574 재인용). 공간은 사회·문화적 과정에 의해 형성되며, 그러한 사회·문화적 요소들을 공간구성으로 표현하게 되기 때문에, 공간구문론은 바로 이러한 역학관계가 어떻게 일어나는지 또는 그러한 구조는 정확히 무엇인가를 파악하는 데 있다(장동국, 2004: 36). 그리고 공간구문론은 어떤 대상의 기호 그 자체는 아무런 의미가 없으며, 기호와 기호의 조합에 의미를 두고 있는 메타논리학의 논리를 배경으로 하고 있기 때문에 공간구문론에서 하나의 공간 또는 공간구조를 파악한다는 것은 일정 체계의 조합내용을 이해한다는 것과 같다(최두원, 1990). 따라서 공간구문론의 연구기법은 분석 지표 자체를 현장에 직접적으로 적용하기보다는 공간의 해석 도구로 사용하는 데 보다 큰 가치가 있다(이진경, 2007).

일반적으로 공간구성에는 권력관계나 의도가 반영되어 있다(박정자, 2008; 이진경, 2007; 2010; 홍예진, 2005). 그리고 현대사회의 여가활동이 소비되는 주제공원은 자본에 의해 구조적으로 구성되는 소비를 촉진하기 위해 만들어진 소비공간이다(김혜연, 2008). 주제공원의 공간구성 또한 여가활동을 포함한 소비를 조직화하고 촉진하기 위한 소비촉진전략을 반영한다. 그러므로 공간구문론을 활용한 공간구조에 대한 이해연구는 행위자가 공간구조에 대한 정보처리나 인식의 과정에 대한 이해뿐만 아니라 주제공원과 같은 소비공간 구성에 내재되어 있는 자본의 의도가 어떻게 작용하고 있는지에 대한 해석과 결합되어야 한다. 이러한 이해야말로 공간구문론이 가지고 있는 기본적인 전제인 '사회구조는 공간에 내재되어 있으며 공간구성은 기본적으로 사회적 논리를 가지고 있다(Sonitbafna, 2003: 18)'는 전제에 보다 충실한 것이 될 것이다.

2) 공간구문론의 주요 분석지표[44)]에 대한 이해

연결도(connectivity)는 공간에 직접적으로 연결된 다른 공간들의 개수로 표시된다(최윤경, 2003: 21). 통제도(control value)는 이웃한 단위공간의 접근조절 정도를 의미하는데, 공간이 n개의 공간과 연결되어 있다면, 그 공간은 주변공간에 각각 1/n만큼의 통제도를 주게 되며, 통제도가 높다는 것은 다른 이웃하는 통로로 접근하는 데 있어서 중요하다는 것을 의미한다(박종구·이성훈, 2006: 249). 그러므로 통제도는 소비공간에서 이동의 조절능력과 관계된다.

통합도는 공간조직의 위상도를 수치로 환산한 것으로 다른 공간과 어떻게 연결되어 있는가를 나타내는 지표로 쓰이며, 공간의 통합도가 크다는 의미는 중심적인 위치에 있음을 의미한다(김성홍, 1996: 41). 그리고 통합도(integration)는 공간의 접근성과 시각성이 높아, 축선지

---

44) 공간구문론의 주요 분석지표에 대한 자세한 계산방법에 대하여는 이진경(2007), 최윤경(2003)과 같은 공간구문론을 활용한 기존 연구들에 자세히 소개되어 있다.

도의 특정 라인에 쉽게 도달할 수 있는지를 의미한다(배고은·이현수, 2008). 즉, 통합도가 높을수록, 공간구조상 중요도가 높으며, 접근 가능 경우 수가 많은 공간임을 의미한다. 모든 도로나 통로로부터의 접근이라는 관점에서의 통합도는 전체 통합도(global integration)라고 하며, 반경 3(해당 지점에 도착하기까지 3번의 회전을 하는)을 중심으로 하는 국부지역의 통합도는 국부 통합도(local integration)라 한다(Baran, Rodríguez and Khattak, 2008). 전체 통합도가 0.4~0.6 이하이면 접근성이 떨어지는 공간으로, 1.0 이상이면 통합성이 높은 공간으로 볼 수 있다(박인환·정보광·장갑수, 2007: 33). 그러므로 통합되는 소비공간의 이동접근성과 관련된다. 그러나 통합도는 통행량과 직접적으로 연결되는 대상만을 의미하지 않는다. 이진경(2007)의 '근대적 주거공간의 탄생'에서 통합도를 활용하여 주거공간의 변화의 역사적 과정과 메커니즘을 분석한 바 있다. 이와 같이 공간구문론의 활용범위는 매우 다양할 수 있다.

명료도(intelligibility)는 공간조직의 부분을 통해 공간조직 전체를 인식할 수 있는 정도를 의미하며, 단위공간의 공간통합도와 연결도 간의 상관계수(Pearson's R^2)로 정의된다(최윤경, 2003: 25). 상대적으로 명료도가 높다는 것은 공간의 전체 배치구조에 대한 이해가 쉽다는 것을 의미하며, 0.6 이상이면 명료도가 높다고 할 수 있다(박인환 외, 2007). 그러나 양화된 공간구문론의 분석지표가 공간관계나 공간의 사회적 관계를 말해주는 것은 아니기 때문에 분석지표가 가지는 의미에 대한 해석이 보다 중요하다(이진경, 2007).

3) 소비공간의 공간구성과 공간구문론

현대사회의 소비공간은 다양한 기능의 결합을 통해, 다양한 소비환경에 접촉하게 하고, 의도하지 않았던 소비행위를 할 계기를 마련해주도록 구성된다(홍예진, 2005). 즉, 소비공간은 외형상의 기능 외에 숨겨진 기능 혹은 의도나 목표를 발휘하도록 구성된다(홍예진, 2005: 40). 이와 같은 소비공간의 공간구성은 기본적으로 사람의 움직임을 전제로 한다(최윤경, 2003: 172). 공간을 구성하는 물리적 요인들이 어떻게, 어떠한 방식으로 구성되어 있느냐에 따라 공간 속의 사람의 움직임에 차이를 발생시킬 수 있다.

보행량은 소비매출에 매우 큰 영향을 미치기 때문에 상업공간에서 이윤을 극대화하기 위한 목표로 시설배치 계획에 있어서 고려해야 할 가장 중요한 요소 중 하나이다(김도현·김영욱, 2005). 그리고 보행자의 공간이용패턴은 공간구조 형태에 의해 결정된다(장동국, 2004). 따라서 보행량은 공간의 구조에 의해 영향받는다. 특히 통합도와 높은 상관성을 지니고 있는데 여가목적의 보행의 경우는 특히 국부 통합도와 상관관계가 높다(Baran, et al., 2008). 통행량과 공간구조 변수 중 통합도와의 상관관계가 높을 것이라는 것에 대한 이론이 존재하지만(장동국, 2004), 많은 연구에서 통행량과 통합도 사이에는 상관관계가 있음이 보고되고 있다(김영욱, 2003). 공간의 통합도와 통행량이 상관관계가 일반적으로 높은 이유는 사람들이 공간을 인식하고 움직여 나가는 과정에서 정보를 획득하고 이를 통해 전체적 윤곽을 잡아가는 과정을 반영하기 때문이다(최윤경, 2003: 278). 따라서 소비공간에서의 이용자의 길 찾기와 공간구조는 상당한 밀접한 관계가 있으며, 이는 소비수준에도 영향을 미친다(안은희, 2009). 그리고 통행량 중 보행량은 실내 대규모 복합상업공간에서 외부진입의 영향보다는 내부공간의 구조 특성에 의해 더 바탕을 두고 형성되고 있다(김도현·김영욱, 2005). 김영욱(2003)의 연구결과에 따르면, 국부 통합도는 보행량과, 전체 통합도는 자동차의 통행량과 상관성이 높은 것으로 보고되고 있다.

이와 같은 공간구조가 통행인의 보행빈도에 영향을 미치는지에 대한 실험연구가 최연경(2003)에 의해 코엑스몰을 대상으로 실시된 바 있다. 그 결과 공간에 대한 사전지식이 없는 경우, 공간에서 통합도에 의존하여 이동하는 경향이 강하게 나타났다. 이는 공간에 대한 사전지식이 없는 관광지나 여가공간의 경우 공간구조의 영향을 받아 움직일 가능성이 높음을 보여주는 것이다. 공간 내에서 위치가 불확실한 목적지를 탐색할 경우, 이동자들은 전반적으로 공간의 연결성 정도가 좋은, 즉 위상학적으로 중심에 위치한 공간을 주로 이용하면서 움직여 나갔으며, 안내판의 영향을 완전히 배제할 수는 없지만, 안내판의 영향과는 독립적으로 위상학적으로 중심에 위치한 공간을 직관적으로 인지하고 이를 보다 빈번히 이용하여 이동하였다(최윤경, 2003: 291). 최윤경(2003)의 연구는 대중 소비공간에서 여러 상점을 돌아다니는 배회의 움직임이 아무런 논리가 작용하지 않은 무질서적인 움직임이 아니라 사회적 논리를 가지고 있는 공간구조에 의해 이동이 영향을 받는 '의도된 무질서(intended disorder)'(강내희, 1998: 61)일 수 있음을 의미하는 것이다.

일반적으로 대중적 소비공간은 소비충동을 자극하기 위한 배회의 움직임을 활성화하려는 공간 전략을 가지고 있다(최윤경, 2003). 부유층 백화점에서는 최소화된 복도와 폐쇄적인 단위매장을 통해 상류층의 구체적인 구매의지 충족과 특정고객만을 위한 '배제의 전략 (exclusive strategy)'을 보여주는 반면, 중하류층 백화점은 최대한의 복도와 개방적인 단위매장을 확보함으로써 상품진열과 비교를 통해 구매충동을 자극하기 위한 고객의 움직임을 활성화하려는 '수용의 전략(inclusive strategy)'이 작용하고 있다(최윤경, 2003: 233).

대중 소비공간들이 배회의 움직임을 활성화시키려는 전략을 공간 구성에 반영하고 있음은 다양한 연구에서 밝혀지고 있다(이윤경·최윤경·이현호, 2001). 안은희(2009)의 쇼핑몰에 대한 연구에서 쇼핑몰은 전체 통합도가 1보다 작은 값으로 나타났다. 이는 전체 공간에 대한 접근성과 다른 공간으로의 이동이 어려움을 의미하는 것이기 때문에, 쇼핑몰의 공간은 배회의 이동 활성화를 촉진하고자 하는 의도가 반영된 공간 구조를 가지고 있음을 의미한다. 그리고 시설의 배치는 이러한 배회의 이동을 활성화시키고 소비공간 전체로 이동의 흐름을 확산시키기 위해 활용된다. 예를 들면, 코엑스몰의 대표적인 목적지역들은 공간 진입로부터 원거리에 배치되거나 소외된 지역에 배치됨으로써 사람들로 하여금 더 많은 시간 동안 소비환경에 시각적으로 노출되고자 한다(홍예진, 2005). 대형쇼핑몰과 같은 소비공간은 이러한 소비자의 배회의 움직임을 입구에서부터 공간전체로 확산시키기 위해, 유인력이 높은 복합영화관을 입구로부터 가장 먼 곳에 배치한다(안은희, 2009). 이와 같이 코엑스몰과 같은 대형쇼핑몰들은 전체 통합도가 낮은 공간구조를 가짐으로써 이용자의 배회의 가능성을 높이고 유인력이 높은 시설을 가장 깊은 곳에 배치함으로써, 배회의 흐름을 소비공간 전체로 확산시킴으로써 소비를 촉진시키고자 하는 전략을 가지고 있다.

그리고 소비공간에서 소비시설의 배치는 소비시설에 대한 소비욕구의 성격에 따라 다르게 배치되고 있다. 예를 들면, 용산 I-Park Mall의 경우, 이벤트 광장과 쇼핑센터의 경우는 통합도가 높은 지점에, 문화센터는 통합도가 낮은 지점에 배치되어 있다(황제홍·안병주·김회율·김재준, 2008). 이벤트광장이나 쇼핑센터와 같은 공간에서 보다 더 충동적 소비를 자극하기 위해서는 배회의 움직임을 활성화시킴으로써 보다 더 많은 상품이나 서비스에 노출될 수 있는 공간에 배치됨을 의미한다. 그러나 문화센터와 같이 사전에 분명한 소비욕구가 존재하는 소비공간은 보다 접근성이 떨어지는(즉, 통합도가 낮은) 지점에 배치하고 있는 것이다. 배고은·이현수(2008)의 연구에 따르면, 중고가 제품과 같이 사전의 구매 욕구가 구체적인 제품의 경우에는 공간의 접근성과 매출에 차이가 없지만, 중저가 제품의 경우는 공간의 접근성과 매출과 매우 밀접하게 관련되어 있다. 이러한 연구결과들은 소비에 대한 욕구의 구체성에 따라 소비시설의 공간 배치가 다름을 의미한다. 예를 들면 소비욕구의 구체성이 약한 소비시설의 경우에는 배회의 이동을 통해 보다 더 많은 소비자극을 통해 소비충동을 촉진하도록 통합도가 높은 지점에 배치되는 반면에 구체적 소비욕구를 가진 소비시설은 상대적으로 통합도가 낮은 지점에 배치됨을 의미한다.

　이와 같이 공간구문론은 소비공간에 대한 공간분석에서 다양하게 활용되고 있다. 관광소비가 어떠한 관광공간에서 이루어지며, 이러한 관광공간이 어떻게 구성되는가에 대한 이해는 관광연구에 있어서 관광 소비자에 대한 연구 못지않게 중요한 과제임에도 불구하고 전반적으로 관광분야에서의 연구는 주로 관광소비자와 관련된 사항을 중심으로 진행되어 왔으며, 관광공간에 대한 연구는 부분적으로 이루어져 왔다. 그리고 국내 관광분야에서 공간구문론을 활용한 관광공간에 대한 연구는 이제 시작단계에 있다. 국내 관광학 관련 학회지에 등재된 논문을 중심으로 살펴보면, 공간구문론의 관광분야에 대한 적용가능성에 대한 탐색적 논의를 한 최영석(2008)과 양주시 유양동을 분석 대상으로 한 탐방로 개선방안을 모색해본 유광민·김남조(2009)의 연구 정도에 그치고 있다.

4) 주제공원의 공간구성

현대사회에서 대중 여가활동은 이윤창출을 위해 조직된 구조 속에서 이루어지고 있는데, 주제공원에서의 여가활동 또한 이와 같은 하나의 조직된 대중여가활동이며, 주제공원 또한 소비를 촉진하기 위한 전략이 내재되어 있는 대상이다(김혜연, 2008). 에버랜드와 같은 주제 공원은 이용자에게 항상 환상적이고 아름다운 문화상품을 소개하고 즐길 것을 유혹한다. 이를 위해 주제공원은 탑승물, 관람물 등의 매력 시설물과 환상의 세계를 재현하는 스트리트, 존(zone) 등으로 구성되며, 연기자들이 해당 주제 하에 특수 의상을 착용하고 입체적으로 연기하는 퍼레이드 등을 전개한다(유석환, 2009: 151). 그리고 이러한 소비과정에서 요구되는 식음료시설물을 포함한 다양한 편의시설물들이 동시에 갖추어진다.

주제공원의 진입로는 이러한 관람자의 체험을 적극적으로 유도하기 위하여 비일상적 요소의 도입과 상징물에 의한 테마성이 강화된 공간을 구성함으로써, 소비자에게 주제공원의 특정 주제에 몰입하게 한다(박태욱, 2008). 따라서 주제공원의 진입공간은 이용자들로 하여금 전체 테마파크의 이미지를 형성하며 동시에 퇴장객에게는 여운과

아쉬움을 유발시키게 된다(유석환, 2009). 주제공원의 이용자들은 몇 분 걸리지 않는 하나의 놀이기구를 탄 후 그 옆에 있는 화려하고 환상적인 다른 놀이기구로 시선을 옮기고 이동하여 오랜 기다림 속에 놀이기구를 즐기는 소비 행위를 지속한다(김혜연, 2008). 일반적으로 주제공원은 재방문율이 높은 소비공간이다(서용주, 2006). 김혜연(2008)은 그 이유를 소비자는 제한된 시간 속에 다양한 시설을 즐기지 못하고, 즐겨야 할 많은 시설을 즐기기 위해 안타까워하기 때문이라고 설명한다. 이러한 김혜연(2008)의 설명은 주제공원은 지속적으로 소비자를 이동시키고 이러한 과정에서 소비를 촉진하고 많은 시간을 소비하도록 공간이 구성되어 있음을 의미한다.

2. 에버랜드 주제공원의 공간구성

본 연구는 S3 axial 프로그램[45])을 활용하여 공간분석을 시도하였다. 외부공간의 공간구조 분석에 사용되는 축선도는 인간의 시각적 최대점을 선정하여 연결한 축을 의미한다(최영석, 2008). 프로그램에 투입하기 위한 공간의 축선도를 얻기 위하여, 안내지도를 바탕으로 2011년 7월에 에버랜드 내의 모든 보행도로에 대한 현장조사를 실시하였다. 또한 축선도의 정확도를 높이기 위하여 축선도에 대한 연구자 간 일치 여부를 확인하는 방식으로 진행되었다. 그리고 각 공간의 시설 종류와 특징 등에 대해서는 현장방문을 통한 확인과 에버랜드 홈페이지에 게재되어 있는 안내책자 등을 동시에 활용하여 확인하였다.

---

45) S3 axial 프로그램은 서울대학교 도시건축공간분석 연구실에서 공간구문론에 의한 공간분석을 위해 제작한 소프트웨어프로그램이다.

에버랜드는 1976년에 자연농원으로 개장한 이후, 다양한 시설과 공간이 추가로 입지하고 변화되어 왔다. 2012년 현재, 에버랜드는 정문 입구에 위치하고 있는 기념품 판매점 위주의 글로벌페어존과 어메리칸 어드벤처, 매직랜드와 주토피아 그리고 가장 안쪽에 유러피안 어드벤처라는 5개의 구역으로 구성되어 있다(<그림 10-1> 참조). 그리고 탑승기구와 공연과 전시물과 같은 주제공원의 어트랙션과 음식점과 카페와 같은 식음료시설과 기념품점 등의 상업시설이 들어서 있다. 본 연구에서는 에버랜드 홈페이지에서 구분하고 있는 어트랙션과 상업시설(식음료시설과 기념품 쇼핑시설)로 시설을 구분하고자 한다.

다음 <표 10-1>은 구역별로 입지하고 있는 시설의 종류별 개수를 보여주고 있다. 입구에 위치하고 있는 글로벌페어는 기념품 구입과 같은 쇼핑을 주목적으로 하는 공간이다. 입구는 동시에 집으로 돌아가는 이용자들에게 주제공원의 추억을 환기시키고 마지막으로 소비가 가능한 출구의 역할을 담당하고 있다. 가장 많은 시설이 입지하고 있는 공간은 유러피언 어드벤처로서 어트랙션이 12개이며 식음료시설이 15개로 가장 많은 식음료시설을 보유하고 있다. 유러피언 어드벤처 구역은 에버랜드가 '세계 최고의 낙하각도에서 느끼는 짜릿함(www.everland.com)'을 자랑하는 목재로 만들어진 롤러코스터가 위치하고 있으며, 카니발 퍼레이드가 열리는 공간이다.

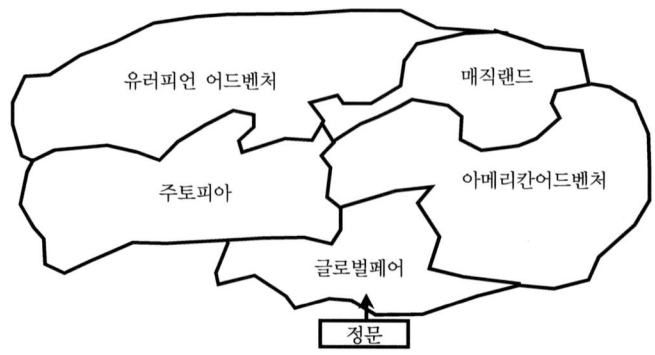

〈그림 10-1〉 에버랜드 주제공원 구역 개요도

〈표 10-1〉 구역별 시설 분포현황

구역		유러피언 어드벤처	매직랜드	아메리칸 어드벤처	주토피아	글로벌페어
어트랙션		12	24	8	17	3
상업 시설	소계	20	5	4	5	17
	식음료	15	3	3	3	3
	기념품	5	2	1	2	14

출처: www.everland.com의 Everland Resort Guide를 참고하여 연구자 작성(2011.10.)

이에 반해, 매직랜드는 주로 어린이용 놀이기구를 중심으로 하는 어트랙션을 보유하고 개별시설 규모가 유러피언 어드벤처의 시설보다 작은 편에 속한다. 그리고 주토피아는 주로 동물 전시나 관람과 관련된 어트랙션을 가지고 있는 공간이다. 따라서 입구에서 가장 먼 곳에 위치하고 있는 유러피언 어드벤처가 가장 많은 관람객을 유인할 수 있는 유인력이 높은 시설을 지닌 공간으로 이해될 수 있다. 이는 대형쇼핑몰에서 유인력이 가장 높은 대형영화관을 가장 깊은 곳에 배치함으로써 배회의 흐름을 소비공간 전체로 확산시키는 원리와 같은 방식의 시설배치임을 의미한다.

1) 전체 공간구조 분석

에버랜드에 대한 공간구문론의 전체 주요 지표는 다음 <표 10-2>와 같다. 전체 공간의 연결도는 2.93으로 나타났다. 이는 각 공간과 다른 공간과 연결된 공간 수가 약 3개인 것으로 상대적으로 많은 수의 공간이 연결되어 있음을 의미한다. 그리고 전체 통합도는 0.70으로 보통인 수준인 반면에 국부 통합도는 1.36으로 전체 통합도의 약 2배 높은 수준의 통합도를 보이고 있다. 전체 통합도가 낮다는 것은 이용자가 에버랜드 공원 전체적으로 이동하기가 쉽지 않음을 의미하는 것이다. 따라서 주제공원에 대한 정보가 부족할 경우, 특정 지역을 찾아가는 데 배회의 가능성이 높음을 의미하는 것으로 이동에 많은 시간이 소비될 가능성이 높음을 의미한다. 그러나 국부 통합도가 높은 수준을 보이고 연결도가 2.93으로 높다는 의미는 주제공원이 인접한 공간으로 이동이 상대적으로 수월한 공간구조를 가지고 있음을 의미한다.

〈표 10-2〉 공간구문론 주요 지표(전체)

구분	연결도	통제도	통합도	국부 통합도	명료도
값	2.93	1.00	0.70	1.36	0.445

에버랜드의 공간구성이 배회의 움직임을 활성화시키는 구조라는 가능성은 전체 공간에 대한 인지정도를 나타내는 명료도에서 확인된다. 명료도는 0.445로 상대적으로 낮은 것으로 나타났다. 이는 에버랜드는 전체 공간을 쉽게 인지하기 어려움을 의미한다. 따라서 에버랜드는 특정 지역에서 여러 개의 길과 접속되어 있고 전체 공간 파악이 어

렵기 때문에 특정 목적지에 도달하기 위해서는 많은 배회의 움직임이 발생할 가능성이 높게 공간이 구성되어 있는 것으로 이해할 수 있다.

주제공원 공간이 이용자들의 배회의 흐름을 주제공원 전체로 확산시키도록 구성되어 있다는 것은 다음 <표 10-3>의 구역별 공간구문론의 주요 분석지표에 대한 분석을 통해 확인할 수 있다. <표 10-3>에 따르면, 주제공원 내부 가장 깊은 곳에 위치하고 있는 유러피언 어드벤처 구역은 연결도 및 통제도, 전체 통합도와 국부 통합도의 모든 부문에서 높은 값을 보이고 있다. 반면에 입구에 위치하고 있는 글로벌페어와 아메리칸 어드벤처는 상대적으로 분석지표가 모두 낮은 것으로 나타났다. 그리고 중간지점에 위치하고 있는 매직랜드와 주토피아는 입구에 위치하고 있는 글로벌페어보다 높은 중간정도의 값을 나타내고 있다. 이러한 결과는 입구로부터 가장 먼 곳에 위치하고 있는 유러피언 어드벤처 구역이 이동의 흐름과 통제와 소비자 이동의 유인에 있어서 가장 중요한 공간임을 의미한다.

입구에 위치하고 있는 글로벌페어 구역은 가장 낮은 연결도를 보이지만, 구역 내 시설과 다른 지역에 대한 이동의 통제력을 의미하는 통제도는 상대적으로 높은 값을 보이고 있다. 이는 글로벌페어 지역이 구역 내부에서 배회의 이동의 흐름을 촉진하려는 의도보다는 입구로 유입된 이용자의 흐름을 다른 지역으로 이동의 흐름을 분산시키는 역할을 수행하는, 즉 혈액을 각 모세혈관으로 분산시키는 분기통로인 대동맥(혹은 대정맥)과 같은 역할의 중요성이 큰 공간임을 의미한다. 이와 같이 다른 지역으로 이동에 영향을 가장 크게 미치는 통제도가 높은 지역 중의 하나로는 유러피언 어드벤처이다. 그러나 유러피언 어드벤처는 연결도와 통제도뿐만 아니라 통합도에서도 가장 높은 값을 보이고 있다. 이는 유러피언 어드벤처 구역이 구역 내 이동의 흐름을 촉진하는 공간구조를 가지고 있음은 물론 다른 지역으로 이동흐름의 배분에 있어서 중요한 역할을 수행하고 있음을 의미하는 동시에 가장 많은 이용자들의 흐름을 유입하는 공간임을 의미하는 것이다.

〈표 10-3〉 구역별 공간구문론 분석지표

구역	연결도	통제도	전체 통합도	국부 통합도
유러피언 어드벤처	3.862	1.218	0.766	1.636
매직랜드	3.345	1.036	0.732	1.527
아메리칸 어드벤처	2.417	0.937	0.713	1.14
주토피아	3.238	1.178	0.679	1.446
글로벌페어	2.333	1.189	0.639	1.047

실재로 유러피언 어드벤처는 입구에서 가장 먼 곳에 위치하고 있으며, 가장 많은 시설과 유인력이 큰 어트랙션과 가장 많은 이용자들이 군집하는 카니발 퍼레이드 광장이 위치하고 있어 이용자들에 대한 유인력이 가장 큰 공간이다. 이와 같이 유인력이 높은 공간을 소비공간 깊은 곳에 배치하는 것은 주제공원 또한 대형쇼핑몰에서 보행자의 흐름을 쇼핑몰 전체로 확산시키기 위해 복합영화관을 가장 깊은 곳에 배치하는 것과 유사하다(안은희, 2009). 따라서 이러한 입구지역과 가장 깊은 곳에 위치하고 있는 두 지역의 역할과 연결도에 대한 분석 결과는 에버랜드 주제공원이 입구에서 가장 먼 곳까지 이용자의 확산이나 이동을 촉진하기 위한 공간구조를 가지고 있음을 의미한다.

그리고 각 보행통로의 통합도를 분석해 보면, 이와 같은 이용자 흐름을 확산시키고자 하는 공간구조를 다시 한 번 확인해 볼 수 있다. 다음 <그림 10-2>는 에버랜드 주제공원의 보행통로에 대한 전체 통합도 크기를 선의 굵기로 나타낸 것이다. <그림 10-2>는 입구보다 안쪽에 통합도가 높은 선들이 있고 이를 중심으로 벗어날수록 선의 굵기가 가늘어지는 마치 하나의 대동맥을 중심으로 굵기가 점차 가늘어지는 모세혈관이 연결되어 있는 우리 몸의 혈관구조와 유사한 구조를 보여주고 있다.

이 중에서 가장 굵은 전체 통합도를 보이고 있는 보행로는 매직랜드와 유러피언 어드벤처 구역을 연결하는 카니발 퍼레이드가 열리는 보행로이다. 그리고 어트랙션의 수가 가장 많은 매직랜드 지역의 보행로는 전반적으로 통합도가 높은 것으로 나타났다. 이에 반해 무료

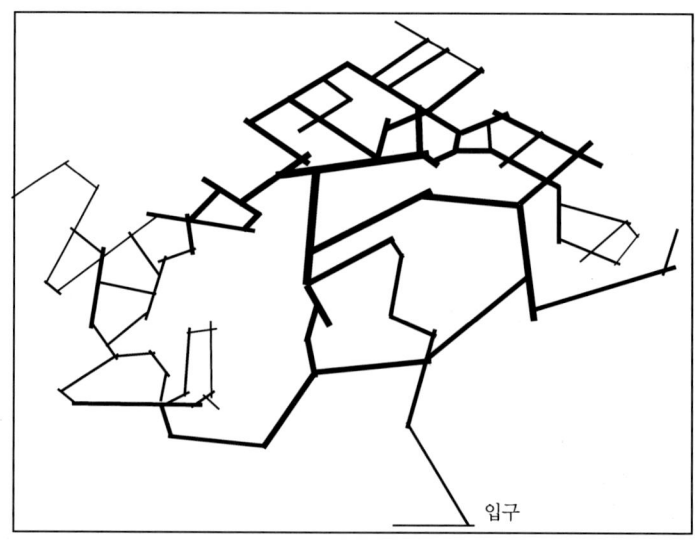

〈그림 10-2〉 에버랜드 축선도(전체 통합도)

관람시설이 많은 주토피아지역과 매직랜드 중 어린이용 관람 공간 또한 보행로에 대한 통합도가 낮은 것으로 나타났다. 즉, 입장 후 별도의 요금을 지불하지 않는 시설들은 통합도가 낮은 지역에 배치되어 있는 반면에, 별도의 요금을 지불하는 시설들은 상대적으로 통합도가 높은 지역에 배치되어 있다. 통합도가 높은 지역에 유료시설을 배치하고, 통합도가 낮은 지역에는 무료 관람시설을 배치하고 있다는 이러한 공간구조는 유료시설에 대한 노출 기회를 확대시킴으로써 소비를 자극하고 있음을 의미한다.

따라서 공간구문론을 활용한 전체공간과 구역별 공간분석결과는 에버랜드 주제공원이 이용자의 흐름을 확산시키고 배회의 흐름을 촉진함으로써 보다 많은 시간과 돈을 소비하도록 하는 공간 전략을 가지고 있음을 시사한다. 즉, 주제공원의 공간구성과 시설 배치는 이용자로 하여금 탑승기구를 즐기기 위해 많은 시간과 돈을 소비하도록 하게 하려는 전략을 반영하고 있는 것으로 이해할 수 있다.

2) 주요 시설·공간별 분석지표 분석

이론고찰에서 살펴본 바와 같이 소비시설의 소비 성격에 따라 소비를 촉진하기 위한 다른 공간 배치 전략이 존재한다면, 소비 성격에 따라 시설의 공간구문론 분석지표에서 일정한 패턴이 나타날 것이다. 이와 같은 가정을 확인하기 위해 공간구문론의 분석지표를 활용하여 각 시설에 대한 분석을 실시하였다. 어트랙션과 상업시설에 대한 공간구문론 분석지표 분석결과는 다음 <표 10-4>와 같다. 기본적으로 모든 시설의 국부통합도는 1 이상의 높은 값을 보이고 있어서, 이용자가 위치한 곳에서 쉽게 접근할 수 있는 위치에 입지하는 경향이 있음을 보여주고 있다. 그럼에도 불구하고, 각 시설 간에 약간의 차이가 있는 것으로 나타났다.

〈표 10-4〉 시설별 공간구문론 분석지표

시설구분			연결도	통제도	전체 통합도	국부 통합도
어트랙션			3.102	1.040	0.720	1.403
상업 시설	구분	전체	3.362	1.231	0.710	1.461
		식당	3.280	1.087	0.740	1.529
		기념품	3.455	1.611	0.716	1.664

어트랙션보다는 상업시설의 연결도와 통제도 그리고 국부 통합도가 높은 것으로 나타났다. 그리고 상업시설 중 기념품 판매점의 연결도와 통제도, 국부 통합도는 높은 반면에 전체 통합도는 낮다. 시설유형별로 공간구문론 분석지표가 일정한 경향을 보여주고 있는 이러한 분석결과는 각 시설의 공간 배치에도 시설별로 일정한 움직임의 통제를 통한 소비를 촉진하기 위한 사회적 논리가 있을 가능성이 존재함을 시사한다.

주제공원에서 어트랙션은 식당이나 기념품에 비해 사전에 구체적 소비욕구가 상대적으로 높을 가능성이 크다. 주제공원은 바로 이러한 어트랙션에 대한 소비를 주된 목적으로 찾아가는 소비공간이기 때문이다. 그러나 주제공원에서 상업시설은 어트랙션을 이용하기 위해 시간을 보내다 이용해야 하는 소비이므로 주제공원에서 어트랙션은 상업시설에 비해 소비욕구의 구체성이 높은 시설이라고 판단할 수 있다. 상업시설의 상품들은 사전의 구체적 소비욕구가 약하므로, 이러한 상업시설에서의 소비를 활성화시키기 위해서는 충동적 구매 욕구를 자극해야 한다. 따라서 어트랙션에 비해 소비에 대한 구체성이 약한 식당이나 기념품점과 같은 상업시설의 소비공간에서 소비를 촉진

하기 위해서는 상대적으로 배회의 움직임을 통해 보다 많은 소비자
극의 기회를 제공함으로써 충동적 소비를 자극할 필요가 있다. 그러
므로 상업시설은 소비욕구를 발생시키기 위해 소비시설과 만날 확률
을 높이고, 소비욕구가 발생할 경우 소비가 손쉽게 이루어질 수 있고
접근성이 우수한 지점에 배치되어야 한다. <표 10-4>의 분석지표들은
상업시설이 어트랙션보다 비의도적 이동에 의한 인근 소비시설로의 이
동 확률을 높이고 접근 가능성을 높임으로써 소비의 자극과 소비행위
가 수월하게 이루어질 수 있도록 하는 지점, 즉 국부 통합도와 연결도
그리고 통제도가 높은 지점에 배치되고 있음을 보여주고 있다. 따라서
<표 10-4>와 같이 어트랙션보다는 상업시설의 연결도와 통제도 그리
고 국부 통합도가 높은 것은 바로 대중소비 시설에서 소비욕구의 구체
성이 약한 소비일수록 통합도 등이 높은 지점에 시설을 배치함으로써
배회의 흐름을 이용한 충동적 소비를 자극하고자 하는 대중 소비공간
의 공간구성 전략과 맥락을 같이하고 있는 것으로 이해될 수 있다.

　이와 같은 시설 배치의 원리는 상업시설 중 식당과 기념품점 간에
도 작용하고 있다. 주제공원에서 어트랙션을 즐기기 위해서는 많은
시간의 보행이 요구되기 때문에 많은 에너지를 소비하게 된다. 이러
한 과정에서 식음료는 기념품보다 소비의 필요성이 더 요구될 것이
다. 따라서 어트랙션을 즐기는 과정 중에서는 식음료에 대한 소비욕
구의 구체성이 기념품보다 더 크게 형성될 가능성이 높다. <표
10-4>와 같이, 기념품점이 식당에 비해 통제도, 연결도, 국부 통합도
가 높은 지점에 위치하고 있다는 점은 기념품점이 배회의 흐름과의
조우의 확률을 높임으로써 충동적 소비를 자극할 수 있는 지점에 위
치하고 있음을 의미하는 것이다. 따라서 <표 10-4>의 공간구문론 분

석지표들이 보여주고 있는 일정한 경향들은 소비욕구의 구체성이 높은 시설보다는 소비욕구의 구체성이 약한 소비시설일수록 보행자로 하여금 보다 더 많은 조우의 기회가 높은 위치에 배치함으로써 보다 더 많은 소비를 촉진하도록 주제공원의 공간이 구성되고 있다는 추론을 가능하게 한다. 이러한 추론의 가능성은 <표 10-5>와 <표 10-6>의 구역별 공간과 구역별 시설에 대한 분석에서도 다시 확인된다.

<표 10-5>는 주제공원 전체의 어트랙션과 상업시설에 대한 공간구문론 분석지표들이 보여주고 있는 경향과 구역별 어트랙션과 상업시설의 공간구문론 분석지표들이 보여주고 있는 경향이 유사하게 나타나고 있음을 보여주고 있다. <표 10-5>에 따르면, 구역별 전체 통합도는 0.6~0.8 이하의 값을 보이고 있는 반면에 국부 통합도는 1 이상으로 전체 통합도의 2배 정도 높은 값을 보이고 있다. 이는 주제공원의 전체 공간에 대한 파악과 접근이 어렵지만 인근 공간에 대한 접근성과 이동성은 용이하다는 특징이 개별 구역별 공간에서도 동일하게 나타나고 있음을 의미한다.

〈표 10-5〉 구역별 어트랙션과 상업시설별 공간구문론 분석지표

구역	시설구분	연결도	통제도	전체 통합도	국부 통합도
유러피언 어드벤처	어트랙션	3.7	1.119	0.774	1.514
	상업시설	3.947	1.27	0.761	1.7
매직랜드	어트랙션	3.167	0.983	0.738	1.485
	상업시설	4.2	1.293	0.704	1.728
아메리칸 어드벤처	어트랙션	2.125	0.896	0.689	1.018
	상업시설	3	1.021	0.76	1.385
주토피아	어트랙션	3.063	1.114	0.672	1.395
	상업시설	3.8	1.383	0.7	1.608
글로벌페어	어트랙션	4	1.583	0.74	1.551
	상업시설	2.214	1.161	0.631	1.011

그리고 <표 10-5>는 어트랙션과 같이 소비의 구체성이 높은 소비 시설보다는 구체성이 약한 소비 시설이 이용자들의 흐름과 만날 기회를 확대시킴으로써 충동적 소비를 자극할 수 있는 지점에 위치하고 있다는 경향이 존재할 가능성이 있음을 보여주고 있다. 글로벌페어를 제외한 모든 구역에서 어트랙션보다 상업시설의 연결도, 통제도, 국부 통합도가 높은 것으로 나타났다. 이는 앞에서 분석한 주제공원에서의 주요한 소비욕구의 구체성이 높은 소비시설인 어트랙션보다 소비욕구의 구체성이 상대적으로 낮은 소비시설인 상업시설이 배회의 움직임을 촉진하고 이를 통해 소비를 촉진할 수 있는 공간에 배치되고 있을 가능성이 높음을 다시 한 번 확인해주고 있는 것이다. 그러나 이러한 가능성이 타당성을 가지기 위해서는 글로벌페어 구역이 다른 구역과 다른 패턴을 보이는 이유를 설명할 수 있어야 한다.

글로벌페어는 3개의 소규모 어트랙션만이 존재하는, 14개의 기념품을 중심으로 구성된 소비공간이다. 글로벌페어는 주제공원의 입구이며 동시에 주제공원의 추억을 간직하고 주제공원의 벗어나기 직전의 마지막 공간, 즉 출구의 소비공간이다. 가상적이고 환상적인 주제공원에서 여가활동과 소비에 많은 시간과 돈을 사용한 후, 일상의 공간으로 돌아가려는 순간에 도달하는 글로벌페어에서는 주제공원에서의 추억을 담아가 일상으로 돌아가려는 마지막 소비공간이다. 따라서 글로벌페어에 가장 많은 수의 기념품점이 있는 것은 주제공원의 문을 나서려는 이용자에게 추억의 소비를 자극시키는 공간이기 때문이다. 이용자는 이제 주제공원의 문을 나서는 순간 주제공원의 기념품을 살 수 없게 된다. 따라서 글로벌페어에서는 어트랙션과 환상적 분위기를 소비하는 동안 소비된 에너지를 채우기 위해 필요했던 음식에 대한 소비보다는 이제 주제공원의 추억을 담을 수 있는 기념품을 사고자 하는 소비가 더 중요한 소비활동인 것이다. 즉, 다른 구역에서는 어트랙션이 상업시설의 소비보다 더 중요한 소비인 반면에 글로벌페어에서는 어트랙션보다는 상업시설, 그중에서 기념품 소비가 가장 중요한 소비인 것이다. 이러한 추론을 토대로 <표 10-5>의 분석지표들을 해석하면 소비욕구의 구체성이 강한 시설보다는 약한 시설들이 국부 통합도, 통제도, 연결도가 높은 공간에 배치되고 있다는 공통된 경향이 존재한다고 말할 수 있다.

이러한 경향은 <표 10-6>의 구역별 식당과 기념품점에 대한 공간 구문론 분석지표들에서도 동일하게 나타나고 있다. 즉, 글로벌페어를 제외한 모든 구역에서 식당보다 기념품점이 연결도와 통제도 그리고 국부 통합도가 높다. 앞에서 논의한 바와 같이 글로벌페어를 제외한 구역에서는 식당이 기념품점보다 소비 목적성이 강한 소비공간인 반면에, 글로벌페어는 기념품점이 식당보다 소비 목적성이 강한 소비공간이다. 따라서 글로벌페어 구역에서는 식당이, 다른 구역에서는 기념품점이 소비자의 이동을 보다 더 통제하고 배회의 흐름을 유도하여 많은 이용자가 방문할 수 있는 위치인 연결도, 통제도 그리고 국부 통합도가 높은 지점에 입지하고 있는 것이다. 이러한 결과들은 주제공원의 소비시설 배치가 주제공원에 존재하는 다양한 소비 시설의 배치가 시설의 종류에 따라 동일한 시설 배치 전략에 의해 이루어지는 것이 아니라 각 소비 구역의 특성을 반영한 소비의 구체성의 차이를 반영하여 시설을 배치함으로써 보다 많은 소비를 촉진하기 위한 전략에 의해 이루어지고 있음을 보여주고 있는 것이다.

구역	시설 구분	연결도	통제도	전체 통합도	국부 통합도
유러피언 어드벤처	식당	3.5	1.103	0.764	1.635
	기념품	5.2	1.737	0.754	1.881
매직랜드	식당	3.333	1.05	0.676	1.515
	기념품	5.5	1.658	0.746	2.048
아메리칸 어드벤처	식당	2.667	0.833	0.767	1.33
	기념품	4	1.583	0.74	1.551
주토피아	식당	3	1.083	0.704	1.414
	기념품	5	1.833	0.693	1.898
글로벌페어	식당	3	1.417	0.683	1.275
	기념품	2.083	1.118	0.623	0.966

3. 소비촉진 공간구성으로서의 주제공원

본 연구는 한국의 대표적 주제공원 중의 하나인 에버랜드를 대상으로 공간구문론을 활용하여 주제공원의 공간구성과 소비시설 배치에 어떠한 논리가 작용하고 있는지를 분석하였다. 그 결과 에버랜드 주제공원은 이용자가 여러 개의 분리된 주제 공간을 전체적으로 인식하거나 접근하기 어려운 공간구조를 가지고 있지만, 특정 지점에서 인접한 다양한 어트랙션과 상업시설로 소비자의 이동 흐름을 원활하게 할 수 있는 공간구조를 가지고 있는 것으로 밝혀졌다. 그리고 소비자의 이동의 흐름에 대한 통제력이 높으며 유인력이 가장 높은 시설을 주제공원의 가장 깊은 곳에 배치함으로써 입구에 도착한 소비자를 주제공원 전체 지역으로 자연스럽게 확산시킬 수 있는 공간구조를 가지고 있다. 즉, 입구에 도착한 이용자들은 유인력이 높은 시설을 향해 주제공원 깊은 곳으로 흘러들어 가게 된다. 이러한 공간구조는 마치 동맥이나 정맥과 같은 대혈관을 통해 혈액수송을 통제하고 많은 수의 연결통로를 통해 각 조직이나 세포에 혈액을 공급하는 혈관계의 구조와 마치 유사하다. 그러나 이러한 흐름은 직선적이지 않고, 매우 배회적인 흐름을 발생시키는 공간구조 속에서 이루어지기 때문에 이용자들은 이곳저곳을 자연스럽게 배회하게 된다.

이러한 배회의 움직임은 각각의 소비시설과 이용자들과의 접촉 기회를 확대함으로써 충동적 소비를 자극한다. 이러한 소비자극은 주제공원에서 이루어지고 있는 소비욕구의 구체성의 정도에 따른 배치를 통해서도 이루어진다. 소비욕구의 구체성이 약한 시설들의 연결도, 통제도, 국부 통합도는 모든 구역과 범위에서 높게 나타나고 있다. 이는 이용자의 흐름을 소비욕구의 구체성이 약한 소비의 경우 소비시설과 보다 더 많이 마주치게 함으로써 의도하지 않은 소비를 자극함으로써 충동적 소비를 촉진하기 위한 시설 배치전략이 작용하고 있음을 의미하는 것이다.

이와 같이 주제공원은 소비자로 하여금 배회의 이동을 촉진하고 통제함으로써 의도적 소비는 물론 비의도적 소비를 촉진할 수 있는 공간구조를 가지고 있는 것으로 이해될 수 있다. 따라서 주제공원의 공간구성과 시설의 배치는 이용자들의 소비를 촉진하고자 하는 논리가 작용한 결과물이며, 이용자들은 주제공원의 어트랙션과 상업시설의 소비에 많은 시간과 돈을 소비하게 된다. 이러한 분석결과는 주제공원이 재방문율이 높은 이유가 반드시 매력성이 높기 때문만이 아니라 주제공원의 공간구성이 소비자로 하여금 많은 시간을 소요하게 함으로써 시간의 제한 속에서 방문하지 못한 시설을 남겨둘 수밖에 없다는 김혜연(2008)의 주장과 맥락을 같이한다. 따라서 주제공원 이용자들의 배회의 이동 또한 자본이 주제공원의 공간구성을 통해 만들어낸 '의도된 무질서(강내희, 1998: 61)'의 흐름이라고 할 수 있다.

공간구문론을 활용한 본 연구는 주제공원의 공간구성이나 시설배치에는 소비를 촉진하고 배회의 흐름을 조직함으로써 이용자들로 하여금 보다 더 많은 돈과 시간을 소비하게 하고자 하는 논리가 작용하고 있음을 보여주고 있다. 그러므로 공간구문론 분석지표는 보행량의 예측과 같은 단순히 기계적으로 적용되는 수단이 아니라 사회적 논리가 작용하는 공간의 구조를 분석하는 데 이용될 수 있는 분석방법 중의 하나임을 보여주고 있다.

제11장 마무리하는 글

1. 분석과 논의들의 정리

1990년대 초반까지의 리조트 개발은 주로 스키리조트를 중심으로 경기도와 강원도에서 집중적으로 이루어졌다. 그러나 90년대 후반부터는 스키리조트는 물론 골프리조트, 휴양리조트와 같이 다양한 형태의 리조트가 개발되기 시작하였고 리조트 입지 지역도 기존과 달리 전국적으로 확산되기 시작하였다. 골프리조트와 휴양리조트는 스키리조트와 달리 내륙 지역뿐만 아니라 해안지역까지 다양한 지역에 입지하는 특징을 보인다. 특히 고속도로의 전국망이 완성된 2000년대 이후에 주로 등장하는 휴양형 리조트는 해안가를 중심으로 입지하고 있다. 이러한 리조트 입지 지역 확산은 도심으로부터 리조트 입지거리가 멀어진다는 것만을 의미하지 않는다. 또 저렴한 토지를 찾아 개발을 통한 자본축적 기회를 추구하기 위한 자본의 이동만을 의미하는 것 또한 아니다. 리조트 입지확산현상은 특정 소비계층의 여가공간 확산과 밀접하게 관련되어 있다. 특히 골프리조트나 스키리조트 발전유형 2에서 나타나고 있는 리조트 입지확산현상은 중상류층의 여가공간 확산과 밀접하게 관련되어 있다는 것을 잘 보여주고 있다.

개발되고 있거나 개발된 많은 국내 리조트들을 관찰하면 리조트들의 형태가 점점 더 다양해지는 것을 볼 수 있다. 이는 포스트모더니즘 사회의 소비문화 특성인 선호의 다양성이 리조트라는 관광공간에서도 동일하게 작용하고 있다는 것을 의미한다. 이러한 선호의 다양성은, 바로 소비의 다양화를 통해 소비하는 주체를 만들어내고자 하는 현대 자본주의 소비문화의 특성 중의 하나이다. 포스트모더니즘 사회는 생산보다 소비가 더 중요한 사회이며, 자본은 소비하는 주체를 만들기 위한 전략을 강구한다. 소비의 다양화, 맥도날드화된 소비, 이동성 강화와 그로부터 말미암은 자연적·이국적 공간을 소비하려는 욕망의 강화는 주체로 하여금 보다 더 많은 소비를 하도록 촉진하고 있다.

한편 도시화의 발전은 현대인에게 도시로부터의 탈출 욕구를 강화시킨다. 국내에서 90년대 이후의 중산층 확대와 도시화의 확대는 자연을 느끼게 해줄 수 있는 대체물이나 매력물에 대한 욕구를 상승시켰다. 이와 더불어 교통수단 발전은 이러한 욕구를 실현시킬 수 있는 여건을 조성함으로써 도시로부터 보다 먼 거리까지로 리조트 입지 확산을 가능하게 하였다.

그리고 중산층은 맥도날드화된 소비와 비맥도날드화된 소비를 모두 선호하는 이중적 소비문화를 가지고 있다. 맥도날드화된 공간인 리조트를 소비하는 것은 상품화된, 안정적이고 안락한 공간을 소비하려는 것을 의미한다. 그리고 휴양리조트와 같이 주로 해안가에 입지하고 있는 리조트들의 등장은 돈을 지불하지 않고 소비가 가능했던 자연이 이제는 돈을 지불해야만 하는 맥도날드화된 공간으로 변화되었음을 보여주고 있다. 이와 같이 자본에 의한 공간개발을 통해 자연은 소비의 대상인 상품이 된다.

현대사회의 이동성 강화는 이국적이고 이색적인 이미지의 이동을 강화시킴으로써 이국적이며 먼 거리에 있는 자연에 대한 소비주체의 소비욕망을 강화시킨다(Urry, 2000). 이러한 소비욕망 강화는 보다 쾌락적인 소비욕망을 자극할 수 있는 풍경매력성이 높은 공간에 입지하는 방식은 물론 이국적인 건조환경을 활용한 방식의 리조트 입지를 통해서 이루어진다.

지구화에 따른 이동성 강화는 자본 간 경쟁을 심화시킨다. 이러한 자본 간 경쟁 심화는 리조트 간의 경쟁 심화를 의미한다. 따라서 최근에 지어진 리조트들에서 나타나는 다양한 시설들의 동시 개발 경향은 바로 이러한 시장경쟁에 적응하기 위한 대응전략으로 이해될 수 있다. 그리고 고급 이미지를 구성하는 전략으로 인해 기존 이미지 공간이 가지는 매력성은 약화된다. 즉, 새로운 공간의 이미지 전략은 기존 공간을 낮은 소비계층의 공간으로 변화시키게 된다. 이는 심미성을 강화시킴으로써 공간의 매력성을 높이는 포스트모더니즘 소비문화가 가지고 있는 자기 파괴적 성향이 작용하는 것을 의미한다. 이러한 자기 파괴적 성향은 리조트에 새로운, 그리고 더 쾌락적인 시설과 환경의 입지를 촉진한다. 과거의 리조트와의 차별성을 강화하려는 이와 같은 성향은 ① 더욱더 심미적이고 귀족적인 건조환경 입지와 ② 고급화된 서비스 제공 그리고 ③ 공간 분리 혹은 상류계층 소비공간에 대한 소비욕망을 자극하는 리조트 공간구성으로 드러나고 있다. 이와 같이 리조트 입지확산은 소비를 촉진하고자 하는 자본의 전략이 다양한 리조트와 다양한 자연공간을 대상으로 확대되고 있음을 의미한다.

리조트에 관한 자본의 소비 촉진 전략은 특정 소비계층의 특성과 관련되어 이해되어야 한다. 리조트는 중산층이나 상류층을 위한 공간으로 구성되어 있다. 소비자가 리조트라는 공간을 소비하기 위해 먼 지역까지 스스로 즐겁게 오도록 하기 위해서는 리조트는 소비주체에 소비할 만한 가치가 있는 매력적인 공간이 되어야 한다. 리조트는 이들에게 매력적인 공간이 되기 위해서 다양한 입지 전략과 공간구성 전략을 사용하고 있다.

대부분의 리조트가 자연자원의 매력성을 활용하는 입지 전략을 사용하고 있으며, 심지어 인공적인 자연자원을 활용하기도 한다. 리조트가 중상류층의 공간으로서 매력적인 공간임을 드러내는 전략은 자연자원의 활용과 이국적이며 귀족적인 건조환경과 공간의 분리 등이 있다. 90년대에는 주로 유럽적 이미지라는 포괄적인 개념에 의존하여 리조트 건조환경을 구성하였으나 2000년대 이후에는 유럽이나 미주 지역의 상류층 여가공간의 이미지를 빌려와 리조트 이미지를 고급화시키고 이용계층의 사회적 정체성을 강화시키려는 시도가 강화되고 있다. 그리고 이국적이며, 귀족적인 이미지 혹은 현대적 디자인을 가진 건조환경은 소비자의 시선을 집중시킨다. 이와 같은 방식으로 인해 리조트는 입지 지역의 고유성보다는 리조트 건조환경이 가지는 이미지가 보다 더 중요한 매력요인이 된다. 자연자원의 매력성은 물론이고 스펙터클한 건조환경이 가지는 이미지도 중요해진 리조트 입지 전략은 자본이 공간의 상품화를 통한 자본축적 기회를 확대시키고 그 기회를 실현시키는 지리적 공간을 확대시키고 있음을 의미한다. 왜냐하면, 리조트 개발이 자연적으로 구성된 매력도가 높은 공간에만 의존하지 않고 보다 더 다양한 공간에서도 가능하게 되었음을 의미하는 것이기 때문이다.

리조트는 상이한 계층의 여가공간으로 구성되어 있고 동시에 다양한 계층의 소비공간이 하나의 울타리로 묶여 있는 곳이다. 회원제 골프장과 고급콘도는 상류층의 여가공간이다. 그리고 일반콘도와 스키장과 같은 여가공간은 중산층의 여가공간이며, 리조트 내 호텔과 같은 소비공간은 중산층과 상류층을 포함하는 넓은 계층의 소비공간이다. 그러나 리조트는 소비공간의 위계질서를 드러내는 방식으로 공간을 구성한다. 대중적 소비시설은 군집되어 배치되고, 고급소비시설은 분산 배치되며 분리되는 경향이 있다. 이러한 소비시설의 입지패턴 차이는 특정 소비계층에 대한 판매 전략과 소비계층의 시선 두기 차이를 반영함으로써 소비욕구를 자극하는 소비공간을 구성한다. 이와 같이 리조트 공간구성은 소비 계층 간 공간의 분리나 구별 짓기, 시선의 차이를 반영하는 방식을 통해 이루어진다.

리조트 공간은 다양한 계층적 성격의 공간들로 구성된다. 이때 같은 계층적 성격의 공간들 사이에는 통합의 원리가, 다른 계층적 성격의 공간들 사이에는 배제의 원리가 작동된다. 예를 들면, 유사계층의 성격을 지닌 시설이나 공간 간에는 서로 인접하여 배치되거나 군집하는 경향이 있다. 그러나 다른 계층의 소비공간 간에는 공간의 분리(거리, 통제, 고도, 가시범위 등)는 물론 시선의 배제, 고급화(고가화), 소수화, 이미지화 등을 통해 계층 간 차이를 드러내는 공간구성 전략이 이루어진다. 이러한 방식으로 소비주체의 아비투스에 적합한 매력적인 소비공간이 구성된다. 이와 같은 공간 구별 짓기는 소비계층에 적합한 매력적인 소비공간을 제공함으로써 공간소비를 촉진시킨다. 이러한 공간 구별 짓기는 상류층에서만 이루어지는 것은 아니며 중산층의 여가공간에서도 작용하고 있다.

그리고 중상류층의 공간들은 상류계층에 대한 모방 소비욕구를 자극하는 방식으로 공간이 구성되는 경향이 있다. 예를 들면, 호텔과 콘도, 고급콘도와 일반콘도, 상류층의 여가공간과 대중숙박시설의 동반입지와 같은 입지 방식은 90년대에는 발견되지 않지만 2000년대에 들어와 발견되고 있다. 이러한 상이한 두 계층 공간의 동반입지는 상류층의 여가공간에 대한 중산층의 모방 소비욕구를 자극하는 것이다. 그럼에도 불구하고 두 계층 간 소비공간의 분리는 여전히 관철되고 있다.

그리고 고가의 시설, 면적 확대, 소수자의 독점 이용이나 보유 제도를 통해 리조트 시설은 고가화되고 있다. 이러한 분양제도는 계층 간 소비공간의 분리나 구별 짓기를 유지, 강화시킨다. 따라서 리조트에서 이루어지고 있는 분양제도는 단지 개발자본의 안정적인 자본축적 전략만을 의미하는 것이 아니라 공간을 통해 소비주체의 정체성을 드러내고자 하는 소비욕망을 유지, 강화시켜 주는 제도임을 의미한다.

이와 같이 리조트의 공간은 소비계층 간의 차이를 드러낼 수 있도록, 그렇게 해서 각 계층의 공간 소비욕망을 강화시킬 수 있도록, 따라서 소비가 촉진될 수 있도록 구성되는 것이다. 이러한 공간구성은 상류층과 중산층을 중심으로 이루어지고 있다. 따라서 리조트와 같은 관광 소비공간은 소비주체에 대한 공간소비욕구를 자극하도록 구성된다(리처, 2001; Sack, 1992).

리조트 입지는 자연자원의 매력성에 주로 의존하여 입지하는 경향이 있으며, 이를 중심으로 군집하는 경향이 존재한다. 그럼에도 불구하고 모든 리조트가 자연자원의 매력성이 뛰어난 곳에만 입지하는 것은 아니다. 리조트 공간은 매력성을 높이기 위하여 천연자원뿐만 아니라 인공자연자원을 이용하는 방식으로 구성되고 있기 때문이다.

그리고 리조트 입지 지역에 존재하고 있는 자연자원의 매력성 이용 전략에 따라 입지 방식에 차이가 존재한다. 예를 들면, 무주리조트는 자연자원의 매력성을 활용한 입지방식을 채택함으로써 다른 스키리조트와 다른 시설 입지패턴을 보이고 있다. 또 오투나 하이원과 같이 공공자본이 개발한 리조트에서도 자연자원의 매력성을 적극적으로 활용하는 입지패턴이 선명하게 보이고 있다. 그럼에도 불구하고 리조트가 자연자원의 매력성에만 의존하지 않을 수 있는 이유는 여러 가지가 있을 수 있다. 물론 자연자원의 매력성이 뛰어난 국립공원과 같은 지역의 부지를 매입하여 민간자본에 의한 소비공간으로 개발하는 데는 현실적인 어려움이 존재할 것이다. 그리고 스키리조트는 기본적으로 대량의 고객을 수송해야 하는 특성상 접근성이 풍경 매력성보다 더 중요한 입지요인으로 작용하고 있다. 즉, 스키리조트는 고속도로와 같은 교통인프라를 중심으로 입지하고 있는 경향이 매우 높다. 이와 같이 리조트의 특성에 따라 입지결정에 영향을 미치는 요인의 중요도에 차이가 있을 수 있다.

골프리조트는 경기도를 벗어난 일반적인 지역에 입지하고 있거나 설악산과 같이 풍경자원의 매력성이 뛰어난 지점에 입지하는 두 가지의 리조트 입지패턴을 가지고 있다. 설악산과 같은 풍경자원 매력성이 높은 지역에는 상당수의 골프리조트가 모여 있는 반면에 일반적인 지역에 입지하고 있는 골프리조트는 전국의 여러 지역에 분산하여 분포되어 있다. 확대된 골프 수요 증가는 수도권 중심의 골프장 입지패턴을 다른 지역으로까지 확대시킨다. 그리고 이러한 골프장의 지리적 확대는 주로 회원제 골프장을 중심으로 이루어지고 있다. 그러나 2000년대 이후 개발되기 시작한 골프리조트들에서는 입지지역의 자연자원 매력성을 활용한 방식의 숙박시설 입지와 더불어 골프장 자체의 풍경 매력성을 활용하는 방식의 숙박시설 입지가 동시에 이루어지고 있다.

풍경자원을 중심으로 입지하지 않는 골프리조트들은 모두 회원제 골프장만을 보유하고 있다. 이러한 회원제 골프장은 그 자체가 중요한 소비공간이라는 점을 의미한다. 반면에 설악산 지역과 같이 풍경자원이 우수한 지역에 입지하고 있는 골프리조트들에서는 회원제 골프장만을 보유한 리조트는 물론 대중 골프장만을 보유한 경우도 존재한다. 풍경자원을 중심으로 입지하고 있는 골프리조트에서는 대중숙박시설 규모가 다른 유형에 비해 큰 특징을 보이고 있다. 골프리조트에 큰 규모의 숙박시설이 입지한다는 것은 골프수요보다는 일반적인 대중관광 수요를 겨냥한 숙박시설이 입지함을 의미한다. 즉, 보다 많은 소비자를 유인하기 위하여 풍경자원의 매력성을 활용한 리조트 입지 전략을 보여준다.

90년대에 입지한 골프리조트는 소규모 대중 골프장만을 보유하고 있다. 그러나 2000년대에 입지한 골프리조트들에서는 회원제 골프장과 대중숙박시설을 같이 입지시키는 경향이 나타난다. 이는 회원제골프장에서도 자연자원의 매력성을 활용한 공간구성 전략이 강화됨과 동시에 대중과 철저하게 분리되었던 회원제 골프장에 대한 대중의 시각적 소비욕망을 자극하기 위한 공간구성 전략이 작용하고 있음을 의미한다. 따라서 골프리조트 입지는 입지지역의 자원특성의 영향을 받지만, 입지지역의 자원특성에 의해 자동적으로 입지가 결정되기보다는 자본의 소비욕망을 자극하기 위한 공간 개발전략과의 상호작용에 의해 결정되는 것으로 이해되어야 한다.

휴양리조트는 이러한 이해의 타당성을 다시 한 번 확인시켜 준다. 휴양리조트의 대부분은 풍경자원과 역사문화자원을 중심으로 입지하고 있음에도 불구하고 회원 중심의 휴양리조트와 대중 이용 중심의 휴양리조트 간에는 입지패턴에 차이가 존재한다. 상대적으로 대중 이용 중심의 휴양리조트는 접근성이 양호한 지역에 입지하고 있는 반면, 회원중심의 휴양리조트는 오히려 접근성이 양호하지 않은 고립된 지역에 입지하고 있다. 이러한 입지 전략의 차이는 리조트가 주요 표적으로 하고 있는 소비주체의 계층 성격에 따라 차별화된 입지 전략이 작용하고 있음을 보여준다.

국립공원지역과 같이 풍경매력성이 높은 지역보다 일반지역에 입지하는 리조트 그리고 도심으로부터 먼 거리에 입지하고 있는 리조트일수록 부지면적과 시설집적 정도가 높다. 이는 먼 거리에 입지하고 있는 리조트가 단거리 지역에 입지하고 있는 리조트보다 먼 거리까지 소비자를 유인할 수 있는 더 높은 유인력, 즉 중심성을 높이는 방향으로 개발이 이루어지고 있음을 의미한다. 반면 국립공원이나 풍경 매력성이 높으며 접근성이 뛰어난 지역에 입지하고 있는 리조트는 대중 수요를 겨냥하고 있으며 큰 규모의 숙박시설이 입지하는 경향이 존재한다. 따라서 이와 같은 입지패턴은 입지이론의 중력모델에서 논의하고 있는 것처럼 거리의 제곱에 반비례하는 수요에 비례하여 시설이 공급되고 있는 것이 아님을 의미한다.

오히려 입지의 거리는 공간의 위계성을 드러내는 수단으로 활용되고 있으며, 공간의 위계성은 거리를 통해 공간을 분리한다. 거리의 분리를 통한 공간의 위계성 확보는 리조트 입지에서는 물론 리조트 내의 시설 입지에서도 나타난다. 그러나 입지거리에 의한 공간의 위계성의 실현은 골프리조트에서 나타나고 있듯이(최상류계층의 골프장은 수도권에 남아 있고, 상대적으로 중상류계층의 골프리조트가 비수도권 지역으로 확산되는 것에 나타나고 있듯이) 사회적 발전과정의 특성에 따라 다양하게 나타난다.

이러한 결과들은 리조트 입지가 입지지역의 자원특성에 의해서만 결정되는 것으로 이해되기보다는 소비자의 욕구와 특성을 반영하고 있는 입지지역의 자원특성을 활용하는 자본의 전략과의 상호작용에 의해 결정되는 것으로 이해되어야 함을 의미한다. 즉, 리조트 소비공간의 소비촉진은 자연자원뿐만 아니라 인공자원을 포함한 자원의 매력성을 활용하고 있으며, 이러한 활용은 소비주체의 성격, 즉 계급적 차이를 반영한 자본의 전략에 따라 결정되는 것이기 때문이다. 따라서 리조트와 같은 소비공간의 소비촉진은 자연자원이나 인공자원과 같은 입지의 매력성(닝왕, 2000; Cohen, 1995; Williams, 1998), 그리고 소비주체의 계급적 차이를 반영하는 공간구성(닝왕, 2000)을 통해 이루어지는데, 이러한 공간구성은 기본적으로 각 소비계층을 공간적으로 분리하는 성향을 가지고 있다.

그리고 이와 같은 공간의 분리는 각 소비계층의 욕망을 자극하고 소비를 촉진한다. 이러한 소비욕망의 자극과 소비촉진은 시선의 불균형과 시선의 드러내기와 감추기가 실현되는 시설의 배치와 공간구성을 통해 이루어지고 있다. 예를 들면, 대중 콘도와 고급콘도 간의 시선 불균형과 드러내기의 차이, 고급콘도의 시선 감추기, 골프클럽과 스키하우스 간의 고도의 차이 등은 이러한 공간구성과 시선의 차이를 잘 보여준다. 대중적 시설에서는 많은 배회와 시선 두기가 이루어지도록 함으로써 충동적 소비를 자극하기 위한 공간구성이 이루어지고 있다. 이는 주제공원에서 매우 선명하게 드러나고 있다. 반면에 상류계층의 고급 시설은 구체적 소비욕구를 충족시키고 상류계층 공간의 배타성을 강화시키기 위하여 분산, 분리 배치되어 있다. 동시에 상류계층 공간의 클럽효과를 강화시킨다.

리조트 개발에 대기업의 본격적인 진출은 90년대 이후 산업구조조정과 관련되어 있으며, 이러한 구조변화는 산업자본의 리조트와 같은 여가산업으로의 진출 배경이 되고 있다. 대기업들의 자본축적은 고도성장기에 정부의 특혜금융을 받아 이루어졌으며, 부동산 투기를 통해 자본을 축적하였다(장상환, 2004). 선 분양 후 시공제도를 통한 부동산 개발은 안정적으로 자본을 축적할 수 있는 토대를 제공하였다.

선 분양 후 시공제도를 통해 자본을 안정적으로 축적시키고자 하는 자본의 전략은 리조트 개발에서도 관철되고 있다. 리조트 개발에서도 자본은 대부분 콘도나 골프장에 대한 회원권 분양을 통해 자본축적의 안정화를 도모하여 왔다. 따라서 국내 리조트 개발 자본은 운영을 통한 수익창출보다는 분양을 통한 자본축적에 더 많은 관심을 가지게 된다. 그러므로 리조트 개발성공은 운영을 통한 성공보다는 회원권을 구매할 수 있는 계층의 구매욕구와 개발자본의 회원권 판매 능력에 의존하게 된다.

국내 리조트들은 주로 회원권 분양이라는 방식을 통해 개발 자금을 충당한다. 이러한 개발 방식은 리조트 개발이 여가수요를 바탕으로 이루어지기보다는 부동산 개발을 통한 자본축적을 목적으로 하고 있음을 의미한다. 이러한 개발은 수요에 비해 시설과잉의 가능성을 높인다. 대부분의 리조트 경영이 적자인 것은 바로 이러한 시설과잉을 의미하는 것이다. 따라서 리조트 개발을 통한 자본축적의 안정화

전략은 시설과잉의 근본적인 문제를 해결하기보다는 현재의 문제를 다음으로 미루며 오히려 시설과잉을 가속화시키는 성향을 가지게 된다. 그리고 시설과잉은 운영에 대한 압력으로 나타나고 이에 대한 대응을 요구한다. 최근에 대부분의 리조트가 사계절 리조트를 지향하고 있는 것은 이러한 과잉에 대한 대응전략 중의 하나이다. 사계절 리조트로의 대응전략이 바로 운영의 다각화이다. 스파나 워터파크와 같은 중산층의 여가공간과 비수기의 단체 고객수요를 위한 연회시설은 바로 이러한 운영다각화 전략에 의해 입지되는 시설들이다. 이러한 시설들의 입지로 인하여 리조트는 숙박 및 핵심 여가 시설 이외에도 다양한 소비공간으로 구성된다. 숙박시설의 규모가 큰 리조트일수록 식음료시설의 임대나 위탁 경영비율이 높아지는 것은 바로 이러한 안정화전략 중(혹은 자본구성의 유연화)의 하나로 이해될 수 있다.46)

2. 근대성과 리조트의 생산과 소비

국내 리조트 개발과 입지 패턴에서 나타나는 일반적인 특징은 리조트가 표적시장으로부터 점점 더 멀리 입지하고 고급화되고 있으며, 주로 회원권 분양을 중심으로 개발되고 있다는 점이다. 그리고 리조트 개발과 입지확산은 계층화되고 이미지에 의존하는 소비공간의 생산과 소비를 촉진하기 위한 공간구성 전략을 특징으로 하고 있다. 비판적 실재론의 관점에서 보면 이러한 리조트 입지와 관광공간의 생산에서 나타나는 특징들의 발현을 가능하게 하는 일정한 메커니즘이나 사회구조가 현실에서 실제로 작용하고 있어야 한다. 물체가 일정

---

46) 이러한 안정화 전략은 리조트 노동자의 계절별 임시직 활용과 같은 노동의 유연화에서도 이루어진다.

한 가속도로 떨어지는 현상은 중력이 존재할 때 발생할 수 있듯이 말이다. 따라서 우리에게 남은 과제는 리조트 입지 확산과 공간구성에서 나타나는 현상들을 발현시키는 데 작용하고 있는 사회적 메커니즘이나 배경을 설명하는 것이다.

① 근대사회의 시공간에 대한 동질화와 수량화는 공간을 그 자체로 나누게 함으로써 사회와 분리된 대상으로 공간을 상품화하며, 유형화를 가능하게 하며, 근대사회의 방향성을 지닌 시간과 공간 개념은 현재의 시공간을 벗어난 시공간에 대한 소비욕망을 강화시킨다.

근대사회는 시간과 공간을 수량화시키고 동질화시켜 왔다. 근대사회의 공간에 대한 동질화와 수량화는 공간이 하나의 상품과 마찬가지로 화폐를 통하여 교환될 수 있는 상품이 될 수 있도록 한다. 그리고 공간이 동질화되고 상품화가 되면 공간의 생산에 대한 사회적 관계는 망각되고 소비욕망의 대상이 된다. 현대사회에서 소비는 소비주체의 정체성을 드러내는 중요한 수단이다. 따라서 소비공간의 구분은 다른 계층과의 구별을 강조하고 소비자의 사회적 관계를 드러내는 수단이 된다. 리조트와 같은 소비공간 또한 사회계층을 구별하고 사회적 관계를 드러내는 방식으로 입지하고 공간이 구성된다. 이는 리조트의 도심으로부터의 거리 차이와 리조트 내 시설 간의 공간 분리와 계층 간 분리를 특징으로 하는 유형화라는 공간화를 통해 구체화된다.

대도심으로부터 먼 거리에 입지하는 골프리조트가 최상류층의 여가공간이 아니라 중상류층의 여가공간이라는 점과 스키리조트에서 대도시와 가까운 거리에 입지하는 리조트가 먼 거리에 입지하는 스키리조트에 비해 보다 대중적인 여가공간으로 개발되고 있는 점 등은 대도심으로부터의 입지거리가 여가공간의 사회계층적 성격에 따른 구분과 분리의 결과라는 것을 잘 보여준다. 그리고 소비계층에 따른 시설 간 공간의 분리와 군집 배치와 같은 리조트의 공간화는 리조트 여가공간이 가지는 사회계층의 성격을 구분하고 상품화시키는 것을 의미한다. 그러므로 리조트 입지와 시설 입지에서 나타나는 위계에 따른 공간의 분리라는 현상은 기존의 중력모델이나 거리를 일종의 비용으로 이해하는 입지이론의 적용과 이해를 부정한다. 입지이론에서 중요하게 다루어왔던 입지 거리는 이동에 따른 비용의 문제로 제한되어 이해되어야 할 문제가 아니라 소비공간에 대한 위계성을 실현하는 수단으로 이해되어야 한다.

② 근대사회의 이미지에 기반을 둔 자기 환상적 쾌락주의는 포스트모더니즘 사회의 이미지와 기호에 의존하는 리조트 공간의 상품화를 가능하게 한다.

소비에 대한 선호 변화는 문화적 변동의 산물이다. 리조트라는 공간에 대한 선호 또한 근대사회의 문화적 변동과 매우 밀접하게 관련되어 있다. 근대사회의 낭만주의는 자연에 대한 선호를 정당화시키고 자연스러운 것으로 받아들이게 만들었다. 이러한 자연에 대한 선호는 상상적 세계에 대한 쾌락적 소비를 특징으로 한다. 이는 자연에 대한 낙원과 안락과 같은 이미지가 관광공간에 대한 선호를 결정하는 데 중추적 역할을 담당하게 되었음을 의미한다. 낭만주의에 의한 자연에 대한 상상적 쾌락은 자연뿐만 아니라 시공간에 대한 상상적 이미지 소비를 가능하게 한다. 이는 근대사회에 있어서 시간과 공간이 방향성을 획득하였기에 가능하다. 근대사회에서 시간과 공간이 방향성을 가지게 되었다는 것은 상상적 쾌락과 결합하여 상상에 의한 시간과 공간의 쾌락적 이동이 가능하게 되었음을 의미한다. 그러므로 상상적 쾌락을 추구하는 공간의 대상은 천연의 자연자원에 제한되지 않고 각종 이미지나 기호 등을 제공해주는 건조환경이나 인공적 자연자원으로까지 확대될 수 있다. 즉, 리조트가 자연자원에만 의존하여 입지하는 것이 아니라 보다 더 다양한 방식으로 더 다양한 공간에 입지할 수 있게 된다. 그리고 이미지에 대한 소비는 이미지 너머에 존재하는 대상에 대한 소비욕망을 강화시키고 소비자는 이를 소비한다. 포스트모더니즘 사회의 생산양식과 소비문화 변화는 이러한 이미지 소비를 촉진한다. 모더니즘의 위기에 대한 대응으로 탄생한 포스트모더니즘 생산양식은 이동성 강화와 유연적 생산과 심미적 소비를 특징으로 한다. 이제 생산보다 소비가 중요한 사회로 이동하였으며, 동시에 소비공간의 생산에서 이미지에 기반을 둔 매력적인 공간 생산이 보다 중요해지게 되었다.

③ 현대사회의 이동성 강화는 이미지에 의존하는 관광공간의 생산과 소비를 공간적으로 확산시키고 실현한다.

다양한 근대문명과 도시 발달은 자연에 대한 현대인들의 욕망을 강화시킨다. 이동성 강화는 이러한 자연에 대한 욕망을 강화시킴과 동시에 특정 목적지에 대한 시선을 집중시킨다(Urry, 1995). 이러한 시선집중은 자연자원을 활용하거나 건조환경을 활용하는 방식 등 다양한 방식을 통해 이루어지며, 이러한 소비공간에서의 시선은 소비욕망을 자극하고 소비를 촉진한다. 그리고 포스트모더니즘 사회의 이동성 강화는 이국적인 공간에 대한 장소 소비욕망을 강화시키고 있다. 이러한 이동성 강화에 따른 상상적 이미지 세계에 대한 장소 소비욕망의 강화는 탈 일상적인 이미지를 찾아 쾌락을 즐기고자 하는 소비자의 이동을 촉진하기 때문에 리조트와 같은 소비공간의 입지지역의 범위를 확대시킬 수 있다. 그리고 공간적으로 입지가 확산되고 있는 리조트들은 공간의 소비를 촉진하기 위하여 다양한 방식의 공간구성을 통해 이미지와 기호 소비를 촉진하고 있다.

포스트모더니즘 사회의 시공간의 소멸은 매우 빠른 속도로 자본과 이미지의 이동을 실현시키고 초현실적인 이미지와 기호들로 공간을 구성한다. 이러한 사회에서는 진짜와 가짜는 경계가 불투명해지며 심미적 공간은 현대인들의 자기 환상적 쾌락을 자극한다. 포스트모더니즘 사회에서 리조트는 공간의 매력성을 높이기 위해서 자연자원의 매력성뿐만 아니라 시뮬라시옹의 세계를 포함한 다양한 방식의 이미지와 기호의 가치를 높이는 방식의 공간 입지와 건조환경을 구성한다. 이러한 방식을 통해 리조트라는 소비공간은 탈 일상적인 소비공간으로서의 매력적이고 이국적인 환경이 된다. 이와 같은 공간구성 전략은 90년대 이후보다 2000년대에 들어와 본격적으로 강화되어 나타난다.

국내에서 2000년대 이후 본격적으로 나타나고 있는 골프리조트나 골프장의 지리적 확산과 모든 유형의 리조트에 나타나는 리조트 입지의 전국적 확산 현상은 중상류층에 대한 상상적 이미지 세계에 대한 장소 소비욕망을 강화시키고자 하는 공간의 상품화 결과이다. 그리고 고속도로나 자동차 보급과 같은 교통발전은 개별화된 소비공간으로서의 리조트에 대한 장소 소비욕망을 실현가능하게 하는 배경이 된다.

다양한 골프리조트의 서구적 건축양식의 모방이나 ES리조트, 대명
쏠비치호텔 & 리조트, 파인리조트의 숙박시설, 용평의 버치힐콘도, 무
주의 티롤호텔, 알펜시아 등과 같이 보다 이국적 이미지를 재현하거나
마치 자연과 하나가 된 것 같은 이미지를 제공하는 방식의 공간구성
은 이미지를 통한 상상적 쾌락을 촉진하기 위한 공간화이다. 이는 정
보, 이미지의 이동성이 강화되고 있는 세계화라는 사회변화에 의해 강
화된 결과이다. 이러한 이국적 이미지에 의존하는 건조환경의 구성은
시선을 집중시키게 되고 상상적 쾌락을 가져다준다. 따라서 이미지 소
비가 강화되고 있는 포스트모더니즘 사회에서 리조트는 자연자원의
매력성에만 의존하지 않을 수 있게 됨으로써 보다 다양한 공간에 입지
할 수 있게 되었고 이는 리조트 입지의 지리적 확산을 가능하게 한다.

④ 근대성은 공간의 시선권력을 통해, 사회적 관계를 드러내고 강화시키
  려는 논리를 가지고 있으며, 소비공간인 리조트 또한 이러한 근대성
  의 논리가 작용하는 공간이며, 이러한 공간구성은 소비자의 사회적
  관계를 드러내고 소비욕망을 자극한다.

근대사회의 공간은 시선권력을 통해 우리의 몸을 근대적 주체로
만드는 사회적 논리를 가지고 있다. 이러한 근대사회의 공간은 공간
분리와 시선을 통해 사회계층의 사회적 관계를 드러냄은 물론 사회
적 지위를 유지시키고 강화시킨다. 따라서 근대사회의 공간은 일정한
사회적 질서와 논리를 가지고 있도록 구성되며, 일정한 효과를 발생
시킨다. 이러한 논리와 효과는 소비공간인 리조트의 공간구성에도 마
찬가지로 적용되고 나타난다. 이러한 사회계층의 사회관계를 드러내
는 소비공간은 시선을 통해 인간이 가지고 있는 모방심리를 활용한

소비욕망을 자극한다.

소비공간은 사회계층의 사회적 관계를 드러내고 사회계층의 사회적 지위를 유지하고 강화시키기 위한 아비투스를 축적하는 수단이다. 동시에 자본은 각 소비계층의 소비공간에 대한 욕구를 자극하고 동시에 모방 소비욕구를 자극함으로써 소비를 촉진하도록 공간을 구성한다. 그러므로 리조트나 리조트 시설은 각각 자신의 사회적 지위를 드러내고 구별할 수 있도록 구성되고 배치된다. 현대사회에서 소비주체는 소비를 통해 정체성을 표현한다. 따라서 공간소비도 소비주체의 정체성을 드러낼 수 있도록 공간이 구성된다. 소비주체의 정체성을 드러내기 위한 수단으로 소비공간은 구성되며 이러한 공간구성에는 통합과 배제의 원리가 작동하고 있다.

국내 리조트 내의 회원골프장과 고급콘도와 같은 소비공간은 상류층의 여가공간이며, 대중콘도나 대중적인 식음료시설은 중산층의 공간, 대중 골프장이나 리조트 호텔은 중산층과 상류층의 여가공간이라 할 수 있다. 이와 같이 국내 리조트는 중상류층의 여가공간으로서 개발되고 있다. 그럼에도 불구하고 리조트에서 중산층과 상류층의 여가공간이 하나의 울타리에 존재하면서도 동시에 계층 간 소비공간은 분리되어 있다. 즉, 소비주체의 성격에 따라 소비공간은 구별된다. 이러한 분리는 물리적 공간의 분리, 시선의 분리나 차단, 고가화와 고급화, 이미지와 기호 등을 통해 이루어진다. 유사 계층 간에는 공간의 통합이나 유사시설의 군집과 같은 방식을 통해 공간이 구성된다. 동시에 군집된 시설의 소비계층 성격이 다른 경우에는 분리되어 입지한다.

리조트 시설들은 각 시설들이 가지는 사회계층의 성격을 반영하고 사회적 자본을 축적하기 위한 공간적 도구들이다. 소비주체의 아비투스가 상이한 시설과 공간 사이를 분리하거나, 유사한 시설과 공간 사이를 인접 배치함으로써 소비 주체의 계층 성격을 반영한다. 대중여가시설인 스키장과 대중콘도 그리고 워터파크는 서로 인접하여 배치되지만 이와 소비계층의 성격이 다른 회원제 골프장이나 고급콘도 등은 대중여가시설과 분리된 공간에 입지한다. 이러한 공간의 분리는 거리뿐만 아니라 고도, 공간적 분리, 시선의 차별화, 기호 등의 다양한 공간화를 통하여 이루어진다. 이러한 공간구성은 상류계층 소비공간의 클럽효과를 높이며, 각 소비계층의 공간의 매력성을 향상시키고 소비욕망을 자극한다. 또한 리조트라는 공간의 이미지와 기호는 사회계층을 구별하는 수단으로 사용됨으로써 소비를 자극하기도 한다. 이러한 분리와 각종 기호들의 사용은 소비주체의 주체성을 드러내기 위한 공간화이며 이러한 공간화를 통해 소비주체의 소비욕망이 자극된다. 이러한 자극은 배타적인 공간으로서의 리조트의 성격(Shaw and Williams, 2004)을 강화시키는 것이다.

베블런(1925)은 과시적 소비 행동을 모방심리로 설명한다. 인간은 자신보다 더 높은 사회계급들로 옮아가려는 소비습관을 모방하려고 애쓴다. 상류층 공간과 대중공간과의 분리는 소비공간을 유형화시키며 대중들에게 이러한 소비공간에 대한 과시 소비욕망을 자극하게 된다. 이러한 자극은 공간의 분리와 더불어 기존에 상류계층의 소비공간을 엿볼 수 있도록 했던 동반입지 현상을 통해서도 이루어진다. 특히 2000년대 중반 이후에 골프리조트에서 대중숙박시설과 골프장의 동반입지 그리고 휴양형 리조트에서 고급콘도 또는 호텔과 대중콘도의 동반입지는 바로 이러한 공간 소비욕망을 자극하게 된다. 이러한 공간구성 방식은 소비 주체의 욕망과 바라보기를 반영함으로써 마치 베블런의 과시적 소비와 같이 중상류층의 과시적 욕망을 충족 시키는 것이다. 최근에 나타나고 있는 상류층의 여가시설에 대중적 여가시설의 분리된 동반입지는 상류계층 소비공간에 대한 모방심리 를 자극함으로써 중산층의 공간에 대한 소비욕망을 자극하고 있다. 특히 중산층의 여가공간인 주제공원의 공간구성은 배회의 흐름을 촉 진함으로써 소비를 촉진하도록 공간이 구성되고 소비시설이 배치된 다. 이와 같이 소비공간으로서의 리조트에는 다양한 방식을 통해 소 비자의 소비욕망을 자극하는 메커니즘이 작용하고 있는 것이다.

⑤ 자본은 자본축적을 위한 공간의 상품화는 해당 사회의 경로 의존적으 로 이루어지며, 리조트의 분양제도는 상품화된 공간의 유형화와 계층 간 분리를 강화시킨다.

리조트는 소비의 공간이며 동시에 자본축적 기회의 공간이다. 자 본은 자본축적을 위하여 도시는 물론 자연의 공간을 자본축적의 영 역으로 흡수한다. 리조트와 같은 관광 소비공간의 지리적 확산은 이 러한 자본축적의 공간적 확산현상이다. 이러한 자본축적의 공간적 확 산현상은 분양제도를 통해 더욱 강화된다.

리조트개발을 통한 자본축적은 한국사회에서 자본축적을 안정화시 켰던 부동산 분양제도를 통해 안정적으로 지속되어 왔다. 국내 리조트 개발에서는 이러한 자본축적의 특징이 그대로 나타나고 있다. 국내 리 조트 개발에서의 자본축적이 리조트 운영을 통해 이루어지기보다는 회원권 분양에 의존하고 있다는 점은 리조트 개발에 한국자본주의 자 본축적의 특징이 관철되고 있음을 보여주는 것이다. 이러한 자본축적 전략은 수요에 비해 공급과잉의 가능성을 높인다. 그리고 이러한 공급

과잉은 운영의 안정화를 요구한다. 이러한 운영 안정화 요구는 더 먼 거리에 입지하고 있는 리조트에서 더 크게 나타난다. 그 이유는 보다 더 먼 거리에 입지하고 있는 리조트는 근교 리조트에 비해 보다 더 높은 수준의 숙박 소비계층을 표적대상으로 하고 있기 때문에 유인력을 높이기 위한 보다 더 다양하고 고급스러운 시설의 공급을 요구하고 있기 때문이다. 따라서 더 먼 거리에 있는 리조트들은 상대적으로 도심과 가까운 리조트에 비해 운영 안정화를 위한 다양한 시설(예를 들면, 대중제 골프장과 스파 시설 등)의 입지를 요구하고 있다.

그리고 분양제도에 의존하는 리조트 개발은 자본을 안정적으로 축적하기 위한 수단인 동시에 유형화된 여가공간의 생산과 소비에 영향을 미친다. 국내에서 리조트 개발의 성공은 리조트 운영을 통한 안정적인 수익 창출이 아닌 성공적인 회원권 분양에 달려 있다. 성공적인 회원권 분양은 고가의 회원권을 구매할 수 있는 소비계층과 매우 밀접하게 관련되어 있다. 그리고 회원권 분양제도는 리조트를 경제적으로 회원권 분양이 가능한 계층의 소비공간으로 구성되도록 촉진하고 유지시키는 등 리조트 여가공간의 계층적 성격 변화에도 영향을 미치게 된다. 상류층의 여가공간이었던 스키장과 골프장이 스키장은 대중적 여가공간으로 변화되었지만 골프장은 상류층의 여가공간으로 유지되고 있는 것은 분양제도와 밀접하게 관련되어 있다는 사실이 이를 잘 보여준다. 또한 분양제도는 대부분의 상류층 여가공간을 더욱더 고급화시킨다. 이러한 고급화는 상류계층의 여가공간에 대한 대중의 진입을 막음으로써 상류층의 여가공간의 성격을 유지시키거나 새로운 상류계층의 여가공간을 새롭게 생산하게 하기 때문이다. 그리고 분양제도를 통해 이루어지는 이러한 고급화는 자본의 자본축적을 안정화시키는 전략이기 때문에 자본은 분양제도를 통한 고급화된 새로운 여가공간을 지속적으로 확대 생산하려 하며, 이는 시설의 과잉공급을 낮게 할 가능성을 높인다.

근대성은 공간을 통해 시선권력을 통해 권력관계를 드러내고 유지 강화시키는 공간을 구성하며 동시에 시공간을 동질화하고 수량화시키고 상품화시킴으로써 공간을 소비욕망의 대상이 될 수 있게 하였다. 그리고 방향성을 지닌 시공간에 대한 근대 시공간성은 낭만주의와 결합된 이미지에 의존하는 쾌락적 소비를 가능하게 하는 자기 쾌락주의 문화와 결합되어 공간에 대한 낭만적·쾌락적 소비를 가능하게 한다. 이러한 근대성은 이동성 강화를 특징으로 하는 현대사회 변화와 한국사회의 자본축적을 안정화시켜 주었던 분양제도와 결합되어 다양한 형태의 리조트 입지를 개발하고 보다 더 먼 곳으로 입지를 확산시키고 풍경자원에 대한 이미지 소비를 강화시킨다. 권력관계를 드러내고자 하는 소비공간 구성은 모방 소비욕망의 대상이 되며 자본은 이러한 모방 소비욕망을 강화시키는 방향으로 공간구성을 강화시키고 있다. 예를 들면, 건조환경과 시설 배치와 같은 리조트의 공간구성과 입지는 공간의 구별 짓기이며, 이러한 공간 구별 짓기는 시선을 통해 소비자로 하여금 보다 더 많은 소비욕망과 소비를 촉진하기 위한 자본의 공간구성 전략이다. 따라서 국내에서 나타나고 있는 다양한 형태의 리조트 입지 개발과 확산은 몇 가지 입지 요인들에 의해 자연 결정적으로 구성되는 것이 아니라 일정한 사회적 논리와 구조 속에서 이루어지고 있다. 그러므로 관광공간의 입지에 대한 행태이론적 접근이나 규칙성 혹은 상관성에 의존하여 관광공간의 입지를 설명하려고 하는 실증주의적 관점의 이해에서 벗어날 필요가 있다.

　마지막으로 본 연구에서 충분히 논의되고 분석되지는 않았지만 푸코나 라캉의 관점을 빌려 감히 말하자면, 소비자는 이러한 리조트에서 소비욕망이 원래 인간에게 내재되어 있는 근원적 욕망인 것으로 받아들이고 소비하는 주체로 만들어지게 된다고 말할 수 있다. 라캉의 말처럼, 나의 욕망은 순수한 나의 욕망이 아니라 타자의 욕망일 수 있다. 그래서 리조트 입지나 시설 배치나 공간구성과 같은 공간화를 통한 소비욕망의 자극과 쾌락적 소비가 이루어지는 지점은 푸코와 라캉이 만나는 장이다. 그러므로 리조트의 공간구성과 배치나 입지가 어떻게 소비자의 욕망을 만족시키고 변화시키는지를 이해하기 위해서는 앞으로 관광공간에서 푸코와 라캉이 어떻게 만나고 있는지에 대한 보다 깊은 이해와 분석이 추가로 이루어질 필요가 있다. 그리고 본 연구에서 이루어진 분석은 또 다른 시각의 분석 가능성을 열어두고 있다. 그러므로 관광공간에 대한 지속적인 분석과 연구가 확대될 필요가 있다.

참고문헌

1. 국내 문헌

강내희(1995). 「소비공간과 그 구성의 문화과정」. 『공간과 사회』, 5: 19-30.

고진숙(2006). 「일본에 있어서의 리조트개발의 역사적 고찰」. 한국관광학회 2006 강원국제관광학술대회 자료집, 429-438.

고창택(1994). 「사회과학적 설명과 인간해방의 이념: 바스카의 비판적 실재론과 그 비판을 중심으로」. 철학사상, 15: 1-32.

국토연구원(2005). 『공간이론 석학과의 대화』. 도서출판 한울.

권기남(2009). 「상류계급 골프문화의 구별 짓기와 계급재생산」. 경북대학교 대학원 박사학위논문.

권용우·김선희(1994). 「관광자원에 대한 지리적 연구동향」. 『대한지리학회지』, 29(2). 202-215.

권유홍·이훈(2002). 「주제공원 서비스 질이 방문자 만족 및 행동의도에 미치는 영향」. 『관광학연구』, 26(1): 219-236.

궁선영(2009). 「소비분화와 소비자원의 효과」. 『문화경제연구』, 12(2): 115-141.

김견(1992). 「현 단계 산업구조조정의 몇 가지 쟁점들」. 『이론』, 2: 246-267.

김남조(2005). 「지리정보시스템(GIS)을 이용한 관광지 수용력 적용모델 개발」. 『관광학연구』, 29(2): 13-32.

김도현·김영욱(2005). 「대규모 복합상업공간에서 공간구조 해석 방법에 따른 보행자 움직임의 특성」. 대한건축학회 창립60주년 기념 학술발표대회 논문집, 25(1): 155-158.

김민종·정근한(2009). 「국내 골프장의 입지적 유형분류에 관한 연구」. 『한국잔디학회지』, 23(1): 151-162.

김부성(1993). 「보벡의 사회지리학」. 권용우 외. 『현대지리학의 이론가들』. 민음사. 53-70.

김선희(2009). 「비판적 실재론에 의한 제도변화 설명가능성 탐색: 역사적 제도주의와 비교를 중심으로」. 『행정논총』, 47(2): 337-374.

김성진(2010). 「관광지 재생 – 남이섬 사례연구」. 『관광학연구』, 34(4): 183-202.

김성홍(1996). 「쇼핑몰의 공간조직에 관한 연구 – 북미의 사례를 중심으로」. 『대한건축학회논문집』, 12(1): 39-50.

_____(2000). 「소비공간과 도시: 신도시 대형할인점과 문화이데올로기」. 『대한건축학회논문집 계획계』, 16(1): 3-10.

김영욱(2003). 「Space Syntax를 활용한 공간구조속성과 공간사용패턴의 상호관련성 연구 – 인사동 지역의 보행자 및 차량 통행량을 중심으로」. 『국토계획』, 38(4): 7-17.

김용문(2001). 「GIS 도입을 통한 관광지개발의 적지평가 모형설정에 관한 연구」. 청주대학교 석사학위논문.

김용창(2000). 「공간정치경제학의 등장과 성립」. 한국공간환경학회. 『공간의 정치경제학』. 아케넷. 37-55.

김왕배(1994). 「세계자본주의 속의 소비와 일상생활」. 『공간과 사회』, 4: 146-168.

_____(2000a). 『도시, 공간, 생활세계 – 계급과 국가권력의 텍스트 해석』. 한울.

_____(2000b). 「공간정치경제학의 기본 개념과 분석틀」. 한국공간환경학회. 『공간의 정치경제학』. 아케넷. 57-70.

김인배·김원필(2006). 「국내 주요 스키리조트시설의 개발실태 및 배치특성 사례연구」. 『대한건축논문집 계획계』, 22(9): 215-222.

김일영(2000). 「한국의 근대성과 발전국가」. 『사회과학』, 39(1): 37-84.

김종남·박석희(2001). 「인터넷 관광정보가 방문 전 관광지 이미지에 미치는 영향에 관한 탐색적 연구」. 『관광학연구』, 25(3): 131-148.

김정훈(1995). 「세계화, 포스트 포드주의, 국민국가의 구조변동」. 한국사회과학연구소. 『동향과전망』, 27: 223-243.

김창수(2009). 「테마파크 환경지각이 방문객 감정반응 및 사후행동에 미치는 영향」. 『관광경영연구』, 13(3): 43-65.

김재관(1991). 「한국관광호텔의 입지요인과 공간배치에 관한 연구」. 『관광레저연구』, 12: 45-64.

김태영(1991). 『현대관광학개론』. 백산출판사.

김혜연(2008). 「한국의 테마파크와 아도르노의 문화산업론」. 『비평과 이론』, 13(1): 159-178.

김현진(2006). 「시선을 중심으로 본 주체와 욕망의 메커니즘」. 『뷔히너와 현대문학』, 27: 363-384.

김형국(1997). 『한국공간구조론』. 서울대학교출판부.

나항용(2005). 「부동산입지론」. 『월간감정평가사』, 2005년 11월호: 73-97.

노대명(1997). 「현대자본주의국가에서의 공간생산에 관한 고찰-앙리 르페브르(Henri Lefebvre)의 이론을 중심으로」. 한국정치학회 9월례발표회 자료: 1-21.

류시영·이상봉·유석환(2010). 「주제공원의 서비스스케이프와 관계의 질, 충성도 간의 관계」. 『관광학연구』, 34(2). 239-258.

문화관광부·한국문화관광연구원(2007). 『2007 여가백서』.

민웅기·김남조(2009). 「관광자의 소비문화와 관광목적지 이미지의 담론연구: 관광지의 장소 마케팅을 위한 탐색적 논의」. 『관광연구논총』, 21(2): 61-82.

박기홍(1997). 「한국의 리조트 개발정책」. 『건축』, 7월호: 45-50.

박순호·최정수(2001). 「테마파크 에버랜드 이용자 행태와 만족도」. 『관광지리학』, 14: 122-151.

박영민·김남주(2001). 「르페브르의 공간변증법」. 국토연구원. 『공간이론의 사상가들』. 도서출판 한울. 470-481.

박영균(2008). 「현대적 지배의 공간과 저항의 공간」. 『시대와 철학』, 19(3): 301-337.

박인환·정보광·장갑수(2007). 「공간구문론과 ERAM모델을 활용한 대학 캠퍼스 내 '소로' 특성 분석」. 『한국조경학회지』, 35(4): 32-39.

박인혜(2011). 「최상위 골프클럽 회원들의 골프문화」. 『한국체육학회지』, 50(5): 43-52.

박종구·이성훈(2006). 「공간구문론(Space Syntax) 분석에 의한 세대별 박물관 공간구성에 관한 연구-대공간과 전시공간 연결방식의 변화양상을 중심으로」. 『한국실내디자인학회논문집』, 16(5): 247-254.

박정자(2008). 『시선은 권력이다』. 기파랑.

박태욱(2008). 「인지적 관점에서 바라본 테마파크 진입공간에 관한 연구」. 『기초조형학연구』, 9(1): 403-411.

배고은·이현수(2008). 「매장에서 공간구조 분석 및 소비자 동선 분석과 매출과의 관계성 연구」. 『디자인융복합학회인포이자인이슈』, 14: 89-103.

변창흠(2001). 「스콧의 신산업공간이론」. 국토연구원. 『공간이론의 사상가들』. 도서출판 한울. 282-292.

서원석·백주아(2009). 「관광이미지에 관한 연구동향 분석」. 『호텔경영학연구』, 18(2): 299-309.

서용주(2006). 「테마파크 탑승시설 이용자의 만족도 분석-에버랜드, 서울랜드 중심으로」. 연세대학교 석사학위논문.

서태성·유완(1983).「관광자원의 공간적 분석」.『대한건축학회학술발표논집』, 83-86.

서천범(2004).『한국레저리조트연감』. 한국관광산업연구소.

성준용(2004).「오늘날에 있어서 중심지이론의 역할」.『지리학연구』, 38(3): 273-291.

손대현(1982).「관광이미지와 마케팅 전략에 관한 연구」.『관광학연구』, 6: 100-129.

신희영(1999).「산업구조조정과 국가의 역할」. 한국행정학회 1999년도 동계학 술대회 발표논문집, 269-286.

안영진(2001).「보벡의 사회공간론」. 국토연구원.『공간이론의 사상가들』. 도서 출판 한울. 428-437.

안은희(2009).「가로형 소비공간의 환경특성이 길 찾기에 미치는 영향에 관한 연구」.『대한건축학회논문집 계획계』, 25(7): 13-20.

양승정·박용환(2005).「길의 구조로 본 한국전통마을의 공간적 특성에 관한 연구 - 공간통사론적 해석을 중심으로」.『대한건축학회논문집 계획계』, 21(7): 39-48.

엄상권(2002).「리조트시설의 개발계획을 위한 기초적 연구: 현황 및 개발 특성 분석」.『관광학연구』, 25(4): 87-108.

오충원(2004).「GIS와 공간구문론(Space Syntax)을 이용한 도시공간구조분석」.『지 리학연구』, 38(4): 573-583.

유광민·김남조(2009).「Space Syntax를 이용한 관광자원 개발전략」.『관광학연 구』, 33(6): 75-92.

유광민·최영석(2012).「공간구문론을 활용한 주제공원의 공간구성 분석」.『관 광학연구』, 36(4): 59-80.

유석환(2009).「테마파크 매력물 구성요소 변화추이에 관한 연구」.『경기관광 연구』, 14: 149-185.

이기홍(1994).「행위, 행위주체 그리고 구조」.『한국사회학』, 28: 163-194.

_____(1998).「실재론적 과학관과 사회과학의 연구방법」.『경제와사회』, 39: 178-205.

_____(2003).「추상화: 비판적 실재론의 해석」.『사회과학연구』, 42: 75-90.

_____(2006).「설명적 사회학과 글쓰기」.『한국사회학』, 40(6): 1-24.

이영철(2006).「사회과학에서 사례연구의 이론적 지위: 비판적 실재론을 바탕 으로」.『한국행정학보』, 40(1): 71-90.

이윤경·최윤경·이현호(2001).「소비자의 공간 사회학적 의미와 이용자의 움직임에 관한 연구」. 『대한건축학회논문집』, 21(2): 443-446.

이은영・최윤경・이현호(2001). 「소비공간의 공간사회학적 의미와 이용자의 움직임에 관한 연구」. 『대한건축학회 학술발표논문집』, 21(2): 443-447.

이인배(1999). 「관광지 개발 적지선정을 위한 GIS 기법 적용에 관한 연구」. 경기대학교 박사학위논문.

이인재・조광익(2003). 「관광이미지 형성에 관한 연구: 기대와 직접적 경험을 바탕으로 한 관광이미지 형성과정을 중심으로」. 『관광학연구』, 27(1): 45-62.

이장춘(1977). 「관광농업입지 결정에 대한 계량적 접근」. 『관광학연구』, 6: 65-85.

이정훈(2004). 「지역개발에서 차별화된 장소이미지 설정을 위한 장소분석 방법론 재구축」. 『지리학연구』, 38(4): 479-495.

이종호(2006). 「스키리조트 위치에 따른 리조트 선택속성과 소비자 행동의도에 관한 연구」. 『한국스포츠리서치』, 17(5): 441-450.

이종호・은희관(2005). 「스키리조트 서비스품질 선택속성과 소비자 행동의도에 관한 연구」. 『코칭능력개발지』, 7(2): 255-266.

이주형・이철진(2008). 「리조트 유형에 따른 관광동기 연구」. 『관광경영학연구』, 12(2): 131-153.

이재곤・한금희・이승언(2010). 「길 찾기 행동에 있어서 관광지 환경정보, 인지도, 관광자 만족도의 영향관계에 관한 연구 - 테마파크를 중심으로」. 『관광경영연구』, 14(2): 133-158.

이진경(2007). 『근대적 주거공간의 탄생』. 그린비.

_____(2010). 『근대적 시공간의 탄생』. 그린비.

이한구(1999). 『한국 재벌 형성사』. 비봉출판사.

이한석(2005). 『영국의 해변리조트』. 도서출판 전망.

이혁진・류재숙(2007). 「테마파크의 서비스 스케이프가 이용자 만족에 미치는 영향」. 『관광연구저널』, 21(2): 5-18.

이호병(2005). 『부동산 입지론』. 도서출판 형설.

임세훈(2002). 「리조트 개발사업의 현황과 새로운 운영방안에 관한 연구」. 건국대학교 부동산 대학원 석사학위논문.

임은미・유형숙(2007). 「리조트 방문객의 노스탤지어 성향에 따른 행동유형에 관한 연구」. 『관광연구』, 22(1): 505-527.

임준택(2007). 「중년여성의 과시적 소비행동이 골프소비에 미치는 영향」. 『한국스포츠리서치』, 18(3): 471-480.

임화순・강영순(2008). 「관광형태별 관광자원 선호도에 관한 연구: 제주지역

관광객을 중심으로」.『관광·레저연구』, 20(2): 229-248.

유현종·김홍범(2007).「리조트의 이미지가 리조트 이용객의 지각된 성과에 미치는 영향」.『관광연구저널』, 21(4): 35-49.

엄상권(2002).「리조트시설의 개발계획을 위한 기초적 연구: 현황 및 개발 특성 분석」.『관광학연구』, 25(4): 87-108.

장동국(2004).「도시공간구조와 공간이용 – 공간구문론을 이용한 공간이용패턴 예측을 중심으로」.『국토계획』, 39(2): 35-46.

장상환(2004).「해방 후 한국자본주의 발전과 부동산 투기」.『역사비평』, 66: 55-78.

장세룡(2006).「앙리 르페브르와 공간의 생산 – 역사이론적 '전유'의 모색」.『역사와 경계』, 58: 293-325.

전해은·이기춘(2002).「현대 소비공간과 소비행동: 동대문 쇼핑몰의 소비문화적 의미 분석」.『소비자학연구』, 13(2): 99-125.

정필용·엄서호(1994).「주제공원 포지셔닝에 관한 연구」.『관광학연구』, 18(1): 23-42.

조광익(2002).「근대 규율권력과 여가 관광: 푸코의 권력의 계보학」.『관광학연구』, 26(3): 225-278.

_____(2005).「근대권력 장치로서의 여가와 관광」.『관광레저연구』, 17(2): 97-116.

_____(2006).『현대관광과 문화이론 – 푸코의 권력이론과 부르디외의 문화적 갈등이론』. 일신사.

조명래(1994).「서울의 새로운 도시성 – 유연적 축적의 도시화와 대도시의 삶」.『문화과학』, 봄: 183-206.

_____(1996).「포스트포디즘의 정치적 양상」.『한국정치학회보』, 29(4): 241-273.

_____(2000a).「실재론과 도시지역연구」. 한국공간환경학회.『공간의 정치경제학』. 아케넷. 113-129.

_____(2000b).「조절이론과 도시지역연구」. 한국공간환경학회.『공간의 정치경제학』. 아케넷. 131-147.

_____(2002).『현대사회의 도시론』. 서울: 한울아카데미.

조은진(2007).「상류층 주거지에서 나타나는 새로운 배제의 방식: 강남 타워팰리스 주거공간 및 공간 경험분석」.『경제와사회』, 76: 122-163.

채오병(2007).「실증주의에서 실재론으로 – 역사연구 논리의 전환」.『한국사회학』, 41(5): 249-283.

최낙필(1983).「입지이론에 관한 연구 – 공업입지론을 중심으로」. 논문집, 13: 113-133

최두원(1990).「Space Syntax 이론의 공간분석 기법 – 존재론적 일원론과 사회학의 제이론들을 중심으로」.『대한건축학회집』, 34(5): 71-77.

최도석·이상화(2005).「계층퍼지분석법(HFP)을 이용한 크루즈 터미널 입지선정에 관한 연구」.『한국해양공학회지』, 19(4): 56-65.

최병두(1994).「산업구조조정과 지역불균등발전: 1980년대」.『대한지리학회지』, 29(2): 137-165.

_____(2000).「구조화이론과 도시지역연구」. 한국공간환경학회.『공간의 정치경제학』. 아케넷. 91-111.

_____(2001).「하비의 정치경제학적 공간이론」. 국토연구원.『공간이론의 사상가들』. 도서출판 한울. 482-491.

최병삼(2005).「외식산업의 입지요인과 서비스품질이 고객만족에 미치는 영향에 관한 연구」, 서경대학교 경영행정대학원 석사학위논문.

최석호·김남조·최승담·김봉중(2008).「관광패러다임 전환과 제3의 길로서 네오투어리즘」.『관광학연구』, 32(1): 73-96.

최승담·박호운(2010).「프리미엄 콘도미니엄 회원권 구매목적과 선호요인과의 관계 분석」.『관광·레저연구』, 22(3): 101-115.

최영석(2008).「관광공간계획을 위한 스페이스 신텍스 활용방안」.『관광연구논총』, 20(1): 117-129.

최윤경(2003).『7개의 키워드로 읽는 사회와 건축공간』. 시공문화사.

채용식(2002).『리조트 경영학』. 서울: 현학사.

채용식·박재완·홍창식(2004).『현대 리조트 개발론』. 서울: 현학사.

하광수·한범수(2001).「주제공원 방문자의 만족과 평가 후 행동의도 결정요인 – 에버랜드를 중심으로」.『관광학연구』, 25(1): 329-347.

허석렬(1994).「포스트주변부 포디즘론과 산업구조조정」.『경제와사회』, 94(봄): 207-215.

허윤정·양위주(2009).「DEA 모형을 활용한 국내 리조트산업의 경영효율성 비교분석」.『동북아문화연구』, 18: 507-519.

형기주(1997).「알프레드 베버의 공업입지론」. 국토.『공간이론의 산택』, 3: 88-93.

홍기용(1999).『지역경제론』. 박영사.

홍예진(2005).「탈근대 소비문화공간의 구성전략: 코엑스몰(COEX MALL) 사례를 중심으로」.『영상문화』, 2005년 7월, 10: 40-55.

황제홍·안병주·김회율·김재준(2008).「국내 대형 복합쇼핑몰의 공간구조 비교분석 – 용산 I-Park Mall을 중심으로」.『대한건축학회 학술발표대회 논문집』, 28(1): 73-76.

2. 번역서

Benno Werlen(베노 베를렌)(2000). 『사회공간론: 사회지리학 이론 발달사; Sozialgeographie. Verlag Paul Haupt』. 안영진 역(2003). 서울: 한울.

Bourdieu, Pierre(1979). La distinction-critique sociale du jugement. Les Editions de Minuit. 『구별짓기 – 문화와 취향의 사회학』. 최종철 역(2006). 새물결.

Campbell(1987). The Romantic Ethic and the Spirit of Modern Consumerism. 박형신・정 헌주 옮김(2010). 『낭만주의 윤리와 근대 소비주의 정신』. 파주: 나남.

Danermark, Berth and Ekström, Mats and Jakobsen, Liselotte and Karlsson, Jan Ch.(다네 마르크, B. and 엑스트론, M. and 야콥센, L. and 카를손, J. Ch.)(1997). 『새 로운 사회과학방법론 – 비판적 실재론의 접근』. [Explaining Society-Critical realism in the social science](이기홍 역). 서울: 한울아카데미.

Featherstone, Mike(페더스톤, 마이크)(1991). 『포스트모더니즘과 소비문화』. Consumer Culture & Postmodernism. London: Sage Publications. 정숙경 역(1999): 현대미 학사.

Foucault Michel(푸코, 미셸)(1994). 『감시와 처벌: 감옥의 역사(Discipline and Punish: the birth of the prison)』. 오생근 역(2010). 나남.

Gordon, Colin(ed)(1980). 『권력과 지식: 미셸푸코와의 대담』. Power/Knowledge(홍 성민 역). 나남.

Harvey, David(1982). The Limits to Capital. Oxford: Basil Blackwell. 『데이비드 하 비. 자본의 한계』. 최병두 역(1995). 도서출판 한울.

_____(데이비드 하비)(1989). 『포스트모더니티의 조건』. The condition of postmodernity. Oxford: Blackwell 구동회・박영민 역(1994). 도서출판 한울.

_____(2005). Spaces of Neoliberalization: towards a theory of uneven geographical development. Stuttgart: Franz Steiner Verlag GmbH. 『신자유주의 세계화의 공 간들 – 지리적 불균등발전론』. 임동근・박훈태・박준 역(2008). 문하과학사.

Krumme, G.(1970). Location theory, focus on Geography, Key concepts and teaching strategies, NCSS 40th Yearbook, 3-37(최운식 역(1973). 서울대학교 지리교 육과 지리학과 지리교육).

Lacan, Jacque(2011). 『자크 라캉 욕망이론』. 권택영 역음(2011). 민승기・이미선・권 택영 역. 문예출판사.

Lash, Scott and Urry, John.(eds)(1996). Economies of signs and Spaces. Sage Publications Ltd. 박형준・권기돈 역(1998). 『기호와 공간의 경제』. 현대미학사.

Lefebvre, H.(1970). 『공간정치에 대한 반성. 자본주의 도사화와 도시계획』. 한울(1989).

Lefebvre, Henri(2011). La Production de l'Espace. Paris. ECONOMICA. 『공간의 생산』. 양영란 옮김. 에코브리지.

Markus, Schroer(2006). 공간, 장소, 경계-공간의 사회학 이론 정립을 위하여, Raum, Orte, Grenzen; Auf dem Weg Zu einer Soziologie des Raum(정인모・배정희 역). 에코리브르.

Mayo, Edward J. & Jarvis, Lance P.(1981). The psychology of leisure travel-effective marketing and selling of travel services. 『레저관광심리학-관광산업의 마케팅과 판매기업적용』. 손대현・장병권 역(1991). 백산출판사.

Ning Wang(닝왕)(2000). 『관광과 근대성-사회학적 분석』. Tourism and Modernity: A sociological analysis. 이진형・최석호 역(2004). 일신사.

Pain, Rachel, Barke, Michael and Fuller, Dunkan and Gough, Jamie, MacFarlane, Robert and Mowl, Graham(2001). Introducing social geographies. 『사회지리학의 이해』. 이원호・안영진 역(2008). 푸른길.

Ritzer, George(리처, 조지)(2001). 『소비사회학의 탐색-패스트푸드, 신용카드, 카지노(Explorations in the Sociology of Consumption: Fast Food, Credit Cards and Casinos. Sage Publications)』. 정헌주・정용찬・김정로・이유선 역(2007). 일신사.

Rojeck, Chris(로젝, 크리스)(1995). 『포스트모더니즘과 여가(Decentring Leisure: Rethinking Leisure Theory)』. Sage Publications. 최석호・이진형 역(2002). 일신사.

Sayer, Andrew(1992). Method in social science-a realistic approach. London: Routledge. 이기홍 역(1997). 『사회과학방법론-실재론적 접근』. 한울아카데미.

Soja, Edward(1980). 『Socio-spatial dialectic. Annals of Association of Americal Geographer』. 70(2).

Soja, Edward(1989). Postmodern Geographies: The Ressertion of Space in Critical Social Theory. 『공간과 비판사회이론』. 이무용 외 역(1997). 『공간과 비판사회이론』. London: Verso, 서울: 시각과 언어.

Tuan, Yi-Fu.(1977). Space and Place: the perspective of experience. University of Minnesota Press. 구동회・심승희 역(2007). 『공간과 장소』. 도서출판 대윤.

Valérie Gelézeau et al.(2007). Les grand hotels en Asie: Modernité, dynamiques urbanies et sociabilité. Publication de la Sorbone. 『도시의 창, 고급호텔: 아시아 고급호텔의 현대성, 도시 역동성, 사교문화』, 양지윤 옮김. 후마니타스.

Veblen, Thorstein(1899). 『유한계급론-문화・소비・진화의 경제학』, The theory of the leisure class(원용찬 역), 살림.

Williams, Stephen(1998). Tourism Geography. Routledge. 『현대관광의 이론과 실제』. 신용석・정선희 역(1999). 한울아카데미.

3. 해외문헌

Agarwal, S.(2002). Restructuring seaside Tourism: The resort Lifecycle. Annals of Tourism Research, 29(1): 25-55.

Arbel, Avner and Pizam, Abraham(1977). Some Determinants of Urban Hotel Location: The Tourists' Inclinations. Journal of Travel Research, 15(3): 18-22.

Ayala, H.(1991). Resort Hotel landscape, as an international megatrend. Annals of Tourism Research, 18(4): 568-87.

Bagguely, P.(1987). Flexibility, Restructuring and Gender: Changing Employment in Britain,s Hotels. Lancaster Regionalism Working Group Working Paper, No.24, University of Lancaster, Landaster Regionalism Group.

Bagguely, P., J. Mark-Lawson, D. Shapiro, J. Urry, S. Walby and A. Ward(19). Restructuring Place, Class and Gender. London: Sage.

Bagguely, P.(1990). Gender and Labour Flexibility in Hotel and Catering. Dervice Industries Journal, 10(4): 105-118.

Baran, Pever K., Rodríguez, Daniel A. and Khattak, Asad J.(2008). Space syntax and Walking in a New Urbanist and Suburban Neighbourhoods. Journal of Urban Design, 13(1). 5-28.

Benton, T.(1998). Realism and social science. In Archer et al.(1998).

Bhaska, R.(1975). A realistic theory. Less: Leeds Books Ltd.

_____.(2008). A realistic theory. Verso.

_____.(1979). The possibility of Naturalism. Sussex: Harvester.

_____.(2005). The possibility of Naturalism. Routledge.

_____.(1989). Reclaiming Reality: A Critical Introduction to Contemporary Philosophy. London: Verso.

Bourdieu, P.(1986). Distinction: A Social Critique of the Jidgements of Taste. London: Routledge.

Briton, S.(1991). Tourism, Capital and Place-towards a critical geography of tourism. Environment and Planning D: Society and Spaces, 9: 451-478.

Bramwell, Bill and Meyer, Dorothea(2007). Power and tourism policy relations in transition. Annals of Tourism Research, 34(3): 766-788.

Butler, R. W.(1980).The concept of a tourist area cycle of evolution: Implication for management of resources. Canadian Geographer, 24.5-12.

Cheong, S. & Miller, M.(2000). Power and tourism: A Foucauldian observation. Annals of Tourism Research, 27(2), 371-390.

Christaller, W.(1933). Die zentralen Orte in Suddeutschland. Jena.

_____.(1963). Some Consideration of Tourism in Europe: The Peripheral Regions-Underdeveloped Countries-Recreation Areas. Regional Science Association Papers, 12, 95-105.

Claval, Paul(1995). The impact of tourism on the restructuring of Eurpoean Space, Ch 14: 247-European Tourisn: Regions, Spaces and Restructuring., (eds) A. Montanari and A. M. Williams, John Wiley & Sons Ltd.

Cohen, Erick(1995). Contemporary tourism-trends and challenges: sustainable authenticity or contrived post-modernity? Butler, Richard and Pearce, Douglas.(eds)(1995). Change in tourism people, places, process. Routledge: 12-29.

Daniels, Margaret(2007). Central place theory and sport tourism impacts. Annals of Tourism Research, 34(2): 332-347.

Danermark, B. et al.(2002). Explaning Society: Critical Realism in the social science. London: Routledge.

Dann, G.(1977). Anomie, ego-enhancement and tourism. Annals of Tourism Research, 41: 184-94.

Fakey, P. C. and Crompton, J. L.(1991). Image difference between prospective, first-time and repeat visitors to the Lower Rio Grande Valley. Journal of Travel Research, 30(2): 10-16.

Fetter, Frank A.(1924). The Economic Law of Market Area, Quarterly Journal of Economics, Vol 39. 520-529.

Fujita, Masahisa(1999). Location and Space-Economy at half a century: Revisiting Professor Isard's dream on the general theory. The Annals of Regional Science, 33: 371-381.

Gane, Mike(1991). Baudrillard's Bestiary: Baudrillard and Culture. London: Routledge.

Gatrell, Jay D., Collins-Kreiner, Noga(2006). Negotiated space: Tourists, pilgrims and the Bahái terraced gardens in Haifa. Geoforum, 37: 765-778.

Gun, C. A.(1972). Vacationscape: Designing tourist regions. Austin, TX: Bereau of Business Research, University of Texas at Austin.

Gunn, C.(1979). Tourism Planning, Carne Rusakm New York.

Gunn, R.(1989). Marxism and Philosophy: A critique of critical realism. Capital & Class, 37.

Harré, R. & M. Secord(1983). The Explanation of Social Behaviour, Oxford.

Hiller, B. and J. Hanson(1984). The Social Logic of Space. Cambridge University Press.

Hiller, B.(1996). Space is the machine: A configurational theory of architecture. Cambridge University Press.

Holt, D. B.(1995). How consumers consume: A typology of Consumption Practices, Journal of Consumer Research, 22: 1-16.

Horner, A. E. and Swarbrooke, J.(1996). Marketing tourism, Hospitality and Leisure in Europe, London: Thomson Business Press.

Jameson, F.(1979). Reification and Utopia in Mass Culture. Social Text, 1(1).

Keat, Russell and Urry, John(1978). Social theory as Science. London: Routledge and Kegan Paul.

King, L.(1984). Central Place Theory. Beverly Hills: Sage.

King, B.(1997). Creating Island Resorts, London: Routledge.

Kotler, P.(1981). Principles of marketing. N. J.: Englewood Prentice-Hall.

Kornhauser, Williams(1959). Politics of Mass Society. New York: The Free Press.

Lawson, T.(1997). Economics and Reality. London: Routledge.

Lefebvre, Henri(1974). La Production de l'Espace. Paris. Anthropos.

_____(1976). The Survival of Capital, London: Allison and Busby.

Lefebvre, H.(1991). Production of Space. Nicholson-Smith, D.(trans.). Oxford: Blackwell.

Lewis, P. A.(1996). Metaphor and Critical Realism, Review of Social Economy, 14(4).

Lloyd, C.(1986). Explanation in Social History. Oxford.

Lösch, A.(1940). The Economics of Location; translated by Woglom, W. H.(1954). from Die röäumliche Ordnung der Wirtschaft, New Haven, Connecticut: Yale University Press.

Lury, C.(1996). Consumer Culture. Cambridge: Polity Press.

MacKenzie J. and Richards, J.(1986). The Railway Station: A Social History, Oxford: Oxford University Press.

Marchena Gomez, M. and F. Vera Rebollo(1995). Costal Areas: Process, Typologies, Prospects. In European Tourism: Regions, Spaces and Restructuring, A. Montanari and A. Williams, eds, pp.111-126. Chichester: Wiley.

Malizia, E. and E. Feser(1999). Understanding Local Economic Development. Mew Brunswick: Center for Urban Policy Research.

Mayo, E. J. and Jarvis, L. P.(1986). Objective Distance vs subjective distance and the attraction of the far off destination, Paper presented to Academy of Marketing

Sciences Conference, Cleveland State University, Ohio, ed. W. Benoy Joseph.

Meethan, K.(2001). Tourism in Global Society: Place, Culture, Consumption. Basingstoke: Palgrave.

Munt, I.(1994). The "other" postmodern tourism: culture travel and the new middle class, Theory, Culture and Society, 11(3): 8-12.

O'Neil, John(1978). The Productive Body: An Essay on the Work of Consumption, Queen's Quartely, 85(2 Summer), 221-230.

Ousby, I.(1990). The Englishman's England, Cambridge: Cambridge: Cambridge University Press.

Plog, S. C.(1973). Why Destination Areas Rise and Fall in Popularity. The Cornell Hotel and Restaurant Administration Quarterly, 14, 55-58.

Ryan, Chris(1991). Recreational Tourism-A social science perspective. London: Routledge.

Saaty, T. L.(1980). The analytical Hierarchy Process: Planning, Priority Setting, MacGraw Hill, International Book Co., New York.

Sack, R. D.(1992). Place, Modernity and the Consumer's World, Baltimore: Johns Hopkins University Press.

Sayer, A.(1984). Methode in social science: A realist approach, London: Hutchinson.

_____.(1992). Method in Social Science: A realistic approach. London: Routledge.

_____.(1998). Abstraction: a realistic interpretation. In Atcher et al.(1998).

Schor, Juliet B.(1998). The overspent American: Upscaling, Downshifting and the New Consumer. New York: Basic Books.

Schumpeter, Joseph(1950). Capitalism, Socialism and Democracy. 3rd edn. New York: Haper and Brothers.

Sedmak, Gorazd and Mihalič, Tanja(2008). Authenticity in mature seaside resort. Annals of tourism research, 35(4): 1007-1031.

Shaw, Gareth and Williams, Allan M.(2004). Tourism and Tourism Space. Sage Publications.

Sharpley, Richard(2002). The Consumption of Tourism. Sharpley, Richard.(2002) and Telfer, David J.(eds). Tourism and development: concept and issues. Channel View Publications: 300-318.

Sheller(2004). Chapter 2. Demobilizing and remobilizing Caribbean paradise. 13-21. Sheller, Mini and Urry, John(2004). Tourism mobilities: Places to play, Places in play. London: Routledge.

Shield, R.(1991). Places on the Margin: Alternative Geographies of Modernity. London: Routledge.

Sonitbafna(2003). Space Syntax-A Brief Introduction to Its Logic and Analytical Techniques. Environment and Behavior, 35(1). 17-29.

Smith, S.(1994). The Tourism Product. Annals of Tourism Research, 21(3): 582-595.

Smith, David M.(1966). A Theoretical Framework for Geographical Studies of Industrial Location, Economy Geography, Vol.42.

Solomon, M.(1994). Consumer Behaviour: Having, Buying and Being(2nd edn). Needhan Heights, MA: Allya and Bacon.

Thünen, J. H. von.(1826). Der Isolierte Staat in Beziehung auf Landwirtschaft und Nationalökonomie, Hamburg.

Papatheodorou, Andreas(2004). Exploring the Evolution of Tourism Resort. Annals of Tourism Research, 31(1): 219-237.

Parry, K.(1983). Resorts on the Lancashire Coasts, Newton Abbot: David and Charles.

Pretes, M.(1995). Postmodern tourism: The Santa Claus industry. Annals of Tourism Research, 22(1): 1-15.

Tarrnat, C.(1989). The UK Hotel Industry: Market Restructring and the Need to Respond to Customer Demands. Tourism Management, 10: 187-191.

Tooman, L. Alex.(1997). Applications of The Life-cycle Model in Tourism. Annals of Tourism Research, 24(1), 214-234.

Urry, John(1987). Some social and spatial aspects if services. Environment and Planing D: Society and Space 5: 5-26.

_____(1990). The tourist gaze: Leisure and travel in contemporary Societies, London: Sage.

_____(1991). Time and space in Giddens, social theory, in C. Bryant and D. Jary(eds) Giddens' Theory of Structuration, London: Routledge.

_____(1992). The tourist gaze and the environment. Theory, Culture & Society, 9: 1-26.

_____(1995). Consuming Places. New York: Routledge.

_____(2000). Sociology beyond Societies: Mobilities for the Twenty-First Century. London: Routledge.

Urtasun, Ainhoa and Gutiérrez, Isabel.(2006). Hotel location in tourism cities-Madrid 1936-1998. Annals of Tourism Research, 33(2): 382-402.

Wang, F.(1999). Modeling a Central Place System with Interurban Transport Costs and Complex Rural Hinterlands. Regional Science and Urban Economics, 29: 381-409.

Water, Malcolm(1996). Globalization. London: Routledge.

Weber, Isard(1914). Grundriß der Sozialökonomik.

_____(1956). Location and space-economy. MA: MIT Press, Cambridge.

Williams, A.(1995). Capital and the Transnationalisation of Tourism. In European Tourism: Regional, Spaces and Restructuring. A. Montanari nad A. Williams, eds., pp.163-176. Chichester: Wiley.

www.everland.com

부록

〈표 1〉 국내 리조트 명단(본 연구 분석대상)

리조트 이름	주소	지역특성	자원특성	면적 (만 평)	개장 연도
대천펀비치리조트	충남 보령신 신흑동 1945	해안	일반	0.42	2008
ES능강리조트(통영)	경남 통영시 산망읍 697-2	해안	해양	0.71	2009
대명변산리조트	전북 부안군 변산면 격포리 257	해안	해양	0.72	2008
베어스타운	경기도 포천시 내촌면 소학리 295	내륙	일반산악	40	1984
문경STX리조트	경북 문경시 농암면 내서리……	내륙	일반산악	0.73	2008
리솜스파캐슬	충남 예산군 사동리	내륙	일반	0.96	2005
대명경주리조트	경북경주시신평동400-1보문단지내	내륙	역사	0.98	2006
리솜오션캐슬	충남 태안군 안면읍 중장리	해안	해양	1.2	2001
대천비체팰리스	충남 보령시 웅천읍 독산리 784-1	해안	해양	1.8	2,008
대명단양리조트	충북 단양군 단양읍 상진리4-1	내륙	일반	1.83	2002
신안엘도라도리조트	전남 신안군 증도면 우전리 233-42	해안	해양	2.5	2006
대명쏠비치호텔&리조트	강원 양양군 손양면 오산리……	해안	해양	2.6	2007
ES능강리조트(제천)	충북 제체전 수산면 능강리 200-10	내륙	산악, 내수면	8.8	1997
대명리조트설악	강원도 고성군 토성면 원암리403-1	내륙	국립공원	9	1990
충무마리나리조트	경남 통영시 도남동 645	해안	해양	12.4	1994
스타힐	경기도 남양주시 화도읍 묵현리 548	내륙	일반산악	15	1982
알프스	폐업 중	내륙	일반산악	15	1984
사조마을수안보	충북 충주시 수안보면 온천리 642-1	내륙	일반산악	17	1990
충주호리조트	충북 충주시 동량면 하천리……	내수면	내수면	20	1992
태안비치컨츄리클럽	충남 태안군 근흥면 정죽리 2261-1	해안	해양	23	2006
청우컨츄리클럽	강원 횡성군 우천면 하대리 산87-1	내륙	일반산악	24	2007
힐튼남해골프 & 스파리조트	경남 남해군 남면 덕원리 산35-6	해안	해양	24.7	2006
영랑호리조트	강원도 속초시 금호동 600-7번지	해안	해양	26	1996
오렌지골프리조트	경북 상주시 모서면 화현리 산 46-1	내륙	일반산악	33	2008
마우나오션리조트	경북 경주시 양남면 신대리 140-1	해안	일반산악	45	1999
곤지암	경기도 광주시 도척면 도웅리 산23-1	내륙	일반산악	77	2005
파인리즈리조트	강원 고성군 토성면 신평리 154-22번지	내륙	일반산악	45	2006
골든비치 골프리조트	강원 양양군 손양면 동호리 산250	해안	해양	45	2007
라데나리조트	강원 춘천시 신동면 정족리 1007 −1	내륙	일반산악	46.4	1990
설악썬밸리리조트	강원도 고성군 죽왕면 삼포리 산 134	내륙	국립공원	47	2005

오션힐스 & 골프리조트	경북 포항시 북구 송라면 대전리 산208	해안	일반산악	50	2004
엘리시안강촌	강원도 춘천시 남산면 백양리 29-1	내륙	일반산악	60	1997
천안상록리조트	충남 천안시 수신면 장산리 669-1	내륙	일반평지	60	1997
에덴밸리	경남 양산시 원동면 대리 1039	내륙	일반산악	74	2006
양지파인	경기도 용인시 처인구 양지면 남곡리 34-1	내륙	일반산악	100	1970
휘닉스파크	강원도 평창군 봉평면 면온리 1095	내륙	일반산악	116	1995
센츄리21컨츄리클럽	강원 원주시 문막읍 궁촌리 산 47-5	내륙	일반산악	122	2003
오투	강원태백시황지동176-1	내륙	일반산악	145.4	2008
알펜시아	강원도 평창군 대관령면 용산리 225-3	내륙	일반산악	150	2006
하이원	강원 정선군 고한읍 고한리 산 1-139	내륙	일반산악	151	2006
지산포레스트	경기도 이천시 마장면 해월리 산28-1	내륙	일반산악	180	1994
성우	강원도 횡성군 둔내면 두원리 204	내륙	일반산악	200	1995
무주	전북 무주군 설천면 심곡리 43-15	내륙	국립공원	212.3	1990
디오션리조트	전남 여수시 소호동 산 99	해안	해양	300	2008
대명비발디	강원도 홍천군 서면 팔봉리 1290-14	내륙	일반산악	340	1993
오크밸리	강원 원주시 지정면 판대리 1016	내륙	일반산악	450	1998
용평	강원도 평창군 대관령면 용산리 133	내륙	일반산악	520	1975

〈표 2〉 각 리조트의 주요 시설 현황 및 주요 도시까지의 거리현황

유형	리조트 이름	위치	개장 연도	슬로프 수	객실 수			골프장 홀 수		주요도시까지의 거리(km)				
					콘도	호텔 (골프텔)	유스호 스텔	회원제	대중	서울	대전	대구	부산	울산
골프	파인리즈리조트	강원도	2006		168			27		158	234	263	350	308
	골든비치 골프리조트	강원도	2007		100	50		27		158	219	241	327	285
	센츄리21컨츄 리클럽	강원도	2003			50		36	9	83	111	169	263	233
	라데나리조트	강원도	1990		125			27		73	169	231	325	292
	청우컨츄리클럽	강원도	2007			58		18		98	137	181	274	240
	설악썬밸리리 조트	강원도	2005		198			27		158	238	270	357	315
	대명리조트설악	강원도	1990		683				9	152	228	259	347	305
	영랑호리조트	강원도	1996		250				9	159	232	259	346	304
	마우나오션리 조트	경북	1999		143			18		298	188	73	69	16
	오렌지골프리 조트	경북	2008			50		18		160	45	77	167	151
	천안상록리조트	충남	1997			100	72		27	95	46	151	239	225
	태안비치컨츄 리클럽	충남	2006		246			18		120	120	236	313	311

스키	베어스타운	경기도	1984	7	337		48		9*	37	163	244	338	310
	오크밸리	강원도	1998	9	1114			54	9	75	127	186	280	249
	하이원	**강원도**	**2006**	18	403	197			18	170	156	146	229	186
	오투	**강원도**	**2008**	12	424		101	27	9	181	164	147	228	184
	엘리시안강촌	강원도	1997	10	222			27		60	166	234	327	296
	용평	강원도	1975	29	1597	191	73	18	9	150	183	196	282	240
	알펜시아	**강원도**	**2006**	7	419	452		27	18	149	183	197	284	242
	휘닉스파크	강원도	1995	21	446	14	76	18	9	119	160	191	281	243
	대명비발디	강원도	1993	13	2049		188	18	9	62	147	212	306	275
	성우	강원도	1995	19	767		86	36	9	112	145	181	273	237
	곤지암	경기도	2005 (1993)	12	476			18		37	112	199	292	269
	스타힐	경기도	1982	4			38			28	148	230	324	298
	양지파인	경기도	1970	8	357		57	27	9	47	98	188	280	259
	지산포레스트	경기도	1994	7	56			36	18	49	98	186	278	256
	에덴밸리	**경남**	**2006**	7	255			18		297	172	60	35	32
	무주	전북	1990	34	974	118	418	18		198	56	77	146	147
	사조마을수안보	충북	1990	9	50		60			118	75	121	215	188
	알프스	강원도	1984	6						145	230	266	354	314
휴양	대명쏠비치호텔&리조트	강원도	2007		443					160	223	245	331	288
	충주호리조트	**충북**	**1992**		276					111	94	137	231	201
	충무마리나리조트	**경남**	**1994**		272					330	190	117	63	112
	ES능강리조트 (제천)	**충북**	**1997**		193					125	99	128	221	189
	리솜오션캐슬	충남	2001		248					131	99	214	287	287
	대명단양리조트	충북	2002		856					139	109	123	215	180
	리솜스파캐슬	충남	2005		407					99	80	196	277	271
	힐튼남해골프 & 스파리조트	경남	2006		170			18		318	176	139	115	157
	대명경주리조트	경북	2006		417					280	174	61	83	34
	신안엘도라도리조트	전남	2006		177					297	192	245	265	295
	문경STX리조트	경북	2008		200					140	53	95	188	166
	디오션리조트	전남	2008		128					318	178	153	134	176
	대명변산리조트	전북	2008		504					218	116	194	240	257
	대천비체팰리스	충남	2008		236					151	81	190	259	262
	대천펀비치리조트	충남	2008		55					144	82	193	263	266
	ES능강리조트 (통영)	경남	2009		106					335	195	124	69	118

<표 3> 리조트 시설의 운영 중요순위에 따른 리조트 구분

2순위/1순위	스키장(9)	골프장(회)(6)	숙박(9)	기타(1)
스키장		알펜시아, 에덴밸리, 파인리조트		
골프장(회)	무주, 성우	청우*	알펜시아	
숙박	오투, 휘닉스, 하이원, 곤지암, 스타힐, 베어스타운	마우나, 태안		마우나
기타			용평, 대명, 충주호, 비체팰리스, 리솜, 한화, 금호, 라데나	

* 청우의 2순위는 대중 골프장임

<표 4> 숙박시설 운영 중요도에 따른 리조트 구분

2순위/1순위	호텔	콘도	유스호스텔	골프텔
호텔		휘닉스, 하이원, 대명, 비체팰리스, 한화, 금호		알펜시아
콘도	무주, 용평	곤지암, 에덴밸리, 충주호, 디오션, 청우, 마우나, 라데나		
유스호스텔		성우, 오투, 베어스, 오렌지, 파인	스타힐	
골프텔		리솜		태안

<표 5> 레저휴양 시설의 운영 중요도에 따른 리조트 구분

2순위/1순위	워터파크	스파	실외	실내	유흥시설
워터파크			비체팰리스		
스파	리솜, 금호, 라데나				
실외	알펜시아, 휘닉스, 대명, 금호	무주, 곤지암, 에덴밸리, 마우나	스타힐	베어스타운, 충주	
실내	금호	마우나	성우, 용평, 하이원, 청우, 파인		
유흥시설	오렌지	오투, 한화			태안

<표 6> 식음료 시설의 운영 중요도에 따른 리조트 구분

2순위/1순위	골프장	호텔	컨벤션	콘도	유스호스텔
골프장		무주	휘닉스	성우, 리솜, 금호, 파인	
호텔	태안			한화, 라데나	
컨벤션		알펜시아	곤지암	충주호, 청우	
콘도	에덴밸리, 마우나	용평, 하이원, 대명, 비체팰리스	오투, 마우나	디오션	
유스호스텔				베어스타운	스타힐

<표 7> 마케팅 주요 대상

시설/중요도		회원	기업	개인	학교	사회단체	기타
스키장	1	무주, 알펜시아, 휘닉스, 용평, 대명, 한화		성우, 오투, 알펜시아, 용평, 하이원, 곤지암, 에덴밸리, 스타힐, 베어스타운, 파인			
	2	곤지암, 에덴밸리, 파인	성우, 알펜시아, 휘닉스, 용평, 하이원, 에덴밸리, 베어스타운, 한화	무주, 휘닉스, 대명, 한화	오투, 용평, 에덴밸리, 대명	알펜시아, 용평, 스타힐	용평
	3	성우	무주, 오투, 대명, 파인		알펜시아, 휘닉스, 하이원, 스타힐, 베어스타운, 한화	무주, 하이원, 대명	하이원, 한화
	4	오투, 베어스타운	스타힐		무주, 성우		대명
	5	하이원				베어스타운	휘닉스
숙박	1	무주, 알펜시아, 휘닉스, 용평, 곤지암, 에덴밸리, 대명, 충주호, 비체팰리스, 리솜, 한화, 금호, 청우, 오렌지, 태안	하이원, 에덴밸리, 디오션, 마우나, 라데나, 태안	성우, 오투, 용평, 하이원, 스타힐, 베어스타운, 파인	에덴밸리	에덴밸리	
	2	성우, 디오션, 파인	무주, 오투, 알펜시아, 휘닉스, 용평, 곤지암, 베어스타운, 충주호, 비체팰리스, 한화, 금호, 청우, 오렌지	무주, 알펜시아, 휘닉스, 에덴밸리, 대명, 비체팰리스, 한화, 금호, 마우나	용평, 스타힐, 금호	알펜시아, 용평, 하이원, 비체팰리스, 디오션, 금호, 마우나, 라데나	용평

		회원	개인	단체		
숙박	3	스타힐, 마우나, 라데나	성우, 대명	곤지암, 충주호, 청우, 오렌지, 라데나	오투, 알펜시아, 휘닉스, 하이원, 베어스타운, 대명, 충주호, 한화, 파인	무주, 휘닉스, 충주호, 한화	한화
	4	오투, 베어스타운			무주, 성우, 마우나	스타힐, 대명, 오렌지	하이원, 대명
	5	하이원				베어스타운	휘닉스

		회원	개인	단체
골프장	1	무주, 성우, 알펜시아, 휘닉스, 용평, 에덴밸리, 대명, 리솜, 한화, 금호, 청우, 오렌지, 파인, 태안	오투, 하이원, 에덴밸리, 베어스, 마우나, 태안	마우나, 태안
	2	오투, 베어스	무주, 성우, 알펜시아, 휘닉스, 용평, 대명, 한화, 금호, 청우, 오렌지	하이원, 청우, 파인
	3	마우나	파인	무주, 성우, 오투, 알펜시아, 휘닉스, 용평, 대명, 한화, 오렌지

〈표 8〉 업무 관리방식

업무	직영	외주	직영+외주
예약	22	2	
프런트업무	22	2	
객실관리	10	14	
청소관리	7	17	
홍보	22	1	
판촉	22	2	
개발기획	22	1	
시설운영	8	3	3
시설관리	7	6	2

〈표 9〉 시장 경쟁 인식도

구분	매우 심함	심함
리조트 수	8	16
스키	4	7
골프	3	5
휴양	1	4

⟨표 10⟩ 리조트 개발기업 정보

리조트	현 소유법인	주력 업종	모기업	최초 개발법인
무주	(주)대한전선	전선		(주)쌍방울
성우	현대시멘트	시멘트	현대시멘트	현대시멘트
오투	태백관광개발공사	골프, 콘도, 스키		태백관광개발공사
알펜시아	강원도개발공사	부동산개발 (택지, 산단등)	강원도	강원도개발공사
휘닉스	(주)보광휘닉스파크	관광	(주)보광	(주)보광휘닉스파크
용평	세계기독교통일 신령협회	선교		(주)쌍용
하이원	(주)강원랜드	카지노		(주)강원랜드
곤지암	(주)서브원	MRO, FM, CM	(주)LG	(주)서브원
에덴밸리	(주)신세계개발	스키, 골프, 콘도		(주)신세계개발
스타힐	(주)선진종합	스키장	선진해운	(주)선진종합
베어스타운	(주)예지실업	스키장, 골프장, 콘도미니엄		(주)예지실업
대명	(주)대명레저산업	회원권분양, 리조트운영	(주)대명홀딩스	(주)대명레저산업
충주호	(주)한국코타	숙박업		(주)한국코타
비체팰리스	(주)용평리조트	스키장		(주)용평리조트
리솜	(주)리솜리조트	콘도미니엄		(주)리솜리조트
한화	(주)한화호텔 & 리조트	콘도		명성
디오션	(주)일상해양산업(통일재단)	관광, 여행, 레저	용평리조트	(주)일상해양산업
금호	금호리조트(주)	관광숙박, 골프장, 휴양업	금호아시아나	금호리조트(주)
청우	삼대양레저(주)	건설	삼대양레저(주)	삼대양레저(주)
마우나오션	마우나오션개발	리조트휴양업	코오롱	마우나오션개발
오렌지	(주)링스이엔씨	골프장건설	(주)오렌지이엔씨	(주)링스이엔씨
라데나	두산큐벡스(주)	골프장, 콘도	두산건설(주)	두산큐벡스(주)
파인	(주)파인리조트	골프, 콘도, 스키		(주)지곡관광
태안	태안비치컨트리클럽	골프장, 호텔, 골프텔	한국종합녹화(태안지역기업)	태안비치컨트리클럽

구분	소구분	100실 이하(3)			200실 이하(3)			400실 이하(7)			600실 이하(3)			600실 이상(6)		
		직영	임대	외주	직영	임대	외주	직영	임대	외주	직영	임대	외주	직영	임대	외주
주요시설	스키장	1						3			3			4		1
	골프장	2					1	4		1	2			5		1
	호텔							1			1		1	4		1
	콘도	2				1	3	4	1	1	2			5		1
	유스호스텔	1						1			2			3		1
	골프텔							4		1	3			3		
	워터파크						1	4		1	2			2		1
	스파							3		1	2			2		1
	유흥시설		1		2		1	2	3	1	1		2	2	5	1
	실내놀이시설	1						1	1		1		2	1	3	3
소매점	호텔					1		1	1	1				2	4	3
	콘도	1			1	1		1	2	1				2	5	2
	스키장	1						1	1	1				2	3	2
	클럽하우스	1				1	1	2	1	1				2	3	2
	워터파크									2				3	2	1
식당	호텔							1		1				1	1	1
	콘도	1					3	3	1	2	2			4		1
	스키장	1						1	1	2	3			3	2	2
	회원 골프장					2	1	2			2			3	3	2
	대중 골프장										2		2	4		1
	워터파크						1	2			1			1	1	1
	컨벤션						3			1	1		2	5		
	기타	1					1									

참고: ( )의 수는 분석대상 리조트 수, 100실 이하(스타힐, 청우, 오렌지), 200실 이하(라데나, 디오션, 마우나), 400실 이하(알펜시아, 비체팰리스, 태안, 리솜, 에덴밸리, 충주호, 베어스타운), 600실 이하(파인, 곤지암, 오투), 600실 이상(하이원, 휘닉스, 현대성우, 무주, 한화, 용평). 600실 이하의 곤지암은 빌리지센터에 소매점이 집합되어 있음. 모두 분양이나 임대방식임. 오투는 별도의 상점거리가 조성되어 있음 – 분석 시 주의해야 함

〈표 12〉 리조트 사업 참여 동기

리조트	리조트 사업 참여 동기
무주	사업다각화를 위한 서비스산업으로의 진출
성우	현대그룹 명예회장의 숙원사업 및 신규시장 개척
오투	폐광지역 경제활성화
알펜시아	동계올림픽 연계
휘닉스	국민소득향상으로 관광레저 공간의 필요성 대두
용평	한국 최초의 현대적 스키장 개발
하이원	폐광지역 경제활성화
곤지암	분양을 위해
에덴밸리	영남의 독자적 시장성을 확보, 성장 가능성
베어스타운	수익사업으로서의 성공비전에 대한 오너 결정
대명	체인 확대를 위해 추가 개발
충주호	회장이 태국에서 40여 년간 사업을 하다가 국내 관광사업이 턱없이 부진하여 관광레저문화의 선도적 역할을 고국에서 마지막으로 하고 싶은 마음으로 시작
리솜	회사의 창립이념
한화	수익 확보
디오션	재단운영에서 관광, 여행, 레저 쪽이 앞으로 소득 증가, 이용객 증가 관련 또는 해양리조트가 앞으로 인구증가와 주변이 바다로 이루어진 국가에서 중요해질 것임
청우	오너의 리조트 사업의 관심과 전국 최고의 골프장과 골프대학을 경영하는 것이 목표였기 때문
마우나오션	오너의 의지
오렌지	골프장 건설 전문회사로서 타 회사의 골프장만 수주하였으나, 당사가 직접 개발 운영할 수 있는 리조트를 건설하여 발주처가 직접 보고 계약에 참고할 수 있는 모델(모델하우스) 골프장으로 운영하고 있음
파인	신규 사업을 통한 성장력 확보(골프장－스키장－콘도)
태안	리조트사업에 관심

찾아보기

유광민 ──────────

서울대학교 축산학과를 졸업하고, 한양대학교 국제관광대학원에서 석사학위를, 한양대학교 일반대학원에서 「리조트 입지결정구조에 대한 비판적 실재론적 분석」이라는 논문으로 관광학 박사학위를 받았다.
한양대학교에서 강의를 하고 있고, 호원대학교 호텔관광학부 연구교수로 재직하고 있으며, 현재 관광지 재생과 관광공간의 생산과 소비에 대한 연구를 진행하고 있다.
『관광과 관광공간(Tourism and Tourism Space)』을 번역하였다.

리조트의 생산과 소비

초 판 인 쇄 | 2012년 12월 28일
초 판 발 행 | 2012년 12월 28일

지 은 이 | 유광민
펴 낸 이 | 채종준
펴 낸 곳 | 한국학술정보㈜
주   소 | 경기도 파주시 문발동 파주출판문화정보산업단지 513-5
전   화 | 031) 908-3181(대표)
팩   스 | 031) 908-3189
홈 페 이 지 | http://ebook.kstudy.com
E - m a i l | 출판사업부 publish@kstudy.com
등   록 | 제일산-115호(2000. 6. 19)

ISBN   978-89-268-3972-0 93320 (Paper Book)
          978-89-268-3973-7 95320 (e-Book)